_____ 님의 소중한 미래를 위해
이 책을 드립니다.

한번 읽으면 절대로 잊지 않는

심리학 공부

한번 읽으면 절대로 잊지 않는
심리학 공부

강현식 지음

핵심 개념어 160개로 살펴보는 심리학의 모든 것

메이트북스

메이트북스 우리는 책이 독자를 위한 것임을 잊지 않는다.
우리는 독자의 꿈을 사랑하고,
그 꿈이 실현될 수 있는 도구를 세상에 내놓는다.

한번 읽으면 절대로 잊지 않는 심리학 공부

초판 1쇄 발행 2019년 9월 2일 | **초판 5쇄 발행** 2024년 1월 2일 | **지은이** 강현식
펴낸곳 (주)원앤원콘텐츠그룹 | **펴낸이** 강현규·정영훈
책임편집 안정연 | **편집** 남수정·최주연 | **디자인** 최선희
마케팅 김형진·이선미·정채훈 | **경영지원** 최향숙
등록번호 제301-2006-001호 | **등록일자** 2013년 5월 24일
주소 04607 서울시 중구 다산로 139 랜더스빌딩 5층 | **전화** (02)2234-7117
팩스 (02)2234-1086 | **홈페이지** www.matebooks.co.kr | **이메일** khg0109@hanmail.net
값 18,000원 | ISBN 979-11-6002-248-3 03180

이 도서의 국립중앙도서관 출판시도서목록(CIP)은 e-CIP홈페이지(http://www.nl.go.kr/ecip)에서
이용하실 수 있습니다.(CIP제어번호 : CIP2019031792)

너무나도 훌륭하게 가공된 지혜는
가장 절묘한 어리석음을 만든다.

· 벤자민 플랭클린 ·

심리학 전공서와
대중서의 가교

    인간은 사고력思考力을 갖게 되는 그 순간부터 호기심의 지배를 받습니다. 자신과 타인은 물론 주변 환경과 자연에 대해서도 온갖 궁금증을 가집니다. 인류의 역사는 호기심의 역사라고 할 수 있을 정도로 호기심은 인류에게 많은 영향을 미쳐왔습니다. 거시적으로는 수많은 학문을 발전시키는 촉매제 역할을 했으며, 미시적으로는 우리의 일상을 풍성하게 합니다. 호기심이 없는 일상은 생각만 해도 끔찍하죠. 그런데 일상의 호기심은 다음의 경우처럼 사람에 대한 것이 태반입니다.

'저 사람은 왜 나에게 잘해줄까? 내가 좋아서 그런가 아니면 나에게 부탁할 것이 있나?'

'내 연애는 왜 계속 같은 패턴으로 반복되는 것일까? 나에게 무슨 문제가 있나?'

'엄마는 이 선물을 마음에 들어하실까?'

'어떻게 해야 좋은 배우자, 부모가 될 수 있을까?'

사람이 사람에게 궁금증을 갖는다는 사실은 너무나 당연한 일이지요. 이러한 호기심을 해결하기 위해 사람들은 자신의 경험을 떠올리거나 다른 사람의 의견을 묻습니다. 요즘에는 인터넷도 중요한 정보원이 됩니다. 하지만 이런 식으로 얻는 정보들의 객관성과 정확성이 의심될 때 사람들은 보다 객관적이고 과학적으로 사람의 마음과 행동에 대해 접근하는 심리학을 찾습니다.

심리학에 대한 사람들의 관심이 어느 정도인지는 대형 서점의 베스트셀러 목록을 보면 쉽게 알 수 있습니다. 최근 몇 년간 베스트셀러 목록에서 심리학책은 빠지지 않고 있습니다. 물론 베스트셀러인 심리학책들은 전공서나 대학 교재가 아니라 일반인을 대상으로 쉽고 재미있게 쓴 책들이 대부분입니다. 필자 역시 여러 권의 책을 출간한 바 있습니다.

그런데 평소 심리학에 대한 관심으로 관련 책을 많이 읽던 지인이 서에게 이런 말을 했습니다. 시중의 심리학책은 내용이 엇비슷해서 몇 권만 읽어보면 더이상 읽을 필요가 없고, 전공서는 너무 어려워서 읽기 어렵다고. 그래서 이제는 심리학책을 읽지 않기로 했다고 말입니다. 이 말을 듣는 순간 아차 싶었습니다. 학문의 발전이란 상아탑에서만 이루어지는 것이 아니라 대중의 인식 전환과 함께 이루어진다는 신념을 가지고 있던 필자에게 지인의 말은 새로운 도전이었습니다.

어느 분야든지 대중서와 전공서의 차이는 존재하지만, 심리학은 그 중에서도 이 둘의 차이가 꽤 큰 편입니다. 그 이유는 심리학에 대한 대중의 높은 기대나 확고한 선입견과 무관치 않습니다. 당장 적용할 수 있는 팁tips을 주는 학문 정도로 심리학을 알고 있거나 대표적인 심리학자로 프로이트를 꼽는 사람들이 많습니다. 상황이 이렇다 보니 대중의 욕구와 기대에 민감한 출판계는 본래 심리학과는 상당한 거리가 있는 책들마저 '심리학'이라는 타이틀을 걸고 출간하기도 하고, 심리학의 여러 분야와 내용 중에서도 대중들에게 어필할 수 있는 것들만을 출간하는 경향이 있습니다.

그러나 학문으로서의 심리학은 '과학'입니다. 이 말은 객관성과 정확성을 학문의 생명으로 한다는 것입니다. 그래서 심리학자들은 인간의 뇌 연구를 비롯해 현대 과학의 성과들을 수용하는 데 주저하지 않지만, 과학적으로 입증하기 어려운 심층심리학대표적으로 정신분석은 수용하기를 주저합니다. 또한 심리학자들은 모든 사람들이 간단하게 적용해서 자신의 삶을 윤택하게 할 수 있는 팁이나 마법의 기술을 갖고 있지 않습니다. 그저 다른 과학자들처럼 가설을 세우고 실험과 연구를 통해 조심스럽게 인간의 마음과 행동을 연구합니다.

선불리 판단하거나 결론을 내리지 않으며, 직관적으로 말하지도 않습니다.

이러한 상황에서 전공자들은 흥미와 재미 위주의 심리학 대중서를 외면할 수밖에 없고, 대중은 당연히 복잡한 실험방법과 통계 수치, 그리고 낯선 심리학자들의 이름으로 가득한 전공서를 외면할 수밖에 없습니다. 이 책의 출발점은 바로 여기였습니다. 심리학 대중서와 전공서의 가교 역할을 할 수 있는 책을 만들고 싶었습니다. 심리학에 대한 대중의 기대에 어느 정도 부응하면서도 가능한 학문으로서의 심리학의 입장을 많이 담아내려고 노력했습니다. 중요한 실험은 구체적인 수치나 세부적인 진행 상황까지 담으려고 했으며, 독자의 쉬운 이해를 위해 가능한 많은 예시를 들려고 했습니다. 필요할 경우 영화나 대중가요, 다큐멘터리 내용도 언급했습니다.

인터넷에서 심리학 관련 클럽과 사이트를 운영하다 보니 책 소개를 해달라는 분들이 적지 않았습니다. 책 중에서도 흥미와 재미 위주가 아닌 보다 객관적이고 다양한 정보를 얻을 수 있는 심리학책이나, 심리학을 전공하고자 하는 사람들이 읽어보면 좋을 책을 추천받고 싶어하시는 분들이 많았습니다. 필자는 평소 이러한 질문에 답할 수 있는 책을 만들고 싶었고, 이제 그 결과물을 조심스럽게 내어놓습니다.

책이 출간되는 과정에서 함께하신 메이트북스 임직원들에게 지면을 빌어 감사를 전합니다.

    패널로 참여해주셨던 열한 분, 김란, 김소현, 류혜인, 박도담, 박형인, 송효양, 신옥진, 이소연, 이향우, 최윤선, 한수민께 감사드립니다. 원고를 검토하면서 다양한 의견을 제시해주신 덕분에 더 좋은 책이 만들어졌습니다. 패널들에게 감사하는 의미로 본문의 예시에 이름을 넣어드렸습니다. 책을 읽으시면서 자신의 이름을 찾는 즐거움이 그간의 수고에 조금이나마 보답이 되기를 바랍니다.

    〈누다심의 심리학 아카데미〉와 〈누다심의 심리상담센터〉를 통해 만났던 분들에게 감사드립니다. 뒤늦게 심리학도로 발을 내딛은 2002년부터 지금까지 한결같은 응원과 성원을 해주셨으며, 제가 진행했던 수많은 공부모임과 강좌에서 제가 미처 생각하지 못했던 질문을 던져주셨죠. 이는 저에게 큰 자극이 되었으며, 제가 끊임없이 공부하고 자료를 모으면서 글을 쓸 수 있었던 중요한 원동력이었답니다.

    언제나 옆에서 응원과 지지를 아끼지 않는 사랑하는 아내와 두 아들에게 고마움을 전합니다. 가족은 언제나 저에게 큰 위로와 힘이 됩니다.

    부디 이 책이 '누구나 다가갈 수 있는 심리학'에 조금이나마 도움이 되기를 바랍니다. 감사합니다.

                        누구나 다가갈 수 있는 심리학을 꿈꾸는 이

이 책을 읽는 방법

본서는 총 160개의 개념어로 구성했습니다. 각 개념어는 모두 15개의 분야로 범주화 했습니다. 15개의 범주는 심리학의 하위 분야나 관련 주제로 묶어놓은 것들입니다.

많은 이들이 관심을 갖고 있는 '정신분석'의 경우 한 범주로 구분하지 않고 '상담과 심리치료'에 포함시켰습니다. 이는 정신분석 이론이 심리치료를 염두에 두고 만들어졌기 때문입니다. 또한 한 개념어가 두 개 이상의 분야에 속하는 경우에는 보다 유력한 한 분야에 포함시켰습니다. 그러나 본문 중에서 다른 분야와 어떤 연관을 갖는지 언급해 두었습니다. 책의 목차는 개념어의 가나다순과 함께 분야별로 제시했습니다.

본문 중에 별*표시가 되어 있는 부분은 개념어에서 추가적인 정보를 얻으실 수 있습니다. 한 개념어를 읽으시다가 관련된 다른 정보로 넘어가실 수 있습니다. 예를 들어 '스릴*대립 과정'의 경우에는 '대립 과정'을 참고하시면 되고, '수면*'은 '수면'을 참고하시면 됩니다. 책의 특성상 처음부터 차례대로 읽으시기보다는 관심 있는 주제에서 시작해 다른 주제로 넘어가는 방법을 추천합니다.

이와 더불어 하나의 개념어로 추려내지는 않았지만 중요한 심리학 용어들은 책 뒤쪽에 색인으로 뽑았습니다. 이때 번역상의 문제로 혼동할 소지가 있어서 가나다순과 ABC순으로 구분했습니다. 익숙한 심리학 용어가 보이지 않으신다면 영어로 찾아보시기 바랍니다. 각 심리학 용어들이 언급된 부분도 표시해 두었습니다. 책에 언급한 심리학자의 이름도 책 뒤쪽에 색인으로 뽑았습니다. 본문에서 외국 심리학자들의 이름은 가능한 한 외래어 표기법에 따르려고 했으나, 학계에서 일반적으로 알려진 발음이 있을 경우에는 이를 따랐습니다. 하지만 색인에서는 ABC순으로만 배열했음을 밝혀둡니다. 한국인 심리학자는 앞쪽에 가나다순으로 배열했습니다.

CONTENTS ① 가나다순

CONTENTS ② 분야별

동기와 정서

의식

발달심리학

사회심리학

성격심리학

All That Psychology

각성

몸이 산소를 필요로 하듯이 정신은 각성을 필요로 한다
arousal / 동기와 정서

　1924년, 최초로 에베레스트 등정을 앞두고 있던 말로리George Mallory
는 어느 강연에서 위험하고 힘들며 죽을 수도 있을 텐데 산에 오르는 이
유가 무엇이냐는 질문에 이렇게 대답했다.

　"산이 그곳에 있기 때문이죠Because it is there."

　지금도 수많은 사람들이 목숨을 걸고 산에 오른다. 이들에게 '살
을 에는 추위'와 '뼈를 깎는 고통'은 과장된 표현이 아니라 사실 그
대로라고 한다. 엄청난 고통을 감수하면서 목표를 향해 한 걸음씩
내딛는 이들에게 대부분의 사람들은 박수를 보낸다. 하지만 한편으

로는 이해할 수 없다고 고개를 젓기도 한다. 왜 편안함과 안정 대신 고난을 선택하는 것일까? 추동★ 감소 이론에 따르면 사람들은 긴장과 각성을 피하고 편안함을 추구한다고 하지 않던가.

하지만 생각해보자. 정말 우리는 긴장과 각성을 싫어하기만 할까? 언제나 불편함은 줄이고, 안정되고 편안한 상태만을 추구하려고 할까? 비록 목숨을 건 도전은 아니더라도 우리는 모두 긴장과 각성을 즐긴다. 동네 놀이터에 나가보라. 무서워하면서도 높은 미끄럼틀에 올라가려 하거나, 더 높고 빠르게 그네를 타려는 어린이들을 쉽게 찾을 수 있다. 놀이공원은 또 어떤가? 생각만 해도 심장이 벌렁거리는 놀이기구들을 타기 위해 긴 줄도 마다하지 않는 사람들이 즐비하다. 이처럼 우리 대부분도 나름의 긴장과 각성, 스릴★대립 과정을 즐기려는 경향이 있는 것이다.

심리학자들은 사람들이 반드시 편안함과 안정감, 이완만을 추구하는 것이 아니라, 때로는 적절한 각성 상태를 추구한다는 사실을 발견했다. 캐나다 맥길대학의 심리학자 헤브Donald Hebb는 1950년대 한국전쟁에서 중공군이 연합군 포로들에게 사용했던 세뇌brainwashing를 연구하기 위해 모든 감각★오감자극을 차단하는 감각 박탈sensory deprivation 실험을 진행했다.

참가자들은 좁은 실험실에 위치한 간이침대에 누워서 생활한다는 조건으로 상당한 일당을 받기로 했다. 물론 잠을 자도 되고, 식사도 할수 있으며, 화장실도 갈 수 있게 해주었다. 단지 시각과 청각, 촉각만을 차

폐遮蔽했을 뿐이다.

　이 실험이 '식은 죽 먹기'라고 생각했던 대부분의 참가자들은 첫째 날에는 부족했던 잠을 보충하거나 사색에 빠지곤 했다. 하지만 둘째 날에는 아무런 자극이 없는 상황을 매우 불편해했고, 결국 셋째 날에는 대부분의 참가자들이 실험을 포기했다. 일부 참가자들은 일시적인 환각★과 정서 불안을 경험했다. 돈이 문제가 아니었다. 그렇게 있다가는 정말 미쳐버릴지도 모른다는 생각이 들었다.

　우리의 뇌★가 정상적으로 작동하기 위해서는 외부의 자극과 그로 인한 각성이 필요하다. 직장에서 한평생 일하고 은퇴한 노인들이 집에 가만히 있지 못하고 자원봉사를 하거나 소일거리라도 찾아 나서는 이유가 바로 이것이다. '심심해 죽겠다'는 표현은 농담이 아니다. 자식들은 나이든 부모님에게 종종 "아무 일도 하지 마시고 집에 편안히 계세요"라고 말하는데, 어찌 보면 이는 매우 위험한 말이다.

　하지만 사람들이 자극과 각성을 추구한다고 해서 모두 목숨 건 사투를 즐긴다는 의미는 아니다. 사람들이 원하는 적절한 각성의 수준, 즉 최적 각성 수준optimum level of arousal은 개인마다 다르다. 롤러코스터를 탈 때 짜릿함을 느끼는 사람도 있지만, 회전목마 위에서 고통스러워하는 사람도 있다.

　대표적으로 최적 각성 수준이 높은 경우가 주의력 결핍 및 과잉 행동 장애ADHD★다. 한시도 가만히 있지 못해 끊임없이 돌아다니거나 몸을 움직이고 주위를 두리번거리는 이 산만한 아이들에게 의사들은 약물 치료★향정신성 약물의 일환으로 진정제를 투여했다. 하지만 차도가 없는 것은 물론 오히려 더 산만한 행동을 보였다고 한다. 그래서 자율 신경계★를 흥분시키는 각성제를 투여했더니 놀랍게도 조용해졌다고 한다. 왜 이런 일이 일어났을까? 그 이유는 ADHD 아동들의 최적 각성 수준이 다른 아이들에 비해서 높기 때문이다. 평소에는 자신이 원하는 각성 수준을 충족하기 위해 주의가 산만해지고 과잉행동을 했지만, 각성제의 효과로 더 이상 그럴 필요가 없어진 것이다.

사람들이 적절한 각성 상태를 추구한다는 사실은 아이들을 보면 쉽게 알 수 있다. 아이들은 어릴수록 잠투정이 많은데, 이는 각성의 반대인 수면★을 불쾌하게 여기기 때문이다. 아이들은 피곤하고 졸릴수록 짜증을 내고 산만하게 돌아다니다가 부모에게 혼나는 경우가 많다. 영화나 드라마에서는 아이들이 엄마의 책 읽는 소리를 들으면서 꿈나라로 가지만 현실은 전혀 다르다. 어쨌든 이 점에 착안해 최근에는 ADHD의 원인을 수면의 문제로 보는 심리학자들도 있다.

최적의 각성은 수행과도 연관이 있다. 미국의 초기 심리학자였던 역스Robert Yerkes와 그의 동료 다슨John Dodson은 최적의 각성일 때 사람들의 수행이 가장 좋고, 각성이 지나치게 높거나 낮으면 수행이 떨어진다는 사실을 발견해 이를 역-다슨 법칙Yerkes-Dodson law★사회적촉진이라고 명명했다. 각성이 지나치게 높다는 것은 너무 긴장이 된다는 의미이고, 각성이 지나치게 낮다는 것은 졸리고 집중이 안 된다는 것이다.

보통 부모님들은 조용한 집을 놔두고 왜 도서관에 가려고 하느냐고 의아해하신다. 하지만 주변이 너무 조용하거나 아무도 없으면 우리의 각성은 떨어지게 된다. 요즘은 커피전문점에서 공부나 일을 하는 사람들을 자주 목격할 수 있는데, 이것도 같은 이치다. 무조건 조용해야 공부가 잘 된다는 생각은 틀린 것이다. 이런 면에서 어두침침하고 칸막이가 높은 독서실도 공부를 위한 환경이라기보다는 깊은 휴식과 수면을 위한 환경일 수도 있다. 사람마다 적절하게 느끼는 각성 수준이 다르기 때문에 공부를 잘하기 위해서는 자신의 각성 수준에 맞는 환경을 찾는 것이 중요하다.

갈등

접근과 회피로 분석하는 갈등의 종류
conflict / 동기와 정서

개인 내적으로 발생하는 것이든, 집단이나 개인간에 발생하는 것이든 갈등은 모순과 대립 혹은 충돌이나 불일치와 연관이 있다. 갈등은 많은 사람들에게 스트레스*이며, 지속되고 고조될수록 부정적인 효과를 나타낸다. 인간이 이 땅에 출현한 이후 한 번도 갈등이 없었던 적이 없었기에 철학자, 종교인, 예술가를 비롯한 많은 사람들이 갈등에 대해 논하고 나름의 해결 방법을 제안했다. 심리학자들의 연구도 빼놓을 수 없다. 사회적으로 큰 문제인 노사갈등은 사회심리학*과 산업 및 조직심리학*, 그리고 개인의 심리적 갈등은 상담심리학*과 임상심리학* 분야에서 효과적인 해결 방안을 찾기 위해 노력하고 있다.

사회심리학의 창시자 레빈은 선택과 관련해 경험하는 갈등의 종류를 다음처럼 구분했다. 기본적으로 접근approach과 회피avoidance라는 두 가지 특성을 중심으로 한다. 접근이란 대상에게 끌리는 마음이며, 회피란 이와 반대로 대상에서 멀어지고 싶어하는 마음이다.

- 접근-접근 갈등approach-approach conflict: 끌리는 두 대상 중 하나를 선택해야 하는 갈등이다. 예를 들어 우리가 자주 고민하는 자장면과 짬뽕을 선택할 때의 갈등이다.
- 회피-회피 갈등avoidance-avoidance conflict: 피하고 싶은 두 대상중 하나를 선택해야 하는 갈등이다. 보통 이러지도, 저러지도 못하는 갈등이다. 예를 들어 상사와 관계가 불편한 직장인이 회식에 대해 가지는 두 마음이다. 안 가자니 찍힐 것 같아서 싫고, 그냥 가자니 몸도 마음도 불편하다.
- 접근-회피 갈등approach-avoidance conflict: 앞의 갈등이 두 대상에 대한 갈등이라면, 이 갈등은 한 대상이 가지고 있는 두 속성에 대한 갈등이다. 예를 들어 이성 친구를 사귈 때 겪는 갈등으로, 상대가 성격은 괜찮은데 키나 외모가 별로 마음에 안 들면 갈등하게 된다. 또 여성들이 남자 친구에게 프러포즈를 받고 심각한 고민과 갈등에 빠지는 것도 접근-회피 갈등이다. 결혼의 장점과 단점이 너무 선명하기 때문에 여성들의 입장에서는 갈등할 수밖에 없다.

• 다중 접근-회피 갈등multiple approach-avoidance conflict: 장단점이 명확한 대상들이 다수 존재하고, 그 중에 하나를 선택해야 할 때의 갈등이다. 예를 들어 쇼핑할 때 마음에 드는 멋진 옷은 비싸고, 저렴한 옷은 후줄근해 고민하게 만드는 갈등이다. 또한 결혼을 하기 위해 다수의 이성과 맞선을 본 후에도 이런 갈등을 겪게 된다.

감각과 지각
외부에서 정보를 받아들이는 두 과정
sensation and perception / 분야

인식론*의 과학적 접근에 관심을 가졌던 초기 심리학자들은 주로 경험과 지식의 관계를 입증하려고 애썼다. 이러한 관점의 심리학 연구는 정신물리학*을 거쳐서 현재 감각과 지각이라는 하위 분야에서 지속되고 있다.

우리는 경험을 통해 지식을 만들어갈 때 먼저 다섯 감각*오감, 즉 시각·청각·촉각·후각·미각을 사용한다. 감각 기관은 우리의 뇌가 이해할 수 있도록 외부의 자극을 신경신호*뉴런로 변환시키고, 뇌*는 이 신호를 받아들여서 그 의미를 이해한다. 전자의 과정을 감각, 후자의 과정을 지각이라고 한다.

감각심리학에서는 우리의 감각 기관에 내해서 나루는데, 시각이 상당 부분을 차지한다. 그 이유는 시각으로 받아들이는 정보의 양이 많고 또 중요한 위치를 차지하기 때문이다. 어떤 이들은 눈을 '제2의 뇌'라고 한다. 여러 감각 기관에서 들어온 정보가 불일치할 때, 우리는 매우 자연스럽게 시각 정보를 우선으로 생각한다.

만약 길을 가다가 뒤쪽에서 자신을 부르는 소리가 들렸고청각, 고개를 돌렸을 때 자신을 향해 달려오는 친구를 보았다면시각, 우리는 두 정보를 종합해 '친구가 나를 불렀구나'라고 생각한다. 그런데 고개를 돌려보니 아무도 없었다면시각, 다시 말해 청각 정보와 시각 정보가 충돌한다면 대부분의 사람들은 청각보다는 시각 정보에 근거해 '내가 잘못 들었나보다'라고 생각한다. 혹시 두 정보가 일치한다고 생각해 '투명 인간이 나를 불렀구나'라는 생각이 든다면 심리학자나 정신과 의사를 찾아가기를 권한다.

시각 다음으로는 청각이 중요한 정보원이다. 그렇지만 사람에게 시각, 청각보다 더 중요한 것은 적응능력이라고 할 수 있다. 시력을 잃은 사람들은 청각이나 촉각이 매우 예민하게 발달해 있다. 청력을 잃었던 천재 음악가 베토벤이 손의 촉각을 이용해 음악을 들었다는 일화는 유명하다.

일반적으로 감각이 다섯 가지라고 생각하지만 사실 세부적으로 보면 이보다 많다. 우선 촉각은 접촉을 느끼는 감각압각과 통증을 느끼는 감각통각, 그리고 온도를 느끼는 감각온각으로 구분이 가능하다. 이에 더하여 내이內耳안쪽에서 몸의 전반적인 위치와 방향에 대한 정보를 제공하는 전정 감각, 근육과 관절에서 팔다리 같은 몸의 각 부분의 운동에 대한 정보를 주는 신체운동 감각도 있다. 이렇게 따지면 오감이 아니라 구감九感이라고 해야 하지 않을까.

감각 기관에서 받아들인 외부세계의 정보들은 신경신호로 변환되어 뇌로 이동하고, 뇌에서는 그 의미를 파악한다. 감각심리학에서는 주로 감각 기관의 구조와 기능에 대해 다루기 때문에 고등학교 생물 시간을 연상하게 한다. 하지만 지각심리학은 정보의 조직화나 이해와 관련해 다양한 주제들을 다룬다. 가령 지각체제화의 법칙★게슈탈트 심리학, 깊이 지각★, 항등성★과 착각★ 등이다. 이처럼 우리는 세상을 인식하기 위해 감각 기관의 활동 이상의 또 다른 과정이 필요하다.

개념적으로는 감각과 지각을 구분할 수 있는 것처럼 보이지만, 신경계★에서는 이 구분이 명확하지 않다. 그 이유는 감각 수용기가 외부의 자극을 신경부호로 변환시켜서 뇌로 보내고, 뇌에서 다양한 정보처리를 하는 모든 과정에서 신경 세포인 뉴런이 활동하고 있기 때문이다.

감옥 실험

포로를 학대하는 군인과 죄수를 학대하는 간수
prison experiment / 사회심리학

2004년, 전 세계는 이라크에서 벌어진 미군과 영국군의 포로학대 사건에 경악했다. 공개된 사진을 보면 어떤 이라크 포로가 양손에 전깃줄을 잡고 봉투를 뒤집어쓴 채로 상자 위에 서 있었다. 미군은 이 포로에게 상자에서 떨어지면 전기충격을 가할 것이라고 위협하고 있었다. 죄수들은 피라미드처럼 포개져 있었고, 죄수들의 피부에는 영어로 욕설이 적혀 있었다. 병사들이 발가벗은 포로들을 배경으로 기념 촬영을 한 사진도 있었다. 또 다른 사진 속에는 죄수들이 성행위를 연상시키는 자세를 취하고 있었고, 미군 병사들은 손가락질하며 웃는 장면이 담겨 있었다.

아부 그라이브Abu Ghraib 포로수용소에서 벌어진 이 사건은 전쟁포로에 대한 학대와 학살을 막기 위해 제정된 제네바 조약GenevaConventions을 위반하는 것이다. 반인륜적인 이 행태는 도저히 이성적이고 합리적인 인간이 한 일이라고는 믿기지 않았다. 전 세계 사람들의 비난은 그칠 줄 몰랐다. 하지만 이 사건을 보면서 고개를 끄덕거리는 사람이 있었으니, 1971년에 대학생들을 대상으로 감옥 실험을 진행했던 미국 스탠포드대학의 심리학자 짐바르도Philip Zimbardo였다.

그는 사건이 일어나자마자 자신의 홈페이지www.prisonexp.org에 이라크의 포로학대 사진과 감옥 실험 사진을 함께 실었다. 놀랍게도 두 사진은 연출된 것처럼 흡사했다. 포로를 학대하는 군인의 악랄함은 40년 전 스탠포드대학의 지하실에서 이미 예견되었다고 주장하기에 충분했다. 전 세계 언론의 관심을 받게 된 짐바르도는 이 실험을 토대로 '무엇이 선량한 사람을 악하게 만드는가'라는 부제가 붙은 『루시퍼 이펙트Lucifer Effect』를 출간했다.

사실 짐바르도가 감옥 실험을 계획한 이유는 범죄자들의 높은 재범률 때문이었다. 사람들은 범죄자들의 악한 천성에 주목했지만, 사회심리학★자였던 그는 환경에 주목했다. 이를 실험으로 알아보기 위해 '환경조작에 따른 심리변화'를 주제로 실험을 한다면서 참가자 모집 광고를 냈다. 실험은 총 2주 동안 진행될 예정이었고, 참가자들에게는 일당 15달러를 제시했다. 광고를 보고 모인 70여 명의 사람 중에 정신장애★이상심리학나 범죄 이력이 없고 경제 수준과 지능★, 건강 등이 정상적이고 평범한 사람 24명을 선발했다. 간수 역할 9명, 죄수 역할 9명, 그리고 나머지 6명은 대기자였다.

짐바르도는 간수에게 어떠한 물리적인 폭력도 사용하지 말 것을, 죄수에게는 간수의 말에 순종할 것을 요청했다. 이 외에는 어떤 특별한 규칙도 만들지 않았다. 참가자들 모두 일종의 실험임을 알고 있었기 때문에 처음에는 재미있게 '감옥 놀이'를 했다. 하지만 시간이 지날수록 참가자들은 역할에 몰입하게 되었다.

첫째 날, 연구자들은 경찰의 협조를 얻어 죄수 역할인 참가자들을 집에서 체포하는 상황을 연출했다. 그들을 모의 감옥으로 데리고 온 후 옷을 벗기고 살충제를 뿌리고 원피스 같은 죄수복과 샌들을 제공했다. 속옷을 입지 못한 죄수들은 허전함을 느꼈다. 삭발의 효과를 내기 위해 머리에 스타킹을 뒤집어쓰게 했으며, 오른쪽 발목에는 체인을 채웠다. 또한 죄수들은 이름이 아닌 죄수복에 붙어 있는 번호로만 불렸다. 간수 역할인 참가자들에게는 간수복과 호루라기, 경찰봉, 그리고 선글라스를 주었다. 가능한 모든 것을 실제 감옥과 비슷하게 진행했다.

둘째 날, 죄수 5401번의 주동으로 죄수들이 폭동을 일으켰다. 간수들을 비웃고 모욕감을 주었으며, 우스꽝스러운 스타킹 모자와 죄수 번호표를 제거했다. 또한 간수들이 감방 안으로 들어오지 못하도록 안쪽에서 간이침대로 바리케이드를 쳤다. 이에 당황한 간수들은 죄수들에게 밀리면 안 된다는 생각에 소화기를 사용해 죄수들을 진압하고 옷과 침대를 빼앗았다. 게다가 죄수들의 분열을 유도하기 위해 일부 죄수에게 옷과 침대를 돌려주고 음식을 주었으며, 반나절 후에는 다시 다른 죄수들에게 그렇게 했다. 죄수들은 누군가가 간수에게 협조하는 것이라고 생각해 서로를 불신했다.

얼마 지나지 않아 죄수 8612번은 시도 때도 없이 울거나 웃고 분노에 차서 공격적인 행동을 보이기 시작했다. 짐바르도를 비롯한 연구자들은 처음에 8612번이 속임수를 쓴다고 생각했으나 그 반응이 점차 심해져 결국 그를 감옥실험에서 내보냈다.

셋째 날, 죄수들은 면회 시간을 이용해 부모와 친구들을 만났다. 그런데 전날 석방된 8612번이 친구들을 데리고 감옥으로 쳐들어와서 죄수들을 석방시킬 것이라는 소문이 퍼졌다. 연구자들은 탈주의 가능성을 차단하기 위해 죄수들을 다른 곳으로 이동시켰다. 하지만 짐바르도는 자신도 어느새 관찰자가 아닌 일종의 간수, 즉 죄수들을 통제하는 역할을 하고 있다는 사실을 깨달았다. 그는 개입을 즉시 중단하기로 하고 죄수들을 감옥으로 돌아오게 했다. 이 사건으로 간수들은 더욱 심하게 죄수들을 괴롭혔다. 맨손으로 변기청소를 시켰으며, 몇 시간 동안 팔굽혀펴기를 하게 했다. 죄수들은 말없이 복종했다.

넷째 날, 실제 감옥처럼 종교의식을 진행하기 위해 천주교 사제를 불렀다. 그런데 사제는 죄수들의 상태가 예사롭지 않음을 알고는 죄수들과 면담을 하면서 그들의 부모에게 연락해주겠다고 약속했다. 다른 죄수들이 사제와 면담을 하는 동안 죄수 819번은 사제와의 면담을 거부한 채 의사를 불러달라고 했다. 819번의 상태가 심각함을 느낀 연구자는 감옥에 들어와서 "어떤 의사를 원하는지 알려달라"면서 죄수를 감옥 밖으로 데리고 나갔다.

또 한 명의 탈락자가 생기려는 장면을 목격한 간수들은 죄수들에게 "819번은 나쁜 죄수다"라고 복창하게 했다. 819번은 이 소리를 듣고 괴로워하면서 울기 시작했다. 연구자는 실험을 포기하라고 권유했지만 819번은 자신이 나쁜 죄수가 아님을 증명해야 한다면서 그럴 수 없다고 말했다. 이때 연구자가 819번의 이름을 부르면서 "이 모든 것은 단지 실험입니다!"라고 말했다. 그제야 참가자는 꿈에서 깨어난 듯 정신을 차렸다. 그는 자신을 진짜 죄수 819번으로 인식하고 있었던 것이다.

다섯째 날, 시간이 갈수록 간수들의 학대가 심해졌다. 특히 한밤중에 간수들은 연구자들이 퇴근했을 것이라고 판단하고 죄수들을 더욱 심하게 학대했다. 사제에게 연락을 받은 죄수의 부모들은 연구자들에게 항의했고, 간수와 죄수를 면접한 연구자 한 사람이 실험을 중단할 것을 강력하게 요청했다. 결국 실험은 다음 날 중단되었다.

실험의 결과는 매우 충격적이었다. 환경에 따라서 사람이 이렇게 악랄해질 수 있다니! 범죄자의 재범률이 높은 이유도 상당 부분은 감옥이라는 환경에 있음을 알 수 있다. 하지만 이 실험은 상당 기간 학계의 주목을 받지 못했다. 실험이라고 하기에는 가설도 명확하지 않고 통제되지 않은 혼입 변인★역하 자극이 너무 많아서 확실한 결론을 내리기에는 무리가 있었기 때문이다.

그러던 중 이라크 포로학대 사건을 계기로 이 실험은 사람들의 관심을 끌게 되었고 2001년에 독일에서 〈엑스페리먼트Das Experiment〉라는 제목으로 영화가 만들어졌다. 또 2010년, 헐리웃에서 동일한 제목으로 리메이크되기도 했다. 영화에서는 극적인 긴장과 흥분을 더하기 위해서 실제 실험의 상당 부분을 각색했다. 예를 들어 직업이 다양한 참가자 20명을 간수 8명과 죄수 12명으로 나눈 것, 계획대로 2주 동안 진행한 것, 그리고 간수와 죄수들의 극단적 충돌로 몇 명이 죽는 것 등이다. 하지만 6일까지는 실제 실험의 상황과 비슷한 측면이 많으니, 이 실험에 관심 있는 사람들이 이 영화를 본다면 좋을 것이다.

강박

무언가에 집착되어 어찌할 수 없는 상태
obsession and compulsion / 이상심리학

'강한 압박'을 의미하는 강박強迫은 일상적으로 많이 사용하는 정신장애★이상심리학 용어 중 하나다. DSM-5★DSM에서 강박이라는 단어

를 포함한 정신장애는 강박 장애OCD ; Obsessive-Compulsive Disorde와 강박성 성격 장애*가 있다.

강박 장애의 진단 기준은 강박 사고obsession와 강박 행동compulsion이다. 참고로 강박 장애는 이전까지 불안* 장애의 범주에 속해 있었지만 DSM-5에서는 강박 및 관련 장애obsessive-compulsive and relateddisorder라는 새로운 범주에 속하게 되었다. 강박 사고는 개인이 의도적으로 꾸며낸 것이 아니라, 의지와 상관없이 갑작스럽게 머릿속으로 침투해 들어오는 생각이다. 심각한 불안을 유발하는 강박사고의 내용은 성sex이나 죽음과 연관된 것이 많다. 강박 행동은 강박 사고가 유발한 불안을 해소하려는 특정한 행동으로, 불안이 사라질 때까지 반복되는 경향이 있다. 정해진 규칙이나 틀이 명확해 마치 종교 의식ritual처럼 보인다. 실제로 프로이트*는 종교를 불안한 사람들이 불안을 해소하기 위해 의식을 거행하는 강박 장애의 일종으로 보았다.

소위 결벽증mysophobia이라는 증상도 강박 장애이다. 결벽증은 자신이 오염되었다는 생각으로 불안해지고, 손 씻는 행동을 반복함으로 불안을 감소시키려고 한다. 결벽증인 사람들이 손이나 몸을 씻는 행동은 일반인들과 다르다. 되는 대로 씻는 것이 아니라 순서와 횟수가 정해져 있으며, 피부가 손상될 정도로 과도하게 씻는다.

강박 장애는 어떻게 보면 완벽주의인 것처럼 보이기도 하지만 이둘은 다르다. 강박 장애가 특정한 영역에서 불안을 피하기 위한 몸부림일 뿐이라면, 강박성 성격 장애는 지나치게 완벽주의를 추구하는 성향이다.

강박 및 관련 장애 범주에 속하는 또 다른 정신장애로는 신체 기형변형 장애body dysmorphic disorder가 있다. 이는 자신의 신체적 외모에 결함이 있다고 생각하는 것이다. 물론 결함이 실제로 있지는 않으나 이들은 그렇게 주장한다. 자신의 신체적 결함을 해결하기 위해 성형외과를 찾아가서 수술을 받기도 하는데, 이들의 진짜 문제는 신체가 아니라 왜곡된 신체 이미지이기 때문에 수차례의 수술로도 만족하지 못한다.

신체 기형 장애는 소위 성형중독으로 표현되지만, 이렇게 극단적인 경우가 아니더라도 자신의 외모에 문제가 있다는 생각이 사회생활에 영향을 미친다면 진단이 가능하다.

예를 들어 자신의 다리가 휘어졌다면서 학교에서 체육복 갈아입기를 기피하는 청소년도 신체 기형 장애라고 할 수 있다. 이럴 경우 누가 봐도 멀쩡한 다리이지만, 정작 본인은 세상에서 가장 못난 다리라고 생각한다.

자신의 물건 중에서 불필요한 것들을 버리지 못하고 강박적으로 저장하거나 혹은 밖을 돌아다니면서 불필요한 물건들을 강박적으로 수집해오는 저장 장애hoarding disorder, 자신의 머리카락을 반복적으로 뽑는 모발-뽑기 장애hair-pulling disorder, 피부를 반복적으로 벗기는 피부 벗기기 장애skin-picking disorder도 강박 및 관련 장애에 속한다.

강화 계획

행동을 오래 지속시키는 전략은 '매번'이 아닌 '가끔'
reinforcement schedule / 학습심리학

어느 대학 건물에 커피 자판기 두 대가 있다. 왼쪽 자판기는 가끔 동전을 먹고 커피가 아닌 오리발을 내밀지만, 오른쪽 자판기는 언제나 착실하게 동전에 상응하는 커피를 제공한다. 당연히 학생들은 오른쪽 자판기를 선호하지만, 그 건물에서 수업을 듣는 학생들은 셀 수 없이 많고 자판기는 딱 두 대밖에 없기 때문에 왼쪽 자판기에도 언제나 긴 줄을 서곤 했다.

그런데 어느 날 두 자판기 모두 고장이 났다. 이 사실을 모르는 학생들은 두 자판기에 동전을 넣고 커피가 나오기를 기다렸지만, 두 자판기는 감감 무소식이었다. 이때 어느 자판기 앞에서 학생들이 쉽게 발걸음을 돌리지 못할까? 가끔 오리발을 내밀었던 왼쪽일까, 아니면 언제나 착실했던 오른쪽일까?

미모의 두 아가씨 영숙과 미숙이 있다. 성격이 까칠한 영숙은 남자들의 친절과 선물에 별로 좋아하는 기색을 하지 않는다. 가끔 자신이 기분 내킬 때만 고맙다는 표현을 한다. 반면에 친절하고 착한 미숙은 남자들의 호의에 언제나 고마움을 표현한다. 누가 더 남자들에게 인기가 많을까? 까칠한 영숙일까, 친절한 미숙일까?

첫 번째 문제의 정답은 왼쪽 자판기이고, 두 번째는 영숙이다. 착실했던 자판기와 친절한 미숙에 대한 도의를 저버려서는 안 된다며 따지고 싶은 마음이 들 수도 있겠다. 하지만 이는 엄연한 사실로 가끔 제공되는 강화물*강화와 처벌, 즉 부분 강화 효과partial reinforcement effect 때문에 발생한다. 부분 강화 효과란 어떤 행동에 대해 매번 빠지지 않고 강화물을 제공하는 연속 강화continuous reinforcement보다는 강화물을 가끔 제공하는 부분 강화가 행동을 지속시키는 데 더 효과적이라는 것이다. 연속 강화를 경험했을 경우 강화물이 제공되지 않으면 유기체는 행동을 빨리 중단하고, 부분 강화일 경우에는 행동을 천천히 중단한다. 강화물로 형성되었던 행동이 강화물의 중단으로 사라지는 현상인 소거extinction라는 측면에서 보자면, 부분 강화 효과란 부분 강화일 때 소거가 잘 일어나지 않는 현상이라고 할 수 있다.

스토커*망상 때문에 고통스러워하는 연예인들이 저지르는 실수 중 하나가 스토커를 설득하기 위해 한두 번 정도 만난다는 것이다. 스토커의 입장에서 본다면 이른바 부분 강화를 받은 것이므로, 스토킹의 소거는 더 어려워진다.

그렇다면 어떠한 방식으로 부분 강화를 줄 것인가? 이에 대해 행동주의* 심리학자들은 강화물의 제공 기준비율 vs. 간격과 시점의 변동성고정 vs. 변동에 근거해 강화 계획을 네 종류로 구분한다. 우선 유기체의 행동을 기준으로 강화물을 제공할 수도 있고비율 계획, 시간을 기준으로 할 수도 있다간격 계획. 또한 강화물의 제공 시점을 일정하게 정할 수도 있고고정 계획, 무작위로 할 수도 있다변동 계획.

		기준	
		간격interval, 시간	비율ratio, 행동
시점	고정 fixed	고정 간격FI 예) 직장인들의 월급	고정 비율FR 예) 판매사원의 성과급제
	변동 variable	변동 간격VI 예) 문자·이메일 확인, 낚시	변동 비율VR 예) 도박

　여기에서 심리학자들은 고정 계획보다는 변동 계획의 소거가 더 어렵다는 사실을 발견했다. 생각해보면 문자나 이메일 확인, 낚시나 도박은 중독성이 강하다. 더이상 문자나 메일이 오지 않아도, 물고기를 한 마리도 잡지 못해도, 도박으로 가산을 탕진해도 사람들은 멈출 줄을 모른다. 도의를 저버리는 행동이 비단 자판기와 연애의 문제만은 아닌 것이다.

▌강화와 처벌

당신이 알아야 할 행동 변화의 강력한 두 전략
reinforcement and punishment / 학습심리학

　강화란 행동의 빈도가 증가하는 현상이며, 강화물reinforcer이란 행동의 빈도를 증가시키는 자극을 말한다. 조작적 조건형성*의 실험적 모델을 제시한 손다이크는 효과의 법칙을 제안했다. 하지만 행

동주의의 거장 스키너★는 손다이크의 설명이 마음에 대한 추측 S-O-R★근접성 vs. 수반성일 뿐 전혀 과학적이지 않다고 비판하면서 강화라는 개념으로 설명했다. 이는 행동의 결과강화물가 행동의 빈도를 증가시킨다는 의미로, 자극과 행동S-R의 패러다임을 주장하는 행동주의★의 입장에서는 정확한 표현이라고 할 수 있다. 스키너의 통찰력이 놀랍기만 하다.

고양이를 대상으로 한 손다이크의 실험에서 고양이가 상자의 문을 여는 행동에 대한 강화물은 생선이다. 고양이의 행동을 증가시켜 자극과 행동의 연합을 강화시키는 역할을 했기 때문이다. 강화물에는 물이나 음식처럼 학습 없이도 유기체의 행동을 변화시키는 일차 강화물과 돈과 같이 학습을 통해 강화물의 속성을 띠는 이차 강화물이 있다. 또한 칭찬★격려처럼 물질이 아니라 사람들에게 얻는 사회적 강화물도 있다.

강화물은 때로 보상reward이라고도 한다. 하지만 이는 행동주의 입장에서 보면 옳은 표현이라고 할 수 없다. 보상이라는 단어에는 유기체가 그것을 좋아한다거나 그 자체로 긍정적이라는 의미가 있어서 행동결과과 무관하게 정의된다. 그렇지만 강화물은 그 자체의 속성과 상관없이 결과적으로 행동을 증가시켜야만 한다. 만약 제아무리 좋고 바람직한 것이더라도 행동의 빈도가 증가하지 않았다면 강화물이 될 수 없다.

강화가 행동의 빈도를 증가시키는 것이라면 처벌은 행동의 빈도를 감소시키는 것이다. 처벌이라는 단어가 사람들에게는 보상의 반대말처럼 들릴 것이다. 처벌이란 나쁘고 부정적인 것이기 때문에 유기체가 싫어할 것이라고 생각한다. 그렇지만 이 역시 유기체의 마음을 가정하는 것이기 때문에 행동주의자들은 받아들이지 않는다. 유기체가 좋고 싫음을 느끼는 것에 관계없이 행동의 빈도를 감소시킬 수 있는 것이 처벌이다.

많은 사람들이 좋고 나쁨에 따라, 긍정과 부정에 따라서 보상과 처벌을 구분한다. 하지만 행동주의자들은 이런 접근에 반대한다. 도대체 좋고 나쁘다는 기준이 무엇인가? 좋고 나쁘다에 객관적이고 명확한, 그리고 모든 사람들에게 동일하게 적용될 수 있는 기준이 존재하긴 하는가? 예를 들어 간지럼을 태우는 일은 보상인가 처벌인가? 과제나 공부는? 체력단련은? 잔소리는? 사람마다 다르고, 상황마다 다르다. 어린이와 청소년에게 부모님의 잔소리는 괴로운 처벌이겠지만, 중년의 성인들에게 노부모의 잔소리는 보상일 수 있다. 또한 평소 싫어하던 친구의 잔소리는 처벌이겠지만, 짝사랑하는 사람이나 평소 존경하는 사람의 잔소리는 보상이 될 수도 있다. 게다가 간지럼은 어떠한가? 간지럼을 태우면 사람들은 겉으로는 웃어도 사실은 무척 괴로워한다.

이처럼 보상과 처벌은 기준이 모호할 수밖에 없기 때문에 이를 이용해 자녀나 학생의 행동을 변화시키려고 하는 부모와 교사의 노력은 종종 허사로 돌아간다. 수업시간에 떠드는 학생에게 면박을 줄때 교사는 당연히 학생이 입을 나물 것이라고 기대한다. 면박이라는 처벌을 사용했다고 생각하기 때문이다. 하지만 상당수의 학생들은 떠드는 행동을 멈추지 않거나 더 자주, 더 크게 떠든다. 교사는 처벌을 가했다고 생각했으나 교사의 면박이 오히려 아이의 행동을 강화시켰기 때문이다. 보통 교사나 친구들에게 관심을 끌고 싶어하는 학생들이 이런 경향을 보인다.

이와 반대인 현상도 있는데 부모나 교사의 관심표현은 아동들에게 강화로 작용하기 쉽지만, 청소년들에게는 처벌로 작용할 수 있다. 청소년들은 기성세대에 대해 반감을 가지기 쉽다. 공부할 때마다 평소에 싫어하던 어른_{부모나} _{교사}이 칭찬을 해주거나 관심을 보인다면 공부를 때려치울 수도 있다.

이처럼 누군가의 행동을 변화시키는 일은 결코 쉬운 일이 아니다. 이에 대해 스키너는 부모와 교사들에게 이렇게 충고할 것이다. 부모와 교사의 입장에서 보상과 처벌을 결정하지 말고, 아이의 행동을 잘 살펴서 강화와 처벌을 결정하라고 말이다. 또한 보상보다는 강화라는 표현을 사용하라고 한 마디 덧붙이지 않을까?

행동주의의 창시자 왓슨을 비롯해 스키너도 행동주의의 원리를 자녀교육에 응용할 수 있다고 생각했다. 이러한 그들의 생각은 현재까지 널리 퍼져서 수많은 자녀교육서에 등장한다. 이처럼 행동주의의 원리를 사용한 응용분야를 행동 수정*이라고 한다.

개인심리학

열등감과 출생 순위로 잘 알려진 아들러의 개인심리학
individual psychology / 역사

아들러*는 프로이트*를 따라 정신분석*에 몸을 담았으나 얼마 지나지 않아 개인심리학이라는 자신만의 이론을 발전시켰다. 개인심리학의 주된 내용은 열등감inferiority과 우월성의 추구striving for superiority, 출생 순서birth order, 생활양식style of life이다.

융*의 분석심리학*이 무의식*과 분석이라는 점에서 정신분석과 비교적 유사하다면, 아들러의 개인심리학은 어린 시절을 강조했다는 점을 제외하고는 정신분석과의 공통점이 거의 없다고 해도 과언이 아니다. 오히려 무의식보다는 의식, 원초아보다는 자아의 역할과 태도에 관심을 가진다는 점에서 정신분석과 사뭇 다른 입장을 견지하고 있다. 아들러가 정신분석을 대체할 요량으로 개인심리학을 고안했다고 프로이트가 비판할 정도였다.

아들러는 사람이라면 누구든지 열등감을 가지고 있다고 주장한다. 모든 부분에서 완벽한 사람은 없기 때문이다. 아들러는 열등감의 근원을 세 가지로 본다. 바로 기관 열등감organ inferiority, 과잉보호spoiling, 거부neglect가 그것이다. 기관 열등감은 질병이나 외모피부색처럼 신체와 관련되어 있는 것으로 바로 아들러의 열등감이었다. 반면 과잉보호와 거부는 부모의 양육 태도로 생기는 열등감이다. 우선 과잉보호는 아이의 자발성을 훼손시켜서 아이에게 자신의 능력에 대한 열등감_{무기력감}을 느끼게 한다. 이와 정반대인 거부는 부모가 아이에게 관심을 보이지 않는 양육 태도다. 당연히 아이는 자신의 존재에 대해 열등감_{무가치함}을 느끼게 된다.

사람들은 누구나 우월성을 추구한다. 다른 사람보다 뛰어나기를 원하기 때문에 자신의 열등감을 극복하고 싶어하는 것이다. 이 과정에서 열등감을 인정하고 이것을 창의성*의 발판으로 삼으면 열등감을 건강하게 극복할 수 있다. 하지만 단지 자신에게 열등감을 느끼게 하는 다른 사람을 이기려고만 할 경우 열등감을 극복하지 못하고 마음속에 열등감 콤플렉스_{inferiority complex}★_{콤플렉스}가 생기게 된다.

아들러는 개인의 성격 발달에 있어서 출생 순위도 중요하게 보았다. 첫째는 권위적이고 규율에 쉽게 동조하는 성향, 둘째_{중간}는 경쟁적인 성향, 막내_{독자}는 응석받이고 독립심이 낮은 성향이 있다고 했다. 아들러 이후로 심리학자들은 사람의 성격을 이해할 때 출생 순위를 고려하기 시작했다. 그렇지만 이는 모든 사람들에게 그대로 적용할 수 있는 것이 아니라, 해당 가족의 구도에서 재조명할 필요가 있다.

생활양식이란 어린 시절에 형성되어 한 사람의 일생에 영향을 미치는 삶의 태도를 말한다. 아들러는 생활양식 때문에 사람들의 행동이 일관성 있다고 말했다. 또한 생활양식은 우월성을 추구하는 과정에서 겪는 경험에 따라서 만들어진다고 했다.

건강심리학

마음뿐만 아니라 몸의 건강에도 심리학이 필요하다
health psychology / 분야

누구나 한 번쯤은 병원에서 답답함이나 무안함을 느껴보았을 것이다. 의사의 고압적인 태도 때문일 수도 있고, 제대로 된 안내를 받지 못했기 때문일 수도 있다. 혹은 자신의 질병에 대한 걱정과 두려움을 인정하지 않으려는 의료진 때문일 수도 있다. 건강심리학은 이처럼 환자들이 느끼는 불편함을 해소하는 것은 물론, 더 나아가 환자가 질병을 빨리 극복하고 건강을 유지할 수 있도록 돕기 위해서 생긴 심리학의 하위 분야다.

심리학에서 건강이라는 말은 매우 자연스럽게 정신건강★이상심리학과 연결된다. 하지만 건강심리학에서 말하는 건강은 정신보다는 신체에 가깝다. 건강심리학은 1980년경 미국에서 시작되었고, 우리나라에서도 1994년에 건강심리학회가 창립되었다.

건강심리학이 출현하게 된 배경은 건강과 질병에 대한 기존 의학모델의 한계 때문이다. 질병의 발생에는 단지 생물학적 요인뿐만 아니라, 심리적 요인과 사회적 요인이 함께 작용한다. 질병에 대한 환자의 불안★이나 태도는 심리적 요인이고, 가족의 지원이나 지역의 정신건강 시설은 사회적 요인이다. 따라서 건강심리학은 질병에 접근할 때 이 모든 요인들을 고려하는 생물심리사회적 모델 biopsychosocial model을 지향한다.

보통 기존의 의학적 접근은 건강보다는 질병에 초점을 맞추고 있다. 다시 말해 건강의 유지와 증진보다는 질병을 치료하는 데만 초점을 맞추고 있는 것이다. 그렇지만 건강심리학은 건강의 유지와 이에 영향을 미치는 심리적 요인을 연구한다. 물론 건강심리학도 질병의 치료에 많은 관심을 두고 있지만 질병을 치료하는 것에 중점을 두는 것이 아니라, 환자들이 자신의 질병에 대해 보이는 행동인 질병 행동illness behavior과 이를 개선시키는 방법에 대해 연구하는 학문이다.

예를 들어 암에 걸린 사람들은 자신이 암에 걸렸다는 사실을 담담하게 받아들일 수도 있고, 두려움에 사로잡힐 수도 있다. 항암치료에 대해서도 적극적으로 임할 수도 있고, 항암치료가 가져올 고통과 탈모 같은 부작용 때문에 회피할 수도 있다. 이러한 행동은 질병을 치료하는 데 상당한 영향을 미친다. 의사가 아무리 치료를 잘 하려고 해도 환자가 협조해주지 않으면 치료는 힘들어진다.

건강심리학자는 환자가 질병을 잘 극복하도록 상담과 심리치료★상담심리학를 통해 환자의 두려움을 공감해주고 올바른 태도를 가지도록 도와준다. 또한 행동주의의 원리를 의학 분야에 적용한 행동 의학★행동 수정을 사용해 환자들의 건강에 도움이 되는 행동은 증가시키고, 건강을 해치는 행동은 감소시키기도 한다.

이에 더해 건강심리학자들은 의사와 환자의 의사소통과 관계를 연구하기도 하며, 환자가 병원에서 효과적인 도움을 얻도록 의료 환경을 연구한다. 다시 말해 서비스를 제공하는 의사 중심이 아니라,

서비스를 받는 환자의 입장에서 의료시스템에 접근하는 것이다.

이상이 건강심리학의 주된 관심 분야다. 한국건강심리학회 홈페이지에서는 건강심리학자를 다음과 같이 소개하고 있다.

건강심리전문가란 건강증진과 질병의 예방, 진단, 치료 및 재활을 위한 전문적 능력을 갖추고 스트레스* 관리, 통증 관리, 건강 관리, 행동의학 등의 영역에서 활동하는 심리학자입니다.

최근 우리나라에서도 국립암센터를 비롯한 몇몇 대형병원에서는 심리학자들을 고용해 환자들을 위한 다양한 심리프로그램을 운영하고 있다. 기존의 심리학자들의 활동 영역은 주로 정신과에 국한되었으나 이제는 다른 분야에서도 다양한 방법으로 환자를 도울 수 있게 되었다.

게슈탈트 심리학

전체는 부분의 합 이상이다!
gestalt psychology / 역사

복잡한 현상을 연구하기 위해 과학자들이 취하는 전형적인 방법은 분석과 분해다. 과학자들은 더이상 분해할 수 없는 작은 단위를 발견하면, 복잡한 현상을 이해할 수 있을 것이라고 생각했다. 물리학자들은 물질을 분해해 기본 단위인 원자, 분자, 소립자를 찾아냈고, 생물학자들은 생명체의 기본단위인 세포와 염색체, 유전자, DNA를 찾아냈다. 초기 심리학자들도 이런 접근을 취했다. 인식론*의 문제를 과학적으로 접근하고자 했던 심리학자들은 인간의 정신세계가 감각과 지각*의 경험을 통해 만들어진다는 사실에 주목하면서 복잡한 감각과 지각 경험을 분석하고 분해하기 시작했다. 이는 독일의 초기 심리학자들과 티치너가 창시한 구조주의★구조주의 vs. 기능주의의 입장이었다.

하지만 베르트하이머Max Wertheimer는 가현 운동apparent motion을 관찰하면서 분석과 분해가 어떤 현상을 이해하는 데 좋은 방법이 아닐 수도 있음을 발견했다. 대표적인 가현 운동으로는 일정 거리에 있는 전구 두 개를 교대로 빠르게 켜고 끄는 일을 반복하면 마치 하나의 불빛이 움직이는 것처럼 보이는 현상을 들 수 있다. 베르트하이머는 '전체는 부분의 합 이상'이라는 주장을 통해, 전체적인 형태가 개별 요소보다 우선시 되어야 한다고 확신했다.

독일어로 게슈탈트gestalt란 바로 '전체적인 형태'를 뜻한다. 전체적인 형태란 부분과 요소를 의미 있게 통합하고 조직해 만드는 것이다. 간혹 심리학 책에서 게슈탈트 심리학을 형태주의gestaltism라고 표현하기도 하지만, '형태form'라는 단어가 게슈탈트의 의미를 제대로 담아내지 못한다고 판단하는 많은 심리학자들은 게슈탈트라는 독일어를 그대로 사용하는 경향이 있다.

베르트하이머가 1923년에 발표한 「지각적 형태의 체제화 법칙

Laws of Organization in Perceptual Form」은 거의 모든 심리학 개론서의 감각과 지각 부분에 등장하는 이론이 되었다. 하지만 부분보다 전체를 강조하는 게슈탈트 심리학은 지각 분야에만 국한되지는 않았다. 유대인이었던 베르트하이머와 그의 공동연구자들은 1930년대 히틀러가 정권을 잡게 되자 독일을 떠나 미국으로 건너갔다.

그런데 미국에서도 분석적인 방법을 적용하는 심리학의 분파를 만나게 되었다. 바로 행동주의*였다. 행동주의자들은 인간의 학습과 경험을 조건형성*이라는 단순한 원리로 분석하고 분해하는 데 주력하고 있었다. 베르트하이머의 공동연구자 중 한 사람이었던 쾰러는 학습에서도 게슈탈트 심리학을 적용하기 위해 유인원을 대상으로 다양한 연구를 했고, 그 결과 행동주의자들의 시행착오 학습에 반대되는 통찰* 학습을 주장하게 되었다.

게슈탈트 심리학은 사회심리학*에도 영향을 미쳤다. 사회심리학의 창시자인 레빈은 베르트하이머, 쾰러와 친분이 있었으며, 이들은 학문적으로 서로에게 많은 영향을 끼쳤다. 인간의 행동을 이해할 때 개인의 성격*성격심리학뿐만 아니라 개인을 둘러싼 환경에도 관심을 기울여야 한다는 레빈의 주장은 부분과 요소보다는 전체를 강조하는 게슈탈트 철학과 일맥상통한다. 또한 게슈탈트 심리학은 상담과 심리치료*상담심리학에도 영향을 미쳤다. 게슈탈트 치료*의 창시자 펄스는 게슈탈트 심리학의 철학과 원리를 차용해 정신분석*에 반대하는 새로운 심리치료 이론을 만들었다.

이처럼 게슈탈트 심리학은 지각 분야에만 국한되는 하나의 이론이 아니라, 분석과 분해에 반대하고 전체와 통합을 강조하는 심리학의 새로운 접근방법이다. 그렇지만 게슈탈트 심리학을 주도하던 이들이 미국으로 건너가 주로 소규모 대학에서 활동했기 때문에 제자들을 많이 양성할 수 없었다. 또한 당시 미국은 행동주의의 영향력이 최고조에 달하고 있을 때였다. 이러한 이유로 게슈탈트 심리학자들은 심리학 연구의 패러다임 자체를 바꾸고자 했지만, 결국 하나의 학파로만 남게 되었다.

게슈탈트 치료

매순간 행동 동기를 알아차려 실행에 옮겨라
gestalt therapy / 상담과 심리치료

베르트하이머의 게슈탈트 심리학★의 주요 철학과 가정을 상담 분야에 적용해 게슈탈트 치료를 창시한 사람은 펄스Fritz Perls다. 독일 태생의 유대인 정신과 의사인 펄스는 1934년에 나치의 탄압을 피해 잠시 머물렀던 남아프리카에서 정신분석학회를 창립할 만큼 정신분석★의 신실한 추종자였다.

하지만 1936년 세계정신분석학회에서 야심차게 발표한 새로운 이론인 '구강적 저항'을 프로이트★가 단호하게 거부하자, 프로이트의 보수적인 태도에 실망해서 정신분석을 떠나게 되었다. 그로부터 4년 후인 1942년에 프로이트의 공격성 추동★을 비판하는 내용이 담긴 『자아, 배고픔, 공격성Ego, Hungry and Aggression』을 출간했다. 이로 인해 정신분석과 완전히 결별한 펄스는 미국으로 이주해 1950년부터 게슈탈트 치료를 시작했다.

베르트하이머의 게슈탈트 심리학이 인간의 정신 과정을 더 이상 나눌 수 없는 가장 작은 단위로 분석하려는 구조주의★에 반대했다면, 펄스의 게슈탈트 치료는 인간의 무의식★을 분석하려는 정신분석에 반대했다. 또한 베르트하이머가 게슈탈트를 인간의 지각 경험에 국한시켰다면, 펄스는 사고와 감정, 신체감각 등 유기체의 모든 영역으로 확장시켰다고 볼 수 있다.

그렇다면 치료 이론에서 게슈탈트란 무엇인가? 펄스는 지각 분야에서 사용하던 게슈탈트라는 단어를 자신의 이론에서 새롭게 정의했다. 바로 유기체가 지각한 자신의 행동 동기, 혹은 행동 동기로 지각한 사고와 감정, 욕구와 신체감각이라고 말이다. 프로이트의 정신분석과 비교하면 더 명확해진다. 프로이트에게 추동과 그 에너지인 리비도★심리성적 발달란 주변 환경이나 구체적인 행동과는 무관하게 발생하는 '욕구 그 자체'다. 반면 펄스에게 게슈탈트란 환경 속에서 구현할 수 있는 '행동 동기로 지각된 욕구'다. 배고픔이나 목마름 같은 욕구 그 자체는 게슈탈트가 아니다. '밥을 먹고 싶다'와 '물을 먹고 싶다'가 게슈탈트인 것이다. 따라서 유기체는 행동 동기로 지각되는 게슈탈트를 알아차리기만 하면 환경과의 접촉을 통해 곧바로 해결할 수 있다. 해결된 게슈탈트는 우리 마음에서 자연스럽게 사라지며, 유기체는 필요에 따라 또 다른 게슈탈트를 형성한다.

하지만 자신의 게슈탈트를 알아차리지 못하거나 알아차렸더라도 환경 속에서 해결하지 못하게 되면 우리 마음에는 문제가 생기게 된다. 특히 해결되지 못한 게슈탈트는 우리 마음에 미해결 과제unfinished business로 남아 다른 게슈탈트의 형성과 해소를 방해한다. 이렇게 되면 자신이 무엇을 원하는지도 모르고 어떻게 해야 하는지도 몰라서 혼란스러운 상태가 되어 정신장애★이상심리학를 초래할 수 있다. 게슈탈트 치료의 입장에서 건강한 사람이란 매 순간 자신이 무엇을 하고 싶은지 명확히 알아차리고, 그것을 실행하는 사람이다.

프로이트가 과거의 무의식을 강조했다면 펄스는 지금-여기here and now를 강조한다. 게슈탈트의 형성과 해소가 일어나는 시간과 장소가 지금-여기이기 때문이다. 많은 사람들이 과거를 후회하고, 미래를 걱정하며 사느라 지금-여기를 살지 못하고 있고, 자신의 내면에 귀 기울이기보다는 타인에게 신경 쓰느라 인생의 중요한 순간마다 갈팡질팡하고 있다. 이 말은 이기주의자가 되라는 것이 아니다. 적어도 자기 내면의 소리를 무시하면서 타인을 위해 내 인생을 사는 일은 없어야 한다는 것이다. 타인을 배려하는 일도 자신이 원해서 할 때 모두가 행복하다. 자신은 원하지 않는데 상대가 원하는 것 같아서 해주는 배려는 그 누구도 원치 않는 결과를 초래할 뿐이다.

로빈 윌리엄스Robin Williams와 맷 데이먼Matthew Damon이 주연을 맡았던 1997년 영화 〈굿 윌 헌팅Good Will Hunting〉에는 다음과 같은 유명한 말이 나온다.

네가 원하는 것은 무엇이냐What do you wanna do?

어린 시절 받았던 상처 때문에 자신의 천재적인 재능과 내면의 소리를 무시하고 일용직 노동자로 살아가는 월 헌팅맷 데이먼 분에게 상담자인 숀 맥과이어로빈 윌리엄스 분 교수가 던진 질문이다. 너무 단순하고 명쾌한 이 질문에 천재인 그는 아무런 대답을 하지 못한다. 우리는 어떤가? 이 질문에 명쾌하게 대답할 수 있는가? 반복되는 일상에서 길을 잃은 현대인들에게 이 질문은 결코 쉽지만은 않다. 당신이 원하는 것은 무엇인가?

격려

고래가 원하는 것은 칭찬이 아닌 격려
encouragement / 상담과 심리치료

미국의 유명한 컨설턴트이자 작가인 블렌차드Kenneth Blanchard가 쓴 『칭찬은 고래도 춤추게 한다Whale Done! : The Power of Positive Relationships』의 제목을 보면서 이런 생각을 했다. '왜 고래가 춤을 춰야 하지? 누구를 위해서?'

사실 원저의 제목은 누군가 일을 잘 해냈을 때 쓰는 'Well Done'이란 표현을 응용해 만든 '고래도 해냈다 : 긍정적 관계의 힘' 정도다. 그렇다면 혹시 한글 제목은 역자와 출판사의 상상력일까? 그렇

지 않다. 블렌차드는 행동주의*의 기본 원리인 강화*^{강화와 처벌}를 이용
해 상대방의 행동을 어떻게 변화시킬 수 있는지 이야기하고 있었기
때문이다. 물론 강화는 강력한 행동 변화의 수단이다. 하지만 과연
무엇을 위해 상대방의 행동을 변화시켜야 하는지 생각해볼 필요가
있다.

행동주의는 심리학*이 과학이 되기 위해 눈에 보이는 행동만을
심리학의 주제로 삼아야 한다고 주장했던 학파다. 이들은 강화를 언
급할 때 상대의 마음과 생각은 전혀 고려하지 않고 있다. 조련사가
고래에게 춤을 추게 하는 이유는 무엇인가? 고래를 위해서? 아니다.
관람객들을 위해서다. 넓은 바다에서 헤엄쳐야 할 고래들이 슬픈 춤
을 추고 있는 꼴이다. 그런데 먹이를 위해 춤만 춘다면 얼마나 슬픈
일이겠는가?

이런 면에서 타인의 칭찬이나 강화를 언제나 선하다고 할 수만은
없다. 특히 부모의 칭찬이 그렇다. 자식을 통해 보상을 받으려는 일
부 부모는 칭찬을 이용해 아이의 인생에 어느 정도 영향력을 미치고
싶어 한다. 물론 부모는 자신의 계획이 아이에게도 좋을 것이라고
생각하지만 이는 엄연히 주관적 판단일 뿐이다. 아이가 무엇을 원하
는지, 어떤 분야에 재능이나 잠재력이 있는지, 그리고 어떤 분야가
아이의 적성에 맞는지 먼저 생각해야 한다.

강화는 조건적이다. 그래서 행동주의자들은 연합의 원리를 조건
형성*이라고 했다. 사람들은 누구나 상대가 자신이 원하는 기준에
부합할 때 칭찬과 강화를 사용한다. 이것은 자녀에 대한 부모의 태

도에서도 마찬가지다. 상대에 대한 긍정적인 감정인 칭찬과 사랑을 조건적으로 준다니 얼마나 슬픈 일인가! 이것이 바로 로저스*가 말한 가치의 조건화*인간중심 치료다. 여기서 조건적이라는 말은 평가적이라는 의미다. 강화를 주는 입장에서 상대가 잘했는지 못했는지 따지기 때문이다.

이런 면에서 우리 모두에게 필요한 것은 조건적으로 하는 칭찬이 아니라, 무조건적인 칭찬과 사랑의 태도인 격려다. 격려라는 단어는 영어로 '용기courage나 의욕이 그 안에서en 솟아나도록 북돋워주는 것'을 의미하고, 한자로는 '물결이 부딪혀서 흐를 수 있도록激 힘써서 도와주는 것勵'을 의미한다. 이미 상대의 마음에 존재하는 용기의 물결이 그 안에서 솟아나고 마음껏 흐르도록 도와주는 것이 격려다.

격려는 칭찬과 달리 상대가 어떠한 기준을 만족시키지 않아도 해줄 수 있다. 상대방을 있는 모습 그대로 사랑하고 인정해주는 것으로, 로저스의 무조건적 긍정적 존중의 태도와 같다. 격려의 태도는 상대가 사랑과 칭찬에 목말라 하지 않고, 자신이 원하는 것을 하도록 만든다. 춤을 추고 싶으면 추고, 날고 싶으면 날면 된다. 아무것도 하기 싫으면 하지 않아도 된다. 이런 면에서 칭찬은 우리를 위축되게 하지만 격려는 힘이 나게 한다.

아이가 부모에게 성적표를 가져왔을 때 많은 부모들은 아이의 점수에 따라 반응이 달라진다. 아이의 점수가 부모 마음에 든다면 "잘했네!"라고 칭찬을 하지만 마음에 들지 않으면 아이를 혼내거나 "다음에는 더 잘해"라고 말한다. 이때 격려를 하고 싶다면 먼저 "최선을 다 했니?"라고 물어본 다음 "네가 100점을 받았어도 최선을 다하지 않았으면 잘못한 것이고, 0점을 받았어도 최선을 다했다면 잘한 거야"라고 말하면서 사랑과 믿음을 표현하면 된다. 좋은 성적으로 칭찬을 받은 아이는 다음 시험에서 '우리 부모님이 좋아하실까?'를 걱정하지만 격려를 받은 아이는 '난 이번 시험에 최선을 다했나?'라고 스스로 질문을 던진다.

격려를 받은 아이들은 자연스럽게 부모가 아무런 조건 없이 자신을 인정하고 사랑한다고 느낀다. 그러면서 부모가 자신의 만족을 위해서가 아니라, 정말 자식인 나를 위해서 공부를 잘하기 바란다고 느끼게 된다. 이러다 보면 당연히 공부를 더 즐겁고 재미있게 하게 될 것이고, 당연히 공부를 잘 할 수밖에 없다.

우리는 모두 칭찬보다 격려가 필요하다. 아이들에게는 더욱 그렇다. 칭찬은 하나의 기술skill이기 때문에 받아보지 않은 사람도 몇 번만 노력하면 할 수 있다. 반면에 격려는 태도attitude이기 때문에 쉽게 가질 수 없다. 끊임없이 자신의 마음을 돌아보면서 연습해야 한다.

격려는 부모가 아이에게 해주는 것만이 아니라 남편이 아내에게, 아내가 남편에게 해줄 수 있다. 집 밖에서야 어쩔 수 없이 평가를 받고 조건적인 칭찬과 강화를 받을 수밖에 없다. 하지만 집 안에서는 얼마든지 격려할 수 있지 않은가? 지금 당신의 가족에게 사랑과 감사를 표현하고, 그 사람이 자신의 인생을 살 수 있도록 격려하자. 그리고 고래는 바다로 나가서 자신의 인생을 살도록 도와주자.

결정론 vs. 자유 의지

인간의 행동은 자유 의지 때문인가? 다른 이유와 원인 때문인가?

determinism vs. free will / 역사

결정론이란 어떤 현상에 우연이나 선택의 자유가 아닌 특정 원인이 존재한다는 이론이다. 다시 말해 인과법칙의 지배를 받는다는 것이다. 결정론은 일반적으로 물질을 연구 대상으로 하는 자연과학에 적용된다.

당신이 들고 있는 이 책을 힘껏 위로 던져보라. 책은 어떻게 될까? 당신은 이 멍청한 실험을 직접 해보지 않아도 책이 바닥으로 떨어져서 지저분해지거나 찢어지게 되리라는 사실을 알고 있다. 그 원인은 중력 때문이다. 중력원인이 사라지지 않는 한 이 현상결과도 바뀌지 않는다. 책이 자신의 선택과 의지로 대기권 밖으로 날아가 태양까지 도달할 수는 없는 노릇이다.

이처럼 과학은 어떤 현상의 원인을 밝혀 인과적으로 설명을 하고, 더 나아가 예측하고 통제하려는 목적을 가진다. 결정론을 자연물질현상에 적용하는 일은 매우 자연스러워서 그 누구도 문제를 제기하지 않는다. 하지만 이를 사람에게 적용시키면 여러 가지 문제가 생긴다. 결정론은 자유 의지와 양립할 수 없기 때문이다.

심리학*은 인간의 마음과 행동에 과학의 원리를 적용시켜 원인을 살펴보려는 학문이다. 바꾸어 말하면 인간의 마음과 행동에도 우연이나 자유 의지가 아닌, 어떤 원인이 존재할 것이라는 가정을 한다.

만약 인간의 모든 마음과 행동이 순전히 자유 의지에 의한 것일 뿐, 그 외의 어떠한 원인도 찾을 수 없다면 심리학자들은 아무 것도 연구할 수 없을 것이다. 이러한 면에서 심리학은 근본적으로 결정론의 입장을 취한다고 볼 수 있다.

어떤 이들은 결정론을 사람에게 적용해서는 안 된다고 주장한다. 인간의 행위가 자유 의지에 의한 것이 아니라면 도덕적 책임을 물을 수 없지 않느냐는 것이다. 실제로 범죄 행위에 대한 면책사유 중 하나가 NGRI Not Guilty by Reason of Insanity이다. 자유 의지가 아닌 불가항력적 정신장애★이상심리학로 죄를 범했을 경우에는 그 죄를 따질 수 없다는 의미다. 대한민국 형법도 이 원리를 적용해 심신상실자를 책임무능력자로 보고 심신장애시 저지른 행위에 대해서는 벌하지 않는다고 명시하고 있다. 물론 재범의 위험이 있을 때는 치료감호에 처할 수 있다.

그렇다면 정신장애를 가지고 있을 경우에만 자유 의지가 없고, 그 이외의 사람들은 모두 자유롭게 자신의 마음과 행동을 결정하는 것일까? 물론 모든 심리학자들이 인간의 자유 의지가 전혀 없다고 주장하지는 않겠지만, 대부분의 심리학자들은 자유 의지보다는 결정론의 손을 들어준다. 왜냐하면 인간의 마음과 행동의 원인을 가정하지 않으면, 즉 결정론을 가정하지 않으면 심리학이라는 학문 자체가 성립되지 않기 때문이다. 또한 연구를 하면 할수록 인간의 마음과 행동이 유전이나 환경★유전 vs. 양육의 영향을 적지 않게 받고 있음을 부인할 수 없기 때문이다.

심리학의 여러 이론 중에서 결정론을 강하게 주장하는 이론은 정신분석*과 행동주의*다. 정신분석은 무의식*적 결정론을 주장해 인간의 마음과 행동의 원인이 무의식에 있다고 하고, 행동주의는 행동의 원인이 환경에 있다는 환경적 결정론을 주장한다. 이에 반해 인간주의*는 사람에게는 자신의 인생에 대해 선택할 수 있는 자유 의지가 있다고 주장한다.

기능주의*구조주의 vs. 기능주의의 창시자인 제임스는 19세기에 일어난 일련의 과학적 발견으로 괴로워했다. 당시는 자연과학의 발달로 인간의 마음과 행동의 생물학*생리심리학적인 원리를 알게 되면서 결정론과 유물론의 사상이 최고조에 달했던 시기다. 미국 하버드대학에서 의학을 공부했던 그는 다음과 같은 질문을 던지게 되었다.

'정신 과정까지 포함해 생명체의 모든 것이 물질로 환원될 수 있다면 자유 의지란 무엇인가? 이는 단지 착각일 뿐이고, 개인의 책임과 도덕성도 무의미한 것인가?' 제임스는 이러한 고민을 하면서 인간 존재에 대해 회의적인 시각에 빠지게 되었고, 급기야는 자살을 기도했다. 그렇지만 어느 날 프랑스의 철학자 르누비에Charles Renouvier의 글을 읽으면서 나름의 해답을 찾아냈다. 제임스는 일기에 이렇게 적었다.

어제가 내 삶의 위기였다고 생각한다. 나는 르누비에의 글을 읽고 자유 의지에 대한 정의가 착각에 대한 정의일 필요는 없음을 발견했다. 왜냐하면 나는 다른 면에서 생각을 하기로 선택했기 때문이다. 어쨌든 나는 착각이란 존재하지 않는다고 가정할 것이다. 자유 의지에 대한 내 첫 번째 행위는 자유 의지를 믿는 것이다.

기능주의자가 된 제임스는 자유 의지에 대한 실용적인 접근을 취했다. 이러한 제임스의 생각은 과학으로서의 심리학에 대해 회의적인 입장으로 이어졌다. 그는 미국 역사상 가장 유명한 심리학 교과서인 『심리학의 원리The Principles of Psychology』에서 이렇게 말하고 있다.

우리가 '자연과학으로서의 심리학'을 이야기할 때, 그 말이 의미하는 것이 마침내 견고한 기반을 갖게 된 그런 종류의 심리학이라고 가정해서는 안 된다. 심리학은 과학이 아니라 과학이 되고자 하는 희망일 뿐이다.

심리학이 결정론을 근본가정으로 한다고 해서 모든 심리학자들이 자유 의지를 완벽하게 부인하면서 인간을 기계와 동일시한다고 생각해서는 안 된다. 최근 많은 심리학자들은 인간의 의식*에 대해 연구하면서 심신 구성에 있어 일원론이 아니라 이원론을 지지하는 다양한 증거들을 발견하고 있다.

자유 의지와 결정론을 이해할 때 '전부 아니면 전무'라는 식으로 접근할 필요는 없다. 20세기 이후 확률론적 결정론의 등장과 물질의 본질을 에너지로 보는 양자역학의 출현으로 결정론의 논의가 훨씬 다양해졌기 때문이다. 본래 인간이란 세상에서 가장 복잡한 존재다.

인간의 두뇌를 소우주라고 하지 않는가. 적어도 인간에게 있어서 결정론과 자유 의지의 문제는 앞으로도 쉽게 결론나지는 않을 것이다.

공감

비슷하게 보이지만 너무나 다른 동정과 공감
empathy / 상담과 심리치료

empathy를 보통 공감이라고 번역하지만 동감同感이나 감정이입感情移入, 동정同情으로 번역하는 사람도 있다. 그런데 이 표현들은 empathy와 구별할 필요가 있는 sympathy를 번역할 때 쓰기도 한다. 여기서는 심리학자들과 정신과 의사들이 주로 쓰고 있는 번역을 사용해 empathy는 공감으로, sympathy는 동정으로 번역하겠다.

공감과 동정을 동의어로 사용하는 사람들도 없지는 않지만 상담★상담심리학 분야에서는 이 둘을 구분하는 것이 일반적이다. 우선 공감이 상대의 입장과 감정을 이해하고 느끼는 것이라면, 동정은 상대방의 감정을 동일하게 느끼는 것이다. 두 단어의 차이는 접두에서도 알 수 있다. 우선 em$_{en}$은 in·into·with라는 의미로 자신의 입장과 관점이 유지되는 상태이지만, sym$_{syn}$은 same이라는 의미로 상대방에게 동화되는 상태다.

둘 다 감정의 변화기 있기는 하지만 공감이 인지적인 측면과 함께 감정을 느끼는 것이라면, 동정은 이와 달리 감정에 압도당하는 경험이다. 따라서 동정은 상대방이 어려움에 처했을 때 상대방을 위해 그 어려움을 직접 해결하려고 나서게 만들 수 있다. 동정의 중심에는 자신의 경험과 감정이 있기 때문에 단편적인 이야기만으로도 상대방의 입장과 처지에 동화된다. 드라마 속 주인공이 억울한 일을 당했을 때 눈물을 흘리는 것은 동정인 것이다. 반면에 공감은 상대방과 자신을 명확히 구분하기 때문에 상대방의 감정에 압도되거나 동화되기보다는 그 마음을 이해하는 것이다. 이 때문에 로저스*는 인간중심 치료*에서 이를 공감적 이해라고 표현한다.

친구의 어머니가 돌아가셨다는 이야기를 들었을 때 할 수 있는 공감 반응은 아무 말 없이 친구의 손을 잡거나 가볍게 안은 채로 등을 토닥여주는 것이다. 물론 이때 친구가 "나 너무 힘들어"라면서 감정을 드러낸다면 "왜 안 힘들겠니"라면서 감정을 읽어주면 좋다. 교과서에 나오는 공감 표현 중 일부는 우리나라보다는 서양 정서에 더 적합한 경우가 많다. 우리나라 문화는 자신의 감정을 직접 드러내지 않기 때문에 언어적 방식보다는 비언어적 방식의 공감이 더 자연스러운 경우가 많다. 한편 친구에게 동정을 하는 사람은 상대보다 더 크게 울면서 "어쩌면 좋아. 너 이제 어떡해"를 연발하거나 친구가 해야 할 일을 대신 하려고 나선다. 친구가 부탁하지도 않았고, 원하지도 않는데도 말이다.

딸이 자신의 고민이나 힘들었던 경험을 엄마에게 이야기했을 때, 공감하는 엄마들은 딸의 감정을 읽어주면서 딸이 스스로 이겨내도록 지지해준다. 결코 딸보다 더 슬퍼하거나 앞서가지 않는다. 반면

에 동정하는 엄마들은 눈에 이슬이 맺혀 있는 딸 앞에서 먼저 울음
을 터뜨리면서, 딸을 보호하기 위해 성급하게 나선다. 공감을 받은
딸은 다시 엄마에게 자신의 이야기를 털어놓을 수 있으나 동정을 받
은 딸은 자신보다 오히려 엄마를 걱정해 다시는 이야기를 하지 않겠
노라고 생각하기 쉽다. 공감을 받은 딸은 힘든 감정을 쉽게 극복할
수 있으나 동정을 받은 딸은 오히려 더 힘들어지거나 자신보다 더
크게 우는 엄마를 보고 당황스러움을 느낀다.

자신의 감정으로 상대방을 조종하려고 하는 사람은 공감보다는
동정을 바라겠지만, 대부분의 사람들은 공감을 원한다. 왜냐하면 자
신의 일은 스스로 해결하기 원하기 때문이다. 단지 현재의 감정에
대해 함께 나눌 사람을 원하며, 필요하다면 그 사람의 의견을 듣고
싶어한다. 이것이 심리학자를 찾아가 자신의 마음을 털어놓는 이유
이기도 하다.

구조주의 vs. 기능주의

현상을 이해하려면 분석해야 하는가? 기능을 알아야 하는가?
structuralism vs. functionalism / 역사

오랜 세월 동안 사람들은 심리학의 창시자 분트*가 구조주의도
창시했다고 알고 있었다. 하지만 심리학사라는 분야가 발달하면서
구조주의의 창시자는 그의 제자였던 티치너Edward Titchener라는 사실

이 확실해졌다.

독일에서 심리학을 공부하고 미국으로 돌아온 그는 자신의 접근을 구조주의라고 하면서 자신의 저서 『심리학 개요An Outline of Psychology』에서 심리학의 목표는 정신의식의 구성 요소의 본질과 그 수를 정확하게 파악하는 것이라고 주장했다. 정신경험을 계속 분해하다 보면 더이상 분해되지 않는 최소한의 요소를 발견할 것이고, 그것이 바로 의식의 구성 요소라는 것이다. 이런 식의 접근은 자연과학자들이 어떤 현상을 이해할 때 취하는 일반적인 방법이다. 눈에 보이는 물질이라면 물리적으로 분해하는 것이 가능하지만 정신은 어떻게 분해할 수 있을까? 티치너는 이를 위해 자신의 마음을 탐색해 보고하는 내성법★정신물리학의 효용성을 인정했고, 이를 더 발전시켰다. 참가자들을 철저하게 훈련시켜 반응 편향과 감각 순응 등 내성법의 한계를 극복하려고 노력했다.

정신세계에 대해 이러한 접근을 찬동하는 사람들도 있었지만, 이를 강하게 거부하는 사람들도 있었다. 한 무리는 게슈탈트 심리학★을 추구하는 사람들이었고, 또 다른 무리는 기능주의자들이었다. 게슈탈트 심리학이 심리학 연구 전반에서 분석과 분해를 거부하고 게슈탈트를 강조했다면, 기능주의는 구조주의자들의 주된 관심사였던 정신 연구에 있어 기능적 입장을 주장했다.

역사적으로 보면 구조주의보다는 기능주의가 먼저 존재했다. 기능주의의 창시자는 미국 최초의 심리학자라고 일컬어지는 제임스William James다. 그는 독일에서 시작되었던 내성법을 이용해 의식을 분해하려는 모든 접근들을 거부했다. 물론 그 역시 인간의 정신을 연구하기 위해 자기 관찰이 필수적이라고 생각했으나 내성법은 정확성이 떨어지는 오류투성이라고 주장했다. 편향되기 쉽고, 다른 사람이 검증할 수 없으며, 정신 과정의 경험과 동시에 내성을 진행할 수 없어서 결국 부정확한 기억*에 의존했기 때문이다.

심리학자들이 분해를 통한 정신의 최소 단위를 발견하기보다는 우리의 정신이 어떻게 기능하고 환경에 적응하는지를 알아야 한다는 것이 제임스의 주장이었다. 이를 위해 그는 미개인, 유아, 장애인, 범죄자, 그리고 온갖 별난 사람들을 비교했다. 제임스의 이러한 철학은 실용주의의 관점과 맥이 닿아 있으나 기능주의자가 된 결정적인 계기는 결정론*결정론 vs. 자유 의지과 유물론에 맞서 자유 의지의 실용성을 경험한 것과 연관이 있다.

티치너는 심리학에서 구조주의와 기능주의의 차이를 생물학에서 해부학과 생리학의 차이로 비교했다. 해부학자가 몸을 기본 요소온갖 장기로 해부하듯이 구조주의는 마음을 구성 요소로 분해하는 것이며, 생리학자가 몸의 기본 요소의 작동방식과 기능에 대해 연구하듯이 기능주의는 마음의 역할과 기능에 대해 연구하는 것이라고 했다. 티치너는 더 나아가 해부학이 생리학의 기초를 제공하는 것처럼 정신 세계도 기능보다는 구성 요소를 먼저 알아야 하며, 구성 요소에 대한 이해 없이 기능을 연구하는 것은 쓸데없다고 주장했다.

인류는 아주 오래전부터 다양한 영역에서 '본질'과 '실용'에 대한 논쟁을 벌여왔다. 그 첨예한 대립이 바로 초기 심리학에서도 나타났을 뿐이다. 그렇지만 이 두 학파의 대립은 오래 지속되지 못했다. 의식 연구에 반대하고 무의식*에 대한 연구를 주장한 정신분석*과 눈에 보이지 않는 마음이 아닌 눈에 보이는 행동에 대한 연구를 주장한 행동주의*가 심리학자들의 마음을 사로잡았기 때문이다. 구조주의는 실험심리학*, 기능주의는 다양한 응용심리학 분야에 적지 않은 흔적을 남겨놓았다.

참고로 structuralism을 구조주의가 아니라 구성주의라고 번역하기도 하며, constructivism과 자주 혼동한다. 번역이야 어떻든지 structuralism과 constructivism의 차이를 간단하게 살펴보자.

structuralism은 내성법을 사용해 인간의 복잡한 정신세계를 최소 단위의 구성 요소로 환원하고자 했던 티치너의 학파다. 현존하는 구조주의자들은 없다. 반면에 인간의 인지와 학습, 교육 과정에서 언급되는 constructivism이란 인간이 세상에 대한 자신만의 경험을 활용해 정신세계를 창조해간다는 것으로 종종 객관주의$_{objectivism}$와 대조된다. 객관주의란 세상의 진리를 학습자가 발견하는 것을 의미한다. 교육학에서 수업의 주체와 주요 과정을 논할 때 objectivism은 지식 전달을 위해 교사가 주도권을 가져야 한다고 주장하지만, constructivism는 학생이 주도권을 가지며 교사는 촉매자와 조언자의 역할일 뿐이라고 주장한다. constructivism 입장에 서 있는 대표적인 심리학자는 인지 발달*로 유명한 피아제*다.

귀인

호기심도 지나치면 오류와 편향이 된다
attribution / 사회심리학

본능★^{추동}이라는 개념으로 인간의 마음과 행동을 설명하려고 했던 제임스와 맥도걸은 호기심을 인간의 본능으로 분류했다. 물론 본능 이론은 현대 심리학에서는 더이상 유용하지 않지만 두 명의 뛰어난 심리학자가 호기심을 본능으로 분류했다는 사실은 흥미롭다. 호기심은 어쩌면 인간 본유의 것인지도 모르겠다. 부모의 말문이 막힐 때까지 '왜'를 포기하지 않는 아이들을 봐도 그렇다.

사람들은 자신이나 타인에게 일어난 일에 대해서 원인을 찾으려는 경향을 보인다. 균형 이론★으로도 유명한 하이더는 이를 귀인이라고 칭했다. 그는 사람들이 행동의 원인을 사람의 내부_{성격, 기질, 생각, 의도 등}나 외부_{환경, 상황, 여건 등}에서 찾으려고 한다고 지적했다. 원인의 소재는 가장 보편적인 귀인의 차원이다.

귀인은 예상했던 일보다는 예상치 못한 일에 대해, 그리고 긍정적이고 행복한 일보다는 부정적이고 불행한 일에 대해 일어난다. 사람들의 이러한 귀인 경향성은 세상을 적극적으로 이해하고, 더 나아가 예측하려는 욕구가 있기 때문이다. 이런 면에서 통제감★과 무관하지 않으며, 분명히 생존을 위해 꼭 필요한 활동이다.

이러한 특성 때문에 귀인 과정은 자동으로 빠르게 발생한다. 자신에게 왜 위험이 닥쳤는지 빨리 판단해야 생존 가능성을 높일 수 있기 때문이다. 많은 경우 귀인 과정은 자동으로 발생하기 때문에 대부분의 사람들은 자신이 귀인을 하고 있다는 사실조차 모른다. 그저 스치는 생각일 뿐이라고 생각한다. 그래서일까? 심리학에서는 귀인 과정의 전반을 설명하는 이론은 별로 없으며, 그나마 있는 이론들도 설득력이 떨어지는 편이다. 많은 심리학자들은 귀인 과정의 이론보다는 귀인에서 발생하는 오류error와 편향bias에 대해 연구한다. 대표적인 귀인 편향을 몇 가지 소개하면 다음과 같다.

- 기본적 귀인 오류FAE ; Fundamental Attribution Error : 타인의 행동에 대한 이유를 외부의 상황이나 환경보다는 성격 같은 내적인 요인에서 찾으려는 경향을 말한다. 길거리에서 구걸하는 사람이 실제로 일자리를 찾을 수 없는 상황일 수 있는데도 많은 사람들은 일하기 싫어하는 사람이라고 판단한다. 돌발 상황 때문에 직장이나 학교에 지각한 사람을 볼 때도 게으른 사람이라고 판단한다. 많은 사람들이 일반적으로 범하는 오류라서 '기본적'이라는 표현이 붙었으나 문화심리학★자들은 동양인들이 서양인들에 비해 기본적 귀인 오류를 덜 범하는 경향이 있음을 밝혀냈다. 동양인들은 상황의 탓이라고 돌리는 경향이 있다는 것이다.
- 행위자-관찰자 편향actor-observer bias : 자신이 행위자일 경우는 자신의 행동에 대해 외부 귀인을 하고, 관찰자일 경우는 행위자의 행동에 대해 내부 귀인을 하는 것을 말한다. 자신이 길을 걷다가 미끄러져서 넘어졌다면 바닥이 미끄럽기 때문이라고 생각하고, 다른 사람

이 그랬다면 조심성이 없기 때문이라고 생각한다.

- 이기적 편향self-serving bias: 일이 잘 되면 자신이 잘했기 때문이고, 잘 안되면 타인 때문이라고 판단하는 것을 말한다. 정치인들여당과 야당이나 동업자, 그리고 부부와 친구, 부모와 자식 사이에서 자주 볼 수 있다.

균형 이론

세 명이 잘 지내기 힘든 것은 구조적 문제 때문이다
balance theory / 사회심리학

오스트리아 출신의 심리학자이자 귀인*으로도 유명한 하이더Fritz Heider는 삼자구도에서 균형을 잡으려는 속성에 대한 이론을 제안했다. 균형 이론은 일반적으로 한 사람P ; person이 다른 사람O ; other과 사람이 아닌 대상X ; impersonal entity 사이에서 균형을 잡으려는 동기를 가정해 P-O-X 이론이라고도 한다. 하지만 균형 이론은 두 사람과 한 대상의 경우뿐만 아니라, 세 사람이나 사람이 아닌 집단, 기관의 관계에도 적용 가능하다.

삼자구도를 가정하는 균형 이론은 삼각형으로 표현할 수 있다. 세 꼭짓점에는 삼자구도를 이루는 주체들이 위치하며, 각 변은 이들의 관계를 표시한다. 이 관계를 하이더는 감정sentiments이라고 했지만 태도라고 해도 무방하다. 태도란 어떤 대상에 대한 평가적인 반응

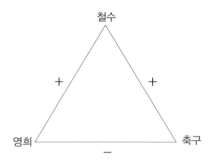

이므로 좋음+과 싫음-으로 구분할 수 있다. 하이더는 세 변 감정가
태도의 곱이 +이면 균형, -이면 불균형이라고 설명하면서, 삼자구도
는 불균형을 균형으로 바꾸려는 경향이 있다고 설명했다.

예를 들어 철수와 영희는 서로 사랑하는 사이+이고, 철수는 축구
를 매우 좋아한다+. 만약 이때 영희가 축구를 싫어한다면- 삼자구
도는 위의 그림처럼 불균형 상태에 놓일 것이다. 날씨가 화창한 공
휴일에 영희는 철수와 함께 교외로 나들이 가기를 원하는데, 철수는
축구를 보러가자고 하면 당연히 갈등이 일어날 것이다.

사람에게는 일관성★인지 부조화 이론을 추구하고자 하는 경향이 있기
때문에 자기가 좋아하는 사람이 자기가 좋아하는 것을 싫어하거나
자기가 싫어하는 것을 좋아하면 불편함을 느낀다. 철수와 영희 역시
'과연 저 사람이 날 사랑하기나 하는 것일까?', '왜 날 이해해주고 배
려하지 않지?'라고 생각하면서 관계를 진지하게 고민할 것이다.

균형 이론에 따르면 삼자구도에서 발생한 불균형과 불편함을 벗
어날 수 있는 방법은 세 변의 곱을 +로 만드는 것이다. 구체적으로

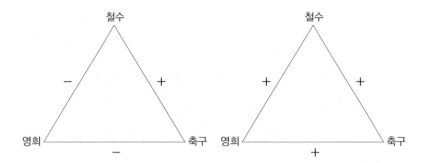

는 철수가 축구를 포기하거나-, 영희와 헤어지면- 된다. 아니면 영희가 축구를 좋아하면+ 된다.

결국 관계가 안정적이기 위해서는 위의 그림처럼 모든 관계가 좋거나 둘이 합력해 하나를 따돌리면 되는 것이다. 사실 삼자구도에서 모두가 잘 지내는 것이 이상적이기는 하지만 현실적으로는 두 개체가 한 대상을 배척하는 것이 더 흔하다. 어떤 면에서 전자보다는 후자가 더 안정적으로 느껴진다. 사람은 본래 생존이라는 주제에 민감해서 너무나 쉽게 경쟁 상황과 갈등에 빠진다. 따라서 삼자구도에서 모두가 잘 지내는 상황+ 3개보다는 갈등+ 2개와 - 1개이 발생하기 쉽고, 이러한 불균형갈등은 갈등의 해결- → +보다는 또 다른 갈등의 유발 - 2개와 + 1개로 번지기 쉽다. 그래서일까? 사람들은 여행을 하거나 자취를 할 때 세 명이 함께 하지 말라고 충고한다. 세 명이 잘 지내는 것이 얼마나 어려운지 경험상 알고 있기 때문이다.

균형 이론으로 설명할 수 있는 현상은 여러 가지가 있다. 우선 정신분석의 오이디푸스 콤플렉스와 엘렉트라 콤플렉스★심리성적 발달를 들 수 있다. 남근기에 동성과 이성의 부모 사이에서 아동이 겪는 관계의 문제는 + 두 개와 - 한 개로 이루어진 전형적인 불균형 상태다. 부부 사이, 아이와 이성 부모 사이는 +이지만 아이와 동성 부모 사이는 -가 된다. 이때 아이는 균형을 유지하기 위해 동성 부모를 닮는 동일시* 전략을 사용해 관계를 -에서 +로 바꾸어 균형을 유지한다고 볼 수 있다.

고부갈등 역시 균형 이론으로 설명이 가능하다. 시모와 며느리가 중심인 고부갈등에는 남편이자 아들인 한 남자가 존재한다. 이 역시 삼자구도인 것이다. 시모와 며느리 사이에 갈등이 생겼을 때 불균형을 바로 잡기 위해서는 남자의 역할이 중요하다. 어머니 편+을 들면서 아내와 대립각-을 세울 수도 있고, 반대로 아내 편+을 들면서 어머니와 대립각-을 세울 수도 있다. 어떻게 하는 것이 현명한 방법일까?

이때 남자는 무조건 아내 편을 들어야 한다. 심지어 어머니 앞에서도 그래야 한다. 어떤 남자들은 어머니 앞에서는 어머니 편을, 잠자리에 들 때는 아내 편을 들라고 하지만 현명하지 못한 방법이다. 아내 편을 들면 당장에는 어머니가 섭섭하게 느끼겠지만, 장기적으로 모두가 행복해지는 방법이다. 만약 어머니 편을 들면 고부갈등은 계속될 가능성이 높고 부부 사이는 계속 나빠질 수 있지만, 아내 편을 들면 어머니는 아들 내외에 대한 필요 이상의 관심을 가지지 않게 되고 원군을 얻은 아내가 어머니를 잘 모실 가능성이 높아진다. 남자들이여 기억하라. 고부갈등의 열쇠는 당신의 손에 있다.

근접 발달 영역

요절한 발달심리학자 비고츠키가 제안하는 발달 이론
zone of proximal development / 발달심리학

러시아의 발달심리학자인 비고츠키Lev Vygotsky는 피아제*와 같은 해인 1896년에 태어났다. 피아제는 85세까지 살면서 활발한 활동을 했으나, 비고츠키는 39세에 요절했다. 활동했던 기간이 짧았기 때문에 피아제에 비해 비교적 덜 알려졌으나 최근 그의 이론이 주목을 받고 있다.

비고츠키는 아동의 인지 발달*을 근접 발달 영역으로 설명했다. 근접 발달 영역이란 아동이 스스로 문제를 해결할 수 있는 수준의 주변부로, 부모나 또래의 도움을 받아 현실화시킬 수 있는 범위를 말한다. 현재에는 드러나지 않지만 타인의 도움을 조금만 받아도 발전할 수 있는 영역이다. 예를 들어 혼자서 문제를 풀지 못하는 아이가 교사의 도움을 받아 문제를 풀 수 있다면 아이의 현재 수준은 '문제 해결 불가능'이지만, 근접 발달 영역은 '문제 해결 가능'인 것이다.

비고츠키는 아동의 인지 발달에서 중요한 것은 주변 사람의 적절한 도움이라고 했다. 이는 종종 비계飛階, scaffolding에 비유된다. 비계란 건물을 지을 때 인부들의 작업을 돕기 위해 외벽에 설치하는 임시 구조물로 건물이 완성되면 철거한다. 마찬가지로 주변 사람들은 아동이 근접 발달 영역에 도달하도록 도움을 줘야 하지만 아동이 문제를 해결할 수 있게 되면 물러나야 하는 것이다.

비고츠키는 아동의 인지 발달이 부모나 교사, 그리고 유능한 또래와의 상호작용을 통해 이루어진다고 했다. 주변인들은 적절한 비계를 설정해 아동이 성장하도록 도와야 한다. 처음에는 아동의 수준에 맞게 가르쳐야 하고, 아동이 어느 정도 이해했다면 그다음은 힌트만 주면 된다. 비고츠키는 비계를 제공하는 방법으로 대화를 중요하게 생각했다. 부모나 교사는 아동과 대화를 통해 아동의 현재 수준을 파악할 수 있으며, 아동이 근접 발달 영역으로 나아가기 위해 필요한 비계가 무엇인지 알 수 있다는 것이다.

학습에서 아동의 역할보다는 주변인들의 역할을 강조했던 비고츠키의 이론은 피아제의 이론과 좋은 대조를 이룬다. 또한 피아제는 아동의 인지 발달에서 문화*문화심리학의 영향을 거의 언급하지 않았으나 비고츠키는 주변인들의 도움을 강조했기 때문에 자연스레 사회와 문화가 인지 발달에 중요한 영향을 미친다고 주장했다. 따라서 그의 이론은 사회문화 이론sociocultural theory으로도 불린다.

근접성 vs. 수반성

심리학의 패러다임을 바꾸었던 논쟁
contiguity vs. contingency / 학습심리학

행동주의*의 핵심 원리는 근접성이다. 유기체가 시간적·공간적으로 근접한 자극을 자동적·기계적으로 연합시킨다는 의미다. 유기체

의 마음을 고려하지 않는 S-R 패러다임을 주장하는 행동주의자들에게 이러한 설명은 최선이었고, 또한 경험적으로 입증이 가능할 정도로 과학적이었다. 초기 심리학자들은 유기체의 마음S-O-R을 배제해야 한다는 행동주의자들의 주장을 강하게 비판했지만, 한편으로는 유기체의 마음에 대한 구체적이고 직접적인 증거를 내놓지 못했다. 이 때문에 행동주의의 S-R 패러다임은 상당 기간 동안 심리학★의 주류로 자리 잡게 되었다.

하지만 시간이 지나 1960년대에 들어서면서 인간의 마음에 대한 구체적인 증거들이 나오기 시작했다. 가장 대표적인 증거는 당시 대학원생이었던 레스콜라Robert Rescorla가 한 실험에서 나왔다. 참고로 그의 실험 결과는 행동주의의 아성을 무너뜨릴 정도로 매우 획기적인 것이었으나, 유력 학술지의 편집자들은 그가 대학원생이라는 이유로 실험에 오류가 있을 것이라는 막연한 생각에 그의 실험 결과를 게재하지 않았다. 결국 레스콜라의 실험은 이류 학술지인 〈심리법칙적 과학Psychonomic Science〉에 실리게 되었다.

레스콜라는 파블로프의 고전적 조건형성★ 패러다임을 사용해 근접성에 대항하는 개념인 수반성을 증명했다. 수반성이란 자극이나 반응 사이의 연관성이라는 의미로, 유기체가 자극과 반응의 수반성을 이해하는 것이 학습에서 매우 중요함을 증명했다. 행동주의자들은 파블로프의 개가 종소리를 듣고 침을 흘린 것은 종소리와 먹이의 '연합'일 뿐이라고 실명했지만, 레스콜라는 개가 종소리를 듣고 먹이가 나올 것을 '예상'했기 때문이라고 주장한 것이다.

수반성과 근접성의 논쟁에서 수반성의 승리가 근접성의 패배를 의미하지는 않는다. 레스콜라는 근접성 자체를 부인한 것이 아니라, 근접성의 독단을 부정했을 뿐이다. 따라서 우리는 학습에서 근접성과 함께 수반성을 고려해야 하며, 이것이 현재의 학습심리학* 교재에도 반영되고 있다. 앞부분에는 근접성을 주장하는 행동주의자들의 조건형성 실험이 등장하며, 뒷부분에는 수반성을 주장하는 인지 학습cognitive learning ★인지심리학이 등장한다.

인지 학습의 대표적 예로는 반두라Albert Bandura의 관찰 학습 observational learning이 있다. 관찰 학습은 모방modeling이나 대리 학습 vicarious learning이라고도 불린다.

관찰 학습을 증명하는 다음의 실험은 많이 알려져 있으며, 종종 매스미디어가 아이들에게 얼마나 강력한 영향을 미치는지에 대한 근거로 자주 인용된다.

연구자는 아이들에게 비디오를 보여주었다. 한 집단에는 어떤 모델이 나와서 보보 돌bobo doll, 우리는 오뚜기 인형이라고 함을 때리는 장면을, 다른 집단에는 껴안는 장면을 보여주었다.

서로 다른 비디오를 본 아이들에게 한 명씩 보보 돌이 있는 방에서 놀 수 있도록 자유 시간을 주었다. 그 결과 아이들은 자신들이 본 비디오의 모델처럼 보보 돌에게 행동했다.

어떻게 보면 너무 간단하고 우리의 일상에서도 쉽게 찾아볼 수 있는 실험이지만, 이 실험이 행동주의가 주류였던 1960년대에 진행되었음을 생각할 때 그 의의와 충격은 매우 크다. 행동주의자들은 유기체의 학습은 직접적인 경험만으로 이루어진다고 주장했다. 어떤 행동에 대해 직접적으로 강화★강화와 처벌할 때만 행동이 증가한다고 생각하던 때였다. 하지만 반두라는 유기체가 가진 인지 능력은 다른 사람의 경험을 관찰하는 것만으로도, 다른 말로 간접대리 경험만으로도 학습이 가능하다고 주장했다. 타인이 받는 강화인 대리 강화 vicarious reinforcement도 중요한 행동 변화의 요인이 된다는 것이다.

학창 시절에 전교생 앞에서 상을 받는 친구들의 모습을 종종 볼 수 있었다. 이것이 반두라 관찰 학습의 대표적인 예다. 강화는 친구가 받았지만, 행동의 변화는 그것을 지켜보는 다른 학생들에게도 일어나게 된다. 직접 강화를 받지 않아도 행동이 증가한다는 사실은 행동주의 관점에서 보자면 매우 충격적인 것이었다.

인지 학습의 다른 예로는 톨만Edward Tolman의 잠재 학습latent learning이 있다. 그는 학습이 행동으로 드러나기 위해서는 인지적 학습이 선행되어야 한다고 주장했다. 눈에 보이지 않는 잠재적인 학습이 가능함을 쥐를 대상으로 증명했다.

미로 달리기를 할 때마다 한 무리의 쥐에게는 먹이를 주었고, 다른 무리의 쥐에게는 먹이를 주지 않았다. 먹이를 받은 쥐는 수행이 꾸준히 증가했으나, 먹이를 받지 못한 쥐는 수행이 나아지지 않았다. 그런 다음 10일째 되는 날, 평소에 먹이를 주지 않던 무리의 쥐에게 먹이를 주기 시작했다. 그러자 결과는 놀라웠다. 쥐의 수행이 매우 급격하게 증가했던 것이다. 먹이 때문에 학습이 시작되었다고 보기에는 수행의 증가가 너무 급격했다. 결국 먹이를 받지 못했던 10일 동안 쥐는 미로에 대한 지도cognitive map를 마음에 그렸다고 볼 수밖에 없는 현상이었다.

게슈탈트 심리학*자이기도 한 쾰러도 인지 학습이라고 할 수 있는 통찰* 학습을 주장했다. 끊임없는 시행착오가 아니라 어느 순간 갑자기 깨닫는 통찰로도 문제를 해결할 수 있다는 것이다. 이 외에도 셀리그만의 학습된 무기력*도 행동주의의 S-R 패러다임이 아닌 인지심리학의 S-O-R 패러다임을 입증하는 인지 학습의 예라고 할 수 있다.

긍정심리학

부정에 치우친 심리학의 균형을 잡으려는 새로운 시도
positive psychology / 역사

2000년 1월에 나온 미국 펜실베이니아대학의 셀리그만과 피터 드러커 경영대학원의 칙센트미하이는 긍정심리학을 주제로 한 〈미국의 심리학자American Psychologist〉의 특별판에서 심리학이 '삶을 가치 있게 만드는 것'을 말해야 한다면서 긍정심리학의 의의와 그 필요성에 대해 역설했다.

그동안 심리학자들은 우울*과 편견*, 폭력, 자존감 관리와 비합리성, 그리고 역경을 딛고 일어서는 방법 등 인간의 부정적인 측면에 대해서는 많은 이야기를 했지만 개인의 강점과 미덕, 행복 등 긍정적인 측면에 대한 관심은 적었다. 긍정적인 면보다는 부정적인 면에 치우쳐 불균형이 존재했다고 볼 수 있다.

이것은 어쩌면 인간의 부정적인 측면을 이해하고 극복하면 자연스럽게 긍정적인 부분이 따라올 것이라고 생각했기 때문이리라. 하지만 현실은 달랐다. 우선 인간의 부정적인 면을 완벽하게 제거한다는 것은 거의 불가능에 가깝고, 부정적인 면을 제거한다 해도 행복해지지 않는다는 사실을 차츰 깨닫게 된 것이다.

또한 심리학자들이 발견한 더 놀라운 사실은 마음의 상처가 될만한 사건을 경험했음에도 외상 후 스트레스* 장애 같은 심각한 정신장애*^{이상심리학}를 겪지 않는 사람들이 상당수 있으며, 심지어 어떤 사람들은 이러한 경험을 통해 오히려 심리적으로 성장하는 경우가 왕왕 있다는 것이다. 외상을 경험한 이후의 성장을 외상 후 성장_{PTG Post Traumatic Growth}이라고 한다.

심리학자들은 점차 인간의 긍정적인 면에 관심을 가지기 시작했다. 긍정심리학이란 이처럼 사람들이 행복하고 성공하며, 자신의 능력을 최대한 발휘할 수 있는 조건과 과정을 연구하는 분야다. 구체적으로는 감사와 용서, 경외심, 영감, 희망, 호기심, 웃음, 행복, 웰빙, 명상*^{마음챙김} 등을 연구한다.

따지고 보면 인간의 긍정성에 관심을 두었던 심리학의 흐름은 예전부터 존재해왔다. 기능주의*구조주의 vs. 기능주의 창시자 제임스는 1902년, 자신의 글에서 '건강한 마음'에 대해 언급했으며, 인간주의*자 매슬로도 "심리학자는 병든 사람 대신 건강한 사람을 연구해야 한다"고 주장했다. 질병보다는 건강에 초점을 맞추는 건강심리학*도 같은 맥락에서 이해가 가능하다. 하지만 이전의 주장들이 산발적이었다면 긍정심리학은 심리학의 불균형을 해소하기 위해 많은 심리학자들이 참여하는 하나의 운동이라 할 수 있다.

물론 이 운동을 비판하는 심리학자들도 있다. 이들은 긍정심리학이 기존의 심리학을 부정심리학negative psychology으로 호도하고 있으며, 현실에 존재하는 문제와 질병, 고통에 대해 무관심하게 만든다고 주장한다.

그렇지만 긍정심리학 운동을 옹호하는 사람들은 이 운동이 기존의 심리학의 역할과 가치를 충분히 인정하고 있으며, 단지 불균형을 해소하자는 것일 뿐이라고 답변한다. 인간에게는 부정성과 함께 긍정성도 존재하는데, 지금까지는 주로 부정성에 초점을 맞추었으니 이제라도 긍정성에 초점을 맞추어보자는 것이다. 그래야 전인적으로 사람을 이해할 수 있다고 말이다.

기억

과거와 현재를 연결시켜주는 징검다리
memory / 인지심리학

일 년 전의 나와 지금의 나는 물리적으로 98%나 다르다고 한다. 원자atom 수준에서 우리의 간은 6주, 피부는 1개월, 위벽은 5일마다 새롭게 생성되며, 영원할 것처럼 보이는 뼈도 3개월마다 새 것으로 교체되기 때문이다. 이처럼 우리의 몸은 매 순간 급격한 변화를 겪고 있다. 그럼에도 우리는 어떻게 과거의 나와 현재의 내가 동일한 '나'라는 사실을 알 수 있을까? 그 비밀은 기억에 있다. 기억은 과거와 현재를 연결시켜주는 징검다리다.

철학자이자 초창기 심리학자로 널리 인정받는 에빙하우스Herman Ebbinghaus는 무의미한 철자를 사용해 기억과 망각에 대한 실험을 했고 망각곡선을 발견했다. 망각곡선은 우리의 기억이 시간에 따라 얼마나 지속되는지 보여주는 것으로 기억 연구에서 중요한 과학적인 발견이었다. 하지만 분트* 이후 심리학자들의 관심은 감각과 지각*이었으며, 얼마 지나지 않아 행동주의*까지 합세해 기억 연구는 상당 기간 심리학사에서 종적을 감추게 되었다. 한편으로 정신분석*의 주요 개념인 무의식*은 '억압된 기억'을 의미했지만, 이는 순수한 기억 연구가 아닌 정신장애*이상심리학의 이해와 치료를 위한 방편이었을 뿐이다.

심리학자들이 기억을 본격적인 연구 주제로 삼기 시작한 것은 행동주의의 독단이 조금씩 무너지기 시작하고 인지심리학*이 도래하게 된 1960년대 즈음이었다. 인지심리학은 기억 연구가 차지하는 비중이 매우 높고, 기억에 대한 다양한 내용과 실험들을 포함한다. 인간의 기억 과정을 설명하려는 여러 모형과 이론들이 있으며, 기억의 또 다른 측면인 망각에 대한 연구도 있다.

중다저장 모형

기억에서 가장 유명한 이론은 애트킨슨Richard Atkinson과 쉬프린Richard Shiffrin의 중다저장 모형multi-store model이다. 기억을 하나가 아닌 세 가지로 구분하는 중다저장 모형은 기억의 전반적인 과정을 묘사하고 있으며, 많은 기억 연구의 토대가 될 만큼 정설로 인정받고 있다.

중다저장 모형에서 정보를 받아들이는 곳은 감각 기억sensory memory이다. 시각이나 청각 등 감각 기관*오감에 존재하는 감각 기억은 시각의 경우 영상 기억iconic memory, 청각의 경우 음향 기억echoic memory이라고 한다. 영상 기억은 0.5초 이하, 음향 기억은 2~3초 정도로 매우 짧은 시간 동안만 지속되기 때문에 감각 기억은 감각 등록기sensory register라고도 불린다.

우리에게 친숙한 다른 그림 찾기는 바로 영상 기억을 이용한 놀이다. 다른 그림을 찾기 위해 그 누구도 첫 번째 그림을 오랫동안 보면서 완벽히 기억한 뒤 다음 그림을 보면서 찾지 않는다. 단지 두 그림 위에서 눈만 빠른 속도로 굴릴 뿐이다. 그러다가 이상하다는 느낌을 주는 곳을 자세히 보면 역시나 다른 그림을 발견할 수 있다. 이것은 영상 기억 덕분이다. 망막★색채 지각에 찍힌 첫 번째 그림의 영상이 사라지기 전에 다음 그림을 쳐다보면, 망막에 두 그림의 영상이 겹치게 된다. 이때 같은 그림과 다른 그림은 시신경을 다르게 흥분시키고, 우리는 이것을 알아차리는 것이다.

감각 기억으로 들어온 정보 중에서 주의★의 선택을 받은 정보는 단기 기억STM ; Short-Term Memory으로 넘어가고, 나머지는 사라진다. 단기 기억은 그 이름에서 알 수 있듯이 정보가 대략 20~30초 정도 짧게 머무르는 기억이다. 이 동안에 여러 차례 시연 혹은 되뇜rehearsal을 하면 정보는 그 다음 단계인 장기 기억LTM ; Long-Term Memory으로 넘어간다. 하지만 그렇게 하지 않으면 이내 사라지고 만다.

고등학생인 소현은 시험 범위의 일부를 착각했다. 쉬는 시간에 이 사실을 알게 된 소현은 너무 속상했지만 포기할 수는 없었다. 공부하지 못한 시험 범위는 교과서로 대략 50쪽이었다. 남은 시간은 5분. 소현은 엄청난 집중력으로 50쪽을 훑어가기 시작했다.

드디어 시험 감독 선생님이 들어오셨다. 소현은 책과 공책을 가방에 집어넣는 순간까지 책에서 눈을 떼지 못했다. 초조한 마음으로 시험지를 받아든 소현은 시험지를 앞뒤로 넘기면서 방금 살펴본 50쪽에서 문제가 출제되었는지 확인했다. 시험지 뒷장에서 두 문제를 발견했다. 소현은 기분이 날아갈듯 좋았다.

소현은 너무 기쁜 나머지 바로 답을 적어두지 않고 앞장의 1번부터 문제를 풀었다. 그러고는 뒷장에서 그 문제를 풀려고 하니 머리가 하얘지면서 기억이 나지 않는 것이다. 왜 그럴까? 순간 소현은 자신의 머리가 석두石頭가 아닌지 괴로워했지만, 사실 그 이유는 30초가 지났기 때문이다.

단기 기억의 용량은 얼마나 될까? 미국 프린스턴대학의 심리학자 밀러George Miller는 1956년에 발표한 「마법의 수, 7±2 : 정보처리 용량의 몇 가지 한계The magical number seven, plus or minus two : Some limits on our capacity for processing information」에서 단기 기억의 용량이 평균 7개, 개인차를 고려하면 5~9개 정도라고 했다. 지금 같은 정보화 시대에 단기 기억의 용량이 너무 적다고 생각하는가? 이후 심리학자들은 여러 연구를 통해 단기 기억에서 처리하는 정보의 단위는 항목item이 아니라 청크chunks일 수 있음을 밝혀냈다. 청크란 여러 항목의 정보를 하나의 묶음으로 만든 것을 의미한다. 청크를 사용하면 단기 기억의 용량은 얼마든지 증가한다. 휴대전화를 신규로 개통할 때 뒷자리 네 번호를 정하라고 하는 것도, 최근 모 은행에서 계좌번호를 고객이 정하게 하는 것도 모두 우리가 잘 암기할 수 있도록 돕기 위한 배려다.

단기 기억의 정보를 20~30초 이내에 여러 번 되뇌면 그 정보는 장기 기억으로 이동한다. 연구자들에 따르면 장기 기억의 지속 시간은 영구적이며, 용량은 무제한이다. 물론 모든 정보를 생생하게 기억해 영원히 잊지 않는다는 의미는 아니다. 단지 정보들이 사라진다는 증거가 없을 뿐이다. 왜냐하면 당장에는 기억할 수 없는 정보라도 그것과 관련이 있는 단서를 제시하면 인출이 가능하기 때문이다. 이런 이유로 장기 기억에서의 망각은 인출 실패retrieval failure로 본다.

장기 기억의 용량이 무제한이라고 하면 사람들은 매우 놀라워한다. 다들 한 번쯤은 학창시절 머리가 가득 차서 더이상 공부할 수 없을 것 같다는 느낌을 받은 적이 있기 때문이다. 하지만 이것은 느낌의 문제일 뿐이다. 더이상 새로운 정보를 받아들 수 없을 정도로 머리가 가득 찬 사람은 아무도 없다. 약간의 시간이 지나면 우리는 얼마든지 새로운 정보를 머릿속에 집어넣을 수 있다.

기억에 있어서 가장 중요한 관점은 지속 시간이다. 이는 중다저장 모형에서 가정하는 기억의 이름단기, 장기에서도 알 수 있다. 중다저장 모형에서는 지속 시간을 단기에서 장기로 바꾸어주는 기제가 시연 혹은 되뇜이라고 했다. 주어진 정보를 여러 차례 반복하는 이 방법은 사람들이 가장 많이 사용하는 암기법이다. 하지만 정말 이 방법이 단기 기억을 장기 기억으로 바꾸어주는 유일한 기제일까?

처리수준 모형

심리학자 크레이크Fergus Craik와 로크하트Robert Lockhart는 그렇지 않다고 주장한다. 1972년에 처리수준 모형levels of processing model이라는 새로운 기억모형을 제안한 이들은 기억의 지속 시간이 정보를 처리하는 수준과 관련이 있다고 했다. 주어진 정보를 깊은 수준에서 처리하면 오래 기억할 수 있고, 얕은 수준에서 처리하면 오래 남지 않는다는 것이다. 정보의 의미를 파악하면서 이해하면 깊은 수준으로 처리하는 것이므로 여러 번 되뇌지 않고서도 오래 기억할 수 있고, 의미를 모른다면 얕은 수준으로 처리할 수밖에 없어 아무리 기계적으로 되뇌어도 기억에서 금세 사라진다.

일상에서 종종 경험하는 기억 현상을 잘 설명해주는 처리수준 모형은 한때 중다저장 모형의 대안으로 주목받았다. 하지만 깊고 얕다는 수준을 어떻게 조작할 수 있는지 설명하지 못하면서 순환논리의 오류*추동를 범하게 되었다. 다시 말해 오래 기억이 남았다면 깊은 수준으로 처리했기 때문이고, 깊은 수준으로 처리했기 때문에 오래 기억에 남는다는 식으로 밖에는 설명하지 못한 것이다. 과학에서 순환논리는 가장 치명적인 오류다. 결국 이 이론은 현재 인정받지 못하고 있다.

하지만 처리 수준 모형의 도전으로 중다저장 모형의 시연은 유지 시연maintenance rehearsal과 정교화 시연elaborative rehearsal으로 세분화되었다. 전자가 기존의 단순 반복 혹은 되뇜이라면, 후자는 처리수준 모형에서 말하는 의미 중심인 깊은 수준의 처리다. 암기를 할 때 기계적으로 반복하는 것은 유지 시연, 의미를 파악하거나 혹은 자신의 경험과 연관시켜 암기하는 전략은 정교화 시연이라고 할 수 있다.

중다저장 모형의 확장

크레이크와 로크하트가 중다저장 모형의 대안을 제시하려고 하다가 본의 아니게 중다저장 모형을 수정·발전시켰다면, 미국 뉴욕대학의 심리학자 배들리Alan Baddeley는 처음부터 중다저장 모형을 수정·발전시키려고 했다. 단기 기억은 정보가 잠시 머물기만 하는 장소가 아니라 다양한 형태의 정보들을 받아들이고 처리하는 동시에 의사결정까지 담당하는 곳이니 작업 기억working memory으로 명명하자고 주장했다. 배들리의 주장과 연구 결과로 이제는 단기 기억보다는 작업 기억이라는 표현을 빈번하게 사용하고 있다.

중다저장 모형의 확장은 여기에서 그치지 않는다. 많은 심리학자들은 장기 기억을 다양하게 구분했다. 우선 명시외현 기억explicit memory과 암묵내현 기억implicit memory의 구분이 있다. 의도적이고 의식적으로 알고 있으며 당장 언어로 표현이 가능한 것이 명시 기억이고, 비의도적이며 무의식적으로 알고 있어서 쉽게 언어로 표현할 수 없는 것이 암묵 기억이다.

도담은 친구를 만나서 한참 수다를 떨다가 헤어졌다. 집으로 오는 길에 생각해보니 마저 못한 말이 떠올라 친구에게 전화를 걸었다. 헤어진 지 얼마 되지 않은 친구와 통화를 하면서 길을 걷고 있는데 옆을 스쳐 지나가는 사람의 옷이 눈에 띈다. 분명 어디서 본 것 같지만 확실히 생각은 나지 않는다.

의도적인 주의 집중으로 명확히 기억할 수 있는 친구와의 대화 내용이 명시 기억이라면, 명확히 기억할 수는 없지만 우리의 머릿속에 존재하는 친구 옷에 대한 정보는 암묵 기억이다. 분명히 친구를 쳐다보면서 서로 이야기를 나누었기 때문에 친구의 옷 역시 보았을 것이다.

다만 주의 깊게 보지 않아서 명확히 기억할 수 없을 뿐이다. 이러한 암묵 기억은 우리가 원할 때 말로 표현되지는 않으나 그와 비슷한 정보를 접하게 되면 알아차리게 된다. 지나가는 사람의 옷이 눈에 익숙한 이유는 바로 친구의 옷과 비슷하기 때문이다. 암묵 기억은 데자뷔★ 현상을 설명해준다.

또 다른 장기 기억의 구분은 서술 기억declarative memory과 절차 기억procedural memory이다. 서술 기억은 언어적으로 표현할 수 있는 기억으로, 다시 의미 기억semantic memory과 일화 기억episodic memory으로 구분한다. '10월 9일은 한글날이자 누다심 생일'처럼 객관적인 사실이나 지식이 의미기억이라면, '초등학교 2학년 때 갑작스럽게 배가 아파서 화장실로 뛰어가던 중 바지에 실례를 했던 경험'처럼 이야기로 풀어낼 수 있는 기억은 일화 기억이다.

반면 절차 기억은 우리의 몸이 기억하는 운동 기억이다. 어린 시절에 배웠던 수영이나 스케이트는 수년 혹은 십년 이상 하지 않아도 적응할 수 있는 시간만 잠깐 주어진다면 얼마든지 예전의 실력을 보여줄 수 있다. 절차 기억은 소뇌cerebellum★뇌에 저장되는 기억이라서, 대뇌에 저장되는 다른 기억들과 달리 쉽게 망각이 일어나지 않으며 기억상실증★과도 무관하다. 또 언어와 무관한 소뇌에 저장되기 때문에 말로 설명하기보다는 직접 시범을 보여주는 것이 훨씬 쉽다.

수영이나 스케이트 타는 방법을 말로 가르쳐주려 하면 표현하는 사람도 힘들고, 배우는 사람도 무슨 말인지 몰라 서로 짜증만 나고 싸우기 십상이다.

한편으로 장기 기억은 지식체계다. 우리의 지식이 어떻게 이루어져 있는지에 대해 여러 학자들이 이론을 제시했는데, 그 중에 한 가지가 의미망 모형semantic network model이다. 이 모형은 우리의 지식 속에는 여러 개념들이 서로 연결되어 있으며, 연결 거리가 연상 정도와 관련성에 따라 모두 다르다고 가정한다. 그래서 한 개념이 자극을 받으면 그 주변에 가까이 위치한, 즉 연관성이 높은 단어들은 활성화되기 쉬운 것이다.

심리학에서 종종 언급되는 점화 효과priming effect는 의미망 모형의 증거다. 점화 효과는 먼저 제시된 자극점화자극이 나중에 제시된 자극표적자극의 처리에 영향을 주는 현상이다. 참가자들에게 '의사'라는 단어를 제시하고 '간호사'를 제시한 조건과, '빵'을 제시하고 '간호사'를 제시한 두 조건 중에서 '간호사'라는 단어에 대한 참가자들의 수행읽기, 판단하기은 첫째 조건이 훨씬 뛰어났다. 이것은 우리의 머릿속에 의사와 간호사의 연결이 빵과 간호사의 연결보다 더 가깝기 때문이다. 이러한 점화 효과는 우리가 의식하지 못한 자극들을 대상으로 일어나기 때문에 암묵 기억의 존재를 증명하는 실험 결과로 언급된다.

이처럼 우리의 기억은 매우 정교하며 복잡한 과정이다. 심리학과 학생들이야 좋은 학점을 받기 위해 이 내용을 기억해야 하겠지만,

그렇지 않다면 굳이 이 내용을 기억하지 못해도 정상적인 기억 과정에는 아무런 문제가 없으니 참으로 다행스러운 일이다.

기억상실증

영화 속 기억상실증은 영화이기 때문에 가능할 뿐
amnesia / 이상심리학

한 남자가 가로등이 희미한 횡단보도를 건너고 있다. 그를 발견하지 못한 트럭 운전자는 브레이크를 밟지 않았고, 결국 전속력으로 그를 들이받았다. 잠시 공중제비를 돈 그의 몸은 이내 땅으로 곤두박질쳤다. 이 광경을 목격한 사람들은 그의 죽음을 의심하지 않았다. 그런데 어찌 된 일일까? 그는 피 한 방울 흘리지 않았다. 의식은 없었으나 모든 것이 정상처럼 보였다. 잠시 후 도착한 구급차는 그를 인근 병원으로 후송했다. 검사 결과 약간의 찰과상만 제외하면 신체에는 전혀 이상이 없었다. 뇌에도 아무런 손상이 없었다.

며칠 후 정신을 차린 그는 이렇게 말했다. " 여기가 어디죠? 제가 왜 여기에 있는 거죠?" 주변의 가족과 친구들은 그가 살아났다며 기뻐했지만, 정작 본인은 어리둥절한 표정이었다. 본래 의식을 잠시 잃었던 사람들이 보이는 어리둥절함이 아니라 자신이 누구이고 자신을 둘러싼 사람들은 누구인지, 자신이 왜 그곳에 있게 되었는지 전혀 알지 못하는 데서 오는 어리둥절함이었다.

이상은 드라마나 영화에 종종 등장하는 기억상실증의 전형적인 예다. 하지만 실제의 기억상실증과는 사뭇 다르다. 기억상실증은 크게 기질성organic과 심인성psychogenic로 나눌 수 있는데, 위의 예는 기질성 기억상실도 아니고 심인성 기억상실로 보기도 어렵다.

기질성 기억상실은 교통사고나 뇌졸중·치매와 같은 퇴행성 뇌질환, 간질 등으로 인한 실제적인 뇌* 손상 때문에 발생한다. 심리학에서 유명한 기질성 기억상실증 환자는 간질 치료를 위해 신경외과 수술을 받았던 H.M.가명이다. 간질이란 뇌의 이상 흥분 때문에 몸이 발작하는 증상으로 지금은 약물*향정신성 약물로 치료하지만 예전에는 뇌 일부를 제거하기도 했다.

H.M.의 간질은 측두엽temporal lobe에서 발생하는 이상 흥분 때문인 것으로 밝혀졌다. 의사는 측두엽을 중심으로 뇌의 일부분을 제거했는데, 이때 측두엽 안쪽에 위치한 해마hippocampus까지 제거했다. 수술후 마취에서 깨어난 환자는 수술 이전과거은 기억하지만 수술 이후의 일은 30초 이상 기억하지 못하는 순행성 기억상실증anterograde amnesia 혹은 단기 기억상실증을 보였다. 병실담당 간호사와 통성명을 했음에도 다음 날이면 처음 보는 사람처럼 대했다. 수술 이후에 새롭게 알게 된 모든 사람들에게 그랬다. 수술 이후에 읽은 책도 다음 날이면 그에게는 완전히 새로운 것이었다.

H.M.의 예기치 않은 수술 결과가 그에게는 인생이 꼬였다는 사실

을, 뇌 연구자들에게는 기억*과 관련한 해마의 놀라운 기능을 알려주었다. 그것은 바로 해마가 단기 기억을 장기 기억으로 전환시킨다는 것이다.

순행성 기억상실은 아담 샌들러Adam Sandler와 드류 배리모어Drew Barrymore가 주연으로 나온 2004년 영화 〈첫 키스만 50번째50 First Dates〉의 소재이기도 했다. 하지만 모든 기질성 기억상실이 순행성 기억상실인 것은 아니다. 뇌 손상이나 간질로 뇌가 손상되면 과거를 기억하지 못하는 역행성 기억상실retrograde amnesia이 나타날 수도 있다.

반면에 심인성 기억상실은 심리적 충격 때문에 발생하는 것으로 뇌 손상과는 무관하다. 정신장애*이상심리학의 진단 기준인 DSM-5* DSM에서 심인성 기억상실은 해리성 기억상실증dissociative amnesia이라고 하며 해리성 장애dissociative disorder의 범주에 속한다. 해리성 장애는 보통 어린 시절에 당한 성폭행이나 신체적·성적 학대를 비롯한 정신적 외상trauma이나 과도한 스트레스* 때문에 발생한다. 심인성 기억상실은 보통 역행성 기억상실이지만, 과거의 모든 기억이 아니라 심리적으로 충격을 받았던 사건만 잊는 경우가 일반적이다. 이런 경우는 최면*으로 기억을 떠올리게 할 수 있다.

만약 교통사고로 인한 뇌의 손상 때문에 기억상실이 일어났다면 기질성 기억상실이고, 뇌 손상이 없다면 심인성 기억상실이라고 할 수 있을 것이다. 하지만 평소에는 아무런 문제없이 잘 지내던 사람이 교통사고에서 받은 물리적 충격으로 뇌 손상 없이도 과거의 모든 기억을 잃는다는 설정은 영화 속에서나 가능하다.

우리의 기억은 뇌의 특정 부분에 저장되는 것이 아니다. 비록 해마가 기억과 직접 연관이 있는 뇌의 일부분이지만 이것은 기억을 저장하기보다는 단기 기억을 장기 기억으로 변환시키는 기능을 한다고 알려져 있다.

한 가지 흥미로운 것은 기억상실은 서술 기억에만 일어나고, 절차 기억에는 일어나지 않는다는 사실이다. 크리스토퍼 놀란Christopher Nolan 감독의 2000년 영화 〈메멘토Memento〉도 기억상실을 다루고 있다. 기억상실 증상을 보이는 주인공은 자신이 누구이고 무엇을 하고 있는지 전혀 기억하지 못하지만, 운전하는 법이나 전화기를 사용하는 방법 등은 여전히 잘 알고 있었다. 이것은 기억상실이 서술 기억을 담당하는 대뇌 수준에서만 일어나고, 절차 기억을 담당하는 소뇌 수준에서는 발생하지 않는다는 것을 의미한다.

기질

성격 형성의 기반이 되는 영아들의 정서적 반응 경향성
temperament / 성격심리학

사람들은 서로 다르다. 비단 성인뿐만 아니라 갓 태어난 영아들도 그렇다. 성인들의 서로 다른 일관된 특성을 성격★성격심리학이라고 한다면, 영아들은 기질이라고 한다. 어떤 영아는 잘 웃고 쾌활하지만, 어떤 영아는 잘 울고 보챈다. 또한 어떤 영아는 반응과 행동이 느리지만, 어떤 영아는 예민하고 활기차다. 이것이 바로 기질이다.

기질은 정서와 운동, 외부 자극에 대한 주의 집중과 반응, 그리고 자기조절과 연관이 있다. 그래서 장기적으로는 성격 형성에, 단기적으로는 양육자의 양육 태도와 애착*에 영향을 미친다. 또한 기질은 유전*유전 vs. 양육의 영향을 많이 받고 있는데, 일란성 쌍둥이가 이란성보다, 이란성 쌍둥이는 형제자매보다 기질의 상관이 더 높다.

기질에 대한 선구적 연구로 유명한 뉴욕종단연구NYLS : New York Longitudinal Study는 141명의 영아를 대상으로 관찰과 면접, 다양한 심리검사를 통해 기질을 구성하는 아홉 가지 요인을 발견했고, 이를 근거로 영아의 기질을 '순한easy, 까다로운difficult, 반응이 느린slow to warm up'의 세 유형으로 구분했다. 전체의 40%를 차지하는 순한 영아는 행복하게 잠을 자고 일어나고, 장난감을 가지고 혼자서도 잘 놀며, 쉽게 당황하지 않는다. 또한 낯가림이 적고 새로운 생활 습관에 잘 적응하는 편이다.

반면 전체의 10%였던 까다로운 아이는 쉽게 울고 보채며 낯가림이 심하고, 좌절 상황에서 강한 반응을 보이기 때문에 낯선 상황에 적응할 시간이 필요하다. 전체의 15%를 차지하는 반응이 느린 영아는 수동적이며 새로운 상황에 대해 움츠러들지만, 기회가 주어지면 조금씩 흥미를 보이며, 나머지 35% 정도의 영아는 세 유형으로 구분하기 어려웠다.

양육자는 아이의 기질을 잘 이해해야 한다. 만약 자신의 아이가 어떤 기질이고, 어떻게 대처해야 하는지 알지 못하면 양육자와 영아 모두에게 좋지 않다. 무엇보다 성격 형성에 중요한 영향을 미친다는 점에서 기질에 대한 이해는 양육자에게 필수적이다.

　기질에 대한 이해가 없을 때는 영아를 양육자와의 관계에서 수동적인 존재로 보았다. 영아의 성격과 인지 등 모든 것이 양육자의 책임이라고 생각한 것이다. 그러나 영아도 기질을 통해 자신의 양육 환경에 영향을 끼치는 능동적인 존재다.

▌깊이 지각

▌2D 정보에서 3D를 지각하는 원리
▌depth perception / 감각과 지각

　2009년, 제임스 카메론James Cameron 감독의 영화 〈아바타Avatar〉가 흥행에 성공하면서 3D3차원 기법도 덩달아 유명해졌다. 이전에도 수많은 3D 영화들이 있었지만, 이처럼 대중들의 열광적인 관심을 이끌어내어 하나의 트렌드로 자리 잡게 한 영화는 없었다. 화려한 색감, 사실적인 그래픽으로 영화를 돋보이게 만드는 3D. 이처럼 극장에서의 3D가 대단하게 보이는 이유는 2D2차원인 스크린에서 3D를 구현하기 때문이다. 어떻게 이것이 가능할까? 그 비밀은 바로 우리 눈 속에 있다.

　시가 정보를 받아들이는 우리의 망막★색채 지각은 평면2차원이다. 우리는 2차원으로 받아들인 정보를 통해 세상을 3차원으로 지각한다.

어떻게 2차원인 정보를 받아들여 3차원으로 지각할 수 있을까? 깊이 지각이라고 하는 이 원리는 바로 극장에서 보는 3D와 동일하다. 참고로 여기서 깊이란 거리distance와 같은 말이다.

심리학자들은 깊이 지각을 설명하기 위해 단서 이론cue theory을 내놓았다. 망막에 들어온 2차원 정보에서 몇 가지 단서를 얻어 깊이를 지각한다는 것이다. 단서에는 단안 단서monocular cues와 양안 단서binocular cues가 있다. 단안 단서란 한쪽 눈만으로도 확인 가능한 단서인데 대표적인 예로 중첩interposition이 있다. 한 물체가 다른 물체를 가리고 있다면, 우리는 가린 물체가 가려진 물체보다 앞에 있다고 판단한다. 중첩이라는 단서에서 두 물체의 깊이와 거리를 알게 된다. 이 외에도 결의 기울기texture gradient, 선형 조망linear perspective, 대기 조망aerial perspective, 수평선과의 근접성proximity to horizon 등이 있다. 단안 단서는 그림에서 표현될 수 있다고 해 그림 단서pictorial cues라고도 하며 일반적인 영상물2D에서 사용한다.

하지만 최근에 3D 영화는 사실적인 입체감을 살리기 위해 단안 단서에 양안 단서를 더해 사용한다. 양안 단서의 대표적 예는 망막상 불일치retinal disparity다. 우리의 두 눈은 대략 6cm★대자뷔 떨어져 있기 때문에 물체의 이미지는 두 망막에서 다른 위치에 맺힌다. 물론 평소에는 두 눈을 자동으로 조절하고 있기 때문에 불일치를 잘 느끼지 못한다. 하지만 물체를 눈 앞에 바로 대고 본다면 두 눈을 아무리 굴려도 불일치가 해결되지 않는다. 키스를 하다가 눈을 떴을 때 상대방의 눈이 네 개로 보이는 것도 같은 이치다.

망막상 불일치를 통해 우리의 뇌는 대상과의 거리깊이를 지각한다. 이 정보는 매우 중요한 깊이 지각을 경험하게 한다. 더욱 확실하게 알려면 달리기를 하거나 계단을 내려갈 때 한쪽 눈을 감아보라. 한쪽 눈을 감고 운전하는 것도 망막상 불일치 정보의 유용성을 아는 좋은 방법이지만, 이는 너무나 비싸고 위험한 방법이라 추천하고 싶지는 않다.

　특수 제작한 안경을 쓰고 3D 영화를 보는 이유는 깊이 지각의 핵심이라고 할 수 있는 망막상 불일치를 유발하기 위해서다. 망막상 불일치의 응용은 3D 영화에만 국한되지 않는다. 1990년대 초반에 선풍적인 인기를 끌었던 매직 아이magic eye 역시 이를 응용한 것이다. 매직 아이를 그냥 보면 아무런 의미 없는 난해하고 조잡한 그림이지만, 그림 뒤쪽에 초점을 맞추고 보면 입체를 경험할 수 있는 특별한 그림이다. 하지만 우리는 습관적으로 그림에 초점을 맞추기 때문에 매직 아이를 제대로 보려면 연습이 약간 필요하다. 망막상 불일치를 이용한 또 하나의 예는 입체경이다. 요즘에는 찾기 힘들지만 예전에는 놀이공원이나 유적지에 가면 쉽게 구입할 수 있었다. 입체경은 어떤 장면의 사진을 약간 벌어진 각도에서 찍은 후에 양쪽 눈에 따로 보여줌으로써 입체를 경험하게 하는 장치다.

　현재까지의 3D 기술은 안경을 쓰고 보는 식이었지만, 앞으로는 안경 없이도 화면에서 곧바로 3D를 구현하는 기술을 개발한다고 한다. 그 한 가지 방식이 홀로그램인데 언제쯤 상용화가 될지는 모르겠다. 하지만 기술이 아무리 발전한다고 해도 결국 인간의 인식 능력★감각과 지각을 차용할 뿐이다. 지금 이 순간에도 당신이 별 어려움 없이 이 책을 집고 책장을 넘기면서 책을 읽을 수 있도록 하는 그 능력 말이다.

꿈

너무나 일상적이지만 너무나 모호한 꿈의 세계
dream / 의식

사람들은 꿈에 대해서 많은 관심을 갖고 있다. 꿈의 내용으로 그날 하루의 기분이 좌지우지되기도 하고, 더 나아가 꿈을 근거로 중요한 결정을 내리기도 한다. 꿈이 사람들에게 적지 않은 영향을 미치고 있음은 여러 속설로도 알 수 있다.

- 꿈은 현실과 반대다.
- 꿈에서 조상을 뵈었을 때는 복권을 사라.
- 꿈을 꾸면 깊이 자지 못한 것이다.
- 임신중 꾼 꿈태몽은 아이의 미래를 알려준다.
- 꿈예지몽을 통해 미래를 알 수 있다.

심리학을 전공한 이들은 종종 주변 사람들로부터 꿈에 대한 질문을 받는다. 이는 꿈이 우리의 심리 상태와 연관이 있다고 생각하기 때문이겠지만 안타깝게도 심리학자들은 꿈에 대해서 별 관심을 두지 않는다. 그 이유는 꿈이 무가치하기 때문이 아니라 과학적 연구를 하기 위해 꼭 필요한 객관적인 자료를 얻는 것이 힘들기 때문이다. 사람들은 확신에 차서 자신의 꿈을 다른 사람에게 말하지만 꿈에 대한 우리의 기억력은 매우 부정확하다. 어떤 이들은 자기 전에 종이와 펜을 미리 준비해두었다가 아침에 일어나자마자 기록하기 때문에 정확하다고 주장한다. 물론 그럴 수 있다. 하지만 꿈의 정확성을 입증할 다른 방법이 없기 때문에 객관성을 중시하는 과학적 심리학*에서 꿈은 다루기 까다로운 주제다.

그렇다면 꿈에 대해 말해줄 심리학자는 하나도 없는 것일까? 물론 있다. 넓은 의미에서 심리학이라고 할 수 있는 심층심리학*자들은 사람의 마음을 연구할 때 과학이라는 틀에 얽매이지 않기 때문에 꿈에 대한 여러 이론을 펼쳤다. 대표적으로 정신분석*의 프로이트*와 분석심리학*의 융을 들 수 있다.

대표 저서가 『꿈의 해석The Interpretation of Dreams』일 정도로 프로이트는 꿈에 많은 관심을 가지고 있었다. 이 책은 정신분석의 기본 원리가 모두 포함되어 있는 책으로, 정신분석과 꿈이 얼마나 밀접한 관계를 가지고 있는지 잘 알 수 있다. 그는 우리의 꿈이 무의식*을 있는 그대로 반영하는 것이 아니라 왜곡의 과정을 거쳐 꿈으로 나타난다고 말했다.

프로이트는 꿈을 두 가지 방식으로 접근했다. 하나는 꿈에 등장한 여러 요소를 가지고 자유 연상을 진행하는 것이며, 또 다른 하나는 꿈의 각 요소를 상징성과 연관된에 근거해 해석★정화하는 것이다. 인류는 대대로 꿈에 상징적인 해석을 사용했지만, 프로이트는 꿈에 대한 자유 연상의 접근을 더 선호했다. 한편 융은 상징에 의한 꿈 해석을 더 선호했다. 그는 꿈의 각 요소는 성이 아니라 집단 무의식의 원형과 관련을 맺고 있다고 생각했다. 이 외에도 융은 프로이트와 달리 꿈의 예지력, 즉 꿈을 통해 미래를 알 수 있음을 믿었다.

과학적 심리학★의 입장에서 꿈에 관심을 갖는 이들은 상담심리학★자들이다. 하지만 이들은 꿈 자체를 연구하기보다 내담자가 자신의 마음을 이해할 수 있도록 내담자의 꿈을 활용한다. 어떤 경우에는 꿈을 적어오라고 하기도 하지만, 많은 경우에는 내담자가 먼저 시작한 꿈 이야기에 귀를 기울여주면서 그 꿈을 내담자가 어떻게 받아들이고 있는지에 관심을 가진다. 꿈에 대한 직접적인 해석을 하거나, 내담자와의 대화보다 꿈을 중요시하는 상담심리학자는 없을 것이다.

꿈을 왜 꾸는지에 대한 몇 가지 가설이 있다. 프로이트처럼 꿈이란 어떤 의미를 내포한 것이라는 주장도 있지만, 낮 동안에 우리가 받아들인 정보를 처리하는 과정에서 발생하는 부가물이라는 주장도 있다. 이는 인간의 마음을 정보처리 관점에서 파악하는 인지심리학★자들의 주장이다. 마지막으로 생리적 관점★생리심리학을 취하는 이들은 꿈이란 끊임없이 활동하는 우리의 뇌가 무작위로 만든 이미지를 종합한 것이라고 주장한다. 이를 활성화-종합 가설activation-synthesis hypothesis이라고 한다.

어쨌든 꿈은 자신의 뇌에서 만든 것이지 외부의 누군가가 집어넣어 준 것이 아니다. 이런 면에서 꿈에 대한 사람들의 일반적 기대는 옳다고 볼 수 없다. 특히 많은 사람들이 로또복권에 대해 꿈에 거는 기대는 더더욱 그렇다.

2004년 어느 날, 신문에 로또복권 1등에 당첨된 사람 250명을 대상으로 꿈에 대한 설문 조사 결과가 실렸다. 당첨자 250명 중 44%인 111명이 복권 당첨과 연관이 있다고 알려진 조상, 돼지, 인분, 숫자가 나오는 꿈을 꾸었다고 보고했다고 한다.

이 신문기사를 본 사람들은 당연히 '역시 꿈은 정확하구나. 나도 이런 꿈을 꾸면 복권을 사야지'라고 생각할 것이다. 하지만 이 설문 조사 결과는 결코 복권과 꿈 사이의 연관성을 입증하지 못한다. 그 이유는 이 설문 조사가 복권에 당첨된 사람들만을 대상으로 실시했기 때문이다.

우리나라에서 복권을 구입하는 상당수의 사람들은 이런 꿈을 꾼 사람들이다. 게다가 이런 꿈을 꾸었지만 당첨되지 않은 사람들은 전혀 고려하지 않았다. 결국 조상 꿈을 꾸면 복권에 당첨되는 것이 아니라, 조상 꿈을 꾼 사람들이 보통 복권을 사게 마련이고, 이 중에서 1등 당첨자가 나왔기 때문에 저런 결과가 나온 것이다.

꿈이 가진 흥미로운 현상 중 하나는 꿈속에서 자신이 꿈을 꾸고 있음을 자각하는 자각몽lucid dream이다. 2010년, 레오나르도 디카프

리오_{Leonardo DiCaprio}가 주연으로 등장한 크리스토퍼 놀란 감독의 영화 〈인셉션_{Inception}〉은 자각몽을 다루고 있다. 자각몽이란 꿈을 꾸고 있다는 사실을 아는_{자각하는} 상태에서 경험하는 꿈이다. 영화에서는 기계를 이용해 서로의 꿈을 공유할 수 있게 된 이들이 자각몽 상태에서 꿈을 의도적으로 조작하면서 상대방의 생각을 빼내거나 의도한 생각을 심어준다는 설정이다.

하지만 우리는 영화처럼 실제로 꿈을 공유할 수도 없고, 의도적으로 꿈을 조작할 수도 없다. 자각몽 역시 원한다고 꿀 수 있는 것도 아니다. 물론 많은 훈련과 노력으로 자각몽을 꿀 수 있다고 하지만 이에 대한 명확한 가이드라인이 없고 개인적 경험에 근거한 것이 많다는 점에서 보편적인 현상은 아니다.

우리의 일상과 매우 밀접한 꿈은 분명 흥미로운 현상이다. 그렇지만 우리에게는 꿈보다 더 중요한 현실이 있다. 현실보다 꿈을 더 중요하게 여긴다든지, 현실의 불만족을 꿈에서 충족하려고 하든지, 혹은 꿈을 무리하게 현실화시키려고 한다면 우리의 현실은 악몽이 될지도 모른다.

내재적 동기

아이들은 보상을 받을수록 흥미를 잃는다
intrinsic motivation / 동기와 정서

    2010년 4월, 전 세계 주요 신문은 미국 하버드대학의 경제학자 프라이어Roland Fryer의 연구가 무위로 돌아갔다는 기사를 실었다. 그는 금전적 보상★강화와 처벌이 학업 능력 향상에 미치는 효과를 알기 위해 미국의 뉴욕, 워싱턴, 시카고, 댈러스 등지에서 학생들 1만 8천 명을 대상으로 2007년부터 3년 동안 무려 630만 달러약 70억 원를 사용했다. 성적 우수자에게 25달러에서 50달러까지 포상금을 주었고, 또한 독서, 출석, 수업 태도 등에서 다양한 기준을 세워놓고 현금을 지급했다. 돈이 걸렸으니 당연히 아이들은 공부에 열을 올렸다. 그런데 문제는 그 효과가 매우 단기적이었다는 것이다. 결국 3년에 걸친 프로젝트는 현금 보상이 학습 능력을 눈에 띄게 향상시키지는 못한다는 결론만을 얻었다.

보상이 학습에서 가장 중요한 흥미와 자발성을 떨어뜨린다는 사실은 1970년대 미국 스탠포드대학의 심리학자 레퍼Mark Lepper가 한 실험의 결과이기도 하다.

연구자는 유치원 아이들을 세 집단으로 나눈 뒤 그림을 그리게 했다. 첫 번째 집단의 아이들에게는 그림의 대가로 상을 주겠다고 약속한 후 실제로 상을 주었고, 두 번째 집단의 아이들에게는 아무런 예고 없이 갑작스럽게 상을 주었으며, 세 번째 집단의 아이들에게는 아무런 상을 주지 않았다.

2주 후에 아이들에게 자유 시간을 주었고, 자신이 원하면 언제든지 그림을 그릴 수 있었다. 세 집단 중 어느 집단의 아이들이 자유 시간에 그림을 그릴까? 우리는 일반적으로 아이들이 어떤 활동을 할 때 보상을 약속하고, 약속대로 보상을 해주면 그 활동을 더욱 좋아하게 될 것이라고 생각한다. 그래서 세 집단 중에서 첫 번째 집단을 꼽을 것이다. 하지만 결과는 정반대였다. 첫 번째 집단9%보다 두 번째17%와 세 번째 집단 18%에서 그림을 그리는 아이들이 더 많았다.

실험 결과를 한마디로 요약한다면 외재적 동기extrinsic motivation를 받았을 때 내재적 동기가 사라진다는 것이다. 외재적 동기란 어떤 활동에 대한 대가로 주어지는 금전이나 선물 같은 보상을 의미하며,

내재적 동기란 활동 자체에 대한 흥미와 호기심 등 사람 안에서 자연스럽게 발생하는 동기를 의미한다. 두 동기는 종종 부적 관계성을 보이기도 한다. 특히 어떤 활동에 대한 내재적 동기가 있는 상태에서 보상을 받게 되면 내재적 동기는 급격히 감소하는데, 이를 과잉 정당화 효과overjustification effect라고 한다. 자신의 행동의 원인을 보상으로 정당화시키는 과정이 지나쳤다는 의미다.

왜 이런 일이 발생할까? 바로 귀인* 때문이다. 보상을 받는 경우에는 자신이 행동을 한 원인을 보상외재적 동기에서 찾지만, 그렇지 않았을 경우에는 호기심이나 활동 자체의 즐거움내재적 동기에서 그 원인을 찾는다. 보상 때문에 공부를 하거나 그림을 그렸다고 생각했으니, 보상이 없다면 더이상 할 이유가 없다고 판단하는 것이다. 외재적 동기와 내재적 동기의 부적 관계성은 아이들에게만 해당하는 이야기가 아니다. 우리 주변에서도 쉽게 찾아볼 수 있다. 매우 높은 연봉을 받는 사람과 낮은 연봉을 받는 사람들 중 어느 쪽이 자신의 일이나 직장에 대한 자부심이 높을까? 개개인의 상황마다 다르고, 극단적인 상황에 처한 사람들은 다르겠지만 평균적으로는 후자의 경우가 더 높다.

이처럼 외부의 환경과 심리 내적인 현상은 종종 반대로 작용한다. 다른 사람들이 보기에는 남부러울 것 하나 없는 사람들이 심리적으로는 우울*한 것도, 환경이 너무 어려워서 다들 성공하지 못할 것이라고 생각했던 사람이 큰 성공을 이루어내는 것도 같은 맥락이다.

뇌

나의 뇌인가? 뇌의 나인가?
brain / 생리심리학

　20세기 최고의 천재로 꼽히는 물리학자 아인슈타인. 그의 뇌를 연구한 과학자들은 몇 가지 특이한 점을 밝혀냈다. 우선 아인슈타인 뇌의 하두정엽inferior perietal lobe이 일반인에 비해 15% 정도 크고, 신경세포인 뉴런*의 정보처리를 돕는 교세포neuroglia cell가 일반인보다 많았다고 한다.

　반대로 아인슈타인의 뇌가 일반인보다 떨어지는 것도 있다. 그것은 바로 무게다. 보통 사람의 뇌는 1천350g 정도인데, 아인슈타인의 뇌는 1천230g이다. 하지만 아인슈타인처럼 똑똑한 사람의 뇌가 더 가볍다고 해서 놀랄 일은 아니다. 인간의 뇌도 돌고래나 코끼리보다 더 작고 가볍기 때문이다.

뇌에 대한 속설과 진실

　몇몇 사람들은 아인슈타인이 뇌를 몇 퍼센트 사용했는데 일반인은 이보다 덜 사용하고 있다는 식으로 이야기를 한다. 이 주장도 사람마다 달라서 어떤 이들은 3%, 혹은 10%, 또 다른 이들은 20%라고 주장한다. 이는 과학적인 근거가 없는 속설일 뿐이다. 우선 뇌의 영역을 가지고 퍼센트를 따지는 것이라면, 사람은 누구든지 뇌의 전 영역을 사용하고 있기 때문에 설득력이 없다. 만약 뇌의 활용도를 가지고 퍼센트를 따지는 것이라면 활용도의 최고치를 알 수도 없고, 활용도라는 개념 또한 모호해 측정 자체가 어렵기 때문에 설득력이 없다. 물론 인간의 두뇌가 가지고 있는 능력과 용량이 엄청날 테니 열심히 뇌를 활용하라는 의미로 받아들일 수도 있겠지만, 터무니없이 뇌의 몇% 운운하는 사람들이 너무 많다.

뇌에 대한 속설은 이 외에도 많다. 뇌의 주름은 지문처럼 사람마다 다르다느니, 특정 부분이 튀어나온 머리를 가진 사람소위 짱구이나 머리가 큰 사람이 공부를 잘 한다느니, 머리를 맞으면 뇌 세포가 죽는다느니 하는 것들이다.

이는 모두 틀린 이야기다. 우선 뇌의 주름은 거의 모든 사람이 동일하다고 할 수 있다. 물론 아인슈타인처럼 특정 영역이 커서 주름이 다른 것은 매우 특이한 경우다. 머리의 크기나 돌출, 혹은 모양도 지능*이나 학습 능력과는 전혀 무관하다. 한때 서양에서는 머리의 모양과 정신기능성격, 지능 등을 연결시킨 골상학phrenology이 유행하기도 했지만, 이는 전혀 근거가 없는 주장으로 판명되었다. 또한 우리의 뇌는 외부로는 머리카락과 두피, 두개골을 비롯한 여러 막의 내부로는 뇌실의 보호를 받고 있기 때문에 웬만한 충격으로는 손상되지 않는다.

뇌에 관한 이러한 속설들이 틀렸다고 증명되었지만 여전히 사람들은 그것을 믿고 있다. 이는 우리가 그만큼 뇌를 잘 모른다는 것이다. 과학자들이 일반인들에게 뇌에 대한 이해를 증진시키기 위해 1996년, 미국에서 뇌 주간 행사가 시작되었다. 우리나라에서도 한

▌뇌의 대표적인 구조물과 기능

구조물		기능		
전뇌 forebrain	대뇌피질cerebral cortex	언어, 사고, 의식, 판단 등 고차적 정신기능	전두엽frontal lobe	운동
			두정엽parietal lobe	감각
			측두엽temporal lobe	청각
			후두엽occipital lobe	시각
	시상thalamus	감각 정보(후각 제외)를 받아서 대뇌피질로 보냄		
	시상하부hypothalamus	4F(싸움, 도망, 먹기, 성욕)의 조절과 호르몬 분비 명령		
	편도체amygdala	감정, 후각 정보를 받아들이는 통로		
	해마hippocampus★기억상실증	단기 기억을 장기 기억으로 변환		
중뇌 midbrain		감각과 관련된 단순 운동		
후뇌 midbrain	연수medulla	혈압, 호흡, 심박 등 생명유지 장치		
	교pons	여러 신경정보의 연결·얼굴 표정		
	소뇌cerebellum★기억	정교한 신체 운동		

국뇌학회 주관으로 매년 3월 셋째 주에 진행되며, 심리학자를 비롯해 여러 분야의 과학자들이 이 행사에 참여한다.

뇌의 구조와 기능

뇌를 겉에서 보면 대뇌와 소뇌로 구분할 수밖에 없지만, 그 안에는 더 많은 구조물이 있다. 뇌는 발생학적으로 전뇌, 중뇌, 후뇌로 구분할 수 있다. 뇌가 발생할 때에 가느다란 신경 조직이 세 부분으로 나누어져서 붙여진 이름인데, 고등동물일수록 전뇌가 발달하고 중뇌가 독립적으로 기능을 수행하지 않는 경우가 많다. 각 뇌의 대표적인 구조물과 기능은 앞의 표와 같다.

과학의 발전으로 사람의 마음과 행동에 대한 관심은 뇌를 떠나서는 생각할 수 없게 되었다. 우리의 감정과 이성, 지식과 창의성★, 성격★성격심리학과 습관, 재능과 교육 등 모든 것이 뇌에서 나오기 때문이다. 이러한 이유로 생리심리학★의 중요성이 날로 커지고 있다.

모국 프랑스보다 한국에서 더 유명한 소설가 베르나르 베르베르 Bernard Werber의 소설 『뇌L'Ultime Secret』의 원제는 '궁극적 비밀'이다. 궁극적 비밀이란 소설에서 모든 사람들을 열광하게 만드는 쾌락 중추이기도 하지만 한편으로는 뇌 자체를 의미한다. 어쩌면 인간에 대한 모든 비밀은 뇌를 완벽히 알게 될 때 풀 수 있을 것이다. 왜냐하면 인간은 바로 뇌이고, 뇌는 인간이기 때문이다.

▌뉴런

신경계의 기본 단위인 신경 세포
neuron / 생리심리학

어린 시절에 친구가 머리를 때리면 너 때문에 뇌★ 세포가 100개가 죽었다느니, 뇌 세포는 다시 살아나지 않는다고 하던데 네가 책임져야 한다느니 했었다. 그때는 뇌 세포가 어떻게 생겼는지, 무슨 역할을 하는지 알지 못했다. 이후 심리학을 공부하면서 어린 시절 말하던 뇌 세포가 신경 세포, 즉 뉴런이라는 사실을 알게 되었다.

심리학에서 사람의 마음과 몸을 이해하는 데에 빼놓을 수 없는 것이 신경계*이고, 신경계를 구성하는 최소한의 단위가 바로 신경 세포nerve cell인 뉴런이다. 따라서 신경계가 어떻게 우리의 몸과 마음을 움직이는지 이해하기 위해서는 뉴런의 활동을 알아야 한다.

뉴런은 세포의 생명 유지 기능을 담당하는 세포체soma, cell body, 외부에서 정보를 받아들이는 수상돌기dendrite, 정보의 이동 통로인 축색axon, 다른 뉴런으로 정보를 전달하는 축색의 끝 부분인 종말단추terminal button로 이루어져 있다. 종말단추는 다른 뉴런과 약간의 틈을 유지하면서 연결되어 있는데, 이 틈을 시냅스synapse라고 한다.

전기적 정보 전달

뉴런의 정보 전달은 두 차원으로 진행된다. 뉴런 안에서는 전기적 방법으로, 뉴런과 뉴런 사이시냅스에서는 화학적 방법으로 정보를 전달한다. 전기적 방법이란 뉴런 내부와 외부에 존재하는 여러 이온들Na+, K+이 반투과성인 뉴런의 세포막을 통과하는 것과 연관이 있다.

본래 뉴런은 안쪽이 바깥쪽에 비해 대략 70mV가 낮다-70mV. 이를 안정 전위resting potential라고 한다. 안정 전위가 일정 역치대략 +5mV, 즉 -65mV에 도달하면 활동 전위action potential로 바뀐다. 활동 전위란 뉴런 세포막의 이온통로가 열려서 외부의 나트륨Na+이 들어와 안쪽의 전위가 40mV나 높아져 무려 110mV의 전위가 발생하는 것을 의미한다. 이렇게 뉴런이 전기적 신호로 정보를 주고받기 때문에 뇌에는 약한 전자기파가 발생한다. 우리는 이를 뇌전도*수면 혹은 뇌파라고 부르며, 뇌 연구에 중요한 지표로 사용한다.

가정에서는 보통 220V의 전기제품을 사용하고 있고, 작은 건전지도 1.5V이기 때문에 110mV 앞에 왜 '무려'라는 표현을 붙였는지 의아해하는 사람도 있을 것이다. 하지만 뉴런의 크기를 생각할 때 이는 엄청난 크기의 전위다. 심리학 개론서에는 뉴런의 활동을 직접 측정하기 위해 오징어의 거대 축색을 사용하는 것으로 나와 있다. 거대 축색이라고 해야 0.5mm 정도이지만, 이는 포유류의 뉴런 중 가장 큰 축색보다 수백 배가 더 큰 것이다. 물론 뉴런마다 크기가 각각 다르다. 인간의 경우 어떤 뉴런은 척수spinal cord부터 엄지발가락까지 이어져 있지만 대부분의 뉴런은 그 길이가 몇 백 마이크로미터μm=1/1000mm에 불과하다. 뿐만 아니라 포유류 뉴런의 세포체는 직경이 4~100마이크로미터다. 이렇게 작은 세포에서 110mV의 전위가 발생하니 '무려'라는 표현을 붙이지 않을 수가 없다.

화학적 정보 전달

전위의 변화로 축색을 통해 시냅스까지 전달된 정보는 시냅스라는 작은 틈을 지나 다음 뉴런으로 정보를 전달한다. 이 작은 틈을 지나는 것은 전기적 정보 전달을 일으키는 이온이 아니라 일종의 화학물질인 신경전달물질*이다. 앞에서 살펴보았던 전기적 정보 전달은 속도가 1미리 세컨드msec=1/1000초로 매우 빠르고, 활동을 하거나 아니면 하지 않는 실무율적all or none 법칙을 따르기에 그 자체 활동에 이상이 발생하지는 않는다. 하지만 화학적 정보 전달은 매우 다양한 신경전달물질들이 다양한 방식으로 뉴런 사이에 정보를 전달하기 때문에 이상이 발생하기 쉽다. 현대 정신의학은 정신장애★이상심리학의 원인을 생물학적 관점에서 보므로 치료를 위해 약물★향정신성 약물을 처방한다. 약물이 다양한 정신장애의 증상을 완화시킬 수 있는 이유는 뉴런의 화학적 정보 전달 과정에 개입하기 때문이다.

인간이 다른 생명체보다 고차원적인 사고를 펼칠 수 있는 중요한 이유는 뉴런의 개수나 뇌의 무게가 아니라 뉴런 사이를 연결하는 시냅스의 개수 때문이다. 인간의 뇌에 있는 뉴런은 다른 뉴런과 대략 1천~1만 개의 연결시냅스을 맺고 있다. 뇌에는 대략 100억 개의 뉴런이 있다고 하니, 어림잡아도 대략 10조~100조 개의 시냅스가 존재하는 것이다.

시냅스의 연결은 경험에 따라, 나이에 따라 계속 변한다. 끊임없이 두뇌를 사용하는 사람, 즉 공부를 계속하거나 다양하고 새로운 경험을 하는 사람들은 시냅스가 더 풍성해지지만, 반면에 기존의 지식만을 활용하거나 아니면 이것마저도 하지 않는 사람들은 존재하던 시냅스도 약해져 결국에는 끊어지고 만다. 뉴런은 우리 몸의 다른 세포와 달리 재생되지 않는다고 알려져 있다. 물론 최근의 연구 결과에 따르면 끊임없이 두뇌 활동공부, 운동, 취미활동 등을 하는 노인들의 뇌에서 학습과 기억을 담당하는 해마★기억상실증의 뉴런이 재생된다는 보고가 있기도 하다. 하지만 대체로 뉴런은 재생되지 않는다. 그렇다고 걱정할 필요는 없다. 어차피 중요한 것은 뉴런의 개수가 아니라 시냅스의 개수이기 때문이다. 있는 뉴런만 잘 활용해도 시냅스를 풍성하게 만들 수 있다.

조금 극단적으로 생각하면 인간의 생각과 감정 같은 모든 활동이 결국에는 뉴런의 전기적·화학적 신호에 불과하다고 볼 수 있다. 이러한 생각은 자유 의지★결정론 vs. 자유 의지에 대한 기존의 통념과 반대되는 것이어서 우리를 매우 혼란스럽게 한다. 이런 면에서 자연과학, 특히 생물학과 생리학이 발전하면서 유물론·결정론·기계론 관점이 등장한 것은 매우 자연스러운 일이다.

대립 과정

중독의 악순환에서 벗어나기 힘든 이유
opponent process / 동기와 정서

이름은 같지만 내용은 전혀 다른 두 개의 대립 과정 이론이 있다. 동명이론同名異論이라고 할까? 하나는 색채 지각★이고, 또 다른 하나는 동기★동기와 정서 이론이다. 색채 지각에서 대립 과정이 서로 반대되는 색에 대한 것이라면, 동기에서 대립 과정은 시간에 따라 반대로 나타나는 동기반응에 대한 것이다. 이는 외부 자극에 대한 우리의 반응이 끝나면, 곧바로 그와 반대되는 반응이 나타나는 원리를 의미한다. 이때 나타나는 첫 번째 반응과 두 번째 반응의 크기는 매우 밀접하게 연관되어 있다.

동기의 대립 과정으로 설명 가능한 현상은 약물 중독★향정신성 약물과 스릴*각성 추구 행동이다. 향정신성 약물은 처음에 쾌감을 가져다준다. 하지만 그 쾌감이 끝나고 나면 우리의 몸과 기분은 중립 혹은 정상 상태로 돌아가지 않고 쾌감과는 반대인 불쾌한 상태에 처하게 된다.

기분 좋게 술을 마신 다음 날에 경험하는 괴로운 숙취를 떠올려보라. 스릴 추구 행동도 이와 비슷하다. 사람들은 위험한 행동을 할 때 긴장과 공포를 경험하는데, 이것이 끝나면 그와 반대되는 이완과 편안함, 그리고 행복감을 경험한다.

또한 동기의 대립 과정 이론은 대인관계를 비롯해 심리적 현상에도 적용이 가능하다. 어떤 대상에 기대를 가지고 있었으나 그 기대가 충족되지 않았다면 우리의 마음은 곧바로 중립으로 돌아오지 않는다. 기대의 반대인 실망감으로 채워지기 마련이다. 사랑은 어떤가? 끝나면 고통이 찾아온다.

동기의 대립 과정에서 한 가지 흥미로운 현상이 있다. 동일한 자극을 지속적으로 경험하면 첫 번째 반응은 줄어들고, 반대되는 두 번째 반응은 점점 커진다는 것이다.

술과 약물을 자주 섭취하는 사람들은 그 짜릿한 맛을 점차 덜 느끼게 되는 내성과 섭취하지 않았을 때에 나타나는 금단 증상을 더 심하게 경험한다. 따라서 동일한 쾌감을 얻기 위해 더 많은 술이나 약물을 섭취하고, 이것이 결국에는 심각한 중독으로 발전하는 결과를 낳는다.

대상관계 이론

반복되는 대인관계의 원인은 마음속 대상관계
object relation theory / 상담과 심리치료

후기 정신분석*의 대표라 할 수 있는 대상관계 이론은 프로이트*의 고전적 정신분석과 이론상으로 적지 않은 차이가 존재한다. 만약 프로이트가 살아있었다면 분석심리학*의 융*이나 개인심리학*의 아들러*를 내친 것처럼 대상관계 이론을 주장하는 이들도 내치지 않았을까 하는 생각이 들 정도다. 프로이트는 자신의 이론에 조금이라도 반대한 사람들을 용납하지 않았다. 하지만 후기 정신분석 이론들은 정신분석의 마스터가 죽은 이후에 등장했기 때문에 정신분석에서 내쳐지지 않았고, 여전히 큰 틀에서 정신분석으로 분류된다.

이름에서도 알 수 있듯이 대상관계 이론은 관계적인 측면에서 무의식*과 역동을 다룬다. 프로이트가 정신분석을 확립했던 초기에 사람들은 신경증*신경증과 정신증을 주로 호소했지만, 시간이 흐름에 따라 성격이나 대인관계interpersonal relation 문제를 주로 호소했다.

이런 면에서 대상관계 이론은 시대적 요청에 부응한 결과라고 할 수 있다. 대상관계 이론가들은 프로이트의 여러 개념을 재해석했다. 대표적인 것이 추동*이다. 이들은 추동이 성적이거나 공격적인 긴장을 해소하기 위해서가 아니라 대상을 찾기 위해 발생한다고 본다.

사실 프로이트는 관계적인 측면을 등한시했다. 비록 오이디푸스 콤플렉스*심리성적 발달를 통해 어머니와 아이의 상호관계를 언급하긴

했으나 그의 주된 관심은 한 개인의 추동과 이에 수반되는 정신적 에너지인 리비도였다. 반면에 대상관계 이론가들은 관계의 문제에 집중하면서 프로이트가 언급하지 않았던 새로운 심리 내적 구조물인 대상관계를 가정한다.

대상관계란 세 가지로 구성된다. 자신과 대상이 누구인지에 대한 ① 자기 표상self representation★자기과 ② 대상 표상object representation, 그리고 이 둘을 연결하는 ③ 정서적 관계다. 여기서 말하는 대상이란 넓게는 세상, 좁게는 사람을 지칭한다. 우리의 마음무의식에 존재하는 대상관계는 우리가 현실에서 만들어가는 대인관계의 기본 틀이다. 만약 어떤 사람에게 계속 반복되는 대인관계 패턴이 있다면, 그 이유는 대상관계 때문이다. 우리의 인간관계는 현실에서 드러나는 대상관계일 뿐이다.

이러한 대상관계는 어린 시절에 중요한 타자significant other와의 관계에서 만들어진다. 보통 중요한 타자란 자신을 낳아준 엄마양육자가 된다. 아이는 엄마를 통해 자신이 누구인지, 세상은 어떤 곳인지, 그리고 자신과 세상의 관계는 무엇인지 알아가게 된다. 이것은 성인이 되어도 우리의 무의식에 남아 있기 때문에 대인관계에서 자신도 모르는 사이에 반복되는 경향이 있다.

대상관계는 피상적이거나 감정에 솔직하지 못한 관계가 아닌, 가족이나 연인, 부부관계처럼 아주 친밀한 사이에서 드러난다. 대상관계 이론을 조금 더 쉽게 이해하기 위해 가상인물인 '그녀'의 이야기를 살펴보자.

외로움에 취약한 그녀는 끊임없이 남자 친구를 사귀고 있다. 공백기 없이 남자 친구를 사귈 수 있는 이유는 수려한 외모 때문이다. 그녀의 주위를 어슬렁거리는 남자들은 언제나 많다. 마음만 먹으면 남자 친구를 만들 수 있지만, 그녀의 문제는 남자 친구와 관계가 오래 지속되지 않는다는 것이다.

연애 초반에는 별 다른 문제가 없지만, 남자 친구가 점점 좋아지게 되면 그녀는 불안을 느낀다. 남자 친구가 자신을 좋아하거나 사랑한다고 이야기해도 마찬가지다. 이런 상황에서 그녀는 자신도 모르게 남자친구를 시험한다. 무리한 부탁을 하기도 하고, 상처가 될 말을 퍼붓기도 한다. 남자 친구가 힘들어하는 모습을 보이면 그녀는 남자 친구의 사랑이 식었다고 판단해 이별을 통보한다.

남자 친구가 잘해보자면서 노력하겠다고 하면, 그녀는 더 큰 시험을 한다. 행여나 남자 친구가 시험을 통과해도 소용이 없다. 그녀는 남자 친구의 사랑을 확인해줄 더 큰 시험거리를 찾기 때문이다. 웬만한 남자들은 견디지 못했고, 그녀는 이별의 슬픔으로 괴로워할 틈도 없이 이내 다른 남자와 교제를 시작한다.

이 여성에게 ① 자기는 타인의 사랑이 없이 온전하지 못한 존재이며, ② 대상은 자신에게 사랑을 주지 않거나 언제 떠날지 모르는 믿을 수 없는 존재다. 이러한 상황에서 ③ 자기는 대상의 사랑을 확인하고자 하지만 그것을 얻지 못하면 대상을 거부해버리는 관계를 맺고 있다.

대상관계 이론가들은 이처럼 역기능적인 대상관계가 어린 시절 부모와의 관계에서 시작되었다고 주장한다. 이런 면에서 발달심리학*의 애착*과 관련이 있다. 아마도 이 여성의 부모는 너무 바쁘거나 혹은 부모 자신의 심리적 문제로 자녀에게 충분한 사랑을 주지 못했을 수 있다. 이럴 경우 아이는 부정적인 자기표상을 가지게 되어 누군가에게 끊임없이 애정과 사랑을 받고자 한다. 하지만 누군가 자신을 좋아하면 이내 불안해진다. 왜냐하면 무의식적으로 자신은 사랑받을 만한 가치가 없다고 생각하기 때문이다. 그래서 사랑을 확인하기 위해 끊임없이 상대를 시험한다.

대상관계 이론의 주요한 가정은 대상관계가 현실의 대인관계에서 계속 반복된다는 것이다. 건강한 대상관계를 가진 사람이야 크게 문제될 것이 없지만, 이 여성과 같은 대상관계를 가진 사람들은 자신과 타인을 모두 계속 힘들게 한다.

이처럼 역기능적인 대상관계를 반복하는 이유는 무엇일까? 이에 대해 대상관계 이론가들의 답변은 역설적이고 의미심장하다. 바로 자신의 역기능적 대상관계에서 벗어나 새롭고 건강한 대상관계를 갖고 싶기 때문이라고 한다. 물론 이것은 무의식적인 소망이므로 정작 본인은 그 이유를 잘 모를 수도 있다. 반복하고 싶지 않기 때문에 반복한다니 쉽게 이해되지 않을 수 있다. 이는 성공하기 위해서 계속 도전하는 것과 같은 이치다. 도전의 결과는 언제나 실패지만 정작 실패를 끝내기 위해 도전을 멈추지 않는 사람들이 우리 주위에 얼마나 많은가!

고시 합격이나 높은 산을 등정하는 도전이라면 혼자서 고군분투해도 언젠가는 실패의 악순환을 끊어버릴 수 있다. 하지만 관계의 문제는 혼자서 아무리 노력하고 애쓴다고 해도 되지 않는다.

역기능적인 대상관계를 건강한 것으로 바꾸기 위해서는 상담자* 상담심리학의 도움을 받아야 한다. 내담자가 상담자를 자신의 대상으로 삼아 관계를 연습해야 한다. 상담자는 내담자의 역기능적인 패턴이 반복되는 것, 즉 전이*에 휘말리지 않고, 새롭고 건강한 방식으로 내담자를 대해주어야 내담자의 대상관계가 변한다. 이런 면에서 상담자는 양육자의 역할을 하는 것이다. 상담자가 불안과 분노, 고통과 슬픔에 빠져 있는 내담자에게 위로와 사랑을 주고, 힘든 시간을 견디고 버텨줄 때, 내담자는 관계의 재경험을 통해 자신의 대상관계를 수정할 수 있다.

대상 영속성

영아는 까꿍놀이, 성인은 마술에 열광하는 이유
object permanence / 발달심리학

가지고 놀던 장난감을 방석 밑에 숨기면 6개월 정도 된 영아는 매우 당황한다. 잠시 후 방석을 치워서 장난감을 보여주면 영아들은 매우 신기해하고 즐거워한다. 영아의 입장에서는 장난감이 갑자기 '뿅' 하고 사라졌다가 '짠' 하고 나타났기 때문이다.

장난감을 활용한 이 간단한 실험으로 영아가 대상 영속성을 획득했는지 알 수 있다. 대상 영속성이란 피아제*의 인지 발달* 단계 중에서 첫 단계인 감각운동기에 획득하는 인지 능력으로, 시야에서 사라진 대상도 여전히 존재영속함을 아는 것이다. 대상 영속성은 대략 8~12개월 사이에 획득하며, 이는 영아가 대상에 대한 도식*을 가지고 있다는 증거다. 위의 실험과 비슷한 까꿍놀이peekaboo로도 영아가 대상 영속성을 갖고 있는지 알 수 있다.

성인을 대상으로 까꿍놀이를 해보라. 물론 그 사람도 영아처럼 웃겠지만 그 웃음은 황당함의 의미일 것이다. 대상 영속성을 획득한 이들은 까꿍놀이를 더이상 신기해하지 않는다.

하지만 어떤 면에서는 성인도 대상 영속성을 정말 가지고 있는지 의심이 들기도 한다. 영아가 까꿍놀이라는 속임수를 보면서 놀라고 즐거워하듯이 성인도 마술이라는 눈속임을 보면서 놀라고 즐거워하지 않는가! 마술사들은 실제로 유에서 무를, 무에서 유를 창조한다고 주장한다. 하지만 어느 누구도 마술사의 말을 곧이곧대로 믿는 사람은 없을 것이다. 그들은 매우 빠른 손동작과 여러 장치로 사람들의 시선을 빼앗고 속일 뿐이다. 그럼에도 비어 있던 모자에서 갑자기 나오는 토끼를 보고 즐거워하는 사람들의 모습은 손으로 가려진 얼굴이 갑자기 다시 나타났을 때 즐거워하는 영아의 모습과 매우 비슷하다.

데자뷔

어디서 본 듯한 느낌의 이유는 전생이나 꿈이 아닌 마음

deja vu / 인지심리학

첫눈에 전혀 낯설지 않은 이 기분, 언젠가 한 번 만난 것 같은 그 느낌 / 어디서 많이 들어본 낯익은 말투, 너무도 익숙한 웃음, 그 몸짓 목소리 / 그러고 보니 또 여긴 꿈에서 본 것만 같은 거리, 때마침 내게 힘이 돼 주던 옛 노래 / 반갑게 내게 인사할 것만 같은데 나도 모르게 자꾸만 내 맘이 떨려요

김동률 4집에 나오는 노래, 〈데자뷔〉의 가사다. 기시감既視感이라고 도 하는 데자뷔는 프랑스의 철학자 보아락Emile Boirac이 자신의 책에 서 처음 사용한 말로, 이미deja 보았다vu는 뜻이다. 사람들은 기시감 을 기억착오paramnesia와 혼동하기도 하지만 이 둘은 전혀 다른 것이 다. 기억착오는 과거에 없었던 일을 마치 있었던 것처럼 기억*하거 나 사실과 다르게 왜곡해 기억하는 것이지만, 데자뷔는 분명 와본 적도 없고 경험한 적도 없는 장면을 분명 어디서 본 것 같은 갑작스 럽고 강렬한 느낌이다.

조사에 따르면 대략 60% 정도의 사람들이 20세를 전후로 데자뷔 를 경험하기 시작하고 나이가 들수록 경험의 빈도가 줄어든다고 한 다. 또한 수입이 높은 사람들, 교육을 많이 받은 사람들, 여행하기를 좋아하는 사람들, 상상하기를 좋아하거나 꿈을 잘 꾸는 사람들이 데

자뷔를 많이 경험한다고 한다.

　재미있는 것은 우리나라 사람들은 이런 일이 생기면, 거의 대부분이 전생에서 본 것이거나 꿈*에서 본 것이라고 생각한다. 이뿐만 아니라 최면*에서 본 경험도 전생이라고 너무나 쉽게 믿는다. 우리나라 문화에서 전생이나 꿈이 차지하는 위치를 보여주고 있다. 그럼 심리학에서는 데자뷔를 어떻게 설명할까?

　첫째로 우리 눈의 구조 때문에 데자뷔 현상이 생긴다고 말한다. 우리의 두 눈은 대략 6cm*^{깊이 지각} 정도 떨어져 있기 때문에 고개를 돌려서 어떤 장면을 볼 때 왼쪽 눈과 오른쪽 눈에 들어가는 시각 정보에 시간차가 생긴다. 시간차가 0.025초보다 클 때 우리 뇌*는 데자뷔의 느낌을 갖는다. 다시 말해 왼쪽 눈으로 들어온 정보^{과거의 정보}와 오른쪽 눈으로 들어온 정보^{현재의 정보}가 뇌에서 만나게 되어 일종의 착각을 경험하는 것이다.

　둘째로 데자뷔가 암묵 기억 때문에 발생한다는 주장도 있다. 자신이 과거에 어디선가 본 장면이 암묵 기억에 저장이 되어 있기 때문에 그와 동일하거나 비슷한 장면을 보았을 때 그런 느낌을 가질 수 있다는 것이다. 물론 어떤 이는 이렇게 말할 것이다. "난 한 번도 가보지 않았던 곳에 가서 그런 느낌을 받았다고요!" 현대 문명사회는 복제의 천국이다. 정확히 그 장면은 아닐지라도 그와 비슷한 장면을 보았을 가능성은 얼마든지 있다.

　마지막으로 뇌*의 관점에서도 설명이 가능하다. 1997년에 미국 스탠포드대학의 가브리엘리_{John Gabrieli}는 해마옆이랑_{parahippocampal gyrus}

이라는 부위가 어떤 장면과 대상의 친숙성을 판단한다는 사실을 밝혀냈다. 해마옆이랑은 대뇌피질의 측두엽 안쪽medial temporal lobe에 위치하고 있으며, 더 안쪽에는 기억을 담당하는 해마★기억상실증가 있다. 일반적으로는 해마옆이랑은 과거와 동일한 경험을 했을 때 흥분하지만 때로는 갑작스럽게 흥분해 친숙함을 느끼게 할 수 있다고 한다.

도덕성

피아제의 인지 발달에 근거한 콜버그의 도덕 발달
morality / 발달심리학

한 부인이 암으로 죽어가고 있었다. 부인을 살릴 수 있는 약은 오직 한 가지였는데, 바로 같은 마을에 사는 약제사가 라듐의 일종으로 만든 약이었다. 이 약은 재료 원가200달러가 워낙 비싼데다가 약제사가 원가의 10배나 되는 돈2천 달러을 요구했기 때문에 남편인 하인즈는 약을 살 수가 없었다. 그는 돈을 구하기 위해 아는 사람들을 모두 찾아 다녔으나 약 값의 절반인 1천 달러밖에 마련할 수 없었다.

하인즈는 약제사에게 자신의 부인이 위독하니 약을 싸게 팔거나 아니면 외상으로라도 달라고 간청했다. 하지만 약제사는 단호하게 거절했다. 당장 돈을 가져오지 않으면 약을 줄 수가 없다는 것이다. 절망을 느낀 하인즈는 그날 밤 부인을 위해 약을 훔쳤다.

하인즈 딜레마Heinz dilemma라고 하는 이 이야기는 도덕성 발달 단계 stages of moral development 연구로 잘 알려진 콜버그Lawrence Kohlberg가 사람들에게 들려준 여러 딜레마 중 대표적인 것이다. 콜버그는 사람들에게 하인즈가 아내를 위해 약을 훔친 행동이 옳았는지, 그리고 그 이유는 무엇인지 물었다. 콜버그는 사람들의 대답에서 하인즈의 옳고 그름보다는 그 이유에 근거해 여섯 단계3수준의 도덕 발달 단계를 구성했다. 사실 콜버그의 도덕 발달은 인지 발달*에 근거한 도덕 판단의 성향이 짙기 때문에 각 단계는 연령에 따라 발달한다고 볼 수 있다.

가장 낮은 도덕성인 1단계에서 옳고 그름의 기준은 처벌이다. 결과 중심적으로 판단하는 경향으로 아이들은 누군가에게 혼이 난다면 자신이 무엇을 잘못했는지 몰라도 잘못을 인정한다. 시간이 지나 2단계에 도달하면 아이들의 가치는 자신의 이익과 흥미에 좌우되는 경향을 보인다. 자신의 입장에서 모든 것을 해석하려고 하며 타인을 배려하지 않는다.

콜버그는 1단계와 2단계를 아울러 전 인습적 수준preconventional level이라고 했다. 이는 사회에서 통용되는 가치에 아직 도달하지 못했다는 의미로, 보통 초등학교 입학 전인 아동들이 이 수준의 도덕성을 보인다.

3단계에서는 대인간의 조화가 가장 중요한 관심사로, 다른 사람에게 잘 보이거나 칭찬을 들으려는 경향이 도덕 판단에 영향을 미친다. 이 단계의 아이들은 학교 선생님이나 또래에게 인정과 사랑을

단계		하인즈는?	이유
전인습	1단계	옳았다	그래야 아내에게 혼나지 않을 테니까.
		잘못했다	분명히 약사가 크게 화를 낼 것이다.
	2단계	옳았다	꼭 필요했던 약을 얻었기 때문이다.
		잘못했다	약사에게 손해를 입혔기 때문이다.
인습	3단계	옳았다	아내에게 좋은 남편이 되었다.
		잘못했다	약을 훔쳐서 마을 사람들에게 비난받을 것이다.
	4단계	옳았다	약사의 행동은 불법이기 때문이다.
		잘못했다	어쨌든 법을 어겼기 때문이다.
후인습	5단계	옳았다	인간은 함께 살아가야 하는 존재이기 때문이다.
		잘못했다	더 설득해보지도 않고 약사의 권리를 침해했다.
	6단계	옳았다	가장 중요한 것은 생명이다.
		잘못했다	자신의 이익을 위해 정의를 저버렸기 때문이다.

받는 것을 무엇보다 중요하게 생각하기 때문에 동조★ 행동을 자주
한다.

그 다음 4단계에서는 권위와 사회적 질서 유지와 연관이 있는 법
과 질서가 도덕 판단의 중요한 기준이 된다. 대부분의 사람들은 바
로 이 두 단계의 도덕성을 가지고 있으며 이를 인습적 수준conventional
level이라고 한다.

많은 사람들은 법이나 질서를 어긴 사람을 가리켜서 도덕성을 따
지지만, 따지고 보면 법이란 사회계약의 한 방편일 뿐이다. 5단계

의 사람들은 법이란 사회 구성원이 지켜야 할 최소의 기준일 뿐이라고 생각해 사회계약을 도덕 판단의 기준으로 삼는다. 마지막 6단계는 보편적 윤리라 할 수 있는 인간의 존엄성과 평등, 정의 같은 가치를 도덕 판단의 기준으로 삼는다. 이 두 단계는 후인습적 수준 postconventional level으로 분류되며, 일반적으로는 20세 이상의 성인 중에 소수만이 이 수준에 도달한다고 한다.

여기서 한 가지 문제를 내보겠다. 1단계부터 6단계까지 평균적인 남자와 여자의 도덕 발달 단계는 어떻게 될까? 남자가 높을까, 여자가 높을까? 아니면 같을까? 콜버그의 연구 결과에 따르면 남자들은 평균적으로 4단계, 여성들은 3단계의 도덕 발달을 보인다고 한다. 남자들은 어느 상황에서나 법과 규칙을 강조하지만, 여성들은 상황에 따라서 도덕 판단의 기준이 달라지며, 특히 대인관계의 영향을 많이 받는다고 볼 수 있다.

휴일을 맞아 놀이공원에 놀러간 소연이네 가족은 매표소 앞에 서 있는 긴 줄을 보고 깜짝 놀랐다. 줄이 너무 길어서 족히 한두 시간은 기다려야 겨우 입장할 것 같았기 때문이다. 그냥 집으로 갈까, 그냥 줄을 설까 고민하던 소연이네 가족은 줄 앞쪽에 서 있는 란이네 가족을 보았다. 두 가족은 아이들뿐 아니라 부모끼리도 친분이 있었다. 란이네 가족 역시 소연이네 가족을 보았고, 이내 자신들에게 오라고 손짓을 했다. 새치기를 하라는 신호였다.

이러한 상황에서 소연이네는 어떠한 선택을 할까? 만약 소연이네 부모님이 평균적인 남성과 여성이라면 아마도 소연 아버지는 새치기는 안 된다면서 그냥 맨 뒤에 서거나 집으로 가자고 할 것이고, 소연 어머니는 살다보면 이런 일도 있는 것이라고 하거나, 우리가 안 가면 란이네 가족이 얼마나 멋쩍겠냐며 그냥 새치기를 하자고 주장할 것이다.

여성이 남성보다 도덕성이 낮다는 콜버그의 연구 결과에 대해 여성심리학자 길리건Carol Gilligan은 연구가 편향되었다고 지적했다. 콜버그가 주로 남성들만을 대상으로 연구를 했기 때문에 도덕 발달 단계가 남성 편향적이라는 것이다.

길리건은 콜버그가 하인즈 딜레마라는 가상의 상황을 설정했던 것과 달리, 임신중절을 고민하고 있는 실제 여성들을 면담하면서 남성과 여성의 도덕 판단의 기준이 다르다고 주장했다. 남성은 어린 시절부터 독립적이며 성취 지향적으로 양육되기 때문에 규칙을 중심으로 도덕적인 판단을 하지만, 이와 달리 타인을 돌보거나 보살피는 역할을 맡는 여성들은 대인관계를 도덕적인 판단의 중요한 기준으로 삼고 있다는 것이다.

사실 콜버그보다 먼저 여성의 도덕성이 남성보다 낮다고 이야기한 사람은 프로이트*다. 그는 여아가 남근기에 경험하는 엘렉트라 콤플렉스*심리성적 발달를 설명하는 과정에서 여성들의 초자아가 남성들보다 약하다고 말했다.

초자아는 성격의 구조 모형*무의식에서 도덕 판단과 자아 이상을 담당하고 있기 때문에 이는 여성의 도덕성이 남성보다 떨어진다는 의미로 받아들여졌다.

정신분석*에서는 남아들의 경우에는 거세 불안castration anxiety을 피하기 위해 동성 부모인 아버지와의 동일시*가 확실하게 일어나지만, 여아들은 어머니에게 받는 불안이 없기 때문에 어머니와의 동일시 과정이 확실하게 일어나지 않는다고 보았다. 이러한 프로이트의 언급은 여아들이 가진다는 남근 선망penis envy 개념과 함께 많은 여성주의자들에게 비판을 받았다.

도식

경험으로 축적되는 구조화된 지식
schema / 인지심리학

미국 일리노이대학의 심리학자 브루어William Brewer와 그의 동료 트레엔스J. C. Treyens는 대학생들을 대상으로 기발한 실험을 진행했다. 그들은 이 실험을 통해 인간의 도식이 기억*에 얼마나 많은 영향을 미치는지 밝혀냈다.

참가자들에게 연구자는 대기실에서 잠시만 기다려달라고 부탁했다. 그러면서 대기실을 자신의 연구실이라고 알려주었다. 그곳에는 의자나 책상, 서류 뭉치 등 일반적인 연구실에 있을 법한 물건들도 있었지만 와

인 병이나 벽돌, 피크닉 가방처럼 연구실에 어울리지 않는 물건들도 있었다. 참가자들은 이곳에서 35초 정도 머물렀다.

잠시 후, 연구자의 안내를 받아 옆방으로 이동한 참가자들은 방금 머물렀던 대기실에서 보았던 것을 기록해달라는 부탁을 받았다. 실험은 이미 시작되고 있었던 것이다. 참가자들은 자신의 기억을 더듬어 기록하기 시작했다. 하지만 참가자들의 기록에서 몇 가지 오류가 발생했다. 책처럼 연구실에 으레 있어야 하나 실제로는 없었던 물건을 기록하기도 했고, 와인 병이나 벽돌, 피크닉 가방처럼 연구실에 어울리지 않으나 실제로 있었던 물건은 기록하지 못했다.

이런 결과가 일어난 이유는 도식 때문이다. 도식이란 우리가 가지고 있는 모든 정보와 지식을 의미한다. 만약 참가자들에게 대기실의 물건들을 잘 살펴보라는 지시를 했다면 이런 오류는 상당히 줄었을 것이다. 하지만 자신들이 주의 깊게 보지 않은 것들을 기억해야 하는 지시를 받았을 때, 이들은 자신들의 머릿속에 있는 일반적인 연구실 도식을 사용했던 것이다.

도식이라는 개념은 철학자 플라톤Plato의 이데아에 그 뿌리가 있지만, 도식이라는 단어를 본격적으로 사용한 사람은 칸트Immanuel Kant다. 게슈탈트 심리학*과 피아제* 덕분에 철학 용어였던 도식은 심리학 안으로 들어오게 되었으며, 영국의 초기 심리학자 바틀릿Frederic Bartlett이 본격적으로 연구했다. 그는 도식을 경험으로 축적된 구조화된 지식organized knowledge이라고 정의했으며, 이 도식 때문에 기억의 오류가 발생한다고 했다.

도식은 심리학에서 매우 중요한 주제이며 광범위하게 사용되는 개념이다. 심리학이 인식론*과 매우 밀접한 연관이 있기 때문이다. 인지 발달*에서도 인간의 지식을 도식이라고 하며, 인간의 정보처리방식 중 하향 처리*^{상향 처리 vs. 하향 처리}는 도식주도적 처리라고도 한다.

▍동기와 정서
▍인간의 마음과 행동에 대한 동적인 접근
▍motivation and emotion / 분야

실험심리학*의 내용은 사람들이 심리학에 대해 가지는 기대와 사뭇 다르다. 심리학이 인간의 뇌*와 감각 기관*^{감각과 지각}, 지식 체계*^{기억}와 학습의 원리*^{학습심리학}에 대해 알려줄 것을 기대하는 사람들은 많지 않다. 대부분은 인간의 마음과 행동의 원인과 동기를 궁금해한다. 이런 면에서 동기와 정서는 심리학에 대한 대중들의 기대를 충족시켜주는 분야지만, 한편으로 심리학자들에게는 애매하고 모호한 분야다. 왜 그런지 알기 위해 동기의 정의부터 살펴보기로 하자. 사람들에게 동기란 '숨은 의도' 혹은 '미심쩍은 의도'를 의미하지만 심리학에서는 사람의 외부나 내부에서 작동해 어떤 행동을 하게 만드는 힘이라고 정의한다. 이 힘은 어떤 행동을 시작_{activation}하게 만들고, 그 행동의 방향_{direction}을 설정하며, 그 행동을 유지_{maintenance}시킨다. 다시 말해 동기란 행동의 이면에서 행동의 원인이 된다고 할 수 있는 '어떤 힘'을 말하는 것이다. 좀더 전문적 용어로는 '가설적 상태'라고 한다.

동기심리학에서는 동기를 생리적인 측면과 환경적인 측면에서 접근한다. 이런 면에서 동기심리학은 생리심리학★, 학습심리학을 비롯해 사회심리학★에 이르기까지 여러 다른 분야들과 중복되는 내용이 많다. 게다가 정신분석★의 주요 개념이기도 한 추동★에 대해 다루기도 하니, 그야말로 모호하고 애매한 심리학의 하위 분야가 아닐 수 없다.

심리학자들은 동기와 함께 정서를 다루는 경향이 있다. 그 이유는 정서를 하나의 동기로 보기 때문이다. 정서를 의미하는 영어 단어는 emotion이다. 이 단어e+motion는 정서가 행동motion으로 발전할 수 있음을 의미한다. 이런 점에서 emotion을 정서情緖가 아닌 정동情動으로 번역해야 한다고 주장하는 사람들도 많다.

정서감정, 기분가 행동을 유발시키는 경우를 주변에서 쉽게 찾아볼 수 있다. 자신의 분한 감정을 이기지 못하고 공격적인 행동을 하는 사람도 있고, 기분이 좋을 때마다 노래를 하는 사람도 있다. 우울★에서 벗어나기 위해 여행을 떠나는 사람도 있고, 긴장을 풀기 위해 청소를 하는 사람도 있다. 분명 정서는 하나의 동기로 작동한다. 정서는 대부분의 심리학자들에게 상당한 기간 동안 관심 주제가 아니었다. 현대 심리학이 인식론★에 대한 관심에서 출발했거니와 얼마 지나지 않아 행동주의★가 주류로 자리 잡았기 때문이다. 그 이후 인지

심리학이 도래하면서 사람들은 정서가 인지의 산물이라고 생각했다. 생각에 따라 감정이 달라진다는 이 논리는 인지 치료*에서 중요한 가정이다.

하지만 인지보다 정서가 우선한다는 주장과 이를 뒷받침하는 증거가 제기되면서, 심리학자들 사이에서는 인지보다 정서가 일차적일 수 있다는 생각이 확산되었다. 그리하여 정서에 대한 연구는 1980년대에 본격적으로 시작되었다. 얼굴 표정* 연구로 유명한 에크먼Paul Ekman도 심리학자들의 관심을 정서로 돌리는 데 큰 기여를 했으며, 그가 주장하는 정서의 보편성도 정서의 우선성과 일맥상통하는 개념이다.

인간이 진리와 지식을 얻는 과정에 대해 연구하는 실험심리학이 인간의 마음과 행동에 대한 정적靜的인 접근이라면, 동기와 정서심리학은 행동에 대한 힘에너지을 가정한다는 점에서 동적動的인 접근이라고 할 수 있다.

▌동일시

▌심리적 위기를 극복하고 소망을 충족하기 위한 마음의 전략
▌identification / 상담과 심리치료

정신분석*에서 동일시란 다른 사람을 닮아가는 과정으로 방어 기제*의 일종으로, 외부의 것을 안으로 가져오는 내사introjection나 내재

화internalization와 비슷한 개념이다. 이에 상응하는 개념은 투사projection
와 외재화externalization다.

동일시는 오이디푸스 콤플렉스★심리성적 발달를 극복하는 과정에서
동성 부모를 대상으로 일어난다. 동성 부모와의 동일시를 통해 아이
는 구조 모형★무의식 중 하나인 초자아를 형성한다. 초자아는 규범과
양심, 자아 이상을 의미한다. 실제로 아이들은 부모의 규범을 내재
화하며, 부모의 평소 지시와 규칙에 따라 양심을 형성하고, 더 나아
가 동성 부모를 통해 자신의 미래상을 확립한다. 실제로 많은 어린
아이들은 부모의 직업을 자신의 장래희망으로 꼽는다. 이렇게 부모
처럼 가까운 사람의 말투와 행동, 심지어 가치관까지 모방하는 현상
을 반두라는 관찰 학습★근접성 vs. 수반성이라고 했다. 이런 면에서 모방과
동일시는 비슷한 측면이 있다. 하지만 관찰 학습으로 설명하기 어려
운 현상을 동일시로 설명할 수도 있다. 대표적인 예가 스톡홀름 증
후군Stockholm syndrome이다.

1973년, 스웨덴의 수도 스톡홀름에서 무장 강도에게 6일 동안 볼모
로 잡혀 있던 은행 직원들이 무장 강도에게 동화되었다. 처음에는 이들
도 강도를 두려워했으나 시간이 지남에 따라 그들에게 친근감을 느껴서
풀려난 후에도 경찰에게 이들에 대해 불리한 증언을 하지 않았다고 한
다. FBI의 자료에 따르면 포로나 인질들의 27%가 이러한 증후군을 보
인다고 한다.

스톡홀름 증후군은 프로이트*의 지적 후계자이자 딸인 안나 프로이트가 개념화한 공격자와의 동일시identification with the aggressor로 설명이 가능하다. 안나는 동일시가 사랑하는 사람뿐만 아니라 미워할 수밖에 없는 사람에게도 일어날 수 있다고 했다. 실제로 2차 세계대전 당시 나치의 포로수용소에 있던 일부 유대인들은 자신들을 감시하고 억압하는 나치 친위대 소속 병사들과 동일시했다. 공격자와의 동일시는 비단 나치에게 협조하고 자신의 동료들을 감시하던 배신자들에게만 나타난 것이 아니라 처음부터 끝까지 포로였던 사람들 중 일부에게도 나타났다.

이러한 일이 일어나는 이유는 생명이 위협받는 불안한 상황에서 자신의 생명을 좌지우지할 수 있는 권한을 가진 사람과 자신을 동일시함으로써 자신도 그러한 권한을 가진 것처럼 느끼려는 무의식적인 소망 때문이다. 오이디푸스 콤플렉스를 해결하기 위해 동성 부모와 동일시하는 것도 같은 맥락이라고 볼 수 있다. 어떤 심리학자들은 공격자들이 자신의 생명을 해치지 않은 것에 대한 고마움 때문이라고 하지만, 공격자와의 동일시 현상은 인질이나 포로에서 풀려나기 전부터 발생한다는 점에서 설득력이 떨어진다.

동조

모두가 '예'라고 할 때 '아니오'라고 말할 수 있는가?
conformity / 사회심리학

자신과 다른 의견을 피력하는 사람들 사이에서 끝까지 자신의 주장을 고집하는 사람들은 얼마나 될까? 어느 광고의 카피처럼 모두가 '예'라고 할 때 혼자서 '아니오'라고 말할 수 있는 사람은 얼마나 될까?

사회심리학*자들은 일련의 실험을 통해 사람이 얼마나 주변의 영향을 많이 받는 존재인지 보여주었다. 일반적으로는 동조가 단순히 남들의 행동이나 유행을 따라하는 현상을 의미하기도 하지만 심리학에서는 집단*의 압력에 굴복해 자발적으로 개인의 신념이나 행동을 버리고 집단을 따르는 현상을 의미한다.

편견* 연구로도 유명한 쉐리프는 자동운동 현상autokinetic phenomenon을 이용해 집단의 규범이 형성되고 동조가 일어나는 과정을 살펴보았다. 자동운동 현상이란 주변의 사물이 보이지 않을 정도로 어두운 상황에서 가만히 있는 불빛이 움직이는 것처럼 보이는 현상으로 일종의 착시*착각다.

이런 자동운동 현상이 발생하는 이유는 안구의 미세한 움직임 혹은 떨림에 따라 불빛이 맺히는 망막상 위치가 변하기 때문이다. 밝은 곳에서는 주변의 사물들이 함께 지각할 수 있어서 이 현상을 경험할 수 없다. 캄캄한 밤에 별이나 위성을 매우 빠르게 움직이는 미

확인비행물체UFO로 착각하는 이유도 자동운동 현상 때문이라고 알
려져 있다.

　　연구자는 캄캄한 실험실에서 작은 불빛을 참가자들에게 보여주고 이
불빛이 움직이고 있는지, 움직인다면 과연 얼마나 움직이는지를 판단해
보라고 했다. 처음에는 한 명씩 실험에 참가하게 했다. 그들은 불빛의 이
동 거리를 혼자서 판단했다. 그 결과 참가자들의 대답은 1인치에서 7인
치로 다양했다. 두 번째 시행부터 쉐리프는 참가자들을 한 곳에 모아놓
았고, 참가자들은 다른 참가자들의 반응을 자연히 듣게 되었다. 동일한
실험이었음에도, 다른 사람들의 반응을 알게 된 참가자들은 자신의 판
단을 서로에게 맞추려는 경향을 보였다. 급기야 세 번째 시행에서 사람
들의 의견이 일치되었다.

　　우리는 이처럼 불확실하고 애매한 상황에서 타인에게 동조하는
경향을 뚜렷하게 보인다. 아무래도 자신의 판단에 대한 확신이 없으
니 타인의 반응을 준거로 삼는 것이 어찌 보면 당연한 일이다. 그렇
다면 애매하지 않은 상황에서는 자신의 생각과 판단을 밀고 나갈 수
있을까? 대표적인 동조실험이라고 할 수 있는 애쉬Solomon Asch의 실
험을 살펴보자.

　　참가자들에게 아래처럼 길이의 차이가 명확한 그림을 보여주고, 왼
쪽 선분이 오른쪽의 세 선분 중 어느 것과 같은지 보고하게 했다. 정답이

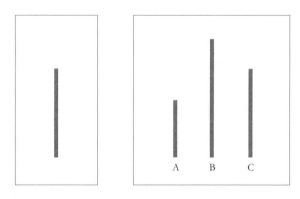

C라는 것은 너무 자명하다. 그런데 이 실험의 참가자들 중 한 명을 제외한 나머지 사람들은 모두 실험 협조자들이다. 이들은 연구자로부터 틀린 대답을 하라고 부탁받은 상태였다.

연구자는 참가자들에게 정답이 무엇인지 순서대로 말해달라고 했다. 가짜 참가자들은 모두 A라는 오답을 자신 있게 말했다. 이윽고 뒤에서 두 번째 자리에 앉은 진짜 참가자의 순서가 다가왔다. 이 사람은 자신의 생각대로 C라고 대답할까, 아니면 모두가 정답이라고 하는 A라고 대답할까? 결과는 놀라웠다. 무려 37% 정도의 사람들이 집단의 오답에 동조하는 경향을 보였다. 여러 차례 시행한 결과 75~80% 정도의 사람들이 적어도 한 번은 집단의 오답에 동조했다.

애쉬는 애매한 상황이 아니라 무엇이 옳고 그른지 명확한 상황에서도 동조가 일어날 수 있음을 증명한 것이다. 심리학자들은 집단이 세 명 이상으로 커지더라도 동조 현상이 더이상은 증가하지 않는다는 사실을 발견했다. 동조를 위해서는 세 명이면 충분하다는 이야기다. 그러고 보면 세 사람이 시장에 호랑이가 나타났다고 말하면 곧 이 믿게 된다는 뜻인 삼인성시호三人成市虎 역시 같은 맥락이다.

우리는 친구들과 어울려서 끔찍한 범죄를 저지르는 청소년들의 이야기를 종종 접하게 된다. 많은 이들은 사람들의 행동에 경악을 금치 못하지만 정작 이들은 "친구가 하니까 그냥 저도 했어요"라고 아무렇지 않게 말한다. 그러면 사람들은 이들의 행동보다 태도에 문제가 있다면서 도덕성과 윤리가 땅에 떨어졌다느니, 요즘 아이들은 문제라느니 야단법석을 떤다. 물론 애쉬의 실험 결과로 이들의 행동을 정당화할 수는 없으나 분명 우리가 주위 사람들의 판단과 행동에 적지 않은 영향을 받고 있음은 부인할 수 없다.

우리는 여기서 한 가지 의문을 갖게 된다. 애쉬의 실험에서는 그 누구에게도 피해나 손해를 입히지 않기 때문에 동조가 쉽게 일어난 것은 아닐까? 혹시 다른 누군가에게 부정적인 영향을 미친다면 자신의 생각과 의견을 끝까지 밀고 나가지 않을까? 이 실험을 옆에서 지켜보았던 애쉬의 제자 밀그램은 이러한 의문을 품었으며, 그는 이후에 복종* 연구로 이 질문에 대한 해답을 찾으려고 했다.

라포

상담의 성패는 상담자와 내담자의 관계에 달려 있다
rapport / 상담과 심리치료

　서로를 신뢰할 수 있는 관계를 의미하는 라포는 상담에서 가장 중요한 열쇠다. 라포가 형성되었다면 내담자는 상담자에게 자신의 마음을 숨기지 않을 것이다. 심지어 상담자에 대한 사소한 감정과 생각까지도 표현할 수 있다. 당연히 상담자는 내담자를 온전하게 도와줄 수 있게 된다. 간혹 상담 과정에서 저항*이 생겨도 서로에 대한 믿음이 있기 때문에 비교적 쉽게 해결할 수 있다.

　일반적으로 현대인들이 겪는 심리적인 문제는 대인관계에서 기인한 경우가 많고, 대인관계의 문제는 신뢰와 직접적으로 연결되어 있다. 자신이나 상대, 혹은 둘 다를 신뢰하지 못할 때 대인관계는 어려워지기 마련이다. 따라서 내담자가 상담자를 신뢰하는 경험, 그리고 상담자의 신뢰를 받는 경험은 내담자의 성장과 변화에 매우 중요하다.

　라포가 상담의 중요한 치료적 요인으로 부각된 것은 로저스*의 인간중심 치료* 덕분이다. 고전적 정신분석*에서 상담자는 내담자의 전이*를 유발하기 위해 중립적이어야 한다는 원칙이 있었다. 상담자의 중립성은 내담자에게 권위로 인식되기도 했다. 하지만 인간과 인간의 만남을 중요시했던 로저스는 신뢰할 수 있는 관계의 회복이야말로 상담에서 가장 중요한 치료요인이라고 보았다.

로샤 검사

논란은 있으나 여전히 중요한 투사적 검사
Rorschach inkblot test / 심리 검사

　로샤 검사는 잉크반점 검사라고도 한다. 데칼코마니 기법으로 만든 10장의 그림 카드를 사용하기 때문이다. 데칼코마니décalcomanie 기법은 종이에 물감이나 잉크를 떨어뜨린 후 반으로 접어서 좌우대칭인 그림을 만드는 방법이다. 좌우대칭이긴 하지만 보는 사람에 따라서 다르게 보고할 정도로 모호하다. 마치 하늘의 구름 조각을 어떤 이는 솜사탕으로 보고, 또 어떤 이는 자동차로 보는 것처럼 말이다. 이렇게 자신의 생각과 감정을 모호한 자극에 투사해서 보고하게 하

는 심리 검사★를 투사적 검사라고 한다.

실시 방법은 간단하다. 피검자에게 10장의 카드를 한 장씩 보여주면서 무엇으로 보이는지 자유롭게 응답하게 한다. 그 다음 피검자에게 질문을 하면서 그림의 어디에서(영역), 그림의 무엇 때문에(결정인), 무엇을(내용) 보았는지 확인한다. 이것을 바탕으로 채점하고 해석한다.

로샤 검사를 만든 사람은 스위스의 정신과 의사이자 정신분석★ 훈련을 받았던 헤르만 로샤Hermann Rorschach였다. 미술 교사였던 아버지의 영향을 받아 로샤 역시 그림을 그리곤 했는데, 정신병원에서 일하던 중에 모호한 그림에 대해서 정신분열★ 환자와 정상인의 반응이 다르다는 것을 우연하게 발견했다. 이에 착안해 그림에 대한 반응을 통해 정신분열을 진단하기 위한 연구를 실시했고 그 결과를 1921년 책으로 출간했다. 그러나 이듬해에 갑작스럽게 사망했다.

로샤의 죽음과 함께 잉크반점 검사도 묻히는 듯했지만, 1920년대는 인간의 정신세계를 측정하는 데 관심이 많았던 때라 이후 여러 학자들이 다양한 방법으로 로샤가 남긴 10장의 카드를 연구하기 시작했다. 그 결과 로샤 카드를 활용하는 다양한 방법이 제안되었다.

하지만 방법이 여럿이면 널리 인정받을 수 없었다. 그리하여 1961년부터 엑스너John E. Exner가 기존의 여러 방법을 통합하는 작업에 착수했고, 1974년에 그 결과를 발표했다. 이를 가리켜 엑스너 종합 체계라고 하며, 현재 널리 사용되는 채점과 해석 방법이다.

어떤 이들은 로샤 검사가 비과학★심리학적이어서 심리학자들이 사용하면 안 된다고 주장한다. 비과학적이라는 주장의 근거는 검사 해석의 주관성이다. 즉 어떤 그림을 본 후 '싸운다'고 말한 사람의 성격은 공격적이고, '손바닥을 마주친다'고 말한 사람의 성격은 호의적이라는 해석을 어떻게 믿을 수 있느냐는 식이다. 또 다른 근거는 로샤 검사가 정신장애★이상심리학의 진단에 오류가 많다는 식이다.

그러나 실제 현장에서는 로샤 검사를 이런 식으로 사용하지 않는다. 앞에서 언급했듯이 피검자의 반응 영역과 결정인, 내용을 토대로 규준에 근거해 통계적으로 채점하고 해석한다. 뿐만 아니라 로샤 카드에 대한 반응으로 정신분열을 진단하려고 했던 것은 검사를 처음 만들었던 로샤의 생각이었을 뿐, 지금은 어느 누구도 이 검사만으로 진단을 내리지 않는다. 처음에는 진단 목적으로 만들었지만, 지금은 진단 목적이 아니라 피검자의 생각와 정서, 성격 등 마음의 다양한 측면을 이해하는 데 중요하게 사용하고 있다는 점에서 MMPI★와 비슷하다

전 세계적으로 로샤 검사의 사용은 줄어드는 추세다. 그 이유는 효율성 때문이다. 이 검사를 능숙하게 활용할 수 있는 실력을 갖추기 위해서는 상당한 실습과 시행착오가 필요하다. 그리고 전문가가 되었다고 하더라도 검사의 실시와 채점, 해석에 많은 시간과 에너지가 필요하다. 지금은 이 검사를 대체할 수 있는 다른 간편한 검사들이 많이 나오고 있다. 따라서 시간이 지날수록 로샤 검사는 자취를 감출 가능성이 높아진다.

로저스

인간중심 치료의 창시자
Carl Rogers / 인물

인간주의*라는 심리학의 새로운 흐름에 주도적인 역할을 했으며
상담*^{상담심리학} 분야에서 획기적이라고 평가받는 인간중심 치료*를
만든 로저스. 그는 1902년에 모든 쾌락을 죄악시했을 정도로 매우
엄격하고 보수적인 기독교 가정에서 태어났다. 과학적 농업의 원리
를 농장에 적용하려고 노력했던 아버지를 둔 덕분에 어린 시절을 농
장에서 보낸 로저스는 생명의 놀라운 힘에 대해 알게 되었다. 이러
한 유년시절의 경험은 로저스가 미국 위스콘신대학에 진학할 때 농
업을 전공으로 선택한 데에 영향을 미쳤다.

엄격한 부모 밑에서 농사일을 도우면서 자라던 그는 대학 진학
을 통해 더 넓은 세상을 경험했다. 특히 20세였던 1922년에 북경에
서 열린 세계기독학생연합회에 참석해 6개월간 머무르면서 자신과
종교적으로나 문화적으로 다른 사람들을 만날 수 있었다. 이 경험
을 통해 그는 부모의 영향에서 조금씩 벗어날 수 있게 되었으며, 자
신의 인생관과 신앙에 대해 의구심을 가지게 되었다. 이후 대학으로
돌아온 그는 자신의 미래에 대한 구상을 처음에는 역사가로, 그 다
음은 목회자로 바꾸었다.

1924년에 위스콘신대학을 졸업하고 뉴욕 연합신학대학에 들어갔
다. 하지만 이 신학교는 기독교의 정통 교리를 가르치지는 않는, 다

시 말해 자유분방한 분위기의 학교였다. 로저스는 결국 누군가를 도와주는 일을 하기 위해서 굳이 목사가 될 필요는 없다고 생각했고, 결국 신학교를 떠나 콜롬비아대학에서 심리학을 공부하기로 했다. 이즈음 그는 정신분석* 입장에서 아동을 치료하는 센터에서 훈련을 받으면서 정신분석에 대해 거부감을 갖게 되었다.

1931년에 콜롬비아에서 박사학위를 취득한 로저스는 한 아동센터에서 심리학자로 일하게 되었고, 여기에서 자신만의 치료 방법을 개발했다. 주로 쥐를 대상으로 실험을 했던 행동주의*와 실험심리학* 위주의 미국심리학회APA ; American Psychological Association에 환멸을 느낀 그는 1937년에 조직된 미국 응용심리학회AAAP ; American Association of Applied Psychology에서 적극적으로 활동하는 회원이 되었다. 로저스의 관심은 '실험실의 쥐'가 아닌 '진짜 사람'이었던 것이다.

로저스는 여러 학교와 현장에서 가르치면서 지속적으로 상담을 했으나 그의 접근은 줄곧 모호하다는 비판을 받아왔다. 그러던 중에 로저스는 1968년에 제자 한 명과 함께 캘리포니아의 라 호야La Jolla에 인간연구센터Center for Studies of the Person를 세워 본격적으로 자신의 치료 접근을 실천했다. 특히 이 센터에서는 치료 접근을 집단 상담* 장면에 적용하면서, 자신의 치료에 대한 효과를 과학*심리학적으로 증명하려고 애썼다.

로저스의 치료 이론은 기존의 정신분석보다 훨씬 쉽고, 행동주의 접근보다는 인간적이어서 많은 사람들의 호응을 얻었다. 특히 교사나 종교인을 비롯해 현장에서 상담을 하는 사람들이 사용할 수 있는 상담 이론이 없던 시기였기 때문에 로저스의 이론에 대한 반응은 가히 폭발적이었다고 해도 과언이 아니었다. 그는 특별한 학위가 없더라도 핵심 원리를 제대로 이해하기만 한다면 누구나 상담자가 될 수 있다고 말했다.

사람에 대한 그의 관심은 개인 상담과 집단 상담을 넘어 더 넓은 사회와 문화, 정치로까지 확대되었다. 무엇보다 인종간의 갈등을 해결하는 문제와 세계평화를 위해 다양한 활동을 지속했는데, 이 업적을 인정받아 노벨 평화상 후보에 오르기도 했다.

로저스의 이론은 누구나 이해할 수 있을 정도로 쉽다. 하지만 학문적으로 내용이 빈약하다는 비판을 받는다. 이러한 이유로 로저스의 이론은 독립적인 학파에 의해 계승되지 않았으며, 많은 상담자들이 기본적으로 갖추어야 할 태도 정도로 인식되었다. 또한 로저스는 자신의 이론을 과학적으로 증명하기 위해 많은 노력을 했다는 점에서는 인정을 받았지만, 그 방법에 대해서는 통제집단이 없다거나 측정에 문제가 있다는 비판을 받는다. 어찌 되었든 그는 정신분석과 행동주의에 이어 인간주의라는 심리학의 큰 흐름을 탄생시킨 위대한 심리학자다.

마음챙김

생각이 아닌 감각에 집중하라
mindfulness / 상담과 심리치료

마음챙김이란 불교의 수행법 중 하나인 위빠사나 명상에서 유래한 용어로 싸띠_{sati}라고도 하는데, 매 순간의 알아차림을 의미한다. 화두에 집중하는 명상과 달리 마음챙김은 감각★^{감각과 지각}에 집중한다. 오감으로 들어오는 정보에 대해서 생각(판단, 의심, 걱정, 기대, 희망 등)하지 않고, 감각 경험 자체에 집중한다.

불교의 명상법이 마음챙김이라는 이름으로 탈바꿈한 데에는 서구사회에 명상이 보급된 것과 관련이 있다. 영국의 그룹 비틀즈가 1968년 인도의 요기이자 초월 명상_{transcendental meditation}의 창시자 마하리쉬를 만났다는 사실이 알려지면서 명상에 대한 관심이 증가했다. 하지만 이때까지만 해도 명상에 대한 관심은 낯설고 새로운 동양문화에 대한 흥미 정도였다.

그러나 1970년대 매사추세츠대학교 의과대학의 카밧진Jon Kabat-Zinn 교수가 오감에 집중하는 마음챙김 명상을 병원의 환자들에게 적용하기 시작했다. 명상을 통해 환자들의 스트레스*를 감소시키기 위해서였다. 효과는 놀라웠다. 단지 환자들의 느낌과 보고가 아니라, 생물학적인 증거가 발견되었다. 신체 반응과 호르몬의 변화가 나타났다. 이를 체계화시켜 마음챙김에 기반한 스트레스 감소 프로그램 MBSR ; Mindfulness Based Stress Reduction 을 만들었다.

마음챙김 명상이 과학적으로 입증되자 심리학자를 비롯한 전 세계의 정신건강 전문가들은 너도나도 이 프로그램을 배워서 자신들의 현장에서 적용시키려고 했다. 그리고 마음챙김을 접목한 각종 심리치료 이론이 등장했다. 특히 인지 치료* 분야에서 이런 움직임이 활발하게 일어났다. 마음챙김에 기반한 인지 치료MBCT ; Mindfulness Based Cognitive Therapy가 대표적이고, 이 외에도 변증법적 행동 치료DBT ; Dialectical Behavior Therapy와 수용과 전념 치료ACT ; Acceptance and Commitment Therapy 등 새롭게 등장한 심리치료 이론 역시 마음챙김 명상을 주요 기법으로 사용하고 있다.

망상

합리적 증거로도 설득되지 않는 왜곡된 신념
delusion / 이상심리학

생각하는 능력은 문명 발전의 원동력이자 삶의 활력이기도 하지만 한편으로는 우리를 끊임없이 괴롭히는 악마가 되기도 한다. 비정상적인 생각이 가져오는 끔찍한 결과는 일간지의 '사건과 사고' 면에 고스란히 나타난다. 끔찍한 범죄를 저지른 사람일수록 자아상이나 세계관이 잘못된 경우가 많으며, 왜곡의 정도가 심함을 알 수 있다. 생각의 왜곡이 비단 범죄자들에게만 나타나는 것은 아니다. 아내가 바람을 핀다면서 구타를 일삼는 남편들, 사람들이 모두 자신을 미워한다면서 집 밖을 나가지 않는 이들, 국정원옛 안기부 요원들이 자신을 감시하고 있다며 두려워하는 사람들의 생각도 왜곡되었을 가능성이 높다.

물론 이들의 생각이 사실일 가능성도 있다. 그런데 반대인 정보와 증거 앞에서도 자신의 생각을 포기하지 않는다면 망상이라고 할 수 있다. 망상은 명백한 증거와 권위 있는 사람의 설득으로도 포기하지 않는 신념이다. 단지 포기하지 않을 뿐만 아니라 자신을 설득하려는 사람까지 망상에 포함시키기도 한다.

망상은 매우 다양한 내용으로 존재하는데, 대표적으로는 다음과 같다. 모든 것이 끝나고 허무하다는 생각에 사로잡힌 허무 망상 nihilistic delusion, 자신의 재산이 없어지고 있으며 결국 망하게 될 것이라는 빈곤 망상delusion of poverty, 병에 걸렸다거나 신체의 한 부분이 썩어간다고 생각하는 신체 망상somatic delusion, 타인이 자신을 감시한다거나 혹은 자신을 죽이려 한다는 피해 망상persecutory delusion, 자신이 세상을 구원할 것이라거나 자신을 신격화하는 과대 망상grandiose delusion, 주변에서 발생하는 모든 사건과 타인의 행동을 자신과 연관시켜 생각하는 관계참조 망상delusion of reference, 자신의 생각을 누군가가 조종한다는 조종 망상delusion of control, 배우자나 연인이 바람을 핀다는 부정 망상delusion of infidelity 혹은 질투 망상delusion of jealousy, 연예인이 자신을 좋아하는데 만나주지 않는다면서 끊임없이 연예인을 괴롭히는 스토커★강화 계획의 색정 망상erotic delusion 등이다.

이상은 정도가 심하지만 않다면 일반인들도 쉽게 할 수 있는 생각들이다. 특히 자신이 병에 걸렸다거나 배우자나 연인이 바람을 핀다는 의심은 누구나 한 번쯤 하는 생각이고, 때로는 이러한 생각에 사로잡힐 수도 있다. 이처럼 망상보다는 약하지만 어떠한 생각을 지나치게 하는 것을 몰두 사고preoccupied thought라고 한다. 몰두 사고가 발전해서 망상이 될 수도 있지만, 모든 몰두 사고가 반드시 망상으로 발전하는 것은 아니다. 망상이란 현실 검증력★신경증과 정신증이 손상되었을 때에 나타나는 것이므로 몰두 사고 단계에서 현실 검증력을 발휘한다면 망상으로 발전하지는 않을 것이다.

많은 사람들은 망상이 있으면 무조건 정신분열★이라고 생각하지만 꼭 그렇지는 않다. 우선 정신분열증은 망상과 환각★을 비롯해 언어와 행동 등에 전반적인 손상이 일어나는 것이 보통이며, 조종 망상처럼 그 내용이 기괴할bizarre 정도로 일상적이지 않다는 특징이 있다. 반면 다른 영역에는 손상이 없고 망상만 존재할 경우 보통 망상장애delusional disorder라는 진단을 받는데, 이때의 망상은 부정 망상처럼 일상적으로 충분히 일어날 수 있는, 즉 기괴하지 않은non-bizzare 내용의 망상인 경우가 많다. 그러나 기괴함의 기준의 모호하다는 비판이 있어서 DSM-5★DSM부터 공식적으로는 사용하지 않고 있으나, 일부 전문가들 사이에서는 여전히 유용한 개념이다.

망상과 종종 혼동되어 헷갈리는 것이 바로 강박★ 사고다. 강박 사고를 가진 사람은 자신의 생각이 비합리적이고 비현실적이라는 사실을 알고 있지만, 불안★에 압도되어 그 생각을 떨치지 못하는 것이다. 그러나 망상은 앞서 언급했듯이 자신의 생각이 틀릴 수 있다는 사실조차 인정하지 않는다. 이 역시 현실 검증력의 차이라고 할 수 있다.

망상 역시 다른 정신장애★이상심리학의 증상처럼 생리적 원인이 있기 때문에 약물★향정신성 약물로 치료가 가능하다. 하지만 한편으로는 시대나 문화에 따라 나타나는 망상의 내용이 다르다는 점에서 모든 것을 신경전달물질★의 이상으로만 볼 수는 없다. 예를 들어 냉전의 시대라고 하는 20세기 후반에는 피해 망상이 가장 흔했지만 이후 이 망상은 급격하게 줄어들었다. 또한 기계문명이 발달하면서 사람들의 망상 속에 기계가 등장하기 시작했다. 1988년 8월, MBC 뉴스데스크 생방송 중에 웬 남자가 스튜디오로 뛰어들어 앵커의 마이크를 붙잡고 "내 귀에 도청장치가 있다!"고 소리를 질렀다. 이런 망상은 도

청장치가 없었던 시대나 서로가 서로를 감시할 필요가 없었던 시대
에는 존재하지 않았을 것이다.

매력

사랑에 빠지는 아주 특별한 법칙
attraction / 사회심리학

피터 호윗Peter Howitt 감독의 2004년 영화 〈사랑에 빠지는 아주 특
별한 법칙〉의 원제는 '매력의 법칙Laws of Attraction'이다. 매력의 법칙
은 심리학자들의 오랜 관심 주제였다. 우리는 누구에게, 그리고 어
떤 이유로 매력을 느끼는가? 이에 대해 심리학자들은 다음의 몇 가
지 요인을 매력의 법칙으로 꼽고 있다.

근접성

많은 사람들은 소위 운명적인 사랑을 꿈꾼다. 하지만 주변의 연인
이나 부부를 한 번 살펴보라. 운명이라는 말이 무색할 정도로 동네
사람이거나 학교 선후배 사이 혹은 종교 활동이나 봉사 활동을 하면
서 자연스럽게 만난 경우가 태반이다. 심리학자들은 매력의 중요한
요인으로 바로 근접성proximity을 꼽는다. 다시 말해 토종 한국 사람인
혜지는 지구 반대편 브라질에 사는, 이름도 생소한 호세Jose보다는
윗동네 오빠인 준범과 사랑에 빠질 가능성이 높다는 것이다. 영화

〈사랑에 빠지는 아주 특별한 법칙〉 역시 근접성의 위력을 잘 보여준다. 줄거리는 다음과 같다.

다니엘 레퍼티피어스브로스넌 분와 오드리 우즈줄리안 무어 분는 연예인 부부의 이혼소송에서 각각 남편과 아내의 변호사로 사건을 담당하게 되었다. 연예인 부부는 공동으로 소유하던 아일랜드의 성을 서로에게 빼앗기지 않기를 원했다. 이에 두 변호사는 소송에서 이길 수 있도록 주위 사람들의 증언과 물증을 확보하기 위해 의뢰인 부부의 성이 있는 아일랜드로 떠났다. 그런데 이들이 아일랜드에 도착했을 때는 마침 축제 기간이었다. 법정에서 서로를 공략해야 하는 두 사람은 서로에 대한 경계심을 풀지 않으려 했지만 함께 하는 시간이 많아지면서 결국 사랑*에 빠졌다.

근접성은 서로에게 적대적인 두 사람도 사랑에 빠지게 만들 정도로 강력하다. 그렇다면 왜 근접성이 매력의 중요한 요인일까? 그 이유는 같은 공간에 있다 보면 접촉할 기회가 많아지기 때문이다. 이야기를 하거나 도움이 필요할 때 도와줄 수 있는 기회가 증가한다. 같은 건물에 살더라도 다른 출입구를 이용하는 사람들보다 같은 출입구를 이용하는 사람들의 친밀도가 높은 것도 같은 이유다.

근접성이 매력의 강력한 요인인 또 다른 이유는 단순 노출 효과 mere exposure effect 때문이다. 심리학자인 자이언스Robert Zajonc 는 어떤 자극에 단순히 반복해 노출되기만 해도 호감이 증가한다고 주장했다.

현대인들은 엄청나게 많은 광고★역하 자극에 노출되어 있다. TV나 인터넷은 물론이고, 버스에서 들을 수 있는 라디오 방송, 그리고 시내에서 볼 수 있는 대형 광고판에 이르기까지 광고는 우리의 의도나 선택과 상관없이 우리의 눈과 귀로 쏟아져 들어온다. 사람들은 광고의 영향을 쉽게 무시하는 경향이 있지만, 많은 기업들이 광고를 위해 엄청난 비용을 부담하는 것은 이유가 있지 않겠는가! 매일 아침 출근이나 등교할 때 자주 보는 그 혹은 그녀가 비록 말을 걸어본 적도 없고 인사를 나눈 적도 없지만 보면 볼수록 마음이 끌리는 이유는 단순 노출 때문이다.

신체적 특성

근접성이 매력에 중요한 요소지만 그렇다고 주변에 있는 아무하고나 사랑에 빠지지는 않는다. 이런 면에서 외모 혹은 신체적 매력역시 중요한 요인이다. 말 그대로 신체적으로 매력적인 사람, 즉 예쁘고 섹시한 여자와 잘 생기고 키가 큰 남자에게 호감을 느낀다는 것이다.

우리가 매력적인 사람에게 호감을 느끼는 이유는 '아름다운 것이 좋다what is beautiful is good'는 고정관념★편견이 있기 때문이다. 또한 매력적인 사람이 다른 면에서도 긍정적일 것이라고 생각하는 후광 효과 halo effect도 한몫을 한다. 공부를 잘하는 학생이 삭발을 하면 본격적으로 공부하겠다는 의지로 평가하지만, 공부 못하는 학생이 그러면 학교에 불만이 많은 것으로 오해한다. 얼굴이 예쁘고 잘생긴 사람들은 왠지 성격도 좋을 것이라고 생각하는 이유도 마찬가지다.

그렇다면 못생기고 키도 작고 몸매도 형편없는 사람은 그 누구와
도 사랑에 빠질 수 없는 것인가? 천만다행으로 그렇지 않다. 이 세상
의 모든 사람들이 가장 매력적인 한두 사람에게 빠지지 않는 이유
는 '제 눈에 안경' 혹은 '짚신도 짝이 있다'는 의미인 짝 맞추기 현상
matching phenomenon 때문이다. 사람들은 자신과 닮은 사람을 좋아하게
되어 있다. 어쩌면 부부가 서로 닮아가는 것이 아니라 닮은 사람끼
리 부부가 되었는지도 모르겠다.

유사성

유사성similarity은 외모뿐만 아니라 가치관이나 지역, 인종과 피부
색, 기호와 취미에도 적용할 수 있다. 사람들은 자신과 비슷한 점이
많은 사람에게 매력을 느낀다. 뿐만 아니라 심리학자들은 공통점이
많은 부부가 더 행복하고 이혼할 확률도 적다는 사실을 밝혀냈다.

유사성의 효과에 대해 의문이 들지도 모르겠다. 우리는 경험상 비
슷한 사람에게 끌리기도 하지만 나와 다른 사람에게 매력을 느끼기
도 하기 때문이다. 물론 유사성과 반대인 상보성complementarity도 매력
의 요인이라고 할 수 있다. 하지만 이에 대해 심리학자들은 중요한
부분에서는 유사성이, 사소한 부분에서는 상보성이 작용한다고 말
한다. 예를 들어 집단주의 문화★문화심리학인 우리나라의 경우에 사람
들은 집안 배경이나 학벌, 종교를 중요하게 생각하는 경향이 있다.
사실 이것 때문에 사랑이 결혼으로 결실을 맺지 못하는 경우가 얼마

나 많은가!

이처럼 중요한 부분에서 상보성보다 유사성이 중요한 이유는 상보성이 자칫 대비 효과contrast effect를 초래할 수 있기 때문이다. 예를 들어 두 사람의 경제적 수준이 확연히 차이가 날 경우 한 쪽이 소위 '아깝다'는 이야기를 끊임없이 들을 수 있다. 어쩌면 영화나 소설 속의 신분과 계급을 초월한 사랑 이야기는 현실에서 불가능하기 때문에 더 아름답고 애절하게 느껴지는지도 모르겠다.

유사성을 확인할 수 있는 한 가지 방법은 자기공개self-disclosure다. 자신의 집안 이야기나 과거의 경험, 자신의 생각 등을 상대방에게 이야기함으로써 상대가 나와 비슷한지 아닌지 알 수 있다. 자기공개가 직접적으로 두 사람의 사이에 유사성을 확인시켜주지 않더라도 괜찮다. 서로 이야기를 나누고 공감하다보면 정서적으로 유사성이 생기기 때문이다. 자기공개의 이득은 이뿐만이 아니다. 만약 다른 누구에게도 하지 않았던 이야기를 상대에게 공개한다면 둘만의 비밀이 만들어지면서 결속력은 한층 높아진다. 애인 때문에 힘들어하던 이성 친구의 이야기를 들어주다가 눈이 맞아 결혼한 커플이 심심찮다는 사실은 자기공개의 강력한 힘을 알 수 있는 단적인 예다.

호감의 상호성

마지막으로 매력에 영향을 미치는 요인으로 꼽을 수 있는 것은 호감의 상호성이다. 사람들은 자신을 좋아하는 사람을 좋아할 가능성이 높다. 우리 마음속에는 상대방이 자신에게 베푼 것과 동일한 것으로 갚아줘야 한다는 상호성의 규범norms of reciprocity이 존재한다. 생각해보라. 평소 별로라고 생각했던 사람이 당신에게 사랑을 고백했을 때, 당신은 무엇이라고 말하면서 거절했는가? 아마도 "미안합니다"라고 말했을 것이다. 하지만 따지고 보면 미안할 일은 아니다. 그럼에도 미안하다고 말하고 실제로 그런 마음이 드는 것은 받은 만큼 돌려줘야 한다는 규범을 위반했기 때문이다. 상호성의 규범은 앞에서 언급했던 자기공개에도 영향을 미칠 수 있다. 한 사람이 자신의 개인사를 말하면, 상대방도 그에 해당하는 이야기를 하게 된다.

호감의 상호성이 매력의 중요한 요인으로 작용하는 또 다른 이유는 안전한 선택을 하기 위해서다. 내가 사랑하는 사람이 나를 좋아하지 않는다는 경험은 생각만 해도 끔찍하다. 이러한 경험을 하지 않으려면 자신을 좋아하는 사람을 좋아하면 된다. 이런 경향성은 남성들보다는 여성들에게 강하게 나타난다.

적용

눈앞에 나타난 당신의 이상형과의 사랑을 꿈꾸는가? 그 사람과 평생을 함께하길 원하는가? 그렇다면 앞에서 언급했던 매력의 법칙들을 다음처럼 적용해보라. 만약 다음의 방법이 안 된다면 문간에 발 들여놓기* 기법도 참고하라.

1. 그 사람의 활동 반경에 자주 등장할 것. 그 사람이 당신을 쳐다보지 않더라도 전혀 상관없다. 어차피 단순 노출 효과는 우리가 의식하

지 못하는 순간에도 작동하기 때문이다. 또한 길을 가다가 우연히 부딪히는 척하면서 도움을 줄 수도 있다.

2. 가능한 한 신체적인 매력을 뽐낼 것. 만약 태생적 한계를 극복하기 어렵다면, 상대방의 패션을 잘 연구해두었다가 유사성을 적용하면 된다.

3. 상대방의 관심 분야나 취미 등을 파악해 유사성의 조건을 확보할 것. 자연스럽게 이야기할 기회가 생긴다면 공통의 관심사와 취미를 확인할 수 있도록 대화를 이끌어가는 것이 좋다.

4. 이야기를 하다가 분위기가 무르익으면 남들에게 하지 못했던 혼자만의 비밀이나 힘들었던 이야기를 조금씩 공개할 것. 보통 이럴 경우 상대방도 당신에게 자신만의 힘든 이야기를 할 수도 있다.

5. 조금씩 서로에 대한 연결고리가 강해졌다고 느끼면 용기를 내서 고백할 것. 그러면 그 사람도 기다렸다는 듯이 당신의 마음을 받아줄 것이다.

몰입

물 흐르듯 빠져드는 최고의 행복 경험
flow / 동기와 정서

미국 피터 드러커 경영대학원의 심리학자 칙센트미하이Mihaly Csikszentmihalyi가 개념화한 몰입이란 어떤 활동에 깊이 빠져서 시간이나 공간, 타인의 존재나 심지어 자신에 대한 생각까지도 잊는 심리 상태를 의미한다. 운동이건 독서건 너무 몰입한 나머지 시간이 가는 줄도 몰랐던 경험은 누구나 있을 것이다.

몰입은 집중력과 비슷하게 보이지만 중요한 차이점이 있다. 집중력이란 많은 노력이 필요한 것으로 부담스럽고 힘들다는 느낌을 주지만, 몰입은 물이 흐르는 것처럼 아주 자연스럽게 빠져들어가서 전혀 힘이 들지 않는 상태로 행복감★긍정심리학을 준다. 몰입을 영어로는 'flow흐름'라고 하는 것 역시 이 때문이다. 이 사실은 실험을 통해서도 증명되었다.

몰입을 자주 경험한다고 보고한 사람과 그렇지 않다고 보고한 사람들을 나누어 실험실에서 불빛과 소리 같은 자극에 주의★를 기울이도록 하면서, 이들의 대뇌피질★뇌의 활성화 정도를 측정했다. 자극에 주의를 기울일 때, 피질의 활성화를 통해 정신에너지를 어느 정도 소비하는지 알아보기 위한 것이다.

연구 결과 몰입을 자주 경험하지 않는다고 보고한 학생들은 예상한대로, 자극에 집중해야 할 때 피질의 활성화 정도가 평소보다 증가했다. 이것은 주의 집중을 할 때 애를 쓰면서, 정신에너지를 많이 사용하고 있다는 것을 의미한다. 하지만 몰입을 자주 경험한다고 보고했던 학생들의 결과는 이와 반대였다. 과제에 집중했을 때 활성화 수준이 평소보다 더 떨어진 것이다. 즉 주의 집중을 하는 순간에 정신적인 노력이 오히려 덜 필요했던 것이다.

이 실험 결과는 몰입을 경험하는 사람들이 자신에게 필요한 자극을 선별할 수 있는 능력이 있다는 것을 의미한다. 순간마다 무엇이 적절한지 결정해 이에 초점을 맞출 수 있다는 것은 매우 귀중한 능력이다.

정신분열*처럼 심각한 정신장애*^{이상심리학}부터 가벼운 우울*까지 심리적으로 어려움을 겪는 사람들의 공통점은 다양한 자극들에 주의가 분산되어 집중에 어려움을 겪는다는 것이다. 이와는 반대로 자신의 전문 분야에서 성공하는 사람들은 자신에게 필요한 것만 선택할 수 있는 주의 집중 능력을 가지고 있다. 편안한 마음으로 필요한 자극에만 주의를 집중하느냐, 아니면 너무 많은 자극에 주의를 기울여서 스트레스*를 받느냐는 초보자와 전문가의 차이다.

스키 초보인 수민은 리프트를 타고 올라가는 순간부터 걱정을 하기 시작했다. 리프트를 타고 올라왔으니 스키를 타기는 해야 할 텐데, 혹시나 넘어져서 큰 사고가 나지는 않을까 하는 두려움이 앞선 것이다. 그렇다고 그냥 리프트를 타고 내려가자니 자존심이 상한다. 그렇게 한참을 정상에 서 있다가 용기를 내서 스키를 타보지만, 온몸의 관절과 마디에 신경을 쓰느라 정신이 없다. 게다가 다른 스키어와 충돌할지도 모른다는 생각에 다른 사람의 위치에도 신경을 쓴다. 수민은 스키를 타며 스트레스를 풀려고 왔다가 더 받는 꼴이 되었다.

스키를 잘 타는 사람은 다르다. 아무런 갈등과 걱정 없이 슬로프

166

로 다가가서 폴을 젖히면서 활강을 시작한다. 자세를 잡은 후에는 몸의 움직임과 스키의 위치에 온전히 주의를 집중할 것이다. 얼굴을 스치며 지나가는 찬 공기를 느끼고, 슬로프 옆에 눈 덮인 나무들이 보이겠지만 이런 것들이 주의를 흐트러트리지는 못한다. 그 순간 마음속에 어떤 갈등이나 모순도 없다. 너무도 완벽해서 짜릿함을 느낄 정도다. 바로 이것이 몰입이다.

칙센트미하이는 몰입에 대해서 오랫동안 연구한 결과, 몰입이란 신비주의자가 말하는 '무아지경', 화가와 음악가가 말하는 '미적 황홀경', 운동선수들이 말하는 '물아일체의 상태'와 같은 심리 상태임을 알게 되었다. 이들은 각기 다른 활동을 하면서 몰입 상태를 경험하지만 그 순간의 경험을 묘사하는 방식은 놀라우리만큼 비슷했기 때문이다.

그렇다면 몰입이 일어나기 위한 조건은 무엇일까? 칙센트미하이는 다음과 같은 조건에서 몰입이 일어난다고 말한다.

첫째는 명확한 목표와 규칙이다. 사람들은 장기나 바둑 같은 게임이나 테니스나 농구 같은 운동을 할 때 곧잘 빠져들곤 한다. 또한 등산이나 음악 연주, 뜨개질이나 외과의사가 하는 수술도 목표와 규칙이 명확하기 때문에 몰입하기 좋은 활동이다. 목표와 규칙이 명확할 경우, 무엇을 어떻게 해야 할지 고민하지 않고 반응할 수 있다. 몰입이라는 상태는 갈등과 고민 없이 우리의 정신력이 하나로 모아지는 순간인데, 목표와 규칙이 애매하다면 무엇을 어떻게 해야 할지 갈팡질팡할 수밖에 없다.

둘째는 행동에 대한 빠른 피드백이다. 피드백이 빨리 와야 작업이 얼마나 순조롭게 이루어지고 있는지 알 수 있다. 장기나 체스는 말 하나를 움직일 때마다 전세의 유불리를 알 수 있고, 운동경기는 점수를 통해 승패를 가늠해볼 수 있다. 등산가는 걸음을 내딛을 때마다 정상이 가까워졌음을 알 수 있으며, 음악가는 연주하는 순간마다 자신의 연주가 맞았는지 틀렸는지 알 수 있다. 뜨개질하는 사람은 한 땀 한 땀이 자기가 의도하는 무늬와 맞는지 곧바로 알 수 있으며, 외과의사는 수술 칼이 동맥을 잘 피했는지 아니면 출혈이 있는지 알 수 있다. 일상에서 몰입이 어려운 이유는 바로 이러한 피드백이 없거나 너무 느리게 오기 때문이다.

셋째는 적절한 과제의 난이도다. 아주 어렵거나 아주 쉽지 않아야 한다. 실력에 비해서 너무 어려운 일이라면 긴장★각성과 불안★을 경험할 것이고, 너무 쉽다면 따분함과 지루함을 경험할 것이다. 중학생이 구구단을 암기하거나 미적분 문제를 푸는 경우에는 몰입이 일어나기 힘들다. 구구단은 너무 쉽고, 미적분은 너무 어렵기 때문이다. 자신의 수준에 맞는, 조금 더 정확히 말하자면 도전해볼 만한 과제가 가장 좋다.

이상의 세 가지 조건이 중복되는 환경이 되면 몰입이 발생한다. 몰입을 하게 되면 모든 정신력을 쏟아붓기 때문에 잡념이나 불필요한 감정이 끼어들지 않는다. 다른 사람을 의식하지 않게 되며, 한 시간이 일 분인 것처럼 금방 흘러갔다고 느낀다.

그런데 이런 경험이 중독★향정신성 약물에서도 나타난다고 생각할 수

168

도 있다. 예를 들어 일 중독자workaholic는 일에 푹 빠져서 시간가는 줄
모른다. 이렇게 겉으로 보기에 중독과 몰입이 비슷하게 보일지 몰라
도 내면은 완전히 다르다. 몰입이 능동적으로 과제를 수행하면서 빠
져드는 것이라면, 중독은 과제대상에 압도당해 자신의 책임과 임무를
망각할 정도로 빠져드는 것이다.

그렇기 때문에 중독자들은 다른 활동에는 전혀 몰입하지 못해 피
해를 초래하기도 한다. 일 중독자는 일에만 매달려 가족을 돌아보지
않는다. 또한 도박 중독은 모든 가산을 탕진하게 만든다. 마약과 알
코올 중독은 말할 것도 없다. 몰입이 삶을 풍요롭게 만든다면, 중독
은 삶을 비참하게 만든다.

█ 무의식

█ 나도 모르는 내 마음이 있다고?
█ unconsciousness / 상담과 심리치료

프로이트*가 무의식을 핵심 개념으로 하는 정신분석*을 창안한
것은 맞지만, 무의식이라는 개념까지 창안한 것은 아니다. 무의식
은 힌두의 고대 문서에도 등장한다. 현대적 의미의 무의식은 18세기
독일의 철학자들이 제안했다. 자신도 알지 못하는 마음을 의미하는
무의식은 이성과 합리성을 중요시하던 계몽주의자들에게 크게 주
목 받지 못하다가 프로이트로 인해 빛을 보게 된 것이다. 사변적 고

찰을 주로 하는 철학자들과 달리 환자들을 치료하는 과정에서 무의식을 확신했던 의사의 주장은 더 설득력이 있었다. 프로이트 덕분에 많은 사람들이 무의식을 하나의 철학적인 가정이 아니라 우리 마음의 한 영역으로 받아들이게 되었다.

지형학적 모형

프로이트는 인간의 마음과 행동은 이성적이고 합리적인 의식이 아니라 이와 반대인 무의식의 영향을 받는다고 보았다. 아니, 오히려 우리의 마음에서는 의식보다 무의식이 더 많은 영역을 차지한다고 주장했다. 무의식은 끊임없이 의식으로 올라오려 하고, 의식은 이를 방어★방어 기제하기 때문에 우리의 마음은 의식과 무의식이 서로를 견제하는 긴장상태에 놓여 있다. 마치 작용-반작용의 법칙처럼 작동하는 것이다. 이처럼 우리의 마음은 여러 힘들의 균형과 견제를 통해 유지하고 있기에 이를 역동dynamic이라고 표현한다.

이처럼 우리 마음을 의식과 무의식의 영역으로 구분하는 것을 지형학적 모형topographical model이라고 한다. 지형학적 모형에서 종종 언급되는 것이 전의식preconsciousness이다. 전의식이란 의식과 무의식 사이에 위치하고 있으며, 잠깐의 노력으로 쉽게 의식화시킬 수 있는 기억을 의미한다. 하지만 프로이트는 전의식을 무의식의 일부로 보고 있기 때문에 정신분석에서 전의식은 크게 중요하지 않다.

지형학적 모형은 종종 바다에 떠 있는 빙산으로 표현된다. 물 위로 나온 부분은 적지만 그 아래에는 엄청난 크기의 빙산이 있듯이 우리가 아는 의식은 마음의 일부분일 뿐이다. 정신분석 입장에서 무의식의 중요성을 강조하는 사람들은 종종 타이타닉호를 예로 든다. 1912년에 타이타닉호가 물 위의 빙산만을 보고 대수롭지 않게 여긴 결과 1,500여 명의 사망자를 내고 북대서양으로 가라앉았던 것처럼 우리가 우리 마음의 무의식을 무시하면 그 결과는 끔찍할 수 있다고 말이다.

왜 무의식을 인식하고 그것을 잘 처리하는 것이 중요할까? 또한 의식이 무의식을 견제하는 이유는 무엇일까? 그것은 무의식의 내용 때문이다. 프로이트는 신경증★신경증과 정신증을 치료하면서 무의식의 내용이 성sex, 공격성aggression과 연관되어 있음을 확인했다.

사람은 태어날 때부터 생존에 필수적인 성과 공격성의 추동★을 가지고 있으나 이는 사회적으로 수용되기 어렵다. 이러한 모순과 역설 속에서 사람들은 추동을 억압★해 무의식을 형성한다고 프로이트는 주장한다. 프로이트는 무의식 형성의 대표적인 사건으로 오이디푸스 콤플렉스와 엘렉트라 콤플렉스★심리성적 발달를 꼽았다. 이 시기의 아이는 이성 부모에 대한 성적 추동과 동성 부모에 대한 공격적 추동을 강하게 경험하지만 이는 근친상간과 근친살해라는 금기를 연상시키기 때문에 마음의 저편으로 던져 넣는다고 했다.

의식화되려는 무의식

무의식은 끊임없이 우리의 의식으로 올라오려 한다. 이때 의식이 무의식을 잘 방어하면 별 문제가 없겠지만 이것에 문제가 생겨서 무의식이 의식의 영역으로 올라오면 마음은 또 다른 기제를 발동시켜 우리의 마음을 보호하려고 한다.

대표적으로는 무의식을 정신장애★이상심리학의 증상으로 바꿔버리는 것이다. 프로이트가 주로 치료했던 히스테리★신체 증상 환자들은 생물학적인 이상이 없음에도 감각 기관의 이상이나 마비를 호소하던 사람들이었다. 프로이트는 이들을 치료하면서 이 증상이 무의식의 의식화를 막기 위한 한 방법이었음을 알게 되었고, 오랜 작업을 통해 그들이 자신의 무의식을 직면했을 때 정화★를 경험하면서 증상이 사라진다는 사실을 발견했다.

의식으로 침범해 들어온 무의식이 표출되는 또 다른 방법으로 실수 행위와 꿈★을 들 수 있다. 실수 행위부터 살펴보면, 프로이트는 『일상생활에서의 정신병리학Psychopathology of Everyday Life』에서 모든 실수 행위에는 이유가 있다고 지적한다. 언뜻 보기에는 단순한 착오나 실수처럼 보이지만, 그것을 잘 분석해보면 무의식적인 욕구가 개입되어 있다는 것이다.

또한 의식의 경계가 느슨해지는 수면★중에 무의식은 꿈이라는 방법을 통해 의식으로 떠오르게 된다. 이때에도 무의식이 그대로 드러나는 것이 아니라 꿈 작업dream work이라는 여러 차례의 왜곡 과정을 거치게 된다. 그만큼 무의식의 내용이 의식에는 매우 위협적임을 알 있다. 꿈 작업이란 무의식을 그대로 드러내는 잠재몽latent dream을 의식에서도 받아들일 수 있을 정도인 현재몽manifest dream으로 변환시키는 작업이다. 우리가 기억하는 꿈은 잠재몽이 아닌 현재몽이다. 따라서 진짜 꿈인 잠재몽을 알기 위해서는 꿈의 해석과 분석과정이 필요하다고 주장한다. 이것이 프로이트의 저술 중 가장 유명한 『꿈의 해석The Interpretation of Dreams』의 주된 내용이다.

무의식의 의식화

프로이트는 정신분석 치료의 목적이 무의식을 의식화하는 것이라고 했다. 무의식을 의식화해야 하는 이유는 성과 공격성 자체가 나쁜 것이 아니라, 잘 사용하고 다룰 수만 있다면 우리에게 반드시 필요한 것이기 때문이다. 무의식의 의식화를 위해 먼저 무의식에 접근해야 하고, 그 다음은 의식에서 수용할 수 있도록 그 의미를 분석하고 해석해야 한다.

프로이트는 무의식에 접근하기 위한 방법으로 처음에는 최면*을 사용했으나 그 한계성 때문에 1896년부터는 최면 대신 자유 연상을 사용했다. 꿈 또한 중요하게 생각해 '꿈은 무의식에 이르는 왕도dreams are the royal road to the unconscious'라고 말했다.

다양한 방법을 통해 무의식에 접근하고, 그것을 의식화하는 정신분석의 치료과정은 내담자들에게 고통스럽다. 얼마나 힘들었으면, 얼마나 인정하고 싶지 않았으면 무의식의 영역으로 그것을 던져 넣었겠는가! 그래서 정신분석 치료를 받는 내담자들에게는 무의식 때문에 생겨난 고통스러운 정신장애의 증상을 해결하고 싶은 마음도 있지만, 한편으로는 무의식의 의식화를 막고 싶은 마음도 있다. 이런 과정에서 나타나는 것이 저항*이다. 따라서 정신분석가는 이러한 저항의 의미를 잘 파악하고 다루어야 무의식의 의식화를 잘 진행시킬 수 있다.

구조 모형

저항이라는 개념은 프로이트의 이론을 한 단계 발전시키는 데에 주춧돌 역할을 했다. 프로이트는 처음에 저항을 무의식적인 과정이라고 생각했다. 마치 무의식의 의식화를 막기 위해 나타나는 정신장애의 증상처럼, 저항도 무의식적으로 일어나는 과정이라고 보았다.

하지만 프로이트는 다양한 환자들을 치료하면서 상당히 의도적이고 의식적인 저항도 있음을 알게 되었고, 쉽게 의식화할 수 있는 기억무의식이 존재한다는 사실도 알게 되었다. 이러한 일련의 경험을 통해 프로이트는 마음을 의식과 무의식으로 구분하는 것에 대해 회의적인 시각을 갖게 되었다. 그리고 고심 끝에 마음에 대한 새로운 모형을 제안하기에 이르렀다. 그것이 바로 구조 모형structural model이다.

구조 모형은 자아ego, 원초아id, 초자아superego라는 심리적인 구조물을 가정한다. 쾌락을 추구하는 원초아는 성과 공격성의 추동을 일으켜서 자아에게 행동하도록 요구한다. 자아는 막무가내로 욕구를 충족하라는 원초아의 요청에 언제나 호의적일 수 없다. 왜냐하면 현실적으로 불가능할 수도 있고, 한편으로는 사회적 규범이나 자아 이상이라고 할 수 있는 초자아의 눈치를 봐야 하기 때문이다. 초자아는 자아에게 사회적으로 행동할 것을 요구한다. 자아는 이 두 힘 사이에서 적절한 균형을 유지하면서 여러 갈등에 직면한다. 구조 모형도 지형학적 모형처럼 역동을 가정한다. 프로이트는 이러한 마음의 구조가 심리성적 발달 단계를 따라 형성된다고 했다.

프로이트의 새로운 모형이 이전의 지형학적 모형을 폐기하는 것일까? 그렇지 않다. 지형학적 모형은 정신분석에서 여전히 중요한 개념으로 남아 있으며, 프로이트는 두 모형의 공존이 가능하다고 보았다. 어느 강의에서 프로이트는 원초아는 온전히 무의식의 영역에 있으나 자아와 초자아는 무의식과 전의식, 그리고 의식의 영역에 모두 걸쳐 있다고 설명했다.

지형학적 모형에서는 무의식의 의식화를 방어하기 위해 정신장애의 증상이 나타난다고 했다면, 구조 모형에서는 자아가 원초아의 위협에서 스스로 보호하기 위해 정신장애의 증상을 만들어낸다고 본다. 또한 치료 목적도 지형학적 모형에서는 무의식의 의식화라고 하지만 구조 모형에서는 자아의 힘을 강하게 만들어 원초아를 잘 다루도록 하는 것, 즉 원초아를 자아로 만드는 것이라 한다.

다양한 관점

프로이트에게 무의식은 개인의 경험과 욕구에 따라 서로 다른 것이었지만, 그의 동료였다가 후에 분석심리학*의 창시자가 된 융은 모든 사람들에게 공통되는 집단 무의식이라는 개념을 주장했다. 물론 융도 개인 무의식을 마음의 영역으로 설정했지만 이보다는 집단 무의식을 더욱 중요하게 보았다.

프로이트나 융의 이론이 과학자들이나 심리학자들에게 비과학적이라는 비판을 받는 중요한 이유는 무의식이라는 개념 때문이다. 자신도 모르는 자신의 마음을 측정할 수 없을 뿐만 아니라 합리적이고 논리적인 가설을 설정하는 것이 불가능하기 때문이다. 따라서 논리실증주의★^{행동주의}와 반증가능성을 핵심으로 하는 현대 과학★^{심리학}의 방법론과 맞지 않는다는 것이다.

한때 인지심리학★에서는 무의식을 측정할 수 있다는 주장이 대두되었다. 역하 자극★을 제시하거나 우리가 의도적으로 지각하지 못한 대상이라도 자주 노출될 경우 우리의 마음과 행동에 영향을 미칠 수 있다는 증거가 나타났기 때문이다. 이와 더불어 암묵 기억★의 발견은 프로이트의 무의식 개념의 과학적인 접근을 가능하게 할 수 있다는 주장에 힘을 실어주었다. 실제로 많은 사람들은 광고가 사람의 무의식에 영향을 미친다고 말하고 있다.

하지만 이러한 주장은 얼마못가 폐기되었다. 인지심리학자와 정신분석가 모두에게 비판을 받았기 때문이다. 자신도 모르는 자신의 마음이라는 점에서 두 분야의 무의식이 비슷한 점이 있지만 근본적인 가정이 다르다. 다시 말해 인지심리학은 정보처리, 정신분석은 억압된 욕구라는 점에서 무의식을 바라보고 있다. 이후로 인지심리학자들은 자신도 모르게 정보가 처리되는 의식의 수준을 명명하기 위해 무의식 대신 잠재의식_{subconsciousness}이라는 표현을 사용하고 있다.

문간에 발 들여놓기

큰 부탁을 하기 전에 작은 부탁을 먼저 하라
foot-in-the-door / 사회심리학

대형 할인마트에 가면 한 번쯤 기웃거리는 곳이 시식코너다. 비록 양은 적지만 무료로 먹어볼 수 있어서 여러 시식 코너를 돌면 어느 정도 허기를 달랠 수도 있다. 그런데 구입하려는 의도가 전혀 없더라도 시식 코너에 가면 얼떨결에 물품을 구입하는 경우가 생긴다. 왜 그럴까?

현정은 친구의 소개로 한 남자를 만났다. 자신의 스타일은 아니었지만 오랜 솔로 생활을 탈피하고 싶었다. 여러 날을 고민한 끝에 현정은 교제를 하기로 결정했고, 속으로 이 남자는 단지 교제의 대상일 뿐 결코 결혼의 대상은 아니라고 생각했다. 그런데 2년 후 현정은 이 남자와 웨딩마치를 올렸다. 어떻게 이런 일이 가능할까?

우리 주변에서 쉽게 볼 수 있는 이러한 현상은 문간에 발 들여놓기로 설명이 가능하다. 문간에 발 들여놓기란 처음부터 큰 부탁을 하는 것보다 상대방이 들어줄 만한 작은 부탁을 하고 이어서 큰 부탁을 해 상대방의 동의를 쉽게 얻어내는 심리적 기법으로, 미국 스탠포드대학의 두 심리학자 프리드먼Jonathan Freedman과 프레이저Scott Fraser가 연구했다.

연구자들은 캘리포니아의 가정집을 방문해서 안전운전 캠페인의 일환이라며 'Drive Carefully'라고 쓰인 크고 흉측한 광고판을 마당에 설치하게 해달라고 부탁했다. 무작정 찾아온 이들의 부탁을 들어준 사람들은 전체의 22.2%뿐이었다.

하지만 실험 3일 전에 현관에 'Be a Safe Driver'라고 쓰인 작은 스티커를 붙이게 해달라는 작은 부탁을 흔쾌히 들어주었던 주부들의 경우, 무려 52.8%가 큰 안내판에 대한 부탁도 들어주었다.

22.2%와 52.8%의 차이는 바로 작은 스티커였다. 자신의 마당에 크고 흉측한 안내판을 설치하도록 허락하는 일은 쉽지 않다. 갑작스럽게 큰 부탁을 받았을 때 들어줄 사람은 많지 않다. 하지만 작은 부탁을 들어준 사람은 이후의 큰 부탁도 들어주는 경향이 있다. 이것이 바로 문간에 발 들여놓기다.

이러한 일이 발생하는 이유는 태도와 행동의 관계 때문이다. 일반적으로 우리는 태도를 먼저 정하고 그 후에 행동을 한다고 생각하지만 그 반대도 가능하다. 인지 부조화 이론*에서처럼 행동이 태도를 만든다고도 볼 수 있다. 작은 부탁을 들어주는 행동은 상대방이나 그 부탁에 대해 호의적인 태도를 갖게 하고, 이후에 더 큰 부탁도 들어주게 만든다.

이 원리는 시식코너에서도 그대로 작동한다. 시식코너에 서 있는 직원들은 장을 보는 사람들에게 "안 사셔도 좋으니 한 번 드셔보세요"라는 쉬운 부탁을 한다. 이런 부탁을 들어준 사람들에게 직원은 이렇게 말한다. "어때요? 맛있죠? 그럼 이거 하나 사가세요." 그러면서 아직 입을 오물거리고 있는 사람에게 물품을 안긴다. 이런 과정으로 장보기 목록에도 없는 물품이 카트에 들어오는 것이다.

연인관계도 다르지 않다. 남자 친구와 잘해볼 마음이 별로 없더라도 손을 잡게 되면 그 다음에는 팔짱도 쉽게 낄 수 있게 된다. 행동이 움직일 때마다 태도가 따라가게 되는 것이다. 팔짱은 어깨 위에 손으로, 어깨 위에 손은 가벼운 볼 스침으로, 볼 스침은 가벼운 키스로, 이는 다시 진한 키스와 그 이상의 깊은 관계로 발전한다. 그 다음은 청혼이고, 그 다음은 결혼식장이다. 이런 면에서 여성들은 정말 사랑하는 남성이 아니라면 아예 손도 내주지 말아야 한다.

그렇다면 남성들의 입장에서는 방법이 없을까? 물론 있다. 문간에 발 들여놓기와는 정반대의 전략인 면전에서 문 닫기door in the face기법을 사용하면 된다. 마음에 드는 여자가 있지만 아무리 접근을 해도 교제를 허락하지 않는다면, 밤늦은 시각 갑작스럽게 그 여성의 집 앞에 가서 결혼해달라는 얼토당토 않는 부탁을 당당하게 하라. 그 여성이 무슨 소리냐면서 화를 내고 온갖 욕을 하더라도 뜻을 굽혀서는 안 된다. 이렇게 실랑이를 하다가 한발 물러서는 척하면서 한 달만이라도 교제해달라고 부탁을 하면 된다.

이처럼 상대방이 거절할 만한 큰 부탁을 한 이후에 작은 부탁을 하면 들어줄 가능성이 높다는 것이 면전에서 문 닫기 기법이다. 싫어하는 사람이 집에 들이오겠다고 했을 때 면전에서 문을 쾅 닫아버리면 미안한 마음이 생겨 다른 작은 부탁이라도 들어준다고 해서 붙은 이름이다. 청소년들이 종종 부모에게 가출하겠다는 협박을 철회하면서 자신들이 원하는 것을 얻어내는 것이 바로 면전에서 문 닫기 기법이다.

참고로 문간에 발 들여놓기는 작은 부탁과 큰 부탁 사이에 연관성이 있어야 하지만 면전에서 문 닫기는 연관성이 없어도 된다. 그런데 면전에서 문 닫기에서 주의할 점이 있다. 상대방의 거절을 예상해서 무리한 부탁을 했는데, 만약 상대가 선뜻 들어주겠다고 하면 낭패를 볼 수도 있다. 교제만 하려고 했다가 결혼을 하는 수가 있으니 주의하기 바란다.

문화심리학

문화에 따라 다른 인간의 마음과 행동
cultural psychology / 분야

자연과학의 연구 대상인 '자연'은 동양과 서양이 다르지 않다. 그래서 서양의 연구 결과를 동양에도 적용시킬 수 있고, 그 반대도 마찬가지다. 그렇다면 심리학*의 연구 대상인 인간은 어떤가? 동양인과 서양인의 마음과 행동은 같은가 아니면 다른가? 대부분의 심리학자보편주의자들은 문화에 따라 다르지 않다고 주장한다. 하지만 문화심리학자들은 문화와 마음이 분리될 수 없기 때문에 마음에 대한 보편적인 법칙은 없으며, 한 문화권의 심리학 이론을 다른 문화권에 적용하는 데에는 한계가 있다고 주장한다. 문화심리학의 저명한 주창자 중 한 사람인 스웨더Richard Shweder는 다음과 같이 말했다.

문화심리학은 문화적 정통성과 사회적 관습이 인간의 마음을 어떻게 조절하고 표현하며 변형하는지 연구하는 분야다. 그 결과 우리는 마음과 자기 개념과 정서에 인류의 공통점보다는 민족 특유의 다양성을 알게 되었다.

인류학에서 동양과 서양의 차이는 오랜 연구 주제다. 인류학자들은 동서양의 차이를 다양하게 표현해왔다. 서양이 개인과 사회를 분리하는 저맥락low context이라면 동양은 주변의 영향을 많이 받는 고맥락high context이고, 서양인의 특징이 독립성independence이라면 동양인의 특징은 상호의존성interdependence이며, 서양이 개인의 이익이 중심인 이익사회gesellschaft라면 동양은 인간관계가 중심인 공동사회gemeinschaft라는 것이다. 이러한 동서양의 차이를 문화심리학에서는 개인주의individualism와 집단주의collectivism로 표현한다.

현지답사와 면접으로 문화를 연구하는 인류학자들과 달리 문화심리학자들은 다양한 실험을 통해 동서양의 차이를 증명한다.

참가자들에게 곰, 원숭이, 바나나를 제시하고 이 중에서 두 가지만 연결시키라고 요구했다. 이때 미국인들은 곰과 원숭이를 선택했지만 중국인들은 원숭이와 바나나를 선택했다.

이러한 차이가 나타나는 이유는 무엇일까? 서양인들은 대상의 범주나 특성에 주목하는 명사 중심적 언어를 사용하는 경향이 있지만, 동양인들은 대상의 관계나 행위에 주목하는 동사 중심적 언어를 사용하기 때문이다. 그래서 미국인들은 동물이라는 범주를, 중국인들은 바나나를 먹는 원숭이를 떠올린 것이다.

동서양의 차이를 밝히는 다양한 실험은 2008년 4월, EBS에서 방영했던 다큐멘터리 〈동과 서〉에서 잘 보여주었다. 〈동과 서〉는 총 2부작으로 1부의 제목은 '명사로 세상을 보는 서양인, 동사로 세상을 보는 동양인'이었고, 2부의 제목은 '서양인은 보려 하고, 동양인은 되려 한다' 였다. 제목만 보아도 동서양의 차이를 알 수 있다.

물론 모든 문화를 동양과 서양으로 단순하게 구분하기는 힘들다. 동양과 서양의 구분과 경계가 모호할 뿐만 아니라 동양과 서양 내에서도 차이가 존재하기 때문이다. 서양인들이 보기에 한국과 중국, 일본의 문화가 비슷하게 보일지 몰라도 우리는 그 차이를 크게 지각한다. 이는 동양인들이 유럽대륙과 영국, 미국 문화를 비슷하게 보는 것과 같은 이치다.

이러한 동서양의 차이는 왜 발생하는 것일까? 미국 미시간대학의 심리학자 니스벳Richard Nisbett은 『생각의 지도The Geography of Thought』에서 동양 문화는 고대 중국을, 서양 문화는 고대 그리스를 중심으로 발전했기 때문이라고 설명한다. 중국과 그리스의 지형학적인 차이가 철학과 세계관의 차이를 만들었다는 것이다. 그러면서 그는 다음의 질문들은 문화심리학만으로 해결할 수 있다고 주장한다.

- 왜 고대 중국에서는 연산과 대수학이 발달하고, 고대 그리스에서는 기하학이 발달했을까?
- 동양인이 서양인보다 수학과 과학을 잘하지만 왜 최첨단 발전은 서양에서 두드러지는가?
- 왜 서양의 유아들은 동사보다는 명사를, 동양의 유아들은 명사보다 동사를 빨리 배우는가?
- 왜 서양인은 형식논리를 자주 사용하고, 동양인은 모순과 역설을 받아들이는가?

문화심리학자들을 제외한 대부분의 심리학자들은 보편주의자들이다. 문화에 따라 인간의 마음이 다르지 않다고 주장하면서, 때로는 자신들의 주장을 증명하기 위해 문화를 사용한다. 이를 교차문화심리학cross-cultural psychology이라고 하며 문화심리학과 정반대의 입장을 취한다. 다시 말해 그들은 다양한 문화권에서 심리적 과정이 보편적이라고 주장한다.

바넘 효과

애매할수록 그럴듯하게 들린다
Barnum effect / 심리 검사

19세기 말 미국의 사업가이자 쇼맨이었던 바넘Phineas Barnum은 서커스단의 일원으로 미국 전역을 여행했다. 그는 서커스에서 관람객들의 성격★성격심리학을 알아맞히는 마술로 유명인사가 되었다. 그가 속임수를 쓴다고 생각하는 사람들은 자원해서 무대로 나갔다. 바넘은 조금도 주눅이 들거나 당황하지 않고 이내 그 사람의 성격을 정확하게 맞췄다. 바넘의 비판자였던 수많은 사람들이 그의 추종자로 변했다.

바넘의 놀라운 능력은 미국 전역에서 회자되면서 많은 사람들과 엄청난 돈을 끌어모았다. 여전히 그가 속임수를 쓰는 것이라고 생각하는 사람들은 많았지만, 그 속임수가 무엇인지 알아내는 데에는 실패했다.

1세기가 지난 후 바넘의 놀라운 능력의 비밀을 밝힌 사람은 심리학자 포러Bertram Forer였다.

포러는 학생들에게 자신이 제작한 것이라면서 새로운 성격 검사★심리검사를 실시했다. 일주일 후 포러는 학생들의 이름이 적힌 검사 결과지를 모두에게 나눠주었다. 결과지에는 개인의 성격이 묘사되어 있었다.

포러는 학생들이 옆 사람의 결과지를 보지 않게 한 후에, 검사 결과가 자신의 실제 성격과 얼마나 일치하는지 0점에서 5점까지 점수를 매겨보라고 했다. 0점은 '전혀 맞지 않다'였고, 5점은 '매우 정확하다'였다. 학생들의 점수는 평균 4.26점이었다. 다시 말해 검사 결과가 자신의 실제 성격과 매우 일치한다고 판단한 것이다.

여기에는 중요한 함정이 있었다. 학생들이 받은 결과지는 모두 동일한 것이었다. 그럼에도 학생들은 모두 자신의 성격을 잘 묘사하고 있다고 판단한 것이다. 이 실험은 여러 차례 반복되었는데, 평균은 언제나 4.2점 근처였다. 바넘 효과는 포러가 밝혀냈다고 해서 포러 효과Forer effect로도 불린다. 그런데 어떻게 이런 일이 일어날 수 있었을까? 그 이유는 포러가 학생들에게 나눠주었던 성격 묘사 결과지를 보면 알 수 있다.

당신은 사람들이 당신을 좋아하거나 존경했으면 좋겠다고 생각한다. 당신은 자신에게 비판적인 경향이 있다. 당신은 장점으로 살리지 못한 능력을 가지고 있다. 비록 약점도 있지만 그것에 대한 대응책을 가지고 있다. 겉으로 보기에는 스스로를 잘 통제하는 것 같지만, 사실은 그렇지 못하다. 때때로 당신은 옳은 결정을 했는지에 대해 심각하게 고민을 하곤 한다. 당신은 변화와 다양성을 선호하지만 한계에 부딪힐 때면 만족하지 못한다. 당신은 자신이 독립적으로 사고하는 사람이라고 여기기 때문에 확실한 증거가 없이는 사람들의 말을 수용하지 않는다. 당신은 다른 사람들에게 자신을 있는 그대로 드러내는 것은 현명하지 못한 일이라고 생각한다. 때때로 당신은 외향적이고 붙임성 있으며 사교적이지만, 때로는 내향적이고 사람을 경계하며 위축되기도 한다. 당신의 소원 중 어떤 것들은 매우 비현실적이다. 안전은 당신의 인생에서 주요한 목표 중 하나다.

이렇게 애매한 표현들은 이 세상 어느 누구에게도 적용될 만한 것들이다. 결국 바넘이 사람들의 성격을 잘 맞춘 것도 바로 이런 식으로 성격을 묘사했기 때문이다. 사람들은 애매한 상황을 자신의 입장에 맞게 생각한다. 일종의 하향 처리★상향 처리 vs. 하향 처리다. 이런 면에서 보았을 때 혈액형★에 따른 성격 유형이나 역술과 점술, 타로점 모두 바넘 효과일 수 있다. 그래서 심리학자들은 심리 검사를 제작할 때 검사 결과에 바넘 효과가 개입되지 않도록 세심한 주의를 기울인다.

반발심

우리의 마음에는 청개구리가 살고 있다
psychological reactance / 동기와 정서

옛날 큰 연못에 청개구리 아들과 어머니가 살았습니다. 아들 청개구리는 어머니 말씀을 듣지 않는 것은 물론 언제나 반대로만 했습니다. 어머니가 언덕에서 놀라고 하면 물가에 가서 놀았고, 윗동네에 다녀오라고 하면 아랫동네로 갔습니다. 어머니는 매일 아들을 야단쳤지만, 아들 청개구리는 어머니의 말씀을 듣지 않았습니다.

결국 아들 때문에 앓아눕게 된 어머니는 아들을 불러 말했습니다. 자신은 이제 죽을 것 같으니, 자신이 죽으면 산에 묻지 말고 강가에 묻어달라고 말이죠. 사실 어머니는 아들이 언제나 반대로만 하기 때문에 이번에는 아예 반대로 이야기를 했던 것입니다. 그래야 자신을 산에 묻을 것이라고 생각했던 거죠.

어머니가 돌아가시자 아들은 그제야 후회를 하기 시작했습니다. 어머니가 자신 때문에 돌아가시게 되었다고 생각한 아들은 어머니의 마지막 부탁만큼은 반대로 하지 말아야겠다고 생각했죠. 그리고 어머니를 강가에 묻었습니다. 며칠 후 큰 비가 와서 강물이 넘쳤습니다. 아들 청개구리는 어머니의 무덤이 떠내려갈까봐 걱정이 되어 "개굴개굴" 울었습니다. 비가 올 때마다 청개구리가 우는 것은 바로 이 때문입니다.

어린 시절 청개구리 이야기를 들어보지 않은 사람은 없을 것이다.

이 이야기에서 다루는 반발심은 인간의 보편적인 속성이다. 사람들은 누구나 자유롭기를 원한다. 자율성과 독립성의 욕구는 아주 어린 시절부터 나타나는데, 심지어 이제 겨우 기어다니는 아기들에게도 나타난다.

심리사회적 발달*에서는 인간의 마음을 형성하는 기제로 자율성을 꼽고 있으며, 정신과 의사로서 오랫동안 아동치료를 담당했던 말러Margaret Mahler는 유아가 어머니에게서 독립하려고 하는 모습에서 분리−개별화separation-individuation라고도 하는 '유아의 심리적 탄생'을 논했다. 아기는 신체적으로는 출생과 함께 부모에게서 독립했지만, 심리적으로는 상당 기간 동안 독립하지 못한다. 하지만 그 내면에는 부모에게 독립하려는 마음이 자라고 있다. 아이들이 일찍 배우는 말이 '싫어!', '내가 할거야!', '안해!'라는 것은 매우 당연한 일이다.

이처럼 자신의 자유가 위협당하거나 박탈당한다고 느낄 때, 자유를 유지하기 위해 강력하게 유발되는 동기를 반발심이라고 한다. 반발심을 하나의 이론으로 정립한 사람은 브렘Jack Brehm이지만, 이 현상은 아주 오래 전부터 인류를 움직여온 중요한 동기다.

영국의 극작가 셰익스피어William Shakespeare의 『로미오와 줄리엣 Romeo and Juliet』 역시 반발심의 위력을 잘 보여주고 있다. 만약 로미오와 줄리엣이 사랑*에 빠졌을 때 양가에서 반대하지 않았다면 그들의 사랑이 죽음과 맞바꿀 정도로 그렇게 강렬하고 뜨거웠을까? 그렇지는 않았을 것이다. 우리 대부분이 경험한 것처럼 한때는 뜨거운 사랑을 했겠지만 얼마 지나지 않아 서로에 대한 마음이 식었을 것이다. 이처럼 주변의 반대로 사랑이 깊어지는 현상을 일컬어 로미오와 줄리엣 효과Romeo & Juliet effect라고 한다.

학창시절 오랜만에 공부하려고 책상에 앉았다가도 부모님이 "공부해라!"고 소리치면 거의 자동적으로 책상을 박차고 일어서게 하는 반발심. 자신의 선택과 자유, 그리고 통제감*을 회복하려는 이 마음은 역경을 이겨내게 하는 힘도 되지만, 한편으로는 어리석은 선택을 하게 만드는 걸림돌도 된다.

타인의 지시와 명령에 대한 무조건적 반대와 반발이 상대방에게 얽매이지 않고 자신의 자유를 회복하는 것처럼 보이지만, 결국 상대방과 반대로 한다는 점에서는 상대방에게 다른 측면으로 얽매이게 되는 것이다. 무엇보다 자신의 마음이 무엇을 원하는지 알아차리는 지혜가 필요하다.

발달심리학

아동을 넘어서 전생애 발달에 대한 심리학적 접근
developmental psychology / 분야

일반심리학*이 정상 성인의 정신기능마음과 행동을 연구하는 분야라면, 발달심리학은 이러한 정신기능을 발달이라는 관점에서 연구하는 분야다. 다시 말해 태아기부터 시작해 영유아기, 아동기와 청소년기를 거쳐 성인에 이르기까지의 마음과 행동의 발달 과정을 다룬다. 성인 이전의 시기를 주로 다루는 발달심리학은 아동학이나 교육학과 중복되는 부분이 많은 심리학의 하위 분야다.

　대학원의 발달심리학 전공은 정상 발달과 이상 발달로 다시 나눠진다. 정상 발달은 말 그대로 정상적인 발달을 다루며, 이상 발달은 아동기나 청소년기의 정신장애★이상심리학와 치료를 다루게 된다. 정상 발달을 전공한 이들은 주로 교육 관련 연구소나 기업에 취직해서 애착★, 자존감, 지능★, 성격★성격심리학, 뇌★ 발달 등 다양한 주제로 연구한다. 반면에 이상 발달의 경우 병원이나 사설 치료센터에서 아동을 대상으로 주로 놀이치료를 한다.

　영유아와 아동을 대상으로 한 심리학자들의 연구는 2차 세계대전을 계기로 본격화되었다. 그 이유는 2차 세계대전의 영향으로 엄청나게 많은 고아가 생겼기 때문이다. 이 고아들에게 필요한 의식주와 좋은 위생 상태를 제공해주었음에도 많은 아이들은 심리적으로나 신체적으로 병이 들었다. 그때까지만 해도 의식주의 보장이 생존의 필요충분조건이라고 생각했다.

　하지만 부모의 부재가 주는 영향은 매우 심각했다. 고아들은 심각한 정서문제를 보이기도 했으며, 명확한 이유 없이 죽는 아이들도 있었다. 이를 계기로 많은 심리학자들이 애착을 비롯해 아동을 대상으로 한 연구를 진행하게 되었다. 물론 20세기 이전에도 여러 철학자들이 교육적 관점에서 이야기했었지만 이들의 주장은 객관성과 경험적 증거를 중심으로 한 과학★심리학적 접근과는 거리가 있다.

　여전히 발달심리학의 주 연구 대상은 영유아와 아동이지만, 시간이 지날수록 성인과 노인에 대한 연구들이 많아지고 있다. 이는 노령인구가 많아지면서 생기는 자연스러운 현상이다. 예전에는 태아부터 시작해 성인에 이르는 과정만이 발달이고, 성인 이후의 과정은 쇠퇴라는 생각이 지배적이었다.

하지만 노인을 대상으로 연구하는 심리학자들은 성인 이후의 노화 과정을 단순한 기능의 쇠퇴로만 볼 수는 없다는 많은 증거들을 얻었다. 오히려 어떤 영역에서는 노인이 젊은 사람들보다 뛰어나다는 주장도 제기되었다. 예를 들자면 사건의 분석과 통합, 추론, 문제해결 능력 등의 영역을 말한다. 이러한 연구 결과와 주장이 축적되면서 발달심리학자들의 관심은 아동기를 넘어서 전생애life-span development로 확장되었다.

방어 기제

불안에 대처하는 우리의 자세
defense mechanism / 상담과 심리치료

사랑하는 사람이 먼저 세상을 떠났을 때, 입시나 입사에 실패했을 때, 그리고 연인에게 이별 통보를 받았거나 타인에게 무시를 당했을 때 우리는 불안*과 우울*, 수치감과 죄책감 같은 불쾌한 감정을 경험한다. 이러한 감정을 경험할 때 우리는 마음을 보호하기 위해 다양한 방법을 사용하는데 이것이 바로 방어 기제다.

정신분석★의 관점에서 보자면 방어 기제란 원초아와 초자아 사이에서 자아가 유지하던 힘의 균형역동★무의식이 깨어졌을 때 발생하는 불안을 처리하기 위한 전략이다. 사실 프로이트★는 방어 기제라는 용어를 사용한 적이 없다. 대신 방어라는 표현을 정신분석 초창기부터 사용했으며, 수년 동안의 억압repression과 같은 의미로 사용했다.

방어 기제라는 표현을 처음으로 사용한 사람은 프로이트의 딸이자 후계자인 안나프로이트였다. 그녀는 1936년, 『자아와 방어기제 The Ego and the Mechanism of Defense』에서 자아★자아심리학가 방어적으로 사용하는 열 가지 기제에 대해 기술했다. 비록 프로이트가 방어 기제를 직접 정리하지는 않았지만 안나가 책을 펴낸 시점이 프로이트가 죽기 전이었다는 점에서 방어 기제라는 개념을 프로이트의 것으로 보아도 무방하다. 안나에게 시작해 이후 많은 정신분석가들은 다양한 방어 기제를 제안했는데, 대표적인 방어 기제는 다음과 같다.

- 억압repression: 감당할 수 없는 생각과 감정을 무의식으로 보내기. 정신분석의 대표적인 방어 기제. 억압의 예로는 며느리가 자신을 괴롭히는 시어머니에 대한 분노를 느끼지 못하는 것이나 초등학생 시절 당했던 성폭행 사건을 기억하지 못하는 것을 들 수 있다. 심인성 기억상실증★도 일종의 억압이다.
- 부정 혹은 부인denial: 위협적인 현실을 외면하거나 인정하지 않기. 억압이 무의식 수준에서 일어나는 일이라면 부인은 의식이나 전의

식 수준에서 발생하는 것으로 사랑하는 사람을 먼저 떠나보낸 이
들이 망자에게 문자 메시지나 메일을 보내거나 홈페이지나 블로그
의 방명록에 글을 남기는 행동이 그 예다. 가족을 잃은 사람들도 망
자의 방이나 물건을 일정 기간 동안 치우지 않고 때로는 청소를 하
면서 마치 그가 살아 있는 것처럼 행동한다.

- 전치displacement 혹은 치환substitution: 문제의 초점을 바꾸거나 대상
  바꾸기. 에너지가 집중되어 있는 하나의 생각을 수용하기 쉬운 생
  각으로 바꾸는 것이다. 전이* 역시 전치의 일종이라고 볼 수 있다.
  예를 들어 마음에 들지 않는 부하 직원이 작성한 기안문서에서 오
  탈자를 집중적으로 찾거나 넥타이를 비롯한 옷매무새를 지적한다.
  "종로에서 뺨 맞고 한강에서 눈 흘긴다"라는 속담이 전치의 예로
  자주 인용된다.

- 반동 형성reaction formation: 불편한 감정과 생각을 정반대로 표현하
  기. "미운 자식 떡 하나 더 준다"는 속담처럼 우리는 종종 불편한
  감정이 있는 대상에게 지나치게 친절을 베푼다. 감정을 다루는 데
  미숙한 어린 아이들은 좋아하는 친구를 괴롭히는 경우가 많다. 물
  론 성인들에게서도 종종 나타난다. 또한 오염에 대한 강박사고로
  과도하게 손을 씻는 행동을 보이는 강박* 장애인 결벽증은 그 이면
  에 오히려 지저분하거나 난잡하고자 하는 욕구가 있다고 본다. 자
  신이 매우 연약하거나 못났다고 느끼는 사람이 자신의 힘을 지나
  치게 과장하거나 잘난척하는 것도 반동 형성의 전형적인 예다.

- 합리화rationalization: 그럴 듯한 이유를 만들어 결과를 정당화하기.

이솝 우화의 '여우와 신포도' 이야기가 대표적인 예다. 너무 높이 매달려 있어 따먹을 수 없는 포도를 보고 배고픈 여우는 이렇게 말한다. "저 포도는 아직 익지도 않았군. 난 신포도는 필요없어!" 자신에게 불행한 일이 닥쳤을 때 그대로 받아들일 힘이 없는 사람들은 새로운 의미를 부여하거나 현실을 왜곡한다.

- 이지화intellectualization: 감당할 수 없는 자신의 경험을 학문적으로 분석하기. 예를 들면 실연으로 실의에 빠진 대학생이 '감정이란 신경전달물질*일 뿐'이라고 생각하면서 애써 태연해지려고 하는 것이다. 흔히 지식인들이 많이 사용하는 방어 기제로 상담 과정에서는 인지적 통찰*로 나타난다.

- 감정 분리emotional isolation: 자신의 경험에서 감정과 생각을 분리시키기. 예를 들면 어린 시절에 부모에게 상처받았던 일을 누군가에게 이야기할 때 아무런 감정 없이 말하는 것이다. 마치 그런 일쯤은 이제 초월했거나 익숙하다는 듯이 말이다. 하지만 실은 감당할 수 없는 감정을 분리시켜 놓았을 뿐이다. 이지화도 감정 분리의 효과가 있다.

- 퇴행regression: 비교적 단순한 초기의 발달 단계로 후퇴하기. 동생을 본 아이들은 이미 뗀 젖을 먹으려고 하거나 응석을 부린다. 성인의 경우에는 교묘하게 나타난다. 마음이 힘들 때마다 몸져 눕는 사람이 있다면 주변 사람들로부터 아기 같은 대우, 즉 세밀한 보살핌과 관심을 기대하기 때문일 수 있다.

방어 기제를 무조건 병리적, 비적응적, 역기능적인 대처방식이라고 할 수는 없다. 자아가 힘을 키울 수 있는 시간을 벌어준다는 점에서는 적응적이라고 할 수 있다. 오히려 사랑하는 연인의 죽음을 곧바로 인정하고 그 다음날 소개팅을 한다든지, 가족의 장례를 치른 후에 집에 오자마자 물건을 정리하는 것이 이상하다. 일정 기간은 마치 그 사람이 떠나지 않은 것처럼 행동하게 되어 있다. 하지만 애도의 기간이 끝났을 때는 자아가 힘을 회복해 더이상 방어를 하지 않는 것이 정상이다. 제아무리 힘들고 불편하더라도 사실을 받아들일 정도의 힘이 생겨야 한다. 그렇지 못하고 방어 기제를 계속 사용한다면 다양한 신경증★신경증과 정신증으로 발전할 수 있다. 그래서 이상의 방어 기제를 신경증적 방어 기제라고도 한다.

신경증적 방어 기제가 있다면 건강한 방어 기제도 있기 마련이다. 미국 하버드의대 정신의학자 베일런트George Vaillant는 건강한 방어 기제로 다음의 네 가지를 꼽았다.

- 억제suppression: 감당할 수 없는 생각과 감정을 의식적으로 통제하기. 억압이 무의식적이라면, 억제는 의식적으로 일어나는 과정이다. 예를 들어 자신을 괴롭히는 시어머니에 대한 분노★분노 조절 장애를 명확히 지각하는 며느리는 그 감정을 통제하면서 시어머니를 대한다. 억제를 사용하기 위해서는 자아가 어느 정도 힘이 있어야 한다. 억압은 화병으로 발전할 수 있으나 억제는 그렇지 않다.
- 이타주의altruism★: 자신의 욕구를 자제하고 타인의 욕구에 관심 갖

기. 예를 들어 불편하고 힘든 감정이나 생각이 자신을 장악하려고 할 때마다 봉사활동을 하는 것이다. 타인을 도우면서 자아의 불안을 연소시키는 방법은 자신과 타인 모두에게 좋은 일이다.

- 승화sublimation: 사회적으로 용인되는 방식으로 욕구나 추동* 표현하기. 누군가 흠씬 패주고 싶은 욕구를 승화시켜 격투기 선수가 되는 것, 사람을 칼로 찌르고 싶은 욕구를 승화시켜 외과 의사나 주방장이나 정육점 주인이 되는 것, 사람을 향해 총을 쏘고 싶은 욕구를 승화시켜서 군인이 되는 것이 대표적인 예다.

- 유머humor: 난처하고 불편한 상황을 웃음으로 넘기기. 유머는 농담joke과는 다르다. 단순한 재미와 즐거움이 목적인 농담은 그 대상이 주로 타인이지만, 유머는 자신의 불편한 감정과 상황을 이겨내기 위한 것이다. 유머로 유명한 민족은 유대인이다. 이들의 역사는 고난과 역경의 연속이었다고 해도 과언이 아닐 정도인데, 이런 고통 속에서도 살아남을 수 있었던 것은 바로 유머 덕분이었다고 한다. 유대인들은 2차 세계대전의 홀로코스트를 경험하면서도 유머를 즐겼는데, 프랭클Victor Frankl은 자신의 저서 『죽음의 수용소에서Man's Search for Meaning』를 통해 죽음을 앞둔 유대인들을 붙잡아주었던 것은 유머라고 했다.

방어 기제는 이제 정신분석에 국한되지 않는다. 정신분석을 인정하지 않는 사람도 방어 기제에 대한 설명에 고개를 끄덕거릴 것이다. 우리 모두 불편한 상황과 감정을 대처하는 나름의 방식이 있기 때문이다. 자신이 주로 사용하는 방어 기제를 확인하는 것이 필요하다. 만약 건강하지 못한 방어 기제를 지나치게 많이 사용하고 있다면 자아의 힘을 키워 자신의 감정과 현실에 직면하도록 해보자. 한편으로는 건강한 방어 기제를 사용해보는 것도 좋은 방법이다.

범죄심리학

과학수사와 어울리는 과학적 심리학
criminal psychology / 분야

2006년 정남규, 2009년 강호순, 2010년 김길태 등 전국을 떠들썩하게 했던 연쇄살인범의 검거와 조사 과정에서 결정적인 역할을 했던 사람들이 있다. 바로 프로파일러profiler다. 프로파일러란 범죄현장과 용의자의 성장 과정을 분석해 범인의 연령과 성격, 그리고 신체적 특징을 추정해내는 심리분석관이다.

범죄수사에서 프로파일러가 처음 등장한 것은 1972년 미국에서였다. 범죄동기를 알 수 없는 연쇄살인사건이 일어나자 FBI는 프로파일러를 도입했다. 이후 여러 나라에서 이 제도를 도입하면서 범죄심리학이라는 분야가 성장하게 되었다.

이처럼 범죄심리학은 우선 범죄행동과 여러 자료를 수집, 분석해 용의자를 검거하는 데 도움을 준다. 심리학★은 구체적인 자료에 근거해 사람의 마음과 행동을 연구하는 학문이기 때문에 범죄수사에서도 얼마든지 적용이 가능하다. 과학적이고 체계적인 접근을 한다는 점에서 범죄수사의 주축인 과학수사와도 잘 어울린다.

범죄심리학은 용의자의 자백을 받아낼 수 있는 다양한 심리적인 전략도 다룬다. 소위 거짓말 탐지기로 불리는 폴리그래프polygraph는 심박과 혈압 등 다양한 생리적 반응을 측정하는 기계다. 폴리그래프는 진실을 말할 때와 거짓말을 할 때에 신체 반응이 다를 것이라는 가정하에 사용한다. 하지만 이것만으로 거짓말인지 아닌지를 판별하기가 매우 어렵다. 그래서 최근에는 뇌파★수면를 이용하기도 하며, 드물기는 하지만 얼굴에 스쳐지나가는 미세표정★얼굴 표정을 참고하기도 한다.

여기에 더해 범죄심리학에서 다루는 것은 범죄인에 대한 심리 평가★심리 검사다. 심리 평가가 직접적으로 범행의 동기를 말해주는 것도 아니고, 용의자의 자백을 받아내는 것도 아니지만 범죄인의 심리 상태에 대해 다양한 정보를 얻을 수 있기에 중요한 도구로 활용된다. 또한 이와 더불어 범죄 예방, 재소자 교정 프로그램의 개발과 운영, 소년분류심사, 피해자 심리상담 역시 범죄심리학에서 다루는 내용이다.

우리나라에서는 2000년 2월에 서울경찰청이 감식계를 과학수사계로 개편하고, 과학수사계에 범죄행동분석팀을 설치하면서 프로파일러 제도를 도입했다. 주로 심리학 전공자들이며, 2013년 기준으로 전국에서 대략 40여 명이 활동중이라고 한다. 아직 국가자격증은 없으며, 한국심리학회 산하의 사회 및 성격심리학회에서 발급하는 자격증이 있다. 참고로 한국범죄심리학회란 단체는 한국심리학회와 무관한 단체다.

벡

인지 행동 치료의 창시자
Aaron Beck / 인물

엘리스*가 심리학자로서 인지 치료*를 발전시켰다면, 정신과 의사로서 그 역할을 한 사람은 벡이다. 벡도 엘리스처럼 어린 시절에 힘든 시간을 보냈지만 상황은 두 사람이 정반대였다. 첫째였던 엘리스는 부모님의 사랑을 전혀 받지 못했지만, 막내였던 벡은 부모님의 과잉보호*개인심리학를 받았다. 벡의 어머니는 그가 태어나기 전 두 자녀를 잃은 후 깊은 우울*감에 시달렸다. '또 다시 아이를 잃을까' 하는 걱정에 벡을 과잉보호했던 것이다. 실제로 벡은 어린 시절 골절상을 당하기도 했고, 감염으로 인해 오랜 시간 고통을 받기도 했기 때문에 벡에 대한 어머니의 걱정과 두려움은 클 수밖에 없었다. 벡은 학교를 자주 결석했고, 학업에서도 뒤처지기 시작했다.

하지만 벡의 집안은 공부를 하고 책을 많이 읽는 분위기였고, 그의 어머니도 열성적으로 벡의 학업에 관심을 가져서 마침내 고등학교를 우수한 성적으로 졸업하고 브라운대학을 거쳐서 예일대학교 의과대학에 진학하게 되었다. 처음에는 신경학에 관심을 가졌지만,

오래지 않아 정신의학으로 전공분야를 변경했다. 벡은 건강에 대한 걱정과 사람들 앞에 서는 것에 대한 불안*, 질식에 대한 두려움 등 심리적으로 불안정했기에, 정신의학에 대한 관심은 곧 자신에 대한 관심이기도 했다.

그 당시만 해도 정신분석*이 거의 유일한 심리치료 이론이었기 때문에, 벡도 정신분석 훈련을 받았다. 실제 현장에서 치료하고 활동하기를 좋아했던 엘리스와 달리, 벡은 조용하고 탐구적인 성향이었기 때문에 우울에 대한 정신분석의 관점을 과학적으로 증명하고 싶어했다. 프로이트*는 우울이 자신을 향한 분노*^{분노 조절 장애}라고 했다. 하지만 연구 결과 프로이트의 주장은 입증되지 않았다. 이 때문에 벡은 미국정신분석학회에서 제명을 당했다.

벡은 정신분석적 관점을 내려놓고 환자들의 이야기에 귀를 기울이기 시작했다. 그 결과 환자들의 목소리가 제대로 들리면서 우울의 원인이 분노가 아닌 부정적 자동적 사고negative automatic thought 일지도 모른다는 결론에 도달했다. 그리고 자동적으로 스쳐가는 부정적 생각 때문에 우울하다면, 우울을 치료하기 위해서는 생각을 수정하는 것이 필요하다고 느꼈다.

벡은 심리학자들과의 이론과 연구를 통해 자신의 생각에 확신을 갖게 되었다. 당시 심리학계에서는 행동주의*의 독단이 무너지고, 인지심리학*이 주류로 떠오르기 시작할 때였다. 과학적 연구를 중요시하던 벡에게는 심리학 이론과 연구는 큰 힘이 되었다. 특히 엘리스가 이미 합리적 치료라는 이름으로 인지 치료를 하고 있을 때였기 때문에 벡은 더 용기를 낼 수 있었다. 이후 벡과 엘리스는 서로 영향을 주고받으며 인지 치료라는 새로운 영역을 개척했다. 무엇보다 벡은 심리치료의 효과를 과학적으로 연구하고 입증하려고 했다는 점에서 중요한 기여를 했다.

복종

권위자의 명령 앞에 선 인간은 한없이 약한 존재
obedience / 사회심리학

2차 세계대전중에 유대인 수백만 명이 학살당했던 사건 홀로코스트Holocaust. 학살을 체계화하고 학살 상황을 점검하는 역할을 맡았던 아이히만Adolf Eichmann은 동료들과 달리 전범재판에 회부되지 않았다. 전쟁이 끝나자마자 신분을 속여 남미로 도주했기 때문이다.

하지만 세계 각처로 도주한 나치 친위대 소속 병사와 장교를 체포하기 위해 조직된 이스라엘 특수부대는 15년 만에 아이히만을 잡는 데 성공했다.

그는 1961년에 전범재판에 회부되었고 4개월 만에 사형선고를 받았다. 그렇지만 아이히만은 재판중에 자신은 그저 상부의 지시대로 했을 뿐이니 무죄라고 항변했다. 아이히만의 체포와 재판, 그리고 처형은 전 세계에 대대적으로 보도되었다.

애쉬의 제자로 동조* 실험을 옆에서 지켜보았던 밀그램Stanley

Milgram은 이후 미국 예일대학 심리학과의 조교수로 근무하면서 아이히만의 재판 소식을 듣게 되었다. 그는 재판과정과 아이히만의 항변을 지켜보면서 인간이 권위자의 명령에 얼마나 취약할 수 있는지, 즉 복종에 대한 연구를 하기로 결심했다.

실험은 두 명이 짝을 이루어 진행되었다. 연구자는 학습과 기억에 관한 연구라고 소개하면서 두 사람에게 역할이 적힌 쪽지를 주었다. 한 사람은 '학생'이었고, 또 다른 사람은 '교사'였다. 두 사람은 서로 보이지 않는 방에 따로 앉게 되었고, 오로지 마이크와 스피커를 통해서만 서로의 목소리를 들을 수 있었다. 연구자와 같은 방에 있게 된 교사 앞에는 15V부터 450V까지 줄 수 있는 전기충격 발생기가 있었고, 전기충격을 받게 된 학생은 의자에 묶이는 신세가 되었다.

두 사람의 임무는 비교적 간단했다. 학생은 교사가 불러주는 단어를 암기하는 것이고, 교사는 학생이 암기를 제대로 했는지 문제를 내는 것이었다. 만약 학생이 암기를 못했다면 교사는 학생에게 전기충격을 가해 처벌해야 했다.

드디어 실험이 시작되었다. 학생은 초반에는 단어 암기를 잘하는 것 같았다. 하지만 시간이 지날수록 눈에 띄게 암기 실패가 많아졌다. 당연히 전기충격은 15V부터 시작해 조금씩 높아져만 갔고, 학생의 신음소리 역시 점점 커져 갔다. 전기충격이 120V가 가해졌을 때 학생은 고통스럽다면서 소리를 질렀고, 150V에서는 이 실험을 멈춰달라고 요구했다. 180V에 다다르자 더이상 고통을 참을 수 없다고 울부짖었으며, 300V의

충격을 주자 학생은 비명을 지르면서 실험을 그만두게 해달라고 애원했다.

그리고 330V 이후부터는 아무런 소리도 들리지 않았다. 학생이 기절했거나 아니면 심장마비 같은 쇼크로 죽었을지도 모르는 상황이 벌어졌다.

괴롭기는 교사도 마찬가지였다. 교사는 학생의 고통스러운 소리를 들을 때마다 연구자에게 실험을 계속 진행해야 하는지 물었다. 이때 연구자는 실험은 계속 진행되어야 하며, 모든 책임은 자신이 질 것이라고 단호하게 말했다.

당신이 교사라면 어떻게 하겠는가? 대학 교수로 보이는 연구자의 지시를 따르겠는가, 아니면 다른 참가자를 위해 과감히 실험실을 박차고 나오겠는가? 결과는 충격적이었다. 실험에 참가한 40명 중에서 그 누구도 300V 이전에는 실험을 그만두지 않았다. 300V 이후부터 연구자의 명령에 거부하는 참가자들이 나오기 시작했지만, 무려 26명은 가장 높은 450V까지 전기충격을 가했다.

진실은 이렇다. 학생은 진짜 참가자가 아니라 실험을 도와주기 위해 고용된 협조자였다. 진짜 참가자는 교사뿐이었다. 협조자는 지시받은 대로 문제를 계속 틀렸으며, 전기충격도 실제로는 가해지지 않았다. 또한 고통스러워하는 목소리도 녹음된 것이었다. 실험이 끝난 후 연구지는 모든 절차와 속임수에 대해 교사에게 일려주었다. 하지만 이들은 실험중에 겪었던 심리적 혼란과 죄책감에서 쉽게 자유로

워질 수 없었다.

만약 전기충격 장치가 최대 450V가 아니라 그 이상이었다면 어떻게 되었을까? 실험을 시작하기 전에 밀그램은 실험 절차를 동료 심리학자들과 대학생, 성인에게 알려주면서 교사가 과연 어느 정도에서 연구자의 명령에 복종하지 않을지 예측해보라고 했다. 질문을 받은 대부분은 교사가 135V쯤에서 그만둘 것이며, 절대로 300V 이상은 주지 않을 것이라고 예상했다. 밀그램 역시 이들의 의견에 동조해 전기충격의 최대치를 450V로 만들었는지 모른다. 하지만 300V이하에서 실험을 그만둔 사람이 없었다는 점에서는 예측과 실제는 정반대였다.

이 실험에 참가한 사람들이 범죄자, 혈기왕성한 젊은이, 사회에 불만이 많은 사람들이라면 그저 그들의 성격적인 문제로 돌릴 수 있을지 모른다. 하지만 이 실험에 참가한 이들은 재산과 학력, 지능*과 정신병력★^{이상심리학} 등 다양한 측면에서 평균적이고 정상적인 사람들이었다. 이후 여러 차례 실시된 실험에서 뿐만 아니라 여러 다른 나라에서 실시된 실험에서도 모두 비슷한 결과가 나왔다.

사람은 이처럼 권위자의 명령에 취약하다. 아무리 나쁘고 악한 명령이더라도 복종할 가능성이 많다. 간혹 사이비 종교인들에게 마음과 몸, 재산까지 모두 빼앗겼다는 사람들의 이야기를 들어보면 일방적인 강탈이라기보다는 그들의 권위에 대한 복종이었음을 알 수 있다. 밀그램의 실험을 모르는 사람들은 이들이 스스로 멍청한 짓을 했다면서 비난할지 모르겠지만, 이렇게 비난하는 사람도 막상 그 상황★^{사회심리학}에 처하면 어떻게 할지 아무도 모르는 일이다.

실험에 참가한 사람들은 진실을 안 후에도 자신이 했을 수도 있었던 끔찍한 행동에 대해 상당한 죄책감을 느꼈다. 이 때문에 많은 심리학자들은 밀그램의 실험이 비윤리적이라면서 비난했고, 급기야 미국심리학회의 윤리강령 제정으로 이어졌다. 이 실험으로 충격을 받은 사람은 비단 참가자들뿐만이 아니었다. 실험 이후 쏟아진 온갖 비난과 외면으로 밀그램도 큰 충격을 받았다. 그는 이 실험 때문에 예일대학의 종신교수직 심사에서 탈락했으며, 이후로 심장병을 앓기 시작했다. 물론 이후로도 20년 이상 생존했지만, 결국 심장발작으로 세상을 떠나고 말았다는 점에서 그가 받은 충격의 정도를 가늠해볼 수 있다.

분노 조절 장애

각종 범죄의 원인
anger disorder / 이상심리학

가정과 학교에서 벌어지는 폭력 사건뿐 아니라 자신과 아무런 연관이 없는 사람에게 무차별 폭행을 가하는 소위 '묻지마 범죄'까지 상당수의 범죄는 분노 조절의 실패에 기인한다. 화가 난다고 누군가를 해치는 것은 화를 표현하는 것이 아니라 화에게 지배를 당하는 것이다. 화를 조절하지 못하면, 화에게 조종당하게 된다.

이처럼 각종 범죄 사건이 일어나면 언론에서는 분노 조절 장애라는 표현을 쓴다. 그래서 많은 이들은 이런 명칭의 진단이 있다고 생각하는데, 정신장애★이상심리학의 진단 기준인 DSM-5★DSM에 분노 조절 장애라는 진단명은 없다. 대신 분노 조절 장애라고 할 수 있는 진단이 있다. 바로 간헐적 폭발 장애intermittent explosive disorder다.

간헐적 폭발 장애는 말 그대로 가끔 분노가 폭발하는 것을 말한다. 전문 용어로는 '통제되지 않는 발작적 공격성'이라고 한다. 다시 말해 발작하듯이 갑자기 공격성을 표출하는 것인데, 타인의 신체를 손상하거나 기물을 부수지 않더라도 언어적으로나 신체적으로 공격성을 3개월 동안 주 2회 이상 꾸준하게 보인다면 이 진단이 가능하다. 그런데 타인의 신체를 손상하거나 기물을 파괴한다면 1년 이내에 3회 이상만 보여도 진단이 가능하다. 물론 스트레스★가 분노 폭발의 원인이 될 수 있겠지만, 스트레스에 비해서 공격성이 과도하다는 특징이 있다. 간헐적 폭발 장애는 파괴적, 충동조절 및 품행 장애 disruptive, impulse-control, and conduct disorder라는 범주에 포함되어 있어서, 많은 이들이 말하는 분노 조절 장애와 거의 흡사하다.

그런데 이와 비슷하게 보이지만 다른 것이 파괴적 기분조절 부전 장애★우울다. 이 진단은 성인이 아닌 18세 이하에만 내려진다는 점이 주목할 만하다. 감정 조절이 안 되어서 분노를 파괴적이고 공격적인 방식으로 표출하기에, 마치 분노 조절 장애를 가진 청소년처럼 보인다. 그러나 이 경우 성인이 되면 간헐적 폭발 장애가 아닌 우울증 진단을 받는다고 알려져 있다. 결국 파괴적 기분조절 부전 장애가 겉으로는 분노와 공격성을 표출하는 것처럼 보이지만, 그 기저에는 우울이 있다는 의미다.

이처럼 겉으로는 분노로 표현되지만 그 이면에는 우울처럼 전혀 다른 감정이 있는 경우가 많다. 어떤 이는 불안*할 때마다 화를 내기도 하며, 사랑받고 싶거나 사랑받지 못해서 분노를 표출하는 사람도 있다. 이런 면에서 누군가가 분노를 드러낼 때, 무조건 피하기보다는 그 분노가 어떤 마음의 표현인지 살펴봐야 할 필요가 있다.

분노 조절에 실패했다고 할 때, 대부분의 사람은 큰 화를 적절하게 줄이지 못하는 것만을 생각한다. 방어기제*의 억제처럼 말이다. 이런 생각은 분노는 나쁘고 파괴적인 것이라는 전제가 있기 때문이다. 그러나 분노는 늘 나쁘지만은 않다. 마치 불火처럼 잘못 사용하면 모든 것을 잃지만, 잘 사용하면 너무나 유용하다. 감정의 화火 역시 잘못 사용하면 모든 것을 잃지만, 잘 사용하면 너무나 유용하다.

이런 면에서 반대의 경우도 분노 조절에 실패했다고 할 수 있지 않을까. 예를 들어 부당한 대우를 받는 상황에서 자기 자신이나 사랑하는 사람을 지키기 위해서 화를 내야 하는데, 화가 별로 안 난다거나 화의 표현 방법을 몰라 화를 내지 못하는 것도 실패가 아닌가! 조절이란 큰 것을 작게 만드는 것 뿐 아니라, 작은 것도 크게 키울 수 있어야 한다. 음악을 듣거나 영상을 볼 때마다 하는 볼륨 조절을 생각해보면 쉽게 이해가 갈 것이다. 이런 면에서 모든 사람들은 자신의 분노를 상황에 맞게 조절하는 교육과 훈련과 연습이 필요하다.

분석심리학

우리의 마음에는 인류가 공유하는 무의식이 있다
analytic psychology / 역사

정신분석*이 인간의 마음을 의식과 전의식, 무의식*으로 구분했다면 분석심리학은 의식과 개인 무의식individual unconsciousness, 그리고 집단 무의식collective unconsciousness으로 구분했다. 어떻게 보면 분석심리학이 정신분석의 무의식을 둘로 나눈 것처럼 보이지만 사실은 그렇지 않다. 정신분석의 무의식은 과거의 경험과 억압된 욕구와 기억*기억상실증으로 사람마다 다르며, 분석심리학의 개인 무의식이 이에 해당한다고 할 수 있다. 반면에 집단 무의식은 개인이 아닌 인류 전체의 경험으로 생겨나는 무의식으로서 태어날 때부터 마음에 자리 잡고 있다. 이는 정신분석에서는 찾아볼 수 없었던 새로운 개념이었다.

분석심리학의 창시자 융Carl Jung은 집단 무의식의 근거로 여러 문화권의 신화와 민담, 전설이나 민화에서 공통적으로 나타나는 상징을 들고 있다. 어떻게 인류가 공통된 상징을 가질 수 있는가? 이 질문에 융은 집단 무의식 때문이라고 대답한다. 프로이트*가 무의식을 단지 의식에서 받아들일 수 없는 유아기적 욕구와 해결되지 못한 '갈등의 창고'로 보았다면, 융은 무의식집단을 의식에 활력을 주는 원천이자 마음을 성숙하게 하는 '창조의 샘'이라고 보았다.

분석심리학은 의식의 각 영역을 구성하는 심리적 구성물을 가정한다. 의식에는 자아ich, ego, 개인 무의식에는 그림자shadow, 집단 무의식에는 아니마anima와 아니무스animus, 그리고 자기self★가 그것이다. 이를 심리적 복합체, 즉 콤플렉스complex★라고 하며, 특히 집단 무의식을 구성하는 콤플렉스를 원형archetype이라고 한다.

자아는 의식하고 있는 자신이다. 나의 생각과 느낌, 알고 있는 모든 것을 의미하는 자아는 현실에 적응하면서 살아가도록 하는 마음의 구성물이다. 자아는 페르소나persona★성격심리학 덕분에 자신이 속한 여러 집단에서 적절한 역할을 수행한다. 또한 융은 자아가 태어날 때부터 어느 정도 선천적 성향외향-내향, 감각-직관, 사고-감정을 가진다고 했는데, 이것이 바로 MBTI★의 기초가 된 심리적 유형이론이다.

개인 무의식에 위치한 그림자는 자아의 어둡고 열등한 부분으로, 보통 동성에게 투사★방어 기제된다. 특별한 이유 없이 싫은 감정을 일으키는 사람동성이 있다면 그 사람에게서 자신의 그림자내가 싫어하는 내 모습를 보았기 때문이라고 할 수 있다. 부인하고 싶은 마음이 굴뚝같겠지만, 이 역시 자신의 모습이므로 인정하고 통합해야 한다고 융은 말한다.

자아가 외적 인격이라면 내적 인격인 아니마와 아니무스는 이성異性을 의미한다. 남성의 경우에는 여성적 속성인 아니마를 가지고, 여성은 남성적 속성인 아니무스를 가진다. 아니마의 특징은 감성pathos을 주고 기분이고, 아니무스의 특징은 힘logos과 지혜, 그리고 의견이다. 융은 자신의 내적 인격을 무시할 경우 미성숙한 상태로 자라서 남성의 경우 변덕스러운 기분과 짜증으로, 여성은 융통성 없

209

이 따지는 형태로 표현된다고 말한다.

자기는 우리 마음의 가장 중심에 위치하고 있으면서, 자아에게 자기실현을 요구하는 주체다. 자기실현이 자기를 찾도록 하는 과정임을 생각할 때, 자기란 자기실현의 시발점이자 종착점이 된다. 융은 자기를 가장 핵심적인 원형으로 보았다. 자기실현을 통해 의식과 무의식의 조화로운 통합이 가능하다고 본 것이다.

자기는 자아에게 자기실현을 끊임없이 요청하는데, 자아가 이를 무시하거나 외면할 때 다양한 정신장애★^{이상심리학}가 나타날 수 있다. 바꿔 말하자면 분석심리학에서는 정신장애가 일종의 자기실현 과정이라고 본다. 의식과 무의식의 통합으로 전체 정신, 즉 자기실현을 지향하지 않는다면 심리적 구성물^{콤플렉스와 원형}들이 미성숙하게 자라서 우리의 마음이 불안정해지는 것은 물론 끊임없이 심리적인 고통을 겪는다.

정신분석도 무의식이란 개념 때문에 심리학자들 사이에서 뜨거운 감자 취급을 받는다. 하물며 이보다 한 걸음 더 나아간 분석심리학은 오죽하겠는가? 그래서인지 일부 상담심리학★자를 제외하고는 분석심리학을 연구하거나 적용하는 심리학자는 찾아보기 어려운 형편이다. 하지만 분석심리도 정신분석처럼 인간의 마음에 중요한 통찰을 주고, 임상적 근거와 문화인류학적인 토대가 있다는 점에서 관심을 가질 필요가 있다. 분명히 인류의 문명에는 과학과 논리만을 가지고서는 설명되지 않는 부분이 존재하기 때문이다.

분트

현대 심리학의 창시자
Wilhelm Wundt / 인물

현대 심리학의 창시자 분트. 그가 현대 심리학의 창시자라는 칭호를 얻을 수 있었던 이유는 뛰어난 연구 업적이나 탁월한 이론보다 선언 때문이다. 오히려 연구방법의 독창성이나 시간으로 따지면 정신물리학★의 페흐너가 한 수 위였다. 하지만 페흐너는 자신의 연구가 어떤 의미를 가지는지 알지 못했고, 그 결과 분트에게 중요한 자리를 내주게 되었다. 분트는 1874년, 『생리심리학의 원리Principles of Physiological Psychology』의 서문에서 다음과 같은 선언을 했다.

여기 내가 대중에게 공개하는 이 책은 과학에서 새로운 영역을 설정하고자 하는 시도다.

그렇다면 1874년이 심리학의 탄생 연도인가? 그렇지 않다. 많은 심리학자들은 심리학의 탄생을 1879년으로 잡는다. 바로 분트가 독일 라이프치히대학에 심리학 실험실을 세운 때다. 현대 심리학은 그 정체성을 과학★심리학에 두기 때문에 과학적 연구를 시작할 수 있었던 이 시점을 주목하고 있는 것이다.

분트는 1832년에 독일에서 출생했다. 독일 튀빙겐대학과 하이델베르크대학을 거쳐서 의학박사가 되었다. 6개월 동안 임상의로서 현장에서 환자들을 만났지만 이내 대학으로 돌아와 교편을 잡았다. 동물과 사람을 대상으로 여러 실험을 진행했고, 그 결과를 모아 책으로 출간했다. 그 중의 한 권이 『생리심리학의 원리』다. 이후 여러 학교에서 활동하다가 1875년에 라이프치히대학으로 자리를 옮겼고, 1879년에는 독립적인 공간을 확보해서 '심리학 연구소Psychological Institute'를 세웠다. 현대 심리학이 탄생하는 순간이다.

의학 공부를 했던 분트는 1879년 이전에도 사람을 대상으로 감각과 지각★, 의식★ 등 다양한 분야를 실험적으로 연구했다. 이전의 실험과 연구가 의학과 철학의 옷을 입고 있었다면, 1879년을 기점으로 심리학이라는 새 옷을 입게 된 것이다.

많은 심리학 개론서에는 분트를 가리켜 심리학뿐만 아니라 구조주의★구조주의 vs. 기능주의의 창시자라고 기술하고 있다. 하지만 1960년대 이후 심리학사라는 독립된 영역의 발전과 함께 분트를 구조주의의 창시자로 보기는 어렵다는 주장이 제기되었다. 구조주의는 인간의 의식을 기본적인 구성 요소로 환원하기 위해 철저한 내성법과 실험만을 강조했고, 실험 이외의 방법들은 비과학적이라면서 멸시했던 학파다. 하지만 분트는 인생의 마지막 20년을 학습과 사고, 언어와 문화처럼 실험으로는 접근하기 어려운 주제들을 연구해 10권으로 된 『민족심리학Völkerpsychologie』을 펴냈다. 이런 점에서 분트는 실험실 안의 연구뿐만 아니라 실험실 밖의 연구도 중요하게 여겼다. 당연히 이는 구조주의자의 철학과 반대되는 것이다.

그렇다면 어떻게 이러한 오해가 발생했을까? 그 이유는 구조주의를 주도했던 티치너에게 있다. 독일 유학 시절 분트에게 2년 동안 배운 티치너는 미국으로 돌아와 구조주의라는 학파를 발전시켰다. 비록 그가 분트의 책을 여러 권 번역했지만 자신의 생각과 맞는 책들만 번역했고, 자신의 제자들에게도 구조주의의 창시자는 분트라면서 분트의 연구 중 구조주의의 철학과 일치하는 연구만을 강조했다.

티치너가 당시에 왜 이렇게 했는지는 알 수 없다. 당시 기능주의와의 논쟁에서 우위를 차지하려는 계산된 행동이었다는 주장도 있고, 단지 자신의 학문적 업적을 스승에게 돌리려 했을 뿐이라는 주장도 있다.

어쨌든 티치너의 이러한 행동은 초기의 미국 심리학자들에게 분트에 대한 오해와 왜곡을 심어주었다. 특히 티치너의 제자였던 보링 Edwin Boring이 1929년에 출간한 최초의 심리학 역사책『실험심리학사 A History of Experimental Psychology』에서 자신의 스승에게 들었던 분트의 모습만을 기록하면서, 왜곡된 분트의 모습은 정설처럼 전해졌다.

하지만 심리학의 창시자인 분트는 인간의 마음을 이해하기 위해 과학적 방법인 실험을 중요하게 여겼지만, 이런 식으로는 접근할 수 없는 부분이 있음을 인정했다. 이는 오늘날에 과학을 심리학의 기준으로 생각하는 많은 심리학자들에게 중요한 시사점을 제공한다. 그는 1920년에 세상을 떠났으며, 그가 세웠던 심리학 연구소는 1943년에 2차 세계대전중 연합군의 폭격으로 파괴되었다.

불안

일상적 불안부터 병리적 불안까지
anxiety / 이상심리학

    종교와 예술, 철학과 심리학에서 중요하게 다루는 불안은 일상적인 감정이다. 불안이 일상적이라는 말에 동의하지 않을 사람도 있다. 하지만 우리나라 사람들은 불안과 불편을 명확히 구별해 사용하지 않는다는 점, 게다가 집단주의 문화★문화심리학의 영향으로 마음을 직접적으로 표현"나 불안해"하기보다 간접적으로 표현"가슴이 답답하다", "머리가 아프다"한다는 점을 생각해보면 불안은 확실히 일상적인 감정이다.

    어떤 이들은 대상이 모호할 때는 불안, 대상이 명확할 때는 두려움이나 공포fear라고 구분하기도 하지만, 심리학이나 정신의학에서는 이런 구분을 크게 중요시하지 않는다. 오히려 불안에 두려움이나 공포가 포함된다고 보는 것이 일반적이다. 정신장애★이상심리학의 진단 기준인 DSM-5★DSM에서는 단순 공포증simple phobia, 사회 공포증social phobia, 광장 공포증agoraphobia, 공황 장애panic disorder, 일반화된 불안장애GAD ; Generalized Anxiety Disorder, 분리 불안 장애SAD ; Separation Anxiety Disorder, 선택적 무언증selective mutism을 불안 장애anxiety disorder의 하위 범주에 넣고 있다.

    단순 공포증은 특정 공포증specific phobia이라고도 한다. 어떤 특정한 대상이나 상황에 노출되었을 때 임상적으로 심각한 불안을 경험하며, 회피하는 행동을 하는 것이 특징이다. 단순 공포증은 대상에 따라 동물형, 자연환경형, 혈액-주사-손상형, 상황형, 기타형으로 구분한다. 비둘기나 개, 쥐, 거미, 뱀 등에 대한 두려움이 있다면 동물형이다. 강이나 바다, 또는 산을 무서워하면 자연환경형, 상처나 피, 그리고 주사에 대한 두려움이라면 혈액-주사-손상형이다. 폐쇄 공포증claustrophobia이나 고소 공포증acrophobia 등은 상황형이며, 어느 것에도 속하지 않는다면 기타형이다.

사회 불안 장애social anxiety disorder라고도 하는 사회 공포증은 대인 기피증이나 대인 공포증으로 많이 알려져 있다. 자신에게 이목이 집중되는 발표 상황은 물론, 단지 다른 사람과 함께 있기만 해도 크게 불안을 느낀다. 그 정도가 단지 내향적 성격★5요인 모형으로는 설명할 수 없으며, 사회생활에 지장을 받을 정도로 심각해야 사회 불안 장애로 진단을 내릴 수 있다.

광장 공포증은 운동장처럼 넓은 장소를 무서워하는 것이 아니다. 만약 단지 넓은 장소를 무서워한다면 특정 공포증의 상황형으로 진단한다. 여기서 말하는 광장은 아고라agora로, 고대 그리스 도시국가에서 민회나 재판·상업·사교 등의 다양한 활동이 이루어지는 공공 장소를 의미한다. 결국 광장 공포증이란 사람들이 많이 왕래하지만 자신이 위험에 처해 있을 때 개인적으로 도와줄 사람이 없는 공공장소를 무서워하는 것이다.

광장 공포증의 주요한 원인은 공황 장애다. 공황 장애란 심장이 빨리 뛰고 몸이 떨리며 숨이 가빠지거나 질식당할 것 같기도 하고,

토할 것 같은 느낌이나 가슴에 통증을 느끼고, 오한이나 감각 이상, 어지럽고 식은땀이 나는 등의 신체적인 증상과 스스로에 대한 이질감이나 세상과 동떨어진 것 같은 느낌, 스스로에 대한 통제감* 상실과 죽음에 대한 두려움 등의 증상이 갑작스럽게 나타나 수 분 이내에 최고조에 도달하는 것이다. 이런 공황 발작을 경험하면 보통 1개월 이내에 추가 발작에 대한 걱정을 하며, 결국 혼자서는 외출을 꺼리는 광장 공포증을 갖게 되는 경우가 많다. 가족이나 친구 등 친밀한 관계에 있는 사람과 함께하면 외출이 가능하기도 하며, 혼자 외출할 때에는 버스나 지하철보다는 택시를 이용하는 경우가 많다.

일반화된 불안 장애는 범불안 장애라고도 하는데, 최소 6개월 이상 지속되는 심한 불안이나 근심, 걱정이 특징이다. 버스를 타면 사고가 날 것 같아 불안하고, 사람들을 만나면 자신을 싫어할 것 같아 불안하고, 심장이 두근거리면 큰 병은 아닐까 불안하고, 동물을 보면 자신을 해칠까 불안해하는 등 매사에 과도한 불안을 느낀다. 이처럼 어떤 대상에 국한되지 않고 공중에 떠다니는 듯한 불안을 유동불안free-floating anxiety이라고 한다.

분리 불안 장애는 주 양육자나 애착* 대상과 떨어지는 것, 그리고 집을 떠나는 것에 대해서 심한 불안을 나타내는 것이 특징이다. 아주 어린 아이들은 부모와 떨어지는 것을 끔찍하게 여긴다. 물론 대부분의 아이들은 시간이 지나면 괜찮아진다. 그러나 분리 불안 장애의 경우 분리가 예상되는 상황에서 어떻게든 부모와 떨어지지 않으려고 하고, 어쩔 수 없이 떨어져 있게 되면 자꾸 전화를 걸어 부모의

216

존재를 확인하려고 한다. 특히 학령기 아동들에게서는 등교 거부로 나타난다.

선택적 무언증은 특정한 상황에서만 말을 하지 않는 것이다. 집에서는 말을 잘하는데 학교에서는 안 한다거나, 친구들과는 말을 하다가도 어른들의 질문에는 어떤 대꾸도 하지 않는 경우가 있다. 이렇게 입을 다무는 원인은 특정 상황이나 대상에게 불안을 느끼기 때문이다. 종종 수줍음이 많다거나 버릇이 없다는 오해를 받기도 한다.

불안의 원인은 과연 무엇일까? 우선 정신분석*에서는 정신장애를 일으키는 불안을 신경증적 불안neurotic anxiety이라고 한다. 신경증적 불안은 성이나 공격성의 추동*으로 가득 찬 무의식* 혹은 원초아가 현실화되려고 할 때 자아가 느끼는 불안이다. 사회적으로 용인될 수 없는 욕구들이기 때문에 자아는 이러한 불안을 직면하지 않으려고 온갖 정신장애를 만들어낸다. 일례로 불안을 특정 대상에 투사*방어기제하면 특정 공포증이 된다.

신경증적 불안은 종종 도덕적 불안moral anxiety과 연관이 있다. 도덕적 불안이란 사회적인 규범을 위반했을 때 느끼는 불안이다. 신경증적 불안이 원초아로 인해 발생한다면, 도덕적 불안은 초자아 때문에 발생한다. 이 외에도 현실적인 위험에 대한 반응인 현실 불안realistic anxiety이 있다. 높은 곳에 올라가서 아래를 쳐다볼 때나 사고를 당할 뻔했을 때처럼 현실적인 이유 때문에 느끼는 불안이다.

철학의 한 분파이면서 심리치료에 많은 영향을 미치는 실존주의existentialism는 신경증적 불안 이외에 삶과 죽음, 고립, 의미, 자유와 같은 실존 때문에 발생하는 실존적 불안existential anxiety을 가정했다. 인간은 살아 있는 한 누구나 불안을 느끼는 존재라고 본다. 신경증적 불안이 정신장애로 연결되는 부정적인 불안이라면, 실존적 불안은 경우에 따라 긍정적으로 사용할 수 있다. 이를 위해서는 먼저 불안이란 살아 있는 한 떨쳐버릴 수 없는 것임을 인정해야 한다. 불안을 없애려고 아등바등하다 보면 오히려 더 불안해지고, 문제와 사건이 더 커진다. 불안을 실존과 뗄 수 없음을 인정하고, 불안을 견디는 힘을 키워 에너지와 창의성*의 원천으로 사용할 필요가 있다.

본래 사람은 너무 편안하고 즐거우면 자신의 능력을 발휘하지 못한다. 많은 예술가들은 불안할 때 작품을 만들고, 학생들은 불안할 때 공부를 열심히 하게 된다. 물론 불안을 견디는 힘이 적다면 예술가의 작품은 빈약하고, 학생의 성적은 향상되지 못할 것이다.

사랑

세 가지 구성요소로 이해하는 다양한 형태의 사랑
love / 사회심리학

사람들은 다양한 모습과 방식으로 사랑을 한다. 사랑에 대한 생각
도 모두 다르다. 어떤 사람은 감정적이고 육체적인 사랑을, 어떤 사
람은 노부부가 함께 걷고 있는 모습을 진짜 사랑이라고 생각한다.
어떤 사람은 친구 같은 사랑을 꿈꾸고, 어떤 사람은 연인 같은 사랑
을 원한다.

사람들마다 사랑을 바라보는 관점이 다르겠지만, 미국 터프츠대
학의 심리학자 스턴버그Robert Sternberg는 세 가지 구성요소를 가정해
사랑의 삼각형 이론triangular theory of love을 제안했다. 세 가지 구성요소
란 열정passion과 친밀함intimacy, 그리고 헌신commitment이다. 사람들의

사랑의 요소	사랑의 형태
열정	얼빠짐infatuation
친밀감	좋아함liking
헌신	공허한 사랑empty love
열정+친밀감	로맨틱한 사랑romantic love
열정+헌신	어리석은 사랑fatuous love
친밀감+헌신	동반자적 사랑companionate love
열정+친밀감+헌신	완전한 사랑consummate love

사랑이 모두 다른 이유는 이 세 가지 요소가 서로 다르게 작동하기 때문이라고 할 수 있다.

열정이란 사랑하는 사람에 대한 뜨거운 마음이다. 상대방과 신체적으로 함께하려는 강렬한 욕망을 갖게 한다. 대체로 젊은 사람들이 생각하는 사랑이다. 상대방이 곁에 없으면 견디지 못하고 끊임없이 그리워하게 만들어 가장 매력적이지만, 가장 위험하기도 하다. 로미오와 줄리엣*반발심의 사랑이 비극으로 끝난 이유도 바로 열정 때문이다.

친밀감이란 상대방과 정서적으로 연결되어 있다는 느낌이다. 상대방에게 따뜻한 마음을 갖고 배려하게 만든다. 친밀감은 상대에 대한 신뢰와 연결되어 서로의 비밀과 삶을 공유하게 한다. 또한 정서적인 지지와 위로를 준다.

헌신이란 사랑을 지속하도록 서로를 단단하게 묶어주는 끈과 같다. 사랑하는 사람과 역경을 헤쳐 나가면서 관계를 유지하려는 결단과 책임감을 말한다. 열정은 금방 식게 마련이고 친밀감도 사라질 수 있지만 헌신은 쉽게 사라지지 않는다.

스턴버그에 의하면 열정은 사랑의 초기에 강렬하게 나타나지만 시간이 지나면서 점점 줄어드는 반면에 친밀감과 헌신적인 태도는 시간이 지나면서 서서히 발전한다고 한다. 사랑하는 사람 사이에 일어나는 성적이고 열정적인 사랑은 빨리 발전하고 급속도로 감정의 정상에 도달하지만 쉽게 사그라지기 때문에 친밀감과 헌신적인 태도가 발달하지 않으면 열정적인 사랑은 오래 가지 못하고 시들게 마련이다.

어떤 사람은 열정이 사랑이라고 생각하고, 어떤 사람은 친밀감이 사랑이라고 생각한다. 반면에 어떤 사람은 헌신이 사랑이라고 생각한다. 모두 맞지만 틀린 말이다. 스턴버그는 세 가지 요소가 가능한 한 균형을 이루도록 해야 한다고 지적한다. 균형을 이루지 못하면 불안정한 사랑이라고 한다. 표의 내용처럼 세 요소의 조합에 따라 다양한 사랑이 존재할 수 있다.

많은 이들은 결혼을 '사랑의 무덤'이라고 말한다. 결혼을 하면 사랑이 식는다고 생각하는 이유는 사랑을 가슴 설레게 만드는 열정만으로 생각하기 때문이다. 하지만 사랑에는 열정 이외에도 친밀감과 헌신이 존재한다. 결혼은 '사랑의 무덤'이 아니라 '사랑의 변신'이라는 표현이 더 어울리지 않을까?

사이코드라마

즉흥성의 극장에서 당신의 마음을 연기하라
psychodrama / 상담과 심리치료

심리극心理劇이라고 하는 사이코드라마를 만든 사람은 루마니아 태생의 정신과 의사 모레노Jacob Moreno다. 모레노가 20대 초반의 청년이 되었을 때 그의 가족은 오스트리아 비엔나로 이사를 갔다. 비엔나 대학에서 의학과 철학을 공부한 그는 공부만 열심히 하는 학생이 아니었다. 자신이 배운 것을 사람들과 기꺼이 나누기를 원했고, 다른 사람들의 이야기를 듣는 것도 좋아했다. 그래서 그는 장소에 개의치 않고 사람들과 이야기하는 것을 즐겼다. 모레노는 이 과정을 통해 혼자보다는 여러 사람들이 함께 모였을 때 자신과 세상에 대해 중요한 통찰*을 얻을 수 있다고 확신했다. 여기에서 집단*과 즉흥성 spontaneity이라는 중요한 모티브를 발견하게 되었다.

모레노는 비엔나의과대학 시절 학교 선배인 프로이트*의 정신분석*을 접했으나, 억눌린 감정의 정화*를 제외한 대부분의 개념에 대해서는 동의하지 못했다. 1912년에 꿈*을 주제로 한 프로이트의 강의에 참석했던 그는 우연하게 프로이트와 대화할 기회가 있었고, 프로이트에게 이렇게 말했다고 한다.

프로이트 박사님, 나는 당신이 떠난 곳에서 시작하고 있습니다. 당신은 사무실이라는 인위적인 환경에서 사람들을 만나지만, 저는 그들의 환경인 길거리와 가정에서 사람들을 만납니다. 당신은 그들의 꿈을 분석하지만, 저는 그들에게 꿈을 꾸라고 말합니다. 당신은 분석하고 부분으로 나누지만, 저는 그들에게 갈등을 표현하라고 말하고 있으며 그것들이 원래의 자리로 되돌아갈 수 있도록 돕습니다.

1917년에 의사가 된 모레노는 본격적으로 환자들을 치료하기 시작했다. 또한 1921년에 비엔나의 한 극장을 빌려 '즉흥성의 극장theater of spontaneity'이라는 타이틀을 걸고 연극을 시작했다. 연극이라고는 하지만 전문 배우도 없었고, 대본도 없었다. 관객이 제안한 주제에 대해 관객들 중 자원자들이 무대로 나와 즉흥적으로 연극을 진행하는 것이 전부였다. 연극이 끝난 후에는 관객들과 함께 토의하는 시간을 가졌다. 이렇게 시작된 모레노의 연극은 개인의 심리적인 문제를 다루는 사이코드라마와 사회적인 문제를 다루는 소시오드라마sociodrama로 발전했다.

사이코드라마의 핵심은 즉흥성이다. 관객 중 자원자가 연극의 주인공이 된다. 물론 주인공이 자신의 이야기를 잘 풀어갈 수 있도록 감독director이 돕기는 하지만, 감독은 역할과 상황만 제시할 뿐 연기는 주인공의 몫이다. 게다가 주인공이 역할과 상황에 몰입할 수 있도록 보조 자아auxiliary ego들이 주인공의 상대역이나 주인공의 또 다른 마음을 연기한다. 보조 자아의 연기 역시 즉흥적으로 이루어진다.

사이코드라마는 사전연기워밍업와 연기, 그리고 나누기의 세 단계로 구성된다. 사전연기 단계는 관객들을 연극에 참가시키고 즉흥성을 높이기 위한 활동들로 구성되는데, 이 과정에서 주인공과 연극의 주제가 정해진다. 그 다음 연기 단계에서는 감독이 준 상황과 역할 설정에 맞추어 즉흥적으로 연기한다. 이때 갈등을 표현하고, 그와 관련된 억눌렸던 감정이 의식으로 올라오면서 정화를 경험한다. 뿐만 아니라 갈등을 해결할 수 있는 새로운 방법을 모색해보기도 한다. 마지막으로는 연극을 통해서 주인공이 알게 된 것이나 관객들의 경험과 느낌을 나눈다.

사이코드라마는 이후 여러 심리치료★^{상담심리학}에서 하나의 기법으로 활용되기 시작했다. 내담자가 갈등에 대한 감정과 생각을 상담자에게 말로 표현하기보다는 연기로 표현할 때 상담의 효과가 더욱 커질 수 있기 때문이다. 하지만 내담자가 연기를 거부하거나 싫어한다면 불가능하다. 또한 단회적인 사이코드라마의 경우 억눌린 감정을 드러내도록 하는 데에는 효과적일지 모르지만 사실적인 문제 해결을 도울 수 없다는 비판을 받기도 한다.

▎사회심리학

▎인간은 환경의 영향에서 자유로울 수 없는 존재
▎social psychology / 분야

다른 참가자^{학생 역할, 하지만 사실은 협조자}가 문제를 틀릴 때마다 전기 충격을 주라는 지시를 받았을 때 진짜 참가자^{교사 역할}가 어느 정도까지 그 명령에 복종하는지 알아보는 밀그램의 복종★ 실험, 모의 감옥에서 참가자들에게 죄수 역할과 간수 역할을 시켰던 짐바르도의 감옥 실험★, 선분의 길이를 맞추는 과제에서 다른 참가자사실은 협조자들이 모두 틀린 답을 말할 때 진짜 참가자의 반응을 살펴보는 애쉬의 동조★ 실험, 이상은 2008년 8월시즌 1과 2009년 4월시즌 2에 EBS에서 방송한 다큐멘터리에서 다루었던 사회심리학의 주요 실험들이다. 이 다큐멘터리의 제목은 무엇일까?

바로 〈인간의 두 얼굴〉이다. 사회심리학의 주요 실험을 다룬 다큐멘터리의 제목이 '인간의 두 얼굴'이라는 점은 눈여겨볼 필요가 있다. 이처럼 사회심리학을 간결하게 나타내는 표현도 없다고 생각한다. 사회심리학에서는 인간의 본성과 무관하게 환경이 얼마나 큰 영향을 미치는지 말하고 있기 때문이다.

사회심리학의 아버지라고 불리는 레빈Kurt Lewin은 사람의 행동 B ; Behavior을 이해하거나 예측하려면 그의 성격P ; Personality과 그가 처한 환경E ; Environment도 알아야 한다고 주장했다. 레빈은 행동이란 성격과 환경의 함수라는 의미로 다음의 방정식을 제안했다.

$$B = f(P \cdot E)$$

많은 사람들은 행동의 원인을 성격에서만 찾으려 한다. 성적이 떨어진 학생은 '게을러서 공부를 안 했기 때문'이라고 생각하고, 실수가 잦은 신입사원은 '조심성이 없는 성격 때문'이라고 생각한다. 하지만 공부를 열심히 했어도 성적이 떨어질 수 있고, 가정형편상 공부할 시간이 도저히 나지 않았기 때문일 수도 있다. 또한 신입사원이 실수가 잦은 이유는 업무가 너무 과중하거나 새로운 직장환경 때문일 수도 있다. 이처럼 행동의 원인에 대한 상황의 영향력을 과소평가하고, 성격의 영향력을 과대평가하는 오류를 기본적 귀인* 오류라고 한다. 기본적이라는 말은 이러한 오류를 범하지 않는 사람이 없을 정도로 광범위하게 퍼져 있음을 의미한다.

사회심리학자들은 성격보다는 환경이 인간의 행동에 더 많은 영향을 미칠 수 있다고 주장한다. 따라서 제아무리 착한 사람도 밀그램의 복종 상황에서는 450V까지 전기충격을 가할 수 있으며, 제아무리 인간애가 넘치는 사람도 짐바르도의 감옥 상황에서는 간수라는 역할에 충실해 죄수들을 억압하려고 하며, 제아무리 똑똑하고 줏대 있는 사람도 애쉬의 동조 상황에서는 모두가 말하는 틀린 답을 따라갈 수 있다는 것이다. 이러한 일련의 실험으로 인간은 어떤 상황에 처해 있느냐에 따라서 정반대의 모습과 얼굴을 가질 수도 있음이 밝혀졌다.

상식과 전혀 다른 결과가 나오는 사회심리학의 여러 실험들을 처음 접하는 사람들은 '에이, 설마…', '나라면 절대 안 그럴거야'라는 생각을 한다. 그렇지만 우리는 생각보다 더 많이, 더 자주 환경에 순응한다. 늘 주변 사람들을 의식하고 규범과 규칙에 민감하게 반응한다. 타인과 좋은 관계를 유지하고 싶어하고 자신의 선택과 판단에 확신이 서지 않을 때가 많다. 이러한 이유로 누구든지 실험 상황으로 들어가면 그렇게 바보가 된다.

앞에서 말한 실험과 주제 외에도 사회심리학에서는 인간의 삶과 매우 밀접한 내용을 다루고 있다. 행동과 태도★^{인지 부조화 이론}, 사회적 촉진★과 저하, 집단사고★와 집단극화★, 편견★과 고정관념, 매력★, 이타주의★ 등이다. 사회심리학은 사회에서 벌어지는 다양한 현상들에 대해 심리학적으로 접근한다는 점에서 사회학과 혼동되기도 한다. 하지만 사회심리학이 '사회 속의 사람'을 연구한다면, 사회학은 '사회' 자체를 연구한다는 점에서 다르다.

▌사회적 촉진

관중이 있거나 타인과 함께하면 수행은 증가한다
social facilitation / 사회심리학

1898년, 미국 인디애나대학의 심리학자이자 최초의 스포츠심리학★자인 트리플렛Norman Triplett은 사이클 선수들이 혼자 달리는 것보다 다른 선수와 함께 달리는 것이 기록 단축에 효과적이라는 사실을 목격하고는 이를 '사회적 촉진'이라고 명명했다. 사회적 촉진은 두 가지 형태로 나타난다. 하나는 함께 참여하는 사람이 있을 때 나타나는 공통행동 효과coaction effect이고, 또 다른 하나는 관중이 있을 때 나타나는 관중 효과audience effect다.

트리플렛이 관찰한 것은 공통행동 효과였으며, 집에서는 밥을 잘

안 먹던 아이가 유치원이나 학교에서 밥을 잘 먹는 것 역시 공통행동 효과다. 관중 효과는 농구나 축구 등 남학생들이 운동경기를 할 때 잘 나타난다. 그저 친구들끼리 장난스럽게 시작한 운동경기도 보는 관중이 생기면 너 나 할 것 없이 프로선수 못지않은 투지와 결의에 찬 모습을 보인다. 특히 관중들이 여학생이라면 그 효과는 배가된다. 관중으로 인한 효과는 경기가 아닐 때에도 나타난다. 농구 코트에서 혼자 슛을 던지고 있거나 벽을 향해 축구공을 찰 때, 그리고 운동장 트랙을 따라 가볍게 뛸 때에도 누군가가 지켜보고 있다면 더욱 열심히 한다.

놀라운 사실은 관중 효과와 공통행동 효과 모두 동물들에게서도 나타난다는 것이다. 다른 닭과 함께 있는 닭은 혼자 있는 닭보다 모이를 60%까지 더 먹었으며, 심지어 다른 닭이 모이를 먹고 있는 비디오를 보기만 해도 더 먹었다고 한다. 또 개미들도 다른 개미들이 있을 때 굴을 더 많이 팠다고 한다. 바퀴벌레의 경우도 이와 다르지 않은데, 직선 주로를 달리게 했던 실험에서는 그냥 달리게 했을 때보다 다른 바퀴벌레들을 관중으로 참여시켰을 때 더 빠르게 달리는 것으로 나타났다.

그런데 타인의 존재는 수행을 촉진시키기만 하는 것이 아니라, 때로는 수행을 저하시키기도 한다. 이런 현상은 과제가 어려울 때 일어난다. 예를 들자면 무의미한 음절을 학습하거나 복잡한 퍼즐을 완성하는 일, 그리고 어려운 수학문제를 푸는 일 등이다. 학창 시절에 시험을 볼 때 시험 감독이 바로 옆에 서 있으면 시험에 집중하지 못했던 경험, 자기 혼자서 연습할 때는 제법 잘했던 음악이나 체육 실기수행평가도 선생님과 여러 친구들 앞에서는 제 실력을 발휘하지 못해 속상했던 경험은 누구에게나 있다. 이를 사회적 저하social impairment라고 한다.

왜 타인의 존재가 쉬운 과제에서는 촉진을, 어려운 과제에서는 저하를 일으킬까? 단순 노출 효과★매력로 잘 알려진 자이언스는 이에 대해 타인의 존재가 생리적 각성★과 흥분을 유발시키고, 이것이 과제에 대한 '주반응dominant response'을 촉진하기 때문이라고 설명한다. 주반응이란 쉬운 과제는 성공하고, 복잡하고 어려운 과제는 실패하는 것을 말한다.

이것으로 전문가와 초보자, 프로 선수와 아마추어 선수의 차이를 설명할 수 있다. 전문가나 프로 선수의 경우에는 관중이나 공통행동자가 있다면 각성의 증가로 좋은 성과를 내지만, 초보자나 아마추어 선수의 경우에는 오히려 평소 실력도 발휘하지 못한다.

자이언스의 설명은 각성과 수행에 관한 역-다슨 법칙과 유사하며, 이 역시 동물들에게서도 나타난다. 앞서 언급했던 바퀴벌레 실험에서 직선 주로를 달리는 쉬운 과제일 경우는 다른 바퀴벌레들이 관중으로 있을 때에는 수행이 좋았지만, 십자 교차로에서 방향을 한 번 틀어야 하는 어려운 과제일 경우에는 수행이 저조하게 나타났다.

사회적 저하와 많이 혼동하는 '사회적 태만social loafing'이란 타인과 함께할 때 수행이 저조한 현상을 의미한다. 사회적 저하가 관중 앞이나 혹은 공통행동자같은 종류의 일을 하지만 성과는 별개로 측정됨가 있을 때

일어나는 현상이라면, 사회적 태만은 하나의 성과를 위해 다른 사람들과 공동으로 일을 할 때 나타나는 현상으로 무임승차*죄수의 딜레마라고도 한다. 대표적으로 줄다리기가 그렇다. 모두 함께 한 줄을 잡아당기기에 성과는 개인이 아니라 집단* 전체로 나타난다. 굳이 자신이 열심히 하지 않아도 다른 사람들이 열심히 해 좋은 결과가 나오기를 기대하기 때문에 게을러지는 것이다. 이는 사회적 저하와는 다른 현상이다.

산업 및 조직심리학

산업 현장이나 조직에서도 가장 중요한 것은 사람
industrial & organizational psychology / 분야

경영학은 대학에서 인기 있는 전공이다. 대학 졸업 후는 물론 대학 내에서도 인정받는다. 많은 대학에서 하나의 전공이 아니라 학부단과대학로 운영하고 있으며, 일반대학원과 별도로 경영전문대학원을 설치하고 있을 정도다. 대학의 구조조정으로 많은 기초학문이 통폐합되고 있지만, 경영학의 위상은 전혀 흔들리지 않는다. 하지만 이렇게 잘 나가는 경영학이 학문적으로 빈약하다는 사실을 아는 사람은 많지 않다.

경영학은 인류문명의 산업화로 인해 발생하는 다양한 문제를 해결하고 생산성을 높이는 등 현실적인 목적을 위해 시작된 실용학문

이다. 당연히 학문적인 연구보다는 실용적인 성과를 중요하게 생각하며, 학문의 역사도 길지 않다. 이렇기 때문에 경영학은 심리학을 비롯한 여러 학문에서 이론과 연구 결과를 차용한다. 경영학도 어떤 면에서는 사람을 대상으로 하는 학문이므로 심리학과의 만남은 매우 자연스럽다. 심리학 중에서도 산업 및 조직심리학이라는 하위 분야가 밀접한 관련이 있다. 산업 및 조직심리학은 다양한 형태의 산업이나 조직, 그리고 그 안의 개인들을 연구하는 심리학의 하위 분야다. 산업이 발달하면서 종업원들에게 무조건 열심히 일만 시켜 생산성이 증가하기를 기대하는 기업가는 사라졌다. 다른 무엇보다 사람을 적재적소에 배치하고 활용하는 것이 중요해졌다. 이는 기업의 이익뿐만 아니라 근로자들의 복지와도 연계된다.

본래 조직심리학의 관심인 조직은 산업에만 국한되지 않는다. 사람들이 모여 만들어진 조직이라면 무엇이든지 조직심리학의 영역이다. 관공서나 기업은 물론이고, 회會라고 칭할 수 있는 다양한 모임들이 해당된다. 조직심리학에서 연구하는 주제는 의사소통, 리더십, 조직에 대한 몰입, 직무만족도, 작업 동기 등이다. 하지만 많은 조직 심리학자들의 관심이 산업체 내의 조직이기 때문에 조직심리를 산업심리학의 하위 분야로 넣기도 한다.

이 외에도 산업심리학에서 다루는 주요 분야는 다음과 같다. 우선 종업원들의 선발과 훈련, 배치와 승진, 근무평가 등의 문제를 다루는 인사심리가 있다. 이는 산업심리학에서 가장 오래된 분야이기도 하며, 산업체에서 가장 중요한 부분이다. 또한 최근에는 생산성을 증진시키기 위해 각종 기계와 장비 설계를 연구하는 공학심리도 주목받고 있다. 여기에서 나온 말이 인체공학이다. 이를 위해서는 인간의 감각과 지각*, 인지심리학*에 대한 지식이 필요하다.

마지막으로 상품에 대한 소비자들의 태도와 구매행동을 연구하며, 이와 연관된 광고를 연구하는 소비자 및 광고심리도 산업심리학의 하위 분야라고 볼 수 있다. 하지만 최근에는 이 분야를 산업심리학과 별도로 보기도 하며, 한국심리학회의 산하에는 두 학회가 별도로 존재한다. 주로 기업체의 이익과 연관된 산업심리학과 달리 소비자 및 광고심리학은 소비자의 입장과 연관되어 있다. 게다가 신문방송학, 광고학, 사회학, 소비자학, 의상학, 관광학 등 다른 분야와 연계성이 있는 것도 소비자 및 광고심리학을 산업심리학과 구별하는 이유가 된다.

상담심리학

마음이 힘들 때에는 마음 전문가를 찾으세요
counseling psychology / 분야

상담이라고 하면 으레 심리학을 떠올리는 사람들이 많으나 상담과 심리학의 만남은 그리 오래되지 않았다. 사람들은 예로부터 철학자나 현자賢者, 종교인과 교육자를 찾아가 자신의 문제에 대해 도움을 구했다. 이렇게 현장에서 실천의 영역으로 존재했던 상담은 심리학과 만나 학문으로 자리를 잡게 되었다.

상담심리학이 본격적으로 발전한 이유는 20세기 이후 전문 상담가로 활동하는 심리학자들이 생겨났기 때문이다. 심리학자들은 상담이라는 새로운 영역에서 연구를 진행했다. 가설을 세우고 검증하면서 이론을 만들었다. 그러면서 상담심리학이 심리학의 하위 분야로 자리 잡게 되었다. 하지만 상담이라는 실천 영역과 과학을 지향하는 심리학*의 만남은 매끄럽지 못했다. 상담은 과학적으로 연구하기에는 어려운 부분이 있기 때문이다.

심리학 내에서 상담이 차지하는 위상은 크지 않다. 그래서인지 심리학과 일반대학원에 상담심리 전공이 설치되지 않은 경우가 많다. 반면에 상담과 밀접한 연관이 있는 임상심리학*은 거의 모든 심리학과 일반대학원에 설치되어 있다. 임상심리학이 지향하는 바가 과학으로서의 심리학이라는 틀과 일치하기 때문이다.

이런 면에서 상담을 공부하기 위해서 반드시 심리학을 전공할 필요는 없다. 교육학을 비롯해 여러 전공종교, 복지, 아동, 가족 등에서도 가능하다. 학문으로 정립된 상담을 심리학 외의 다른 전공에서도 받아들였기 때문이다. 한국심리학회 산하의 상담심리학회와 임상심리학회 회원들의 출신 전공만 살펴봐도 이러한 경향을 쉽게 알 수 있다. 상담심리학회는 심리학 외에도 교육학, 사회복지학을 비롯해 전공이 다양한 사람들이 많으나 임상심리학회는 모든 회원들이 심리학 전공자다.

상담심리학에서는 다양한 상담 혹은 심리치료의 이론과 실제를 배우게 된다. 프로이트★의 정신분석★, 로저스★의 인간중심 치료★, 벡★과 엘리스★의 인지 치료★를 3대 주요 이론이라고 본다. 이 외에도 펄스의 게슈탈트 치료★를 비롯해 글래서William Glasser의 현실요법, 번Eric Berne의 의사교류분석, 그리고 행동 수정★ 등 치료 이론과 방법은 수백여 가지나 된다.

우리나라 사람들이 상담에 대해 갖는 오해는 크게 두 가지다. 먼저 상담이라는 용어를 무분별하게 사용해서 상담을 너무나 가볍게 생각한다. 간판이나 전단지, 인터넷을 보면 상담이라는 단어를 쉽게 발견할 수 있다. 투자 상담, 연애 상담, 신앙 상담, 운세 상담, 부동산 상담, 고민 상담, 보험 상담 등. 이러다 보니 상담심리를 전공한 전문 상담자들은 자신들의 직업을 '심리 상담'이라고 표현해야 하는 실정이다.

상담이라는 용어가 이렇게 무분별하게 사용되는 이유 중 하나는 상담에 대한 국가자격제도와 법적 근거가 없기 때문이다. 국가 기관인 한국청소년상담복지개발원에서 주관하는 청소년상담사 자격증이 있긴 하지만, 일반 상담 분야에서는 학회가 발급하는 민간자격증뿐이다.

이렇게 보면 상담을 너무나 쉽고 편안하게 생각하는 것 같지만, 정작 상담이 필요할 때는 상담자를 찾지 않는다. 그 이유는 소위 미친 사람★이상심리학만 상담을 받는다고 생각하기 때문이다. 이것이 두 번째 오해다. 사람들은 자신의 마음을 스스로 통제★통제감할 수 있어야 한다고 생각하기 때문에 상담은 의지력이 매우 약한 사람들이나 받는 것이라고 생각한다. 하지만 상담은 미친 사람만 받는 것도 아니고, 의지력이 약한 사람만 받는 것도 아니다. 마음의 문제를 직면하고 이에 대해 적극적으로 대응하려는 용기 있는 사람이 받는 것이다.

예전에는 자녀 교육도, 재산 투자도, 건강관리도 모두 스스로 해야만 했다. 그렇지만 각 분야의 전문 영역이 발전하면서 자녀의 교육이나 재산 투자, 자신의 건강관리 모두 전문가의 도움을 받는다. 그런데 왜 아직도 자신의 마음은 어떻게든 스스로 하려고만 할까? 물론 스스로 노력하는 자세가 나쁘다는 것은 아니다. 다만 적절한 도움을 제때 받지 못해 자살처럼 극단적인 선택을 하는 사람들이 많으니 안타까울 뿐이다.

상담에 대한 거부감은 정신장애에 대한 오해와 편견과 맞물려 있다. 상담의 유일한 목적이 심리적인 고통의 해결은 아니지만, 많은 이들은 상담이 정신병★신경증과 정신증을 치료하는 도구라고 알고 있다. 이런 면에서 상담과 심리치료를 명확히 구분해야 한다는 주장도 있다. 상담은 일반인들의 심리적인 문제의 해결을, 심리치료는 심각한 정신장애의 치료를 목적으로 한다는 것이다.

하지만 일반인들도 얼마든지 정신장애를 경험할 수 있고, 정신장애를 겪고 있는 사람도 일반인들과 질적으로 다르지 않다는 점에서 상담과 심리치료의 구분은 쉽지 않다. 어쨌든 상담이건, 심리치료건 심리적 어려움과 문제를 해결한다는 점에서 상담이 가지고 있는 오명은 생각보다 크다.

심리학자들은 이렇게 상담이라는 용어가 주는 거부감을 뛰어넘어서 사람들을 돕고자 다른 용어와 방식을 사용한다. 자문consulting과 코칭coaching이 그것이다. 자문과 코칭의 시작은 심리학자들이 아니었지만, 이제는 심리학자들도 개인과 기관을 대상으로 자문과 코칭을 하면서 다양한 심리학적인 도움을 주고 있다. 물론 상담과 자문, 코칭을 명확히 구분해야 한다고 주장하는 이들도 없지는 않으나 현실적으로는 중복되는 부분이 많다는 점에서 그리 설득력이 없어 보인다. 용어가 어떻든, 방식이 어떻든 혼자서 괴로워하며 극단을 내달리는 것보다 적절한 시점에 심리학자에게 적절한 도움을 받는 것이 세상을 살아가는 현명한 방법이다.

상향 처리 vs. 하향 처리

정보 처리의 두 가지 방식
bottom-up process vs. top-down process / 인지심리학

- 자신이 쓴 글에서 오탈자를 찾기가 어려운 이유: 하향
- 장기나 바둑에서 훈수하는 사람이 더 많은 수를 보는 이유: 상향
- 아무리 생각해도 선입견이 정확하게 느껴지는 이유: 하향
- 시대마다 뛰어난 인물들이 예리한 관찰자인 이유: 상향
- 내 생각이 언제나 맞는 것처럼 보이는 이유: 하향

인간은 세상에서 끊임없이 정보★인지심리학를 받아서 처리한다. 이때 우리는 두 가지 방식 혹은 방향, 즉 상향과 하향으로 처리한다. 상향 처리는 자료주도적 처리data-driven process라고도 하며, 하향 처리는 개념주도적concept-driven 혹은 도식주도적 처리schema-driven process라고도 한다. 이를 '아래서 위쪽으로' 혹은 '위에서 아래쪽으로'라고 표현하는 이유는 우리의 지식과 도식★개념이 자료보다 위에 있다는 생각 때문이다.

경험론★인식론의 대표 주자 로크의 주장처럼 아기들의 머리가 완전히 비어 있지는 않겠지만, 경험에 따른 지식이나 경험을 판단할 만한 기준은 확실히 적다고 할 수 있다. 따라서 아기들은 두려움 없이 모든 것을 시도하려고 하며, 그 결과를 자신의 지식으로 만든다. 아기들처럼 아무런 판단이나 의도 없이 세상에서 얻는 모든 정보를 받아들여 처리하는 것을 상향 처리라고 한다.

하지만 아이들도 점차 성장하면서 좋은 경험과 나쁜 경험을 구분하게 되고, 부모와 사회 혹은 또래에게 얻는 다양한 기준과 가치가 생겨난다. 이것이 점차 자라서 경험과 정보를 있는 그대로 받아들이기보다 자신의 취향에 맞는 것만을 받아들인다. 이를 하향 처리라고 한다.

어린 아이들일수록 상향 처리를, 어른일수록 하향 처리를 하는 경향이 있다. 상향 처리는 선입견 없이 정보를 받아들이는 장점이 있지만, 시간이 오래 걸린다는 단점도 있다. 따라서 많은 정보를 짧은 시간에 처리해야 하는 현대인들에게 좋은 방법이 아닐 수 있다. 현대인들은 바쁠수록 하향 처리를 사용한다. 하향 처리는 많은 자료에서 자신의 도식개념에 맞는 정보만을 선별적으로 처리하기 때문에 빠르다는 장점이 있으나, 한편으로는 오류가 생길 가능성이 높다는 단점도 있다. 자신이 보고 싶은 것만을 보기 때문에 자료를 꼼꼼히 살피지 못해 실수를 저지르기 쉽다. 당신이 이 책에서 발견하는 수많은 오탈자와 비문非文 역시 필자의 하향 처리 때문이다. 필자와 편집자의 눈에는 보이지 않던 것이 독자의 눈에는 그렇게 잘 보이다니, 아무리 생각해도 놀라울 따름이다. 인류의 불가사의에 포함시킬 정도 아닌가!

당연히 두 가지 방식 중 어느 것이 절대적으로 낫다고 할 수는 없다. 두 가지 방식 중 하나를 고집하기보다 때에 따라 적절하게 선택하고 사용하는 것이 필요하다. 자신이 주로 어떤 방식으로 정보처리를 하는지 파악하고, 자신이 사용하지 않는 방법을 사용해보자. 어느 시대나 어느 장면에서든지 일과 대인관계에서 성공하는 사람들은 이 두 가지 방식을 고르게 사용하고 있으며, 그렇지 못한 사람들은 한 가지 방식만을 고집하는 경우가 많다.

정보처리의 두 가지 방식은 논리추론의 두 가지 방식인 연역법deduction, 결론에서 증거로과 귀납법induction, 증거에서 결론으로을 생각나게 한다. 물론 비슷한 점이 있으나 정보처리와 논리추론이라는 기본 전제가 다르다.

색채 지각

색은 실재하는 대상의 속성일까? 마음속 판타지일까?
color perception / 감각과 지각

- 2001년 11월: 외국인 4명과 '성남외국인노동자의 집' 김해성 목사
  는 기술표준원장과 크레파스 제조업체 3곳을 상대로 크레파스 색
  상에서 특정 색을 살색이라고 표기하는 것은 차별이라며 국가인권
  위원회에 진정서 제출
- 2002년 8월: 국가인권위원회는 이를 받아들여 기술표준원에 한국
  산업규격ks 개정을 권고
- 2002년 11월: 기술표준원은 이를 받아들여 살색을 연주황軟朱黃으로
  변경
- 2004년 8월: 초등학생과 중학생 등 6명은 연주황이 어린이들은 쉽
  게 알 수 없는 표기로 이는 어린이들의 인권을 침해한 것이라며, 어
  린이들도 쉽게 알 수 있는 살구색으로 바꿔달라고 국가인권위원회
  에 진정서 제출
- 2005년 5월: 국가인권위원회는 이를 받아들여 기술표준원에 한국
  산업규격을 개정할 것을 권고. 기술표준원은 이를 받아들여 연주황
  을 살구색으로 변경
- 2009년 9월: 고등학생 5명은 신문사 10곳과 방송사 3곳 등이 기사
  에서 '살색'이란 용어를 사용해 피부색을 이유로 차별을 하고 있다
  며 국가인권위원회에 진정서 제출

• 2010년 5월: 언론사와 대형마트를 비롯해 업체 18곳이 살색이라는
표현을 쓰지 않겠다는 의견을 밝힘

아직도 많은 사람들이 살색이라는 표현을 사용하고 있으나 공식
적으로 살색이라는 표현은 2002년에 사망선고를 받았다. 이후 연
주황을 거쳐 살구색으로 정착한 고故살색. 하지만 어린 시절, 한韓민
족은 한-민족이며 백白의 민족이라는 이야기를 듣고 자란 사람들은
여전히 습관적으로 살색이라는 표현을 사용한다. 이제 우리나라도
100만 명이 넘는 외국인이 거주하는 다문화 사회이니 돌아가신 살
색보다는 새로 태어난 살구색이라는 표현에 익숙해져야 할 때다.

색의 중요성

살색에 대한 일련의 변화를 보면 색이 우리의 삶에 얼마나 중요
한 영향을 미치고 있는지 알 수 있다. 색 이름은 사람이 비교적 이른
시기에 습득하는 단어다. 사람들은 다양한 색을 통해 자신을 표현한
다. 아침에 옷을 고를 때에도 색은 중요한 선택 기준이다. 군인이라
면 모를까, 보온이나 보호 기능만을 염두에 두고 옷을 고르는 사람
은 많지 않다.

뿐만 아니라 색은 어떤 면에서 언어보다 효율적이고 보편적인 정
보 전달자다. 신호등과 소방차의 빨간색은 위험과 경고, 스쿨버스의
노란색은 주의라는 뜻이다. 결혼식장의 흰색은 순결함과 거룩함, 상
가喪家의 검은색은 슬픔을 뜻한다. 색이 인간에게 주는 의미는 다양하

고 중요하며 풍부하다. 무채색인 세상은 상상할 수 없을 정도다.

이처럼 색이 사람에게 중요하다면, 그 실체는 무엇일까? 색은 현실에 실제로 존재하는 대상의 속성인가, 아니면 정신 과정의 경험인가? 이 질문은 다소 엉뚱하게 보인다. 우리는 너무나 당연하게 색의 실재성을 받아들이고 있기 때문이다.

하지만 색의 실체에 대한 논쟁은 아주 오래 되었다. 색에 대한 인식, 즉 색채 지각은 인식론*의 중요한 주제였다. 철학자들은 색이 현실에 실재하는 것인지객관주의, 아니면 우리의 정신세계에 존재하는 것인지주관주의 논쟁을 벌였다. 어떤 주제에 대해 논쟁하는 철학자들과 달리 연구를 통해 증명하려고 하는 심리학자들이 이 질문에 대해 무엇이라고 답하는지 살펴보자. 이를 위해서는 시각* 경험의 기제를 알아야 한다.

빛의 변환

모든 물체는 광원光源, 태양이나 전구 등에서 받은 빛 중 일부는 흡수하고 나머지는 반사하는데, 이 반사된 빛을 우리의 안구가 받아들여 시각 경험을 한다. 다시 말해 우리는 물체를 직접 보는 것이 아니라, 그 물체가 반사하는 빛을 보는 것이다. 빛 중에서도 가시광선visible light이라고 불리는 400~700nm 범위의 파장만 볼 수 있다.

우리의 눈으로 들어온 빛은 안구 뒤쪽 벽인 망막retina에 존재하는 두 감광세포 원추체추상체, cones와 간상체rods를 흥분시키고, 두 감광세포는 뇌*가 알아차릴 수 있는 전기적 신호*뉴런로 변환시킨다. 변환된 정보는 뇌로 이동하고, 뇌는 물체의 모양형태과 색을 지각한다.

원추체와 간상체는 조명의 밝기에 따라서 다르게 흥분한다. 어두운 조명에서 활동하는 간상체를 통해 우리는 물체의 형태와 명암만을 지각한다. 반면에 밝은 조명에서 활동하는 원추체를 통해서는 물체의 형태와 색깔을 지각한다. 원추체는 반응하는 파장의 범위에 따라서 L-cone, M-cone, S-cone으로 구분된다. 장파장에 반응하는 L-cone은 붉은 계열, 중파장에 반응하는 M-cone은 초록 계열, 단파장에 반응하는 S-cone은 파란 계열의 색깔 경험과 각각 연관이 있다.

삼원색 이론 vs. 색채 지각의 대립 과정 이론

밝은 조명에서 활동해 색깔 경험을 일으키는 세포가 세 가지라면, 우리의 색채 지각도 세 가지의 무언가로 설명할 수 있지 않을까? 마치 세 가지 기본색빨강, 노랑, 파랑을 적절하게 배합하면 모든 색을 만들 수 있는 색 혼합color mixing 현상처럼 말이다.

18세기 과학자 영Thomas Young은 색 혼합 현상에 근거해 인간에게는 세 가지 기본색을 알아차릴 수 있는 기제가 있을 것이라고 주장했다. 이후 19세기 과학자 헬름홀츠Hermann von Helmholtz는 이 이론을 정교하게 발전시켜 삼원색 이론trichromatic theory을 정립했다.

하지만 삼원색 이론이 모든 것을 설명하지는 못했다. 그 중 대표적인 것이 바로 잔상현상afterimage이다. 빨간색 정사각형을 1분 동안 정면으로 바라보다가 흰색 바탕으로 시선을 돌리면, 녹색 정사각형 형태를 잠시 동안 볼 수 있다. 이에 대해 헤링Ewald Hering은 우리의 시각이 빨강-초록, 파랑-노랑, 하양-검정처럼 서로 반대되는 색에 대해 반응하도록 되어 있기 때문이라고 주장하면서 이를 대립 과정 이론이라고 불렀다. 참고로 인간의 동기를 설명하는 대립 과정★ 이론도 있다. 이 둘을 구분하기 위해 헤링의 이론은 색채 지각의 대립과정 이론opponent process theory of color vision이라고 한다.

그렇다면 두 가지 이론 중 어느 것이 맞을까? 결론은 둘 다 맞다. 두 이론이 제안되었을 당시는 과학 기술의 한계로 인간의 시각 세포를 발견할 수 없었다. 영이나 헬름홀츠, 헤링은 지각★감각과 지각 현상에 근거해 하나의 가설을 세운 것이었다. 그렇지만 20세기 이후로 두 이론을 지지하는 생물학적 증거, 즉 시각 세포가 발견되었다. 우선 망막에서 앞에서 언급했던 세 가지 종류의 원추체를 발견했고, 망막 이후의 시각 경로에서는 대립 과정 이론을 지지하는 세포를 발견했다. 현재는 두 가지 이론을 절충해 인간의 색채 지각을 설명한다.

파장 이상의 색

우리의 색 경험을 유발하는 파장은 프리즘을 통해 무지개 색깔로 표현이 가능하다. 400~700nm의 순서대로 보라, 남색, 파랑, 초록, 노랑, 주황, 빨강이 된다. 만약 700nm의 파장만 우리의 눈에 들어온다면 L-cone이 흥분하고 우리는 붉은색을 경험한다. 다시 말해 파장 자체는 색이 없으며, 파장에 반응한 여러 세포들의 활동으로 우리가 색을 경험한다는 것이다.

결국 색은 길이나 무게 같은 대상의 속성이 아니라, 빛의 파장을 통해 감광세포와 여러 시각 관련 세포들이 정신 과정에서 만들어내는 것이다. 이를 입증하는 한 가지 현상이 색맹color blindness이다. 색맹은 선천적으로 원추체의 종류가 적기 때문에 특정 색을 지각하지 못하는 현상이다. 대상의 속성이라면 모두가 동일한 경험을 해야 하지만 적어도 색은 그렇지 않다. 일찍이 프리즘을 통해 빛의 스펙트럼을 발견한 뉴턴Isaac Newton은 "빛의 파장에는 색이 없다"고 말했다.

물론 여전히 색이 실제로 존재한다는 믿음을 포기하고 싶지 않은 이들은 이렇게 주장하고 싶을 것이다. 파장 자체에는 색이 없지만 파장이 원추체를 통해 색 경험을 유발하니, 색이 실재한다고 해도 큰 무리가 없지 않느냐고. 하지만 이렇게 생각할 수 없는 결정적인 증거가 스펙트럼 외 색깔extra-spectral colors이다. 파장이 직접 유발하지는 않지만, 즉 무지개 색에는 없지만 우리가 지각할 수 있는 색인 자주색purple이 이에 해당한다.

중고등학교 미술교과서나 포토샵 같은 그래픽 프로그램에서 색환color circle을 볼 수 있다. 시계방향으로 돌아가면서 빨주노초파남보의 무지개색이 순차적으로 연결된 원반이 바로 그것이다. 그런데 색환은 보라색에서 끝나지 않고 다시 빨간색으로 돌아오게 된다. 바로 이 부분, 보라색에서 빨간색으로 이어지는 부분에 자주색이 있다.

그런데 이 자주색은 빛의 스펙트럼에는 존재하지 않는 색이다. 이처럼 빛이 직접 유발하지 않는 색을 지각한다는 사실은, 색이란 현실세계가 아닌 정신세계가 만든 판타지fantasy라는 증거다. 이런 점에서 자주색이 전통적으로 신화myth나 판타지와 자주 연관되었다는 사실은 흥미롭기 그지없다.

생리심리학

인간의 마음과 행동에 대한 생리학적 접근
physiological psychology / 분야

대학에서 심리학을 전공하는 학생들을 뜨악하게 하는 수업심리학의 하위 분야을 꼽으라면 심리통계와 생리심리학이 아닐까? 우리나라에서 심리학과는 대부분 사회과학대혹은 문과대에 속해 있다 보니, 자연스럽게 심리학 전공자들은 수학과 과학을 등한시하거나 싫어하는 문과 출신인 경우가 많다. 당연히 생물학과 수학을 떠올리게 하는 이 수업분야은 많은 심리학 전공자들에게 환영받지 못한다.

하지만 과학적 심리학*에서 이 두 분야는 가장 핵심적인 위치를 차지하고 있다. 가설을 세우고 자료를 모아 검증하려면 통계가 필요하고, 인간의 뇌*만큼 마음에 대해 직접적이고 정확한 증거를 제공하는 것이 없기에 생물학도 빼놓을 수 없다. 어떤 심리학 개론서를 든지 인간의 뇌와 신경 세포 뉴런*을 다루는 생리심리학은 심리학 역사를 제외하고는 가장 앞쪽에 위치하고 있다.

생리심리학은 인간의 마음과 행동을 연구함에 있어서 생물학 관점으로 접근한다. 하지만 생물학이나 생리학 자체가 아니라, 인간

의 마음과 행동에 영향을 미치는 신경계*와 내분비계호르몬*신경전달
물질, 유전 등을 다룬다. 이 중에서도 신경계가 차지하는 비중이 가장
크다. 그 이유는 뇌를 중심으로 온몸에 뻗어 있는 신경 세포들이 작
동한 결과가 바로 우리의 마음과 행동이라고 할 수 있기 때문이다.
이 때문에 생리심리학은 심리학을 비롯한 대부분의 현대 과학이 취
하는 일원론*결정론 vs. 자유 의지의 대표 주자다.

생리심리학에서는 뇌가 곧 마음이라고 주장한다. 물론 이것이 생
소하게 들릴 수도 있겠지만, 이는 엄연한 사실이다. 간혹 길에서 허
공을 바라보고 혼자 이야기하는 사람을 볼 수 있다. 이들은 다른 이
들에게는 들리지 않는 목소리환청*환각가 들린다. 어떻게 이것이 가능
할까? 듣는다는 것은 귀*오감가 아닌 뇌의 작용이기 때문이다.

귀는 공기 중의 파장을 받아들이는 통로일 뿐이다. 그 안에 있는
여러 기관과 세포들이 파장을 신경신호로 변화시켜서 뇌로 보내야
우리는 비로소 들을 수 있다. 만약 청각을 담당하는 뇌의 한 부위가
이상흥분을 하면, 외부에 소리가 없어도 소리를 들을 수 있다. 워쇼
스키Wachowski 형제의 영화 〈매트릭스Matrix〉를 비롯해 많은 SF 영화는
인간의 신경계로 전기신호를 보내 가상현실을 체험하는 장면을 보
여준다. 아직까지는 과학기술의 한계로 현실화될 수 없으나 뇌 과학
자들은 앞으로 충분히 가능하다고 말한다.

지금 이 글을 읽고 이해하는 것이 당신 자신이라고 생각할지 모르
지만, 정확히 말한다면 당신이 아니라 당신의 뇌다. 그렇다면 당신
은 당신의 뇌인가? 아니면 당신의 뇌가 당신인가? 당신은 뇌를 소유

하고 있다고 생각할지 모르나 실제로는 뇌가 당신을 소유하고 있는 것인지도 모른다.

과학과 의료기술의 발달 덕분에 우리는 사고나 질병으로 손상된 장기臟器를 타인에게 이식받을 수 있게 되었다. 어떤 장기를 이식 받더라도 '나'라는 정체감을 유지하는 데 큰 문제가 없다. 하지만 뇌를 바꾸면 어떨까? 뇌를 남에게 이식받아도 여전히 나는 나일까?

그렇지 않다. 뇌를 다른 사람의 것으로 바꾼다면, 나는 내가 아니라 그 사람인 것이다. 그 이유는 '나'라는 정체감과 판단과 사고의 주체가 바로 뇌이기 때문이다.

2003년에 한국심리학회는 뇌에 대한 학제간 연구 성과를 결집시켜 발표하는 심포지엄을 개최했다. 이때 발표된 연구 결과를 모아 『마음을 움직이는 뇌, 뇌를 움직이는 마음』을 출간했다. 이 책 제목만 보아도 현대 심리학에서 뇌 연구와 생리심리학이 차지하는 위상을 알 수 있다.

선택

과연 선택의 자유는 우리를 행복하게 할까?
choice / 사회심리학

우리의 삶은 선택으로 가득 차 있다. 우리기 아침에 눈을 뜨는 그 순간부터 저녁에 눈을 감을 때까지 선택을 강요받는다. 몇 시에 일어날 것인지, 어떻게 씻을 것인지, 무엇을 먹을 것인지 우리는 선택해야 한다. 물론 일상적인 선택은 늘 하던 대로 하는 경향이 있기 때문에 선택인지도 모르는 경우가 있으나 엄밀히 따지자면 이것도 선택이다.

선택의 강요는 쇼핑을 할 때 본격적으로 시작된다. 별 대수롭지 않은 물건 하나를 사려 해도, 다양하게 선택할 수 있는 가능성 앞에 기가 죽는다. 물건도 다양한데, 동일한 물건이라도 가격이 천차만별이니 선택은 결코 만만하지 않다.

예전 사람들은 동네 시장에 가서 물건을 골랐다. 살 필요가 있는 품목만 정하면 그뿐이었다. 가게도 많지 않을 뿐더러, 그나마 가게 안에 있는 제품이나 가격도 엇비슷해 선택의 여지가 없었다. 하지만 제조업과 유통업, 광고업과 인터넷의 발달로 우리는 선택의 홍수에서 허우적거리고 있다.

사람들은 자신에게 주어진 선택의 권한과 그로 인해 느끼는 행복감과 만족감 사이에 정적 상관이 존재한다고 생각한다. 자신의 직업과 거주지, 심지어 배우자까지 누군가가 정해줄 때보다 자신이 스스로 선택할 때 행복감과 만족감을 느끼고, 선택할 수 있는 대안들이 많을수록 더 많은 자유가 주어졌다고 느긴다.

그렇다면 과거의 사람들보다 선택할 수 있는 여지가 많아진 현대인들이 더 행복할까? 경제적으로 풍요로워서 선택의 폭이 넓은 나라의 국민들은 경제적으로 열악한 국민들보다 더 행복하고 만족할까? 물론 어느 정도는 정적 상관이 있으나 일정 수준을 넘어서면 거의 상관이 없거나 오히려 부적 상관이 발생한다.

1978년에 노벨경제학상을 수상한 미국의 경제학자이자 심리학자인 사이먼Herbert Simon은 선택 앞에서 행복하지 않은 사람과 행복한 사람을 극대화자maximizer와 만족자satisficer로 구분했다.

최고만을 추구하는 사람인 극대화자는 언제나 최고의 선택을 원한다. 자신의 선택이 최고인지 아닌지 알 수 있는 방법은 선택하지 않은 모든 대안을 모두 다 확인해보는 것이지만, 이는 현실적으로 불가능하다. 결국 극대화자는 다른 선택에 대한 미련으로 자신의 선택에 대한 후회와 불안감을 크게 느낀다. 선택할수록 만족하지 못하게 되는 것이다.

반면에 만족자는 자신의 기준에 부합할 정도로만 좋은 것을 추구하는 사람이다. 물론 자신의 선택보다 더 나은 대안이 있을 수도 있겠지만, 선택의 순간에는 최선이었다고 생각하기 때문에 만족하는 것이다.

미국 스워스모어대학의 심리학자인 슈워츠Barry Schwartz는 『선택의 심리학The Paradox of Choice : Why More Is Less』에서 여러 대안들을 비교하기 위해 인지적 노력과 시간이 필요하며, 여러 대안 중에서 하나를 선택하게 되면 선택하지 않은 대안들에 대한 기회비용opportunity이 발생한다고 말한다. 따라서 선택의 결과가 좋지 않거나 더 좋은 대안을 찾았을 때에는 후회하기 쉽다는 것이다.

선택에 이러한 어려움과 문제점이 있다고 해서 선택을 하지 않고는 살 수 없으니, 우리의 선택이 자유와 만족, 그리고 행복감으로 연결되도록 우리의 마음을 극대화자에서 만족자로 바꾸는 것은 어떨까?

섭식 장애

현대 여성들에게 다이어트와 함께 불어닥친 문화적 정신장애
eating disorder / 이상심리학

현대 여성들이라면 최소 한 번쯤은 진지하게 고민해봤을 법한 다이어트. 현대 여성들에게 날씬한 몸매는 권력이나 다름없기에 다이어트는 결코 비켜갈 수 없는 관문이다. 외모에 대한 사회적이고 문화적인 압력을 받는 현대 여성들은 얼굴이야 수술을 하지 않는 한 어떻게 해볼 도리가 없지만 몸매는 스스로 통제*통제감할 수 있다고 생각한다.

물론 여기에는 날씬함에 대한 여성들의 욕망을 미끼로 잇속을 챙기려는 장사치들의 속셈도 한몫하고 있다. 극단적으로는 지방흡입이라는 방법을 사용하기도 하지만, 대부분의 여성들은 식단 조절과 운동을 통해 다이어트를 시도한다. 하지만 식욕을 거스른다는 것은 고통스러운 일이다. 만약 식욕의 노예가 되어서 식단 조절에 실패했다면 먹은 만큼, 아니 그 이상의 운동을 해야 한다. 지나친 운동은 다시 허기를 부르는 법, 기가 찰 노릇이다. 이렇게 과도한 스트레스*를 받으면서 하루하루를 견뎌서 자신의 목표를 달성하면 좋으련만, 이

마저 실패했다면 좌절감에 대한 보상이라도 하려는 듯이 엄청난 양의 음식을 입으로 쑤셔넣는다.

많은 심리학자들은 섭식 장애가 다이어트 열풍이 불었던 1980년대 이후로 새롭게 생겨났다는 점에 근거해 그 원인으로 사회문화적인 요인을 지목한다. 섭식 장애에는 신경성 식욕부진증anorexia nervosa과 신경성 폭식증bulimia nervosa, 폭식 장애BED ; Binge Eating Disorder가 있다.

신경성 식욕부진증이란 정상 체중의 대략 85% 이하를 유지하기 위해 과도하게 음식 섭취를 거부해 거식증으로도 불린다. 한때 비정상적으로 저체중인 패션모델들이 사망하는 일이 잇따르면서 모델계에서는 이들을 퇴출시키기도 했다. 식욕부진증인 여성들은 상당 기간 동안 월경을 하지 않을 정도로 몸의 균형이 깨지고 건강을 해치는 것은 물론, 심지어 사망에 이르기까지 한다.

신경성 식욕부진증은 다시 두 부류로 나뉜다. 한 부류는 계속 음식섭취를 거부하는 사람들이고, 또 다른 부류는 가끔 폭식을 하는 사람들이다. 물론 이들은 폭식 후 죄책감에 사로잡혀 이를 보상하기 위해 스스로 구토를 하거나 하제나 이뇨제, 관장제 같은 약을 사용한다.

신경성 폭식증도 폭식과 보상행동이 나타나는데, 신경성 식욕부진증의 폭식형과 다른 점이 있다면 정상체중을 유지한다는 것이다. 평소에는 음식을 과도하게 거부하거나 다이어트에 대한 집착 없이 잘 생활하지만 스트레스가 발생하면 폭식과 곧 이은 보상행동을 하게 된다. 가장 손쉬운 보상행동은 구토다. 구토를 하기 위해서는 검지를 식도 부근까지 넣어야 하는데, 이 과정에서 음식물과 함께 나온 위산이 식도와 손을 상하게 한다.

폭식 장애는 폭식만 나타나고 보상행동은 나타나지 않는다는 점에서 신경성 폭식증과 다르다. 당연히 과체중이거나 비만인 경우가 많다. 이 때문에 폭식 장애는 마음의 문제가 아니라 몸의 문제로 인식되었다. 그러나 이들이 호소하는 우울*이나 불안* 같은 심리적 문제가 부각되면서 DSM-5*^{DSM}부터는 급식 및 섭식 장애feeding and eating disorder의 범주에 포함되었다.

섭식 장애를 치료하려면 약물치료와 함께 심리치료*^{상담심리학}를 함께 받아야 한다. 상담과 심리치료를 통해 부정적인 신체상과 자아상을 바꾸고, 스트레스에 취약한 마음을 강하게 만들며, 공허감과 우울에서 벗어나야 한다. 공허감과 우울을 비롯한 정서적인 문제는 섭식 장애를 가진 사람들의 보편적인 경험이다. 왜 그럴까?

어떤 심리학자들은 마음의 공허감을 공복감과 혼동하게 되면서 이를 포만감으로 채우려 하기 때문에 폭식을 한다고 본다. 사실 우리에게 음식과 배부름은 따뜻한 사랑과 편안함의 상징이다. 어린 시절 식탁에서 어머니가 해주신 따뜻하고 맛있는 음식을 먹을 때 우리는 어머니의 사랑을 먹는 것이며, 음식으로 부른 배는 사랑으로 충만한 마음과 다르지 않다. 이런 점에서 공허감과 공복감을 혼동한다는 것은 충분히 가능한 이야기다. 결국 채워야 하는 것은 우리의 몸이 아니라 마음이다.

성격심리학

평균적인 개인보다는 개인차에 주목하는 심리학
personality psychology / 분야

과학을 지향하는 학문은 평균에 관심을 가지며, 여러 현상의 차이점독특성보다는 공통점보편성을 중심으로 이론을 펼쳐나간다. 자료를 수집해 가설을 증명할 때 기준이 되는 것은 평균이다. 각 현상이 가지는 차이점은 연구와 이론에서 배제되어야 하는 편차와 오차 정도로 인식한다.

심리학*도 대체적으로는 그렇다. 사람들 간의 공통점평균에 주목을 하고, 개인차편차를 무시하는 경향이 없지 않다. 하지만 모든 심리학자가 그런 것은 아니다. 어떤 심리학자들은 사람을 연구하기 위해서는 평균보다는 편차, 즉 개인차를 이해해야 한다고 주장한다. 이처럼 개인의 독특성에 관심을 가지는 분야가 바로 '성격심리학'이다.

성격personality이란 무엇일까? 성격이란 말의 어원은 가면이라는 뜻의 페르소나persona다. 연극에서 어떤 가면을 쓰느냐에 따라 배우의 역할이 달라진다. 왕의 가면을 쓰면 왕처럼, 노예의 가면을 쓰면 노예처럼 행동하고 생각하고 느껴야 한다. 이처럼 성격이란 대인관계나 일상생활에서 생각과 행동, 정서에 영향을 미치는 특성으로서 다음과 같은 특징이 있다.

첫째는 독특성uniqueness이다. 성격은 서로를 구분하게 한다. 모든 사람이 공유하고 있는 속성, 예를 들어 언어나 사고 같은 정신기능은 성격이 될 수 없다. 물론 독특성을 주장한다고 해서 보편성을 무시한다는 의미는 아니다. 큰 틀에서 보편성을 인정해야 개인차와 독특성을 다룰 수 있기 때문이다.

둘째는 일관성consistency이다. 상황이나 시간에 따라 너무나 쉽게 변한다면 성격이라고 하기 어렵다. 물론 인간이 기계가 아닌 이상 전혀 변하지 않을 수는 없다. 하지만 대부분의 성격심리학자들은 이러한 변화는 피상적인 것일 뿐이고, 그 이면에서는 일관성과 연속성이 존재한다고 생각한다.

동기와 정서*처럼 성격심리학도 심리학의 본류인식론*에서 시작한와는 어느 정도 거리가 있으나 인간의 마음과 행동에 대한 일반적 궁금증을 해결해주기 때문에 일반인들의 관심을 끄는 분야다. 뿐만 아니라 심리학의 다른 분야와 매우 밀접하다. 성격이라는 주제에 대해 생물학적으로 접근한다면 생리심리학*, 학습의 관점에서 접근한다면 학습심리학*, 인지의 관점에서 접근했을 때는 인지심리학*, 성격의 발달에 대해 연구한다면 발달심리학*과 연관된다. 이상 성격의 진단과 치료라는 측면에서는 이상심리학*, 상담심리학*, 임상심리학*과 연계된다.

무엇보다 성격심리학과 사회심리학*은 동전의 양면과 같다. 인간의 행동을 설명하기 위해 개인의 내적인 성격과 함께 개인의 외적인 환경을 모두 고려해야 한다고 사회심리학의 아버지인 레빈은 주장했다. 레빈의 주장은 사회심리학과 성격심리학의 공존을 주장한 것처럼 보이지만 그의 진짜 관심은 인간의 환경에 있었다. 그래서 사회심리학의 아버지라는 칭호를 얻은 것이다. 어쨌든 레빈의 주장 이후로 심리학자들은 성격과 환경을 함께 연구하고 있다. 한국심리학회 산하에는 '사회 및 성격심리학회'가 있으며, 미국심리학회 산하에도 '성격과 사회심리학회Society for Personality and Social Psychology'가 있다.

성격심리학은 주제와 방법이 광범위하기 때문에 다양한 이론들을 포함한다. 특질 이론★5요인 모형처럼 요인분석이라는 통계적인 기법으로 확립된 성격이론도 있지만, 정신분석★이나 인간주의★처럼 과학과 통계로는 증명할 수는 없는 이론도 있다. 그 이유는 평균보다 개인차에 관심을 가지기 때문이다. 행동주의★는 성격이란 개념 자체를 인정하지 않지만 이미 그 자체로 성격이론이다. 왜냐하면 성격에 관심을 갖는 사람들도 관심의 출발점은 행동이고, 관심의 목적도 행동의 예측이기 때문이다.

성격 장애

대인관계에서 명확하게 드러나는 왜곡된 성격
personality disorder / 이상심리학

성격 장애는 인격 장애로도 흔히 표현된다. 주로 정신의학자들은 personality를 '인격'으로 번역한다. 하지만 대부분의 심리학자들은 가치가 포함되어 있는 듯한 '인격'이라는 용어 대신 '성격'이라고 번역한다. 여기에는 성격★성격심리학이 심리학의 하위 분야로 오래 전부

터 자리를 잡은 것도 영향을 미쳤다고 볼 수 있다. 번역이야 어떻든 성격 장애란 무엇일까? DSM-5★DSM에서는 성격 장애를 이렇게 정의하고 있다.

자신이 속한 문화적 기대로부터 심하게 벗어나 있는 행동 양식과 내적 경험사고, 정서, 대인관계, 충동성 등이 지속적으로 나타나며, 융통성 없이 고정되어 있고 삶 전반에 퍼져 있어서 이로 인해 심각한 고통과 장해가 초래되는데, 청소년기나 성인기 초기에 시작된다.

어떤 정신장애★이상심리학는 시간이 지나면 자연스럽게 사라질 수 있다. 하지만 성격 장애는 그 사람의 성격이기 때문에 쉽게 변하지 않는다. 물론 치료 자체가 불가능하다는 말은 아니지만, 다른 정신장애에 비해 치료가 어려운 것이 사실이다.

DSM-5는 성격 장애를 유사성에 따라 3개의 군cluster으로 나누고 있다. A군은 편집성망상성, paranoid, 분열성폐쇄성, schizoid, 분열형schizotypal 성격 장애로 괴상하거나 엉뚱해보인다는 특징이 있다. B군은 반사회성antisocial, 연기성histrionic, 자기애성narcissistic, 경계성borderline 성격 장애로 감정적이며 변덕스럽다는 특징이 있다. C군은 회피성avoidant, 의존성dependent, 강박성obsessive-compulsive 성격장애로 쉽게 불안★을 느끼며 두려워한다는 특징이 있다.

성격 장애는 진단 일치율diagnostic concordance이 낮은 정신장애다. 진단 일치율이란 전문가 두 사람 이상에게 동일한 진단을 받을 확률이다. 진단 일치율이 낮은 이유는 성격을 묘사하는 진단 기준 자체가 모호하기 때문이다. 전문가들은 자신의 입장과 경험, 관점에 따라서 동일한 사람을 같은 군 안의 다른 성격 장애로 보는 경우가 많다.

실례로 2009년, 경기 서남부 지역에서 연쇄살인을 저질렀던 강호순을 반사회성 성격으로 봐야 한다고 주장한 전문가도 있었지만, 자기애성*^{자기심리학} 성격이라고 주장한 전문가도 있었다. 성격 장애는 앞으로도 끊임없는 연구와 개정 작업이 필요한 부분이다. 성격 장애를 하나씩 살펴보도록 하자.

A군

편집성 성격 장애는 타인의 행동이 악의에 찬 동기를 가지고 있다고 해석하는 등 불신과 의심이 주된 특징이다. 어떤 사람을 만나도, 무슨 상황에서도 의심하기를 멈추지 않는다. 망상*은 아니지만 피해 망상을 가진 사람처럼 의심을 하기 때문에 망상성 성격 장애라고도 한다.

분열성 성격 장애는 사회적 관계에서 고립되고 정서 표현이 제한되어 있다. 타인에 대한 관심도 현저하게 적을 뿐더러 타인이 자신에게 간섭했을 때에도 반응하지 않아 폐쇄성 성격 장애라고 말하기도 한다.

분열형 성격 장애는 인지 또는 지각의 왜곡, 그리고 괴이한 행동을 보이며, 사람과의 관계가 가까워지면 급성 불안을 경험한다. 자신만의 세계에 살고 있는 듯한 말과 행동, 특이한 옷차림을 하기도 한다. 이런 면에서는 환각*이나 망상이 있는 것이 아닐까 의심이 들기도 하지만 오로지 성격으로만 설명이 가능하다. DSM-5에서는 분열형 성격장애를 정신분열* 스펙트럼 및 기타 정신증적 장애에도 포함시켜, 정신분열증과의 관련성을 강조하고 있다.

B군

반사회성 성격 장애는 타인의 권리를 무시하고 침범하는 사람들로, 많은 범죄자들이 이에 해당한다. 사회 규범을 무시할 뿐 아니라, 자신의 행동에 대한 죄책감을 느끼지 못한다. 연쇄살인처럼 끔찍한 범죄를 저지른 사람을 일반적으로 사이코패스psychopath 혹은 소시오패Sociopath라고 하지만 이는 현재 사용되는 진단명이 아니다. 이와 가장 유사한 것이 바로 반사회성 성격 장애다. DSM-5에서는 반사회성 성격 장애를 파괴적, 충동조절 및 품행 장애disruptive, impulsecontrol, and conduct disorder에도 포함시키고 있다.

연기성 성격 장애는 과도한 감정표현으로 사람들의 관심을 끌고 싶어한다. 마치 연극과 뮤지컬에서나 볼 수 있는 듯한 감정표현을 서슴지 않는다. 이러한 성격 특성은 히스테리*신체 증상 증상을 가지고 있는 사람들에게서 나타난다고 해 히스테리성hysterical 성격 장애라고도 한다.

자기애성 성격 장애는 자신에 대한 과대평가와 칭찬에 대한 욕구가 강하고, 타인에 대한 공감능력이 결여되어 있다. 자신을 특별한 사람이라고 생각하기 때문에 아무하고나 어울리지 않고, 자신을 이해해줄 소수의 특별한 사람들하고만 교제한다.

경계성★_{신경증과 정신증} 성격 장애는 타인이나 자신에 대한 좋고 싫음이 너무 극단적이고 충동적이며 정서가 매우 불안정하다. 상대방에게 버림받을지 모른다는 생각 때문에 비굴하게 매달리다가도 순간 돌변해 폭행과 폭언을 한다. 또한 상대를 자신 옆에 붙잡아두기 위해 극단적 방법으로 자살을 시도하기도 한다. 이런 일이 가능한 이유는 자신과 타인을 종종 낯설고 혼란스럽게 느끼며, 감정에 압도되는 순간에는 잠깐이지만 망상이나 해리 증상이 나타나기 때문이다.

C군

회피성 성격 장애는 타인에게 부정적인 평가를 받을지 모른다는 불안함 때문에 사람들과 쉽게 어울리지 못하고, 스스로에 대한 부적절감을 느낀다. 주변에 사람이 없고 주로 혼자 지낸다는 점에서 분열성 성격 장애와 비슷하지만, 타인과 어울리고 싶어하는 욕구가 분명하게 있다는 점에서 차이가 있다.

의존성 성격 장애는 보살핌을 받고자 하는 과도한 욕구 때문에 상대방에게 순종적이고 의존적인 행동을 한다. 아주 사소한 것부터 타인에게 의존하려고 해 주변 사람들을 지치게 만든다. 누군가에게 매달린다는 점에서는 경계성 성격 장애와 비슷하나, 사랑하는 사람에게 버림을 받게 될 때 경계성과 달리 그 사람에 대한 포기가 빠르다. 금세 자신을 책임져줄 또 다른 사람을 찾는다.

강박성 성격 장애는 정리정돈과 완벽주의, 그리고 통제★_{통제감}에 대한 과도한 집착이 특징이다. 매사에 지나치게 완벽을 추구해 주변 사람들이나 직업과 학업 면에서 크고 작은 문제를 계속 일으킨다. 작은 실수도 용납하지 못하는 완벽주의 성향 때문에 오히려 완벽해 질 수 없는 딜레마에 빠져 있다고 할 수 있다. 참고로 강박* 장애와 혼동하기 쉽지만 이 둘은 엄연히 다르다.

여기에 수동-공격성passive-aggressive 성격 장애를 더해보자. 이는 DSM-III-R까지는 존재했으나 진단 기준이 모호하고 발생 빈도가 낮다는 이유로 DSM-IV부터는 빠졌다. 이 성격 장애는 빈둥거리기 나 늦장부리기, 잊어버리기와 고의적으로 무능하게 보이기 등과 같 은 수동적이고 간접적인 방식으로 권위와 요구, 의무와 책임 등에 반하는 특징이 있다.

어떤 심리학자는 이 성격 장애를 특정 문화*문화심리학에서 주로 발 생하는 문화 증후군으로 본다. 개인주의 문화라고 할 수 있는 서구 에서는 이런 성격적인 특성을 가진 사람들이 적을지 모르나 집단주 의 문화인 우리나라에서는 여전히 드물지 않다는 것이 학자들의 중 론이다. 집단주의 문화에서는 자신의 목소리를 강하게 내는 사람들 을 싫어하는 경향이 있기 때문에 싫은 마음이 들어도 소극적이고 수 동적으로 표현하는 사람들이 많을 수밖에 없다.

성격 장애와 성격 특성

성격 장애의 내용을 읽어보면 자신이나 주변 사람들의 성격을 잘 설명해준다는 생각이 들면서 스스로 성격 장애라고 진단을 내릴 수도 있다. 하지만 정상과 이상을 범주질적인 차이가 아니라, 연속선상의 양적인 차이로 본다면 우리는 누구나 이러한 성격 특성을 어느 정도 가지고 있다. 물론 그 정도가 심해 주변 사람들과의 관계나 사회적·학업적·직업적 기능에 큰 문제를 일으킨다면 모를까, 그렇지 않다면 굳이 장애라고 볼 필요는 없다.

이러한 성격 특성은 정상 수준에서는 개성이 될 수도 있으며, 더 나아가 자신만의 장점과 강점이 될 수도 있다. 실제로 심리학자들은 내담자의 심리적 문제를 완전히 없애려 하기보다는 그로 인한 불편함을 최소화시키면서 장점으로 바꾸도록 돕는다.

세상의 모든 사람이 전혀 특이하지도 않고, 매우 차분하며, 지극히 안정되어 있기만 하다면 과연 재미있고 행복할까? 아마도 밋밋하고 따분할 것이다. 우리의 삶이 풍성한 이유는 우리가 서로 모두 다르기 때문이다. 이제 성격 장애의 특징을 다시 읽어보면서 당신과 주변 사람들의 성격 특성과 그들만의 장점을 찾아보는 것은 어떨까?

▌수면

너무 안 자도, 너무 많이 자도, 밤낮이 바뀌어도 문제
sleep / 의식

우리는 하루 중 상당한 시간을 수면으로 보낸다. 수면 시간은 개인마다, 그리고 나이에 따라 다르겠지만 만약 하루에 8시간을 잔다

면 하루의 1/3, 60세까지 산다면 무려 20년이나 자면서 보내는 꼴이다. 평균 수명이 늘고 있으므로 만약 90세까지 산다면 30년이나 잠을 자는 셈이다. 잠 따위로 20, 30년을 보낸다니 시간이 아깝게 느껴지는가? 이런 생각은 수면에 대한 오해 때문에 발생하는 것이다.

수면의 이유와 목적

사람들은 보통 휴식을 위해서 잠을 잔다고 생각한다. 하지만 연구 결과 잠을 잘 때 몸과 뇌는 비교적 활발한 활동을 하는데 편안히 누워서 책을 볼 때보다 더 많은 에너지를 사용한다고 한다. 만약 휴식을 위해서 잠을 잔다면 잠은 그리 좋은 방식은 아닌 것이다.

또한 사람들은 운동을 많이 한 다음 날에는 아침에 일어나는 것이 쉽지 않다는 경험에 근거해 지친 몸을 회복하는 것이 잠의 목적이라고 생각한다. 하지만 연구 결과 수면과 운동 사이의 관련성도 그리 밀접하지 않다고 한다. 한 연구에서는 신체 건강한 참가자들을 침대에서 쉬게 하며 6주를 관찰했지만 수면에 변화가 없었다. 만약 수면이 피로를 보상해주는 것이라면, 침대에서 쉬기만 한 참가자들은 평소보다 적게 자야 하는 것이 아닌가!

그렇다면 운동은 수면에 영향을 미치지 않는 것일까? 수면 연구의 대가인 영국의 심리학자 호른J. A. Horne은 운동이 직접 수면에 영향을 미치는 것이 아니라, 운동을 해서 올라간 체온이 수면에 영향을 미친다고 생각해 다음과 같은 재미난 실험을 고안했다.

참가자 전원에게 러닝머신에서 달리기를 하게 했다. 이때 한 집단의 참가자들에게는 선풍기로 시원한 바람을 제공하고 피부에 물을 뿌려주면서 체온의 상승을 막았다. 다른 집단의 참가자들에게는 아무런 조치도 취하지 않아서 체온이 대략 섭씨 1도 상승했다.

만약 두 집단에서 수면의 변화가 동일하다면 운동이 수면에 영향을 미친다고 할 수 있고, 그렇지 않다면 수면을 체온과 연관시켜 볼 수 있을 것이다. 실험 결과는 전자가 아닌 후자였다. 체온이 올라가지 않은 집단은 수면의 변화가 없었으나 체온이 올라간 집단은 전체 수면 중에서 서파slow-wave 수면이 더 많아지는 현상이 나타났다. 서파 수면이란 느린 뇌파brain waves가 발생하는 수면으로 뇌의 대사율이 낮다고 해석할 수 있다.

호른은 이 실험의 결과에 대해 운동이 뇌의 온도를 올려서 대사율을 높이고, 이는 대사율을 낮추는 서파 수면에 대한 요구가 증가하는 것이라고 설명했다. 이후 또 다른 실험에서는 헤어드라이어로 참가자의 머리와 얼굴을 따뜻하게 해 뇌의 온도를 대략 1도 정도 올리는 실험을 했는데, 그 결과 6명 중 4명의 서파 수면이 증가했다.

많은 학자들은 수면을 연구하기 위해 뇌파를 이용한다. 뇌전도EEG electroencephalogram★뉴런라고도 하는 뇌파는 뇌 세포인 뉴런이 전기적활동을 하기 때문에 발생하는 전자기파다. 뇌파는 주기에 따라서 베타β, 14~30Hz, 알파α, 9~13Hz, 세타θ, 4~8Hz, 델타δ, 1~3Hz로 구분한다. 베타와 알파는 깨어 있을 때 나오는 뇌파로, 눈을 뜨고 있을 때는 베타파가 나오고, 눈을 감고 편안한 상태로 있으면 알파파가 나온다. 또한 수면 상태일 때는 느린 뇌파인 세타와 델타파가 나온다. 뇌파의 주기가 높은 것은 뇌가 활발히 활동하고 있다는 것이고, 주기가 낮은 것은 뇌의 활동이 느려졌다는 것이다.

수면은 크게 서파 수면이라고 하는 non-REM 수면과 REM 수면으로 구분할 수 있으며, 비율은 대략 80 대 20이다. REM은 빠른 안구 운동Rapid Eye Movement의 약어다. 실제로 잠을 자는 사람을 관찰해보면 때때로 눈꺼풀 아래에서 빠르게 안구가 움직이는 것을 볼 수 있다. REM 수면은 수면 연구의 핵심 주제이기도 할 만큼 독특한 현상이다.

non-REM 수면일 때는 세타와 델타파가 나와서 뇌가 서서히 활동하지만 놀랍게도 REM 수면시에는 베타와 알파파가 나온다. 우리의 몸은 수면중이지만 우리의 뇌는 깨어 있다고 해서 REM 수면을 역설적 수면paradoxical sleep이라고도 한다. REM 수면을 통해 우리는 잠이 단지 활동의 반대인 휴식이 아니라 또 다른 활동이라는 것을 알 수 있다.

REM 수면

우리의 뇌는 REM 수면중에 무엇을 하고 있는 것일까? REM 수면의 기능과 역할에 대해 많은 가설들이 있지만, 가장 유력한 가설은 REM 수면이 기억*과 사고 과정을 돕는다는 것이다. 하루 동안에 뇌로 입력된 정보들을 정리해서 나중에 필요할 때 쉽게 찾을 수 있게 한다고 한다. 그 증거로 정신활동을 많이 하는 직업에 종사하는 사람이 그렇지 않은 사람보다, 나이가 어린 사람이 많은 사람보다 REM 수면이 많다는 사실을 꼽을 수 있다.

또한 과학자들은 사람들이 REM 수면을 박탈당했을 때 기억력과 집중력이 떨어지는 등 우리의 정신 과정에 현격한 저하가 일어나고, 다음 날 REM 수면을 보충하려는 경향이 있음을 발견했다. REM 수면은 꼭 필요한 수면이다. 참고로 이런 경향은 non-REM 수면 박탈에서는 나타나지 않는다고 한다.

학창시절 선생님에게 "공부는 머리로 하는 것이 아니라 엉덩이로 하는 것"이라는 이야기를 자주 들었다. 아직도 많은 사람들이 이렇게 생각하기 때문에 잠을 줄이면서 공부에 시간을 더 투자한다. 하지만 수면에 대한 여러 연구들은 하나같이 수면을 공부의 적敵이 아닌 편便이라고 말한다.

아주 짧은 시기에 고도의 경제성장을 이룩한 우리 국민들은 휴식을 악惡으로 보는 경향이 있다. 휴가나 휴일을 반납하고 일하는 사람들이 진급도 빠르고 돈도 많이 벌었다. 좀 극단적으로 표현하자면 휴식 공포증을 가진 사람이 사회에서 인정받아 성공하는 분위기였다. 일은 필수이지만, 휴식은 선택이라는 논리에서 자의반 타의반으로 휴식을 줄일 수밖에 없었다. 당연히 휴식과 동급으로 취급받았던 수면이 일하기 싫어하는 게으른 사람들의 특징으로 치부되기도 했다. 그렇지만 수면은 결코 휴식이 아닌 중요한 활동이며, 따라서 무조건 줄인다고 능사가 아니다.

수면은 매슬로가 설정한 욕구의 위계*추동에서 맨 아래인 생리적

인 욕구에 해당한다. 이는 수면이 인간에게는 무엇보다 중요한 일차
적인 욕구라는 의미다. 물론 생리적 욕구에는 성性과 음식 섭취도 있
지만, 수면의 중요성은 이에 비할 바가 아니다. 성과 섭식은 하루이
틀 정도는 충분히 거를 수 있다. 해결하지 못한다고 당장 큰 문제가
오는 것은 아니다. 때에 따라 적절하게 조절할 수 있는 여지도 충분
하다. 하지만 수면은 사정이 다르다. 단 하루만 걸러도 그 여파가 장
난이 아니다.

인생을 성공적으로 살기 위해 말 위에서 선잠을 잤다는 나폴레옹
이나 하루에 4시간밖에 자지 않았다는 고故정주영 회장을 모델로 삼
을 필요는 없다. 이보다 더 많은 사람들은 충분한 잠을 자면서도 성
공하고 있으니, 마음 편히 자자.

수면 장애

그러나 어떤 이들은 마음 편히 자고 싶어도 그럴 수가 없다고 한
다. 마음 편히 자보는 것이, 세상모르고 자는 것이 소원이라고 말하
는 사람들도 있다. 가장 기본적인 욕구인 수면에 문제가 생긴 것을
수면 장애sleep disorder라고 한다. 수면 장애는 겪어보지 않고는 절대로
이해할 수 없을 정도의 고통이 따른다고들 말한다.

가장 대표적인 수면 장애는 불면증insomnia이지만 이 외에도 여러
종류의 수면 장애가 있다. 정신장애★이상심리학의 진단 기준인 DSM-
5★DSM의 수면-각성 장애sleep-wake disorder라는 범주에서 다루고 있는
수면 장애는 다음과 같다. 과다수면증hypersomnia, 기면증narcolepsy, 일

주기 리듬 수면-각성 장애circadian rhythm sleep-wake disorder, 하지 불안 증후군restless legs syndrome, 수면 무호흡증sleep apnea, 몽유병sleepwalking, 야경증night terror, 악몽 장애nightmare disorder, REM 수면 행동 장애REM sleep behavior disorder.

불면증이라고 하면 대부분은 잠을 잘 못 드는 것만 생각하는데, 전문가들은 수면의 시작뿐 아니라 수면의 유지와 종료에도 주목한다. 즉 잠은 잘 들지만 중간에 너무 자주 깨거나, 아니면 충분히 자지 못하고 너무 이른 새벽에 깨는 것도 불면증이다.

그렇다면 얼마나 못 자야 불면증일까? 이에 대한 객관적 기준은 없다. 왜냐하면 수면은 양(시간)뿐만 아니라 질도 중요하기 때문이다. 아무리 오래 자도 수면의 질이 좋지 않다면 당사자에게는 힘든 일이다. 그래서 객관적 기준보다는 당사자의 보고가 중요하다. 대신 주 3일 이상, 그리고 3개월 이상 이런 증상이 계속되어야 한다고 명시한다.

많은 사람들이 불면으로 고통 받기에 잠을 많이 자면 좋을 것이라고 생각하지만, 또 다른 극단도 좋지 않다. 하루 평균 7시간 동안 잠을 잘 잤는데도, 잠에서 잘 깨지 못하고 더 많은 잠을 필요로 하는 것을 과다수면 장애라고 한다.

수면 발작이라고도 하는 기면증이란 낮에 저항할 수 없게 졸린 것, 정말 발작적으로 졸음이 쏟아지는 것을 말한다. 심할 경우 온몸에 힘이 갑자기 빠지면서 그 자리에서 쓰러져 잠이 드는 탈력발작cataplexy이 나타나기도 한다. 박신양과 전지현이 주연을 맡았던

2003년 개봉작 〈4인용 식탁〉에서는 길을 가다가 갑자기 쓰러지는 연(전지현 분)을 목격하고, 정원(박신양 분)이 도와주는 장면이 나온다. 정원은 갑자기 쓰러지는 연에게 큰 문제가 있다고 생각하고 걱정한다. 이런 모습을 처음 본 사람이라면 누구나 충격적이고 무섭기까지 한데, 이 영화를 봤던 관객들도 분명 그랬을 것이다. 하지만 연은 너무 졸려서 잠이 든 것뿐이다.

일주기 리듬-수면 각성 장애란 교대 근무처럼 불규칙한 생활 때문에 과도한 졸음이나 불면이 반복되는 현상을 말한다. 하지 불안 증후군은 잠을 자려고 할 때 다리에 벌레가 기어 다니는 것 같은 불쾌감 때문에 자꾸 다리를 긁거나 흔들게 되면서 잠을 제대로 자기 어려운 경우를 말한다. 증상이 주로 다리에 나타나지만, 간혹 팔에 나타나기도 한다. 수면 무호흡증은 코골이를 하다 숨이 일시적으로 멈춰지는 경우를 의미한다. 이럴 경우 수면의 질이 나빠 다음 날 굉장히 피곤함을 느낀다.

몽유병은 잠이 채 깨지 않은 상태에서 일어나 걸어다니는 것이고, 야경증은 원인 모를 공포에 사로잡히는 것이다. 몽유병과 야경증은 곧잘 꿈*과 연관되지만, 이 두 증상이 꿈 때문에 나타나는 것은 아니다. 연구에 따르면 non-REM 수면일 때보다 REM 수면에서 꿈을 더 많이 꾸고, 더 생생한 꿈을 꾼다고 한다. 그런데 몽유병과 야경증은 non-REM 수면에서 나타나는 증상이다.

꿈 때문에 고통을 겪는 것은 악몽 장애와 REM 수면 행동 장애다. 악몽 장애는 계속되는 악몽 때문에 고통을 받는 것이고, REM 수면 행동 장애란 REM 수면시 꾸는 꿈에서 하는 행동을 실제 행동으로도 옮기는 것이다. 일례로 꿈에서 축구를 한다면, 실제로도 온 힘을 다해 이불을 걷어차는 식이다. 혼자 잘 경우에는 그저 이불만 풀썩거리겠지만, 만약 같은 이불을 덮고 자는 사람이 있다면 그 사람을 발로 찰 것이다. 대부분의 사람들은 REM 수면 단계에서 근육이 완전히 이완되어 있다. 이 때문에 꿈속에서 하는 행동이 실제 행동으로는 나타나지 않는다.

불면증 치료법

불면증은 우울*하고 불안*할 때 나타나는 증상인 동시에, 우울과 불안의 원인이기도 하다. 특히 일상속 너무나도 많은 빛이 우리의 뇌*를 각성*시키고 있는 요즘 같은 세상에 불면증은 현대인들의 숙명과도 같다.

불면증 치료를 위해 많은 분들이 수면제에 의지하지만, 수면제는 근본적 치료법은 아니다. 약을 끊으면 재발률이 매우 높기 때문이다. 그래서 정신과 의사들도 수면제 처방을 쉽게 해주지 않는다.

그렇다면 어떻게 해야 불면증에서 벗어나 꿀잠을 잘 수 있을까? 심리학자들은 물론 정신과 의사들도 추천하는 행동 수정*이면 가능하다. 불면증 극복을 위한 행동수정에서 사용하는 방법은 수면시간 제한법, 빛 통제, 조건형성*이다.

1. 수면시간 제한법

불면증으로 힘들어하는 분들 중 상당수는 수면시간을 철저하게 지키지 않는다. 취침과 기상시간이 일정하지 않은 것은 물론, 졸리다면 언제든 자려고 한다. 잠을 못 자면 일상생활에 문제가 온다고 생각하기 때문에, 잠이 올 때마다 조금씩이라도 자야 한다고 생각하기 때문이다. 하지만 이런 불규칙한 수면패턴은 불면증을 유지하는 원인이 된다. 다시 말해 불면증이라고 해서 잠을 한 잠도 못자는 경우는 거의 없다. 대부분은 불규칙한 수면패턴을 가지고 있다.

이런 면에서 불면증을 벗어나 밤에 꿀잠을 자기 위해서는 우선 철저하게 수면시간을 지키는 것이 중요하다. 취침시간과 기상시간을 정하고, 어떤 경우가 있어도 이 외의 시간에는 잠을 자지 않아야 한다. 그러면 늦잠과 낮잠, 초저녁잠도 못하고 불면증 때문에 밤에도 못 자면 어떻게 하냐고 묻는 분들이 있다. 물론 한두 주는 정말 고통스러울 수 있다. 그러나 우리의 뇌는 어떻게든 수면을 취하도록 되어 있기 때문에, 다른 시간에 절대 잠을 자지 않게 되면 자신이 정한 시간에 잠을 잘 가능성이 높아진다.

2. 빛 통제

과거에 비해 불면증이 급증하게 된 이유는 빛 때문이다. 요즘은 '빛공해'라고 할 만큼 너무나 많은 빛이 우리의 뇌를 자극하고 있다. 특히 온갖 전자기기와 조명에서 나오는 청색광blue light이 문제다. 청색광은 뇌를 각성시키기 때문에 불면증의 원인이 된다. 물론 빛 자체가 유해한 것

270

은 아니다. 이를 잘 활용하면 유익하다. 예를 들면 아침에 잠이 깨지 않을 때 TV나 휴대전화, 형광등에서 나오는 청색광은 잠이 깨게 만든다. 형광등은 갑자기 뇌를 각성시켜서 불쾌감을 유발하니, 차라리 TV나 휴대전화를 보는 것이 좋다.

반대로 취침시간 1시간 전부터는 이런 빛을 멀리해야 한다. 일단 집 밖에서 들어오는 빛을 차단하기 위해서 암막커튼이 필수다. 그리고 모든 전자기기를 멀리해야 한다. 그 다음은 우리의 뇌가 편안하게 수면에 들어갈 수 있도록 돕는 적색광(혹은 주황빛) 계열의 스탠드를 켜자. 전기 문명이 발달하지 않았을 때 인류는 붉은 노을을 보면서 스르르 잠이 들었고, 밝은 태양빛을 보면서 잠에서 깼다. 이때는 자연스럽게 자연의 빛이 건강한 수면을 위한 뇌의 이완과 각성에 도움을 주었지만, 이제는 빛 공해 세상에 살고 있기 때문에 의도적으로 빛을 통제하는 것이 중요하다. 그래서 취침시간 1시간 전부터는 적색광 계열의 스탠드를 켜고, 그 아래서 약간 지루할 수 있는 내용의 책을 읽다보면 조금씩 잠이 오게 된다.

3. 조건형성

불면증으로 힘들어하는 분들은 어떻게든 잠을 자기 위해서 침대(혹은 이부자리) 위에 계속 누워있는 경우가 많다. 누워있다 보면 잠이 올 것이라 기대하기 때문이다. 물론 잠이 오면 좋겠지만 대부분은 뜬 눈으로 고통의 시간을 침대 위에서 보내게 된다. 이럴 경우 '침대'와 '불면'이 연합된다. 마치 러시아의 심리학자 파블로프가 개에게 종소리를 들려주고 먹이를 반복해서 주었더니 처음에는 먹이 때문에 침을 흘렸지만, 나중에는 종소리만 듣고서도 침을 흘렸다는 것과 같은 이치다. 즉 침대에서 불면의 시간을 많이 보내면, 나중에는 침대에만 누우면 솔솔 오던 잠도 달아나버린다.

따라서 침대의 용도를 수면에만 국한시켜야 한다. 침대 위에서 책을 읽거나, 휴대전화를 보거나, TV를 보는 등 수면 외의 행동은 절대 금물이다. 앞에서 언급한 것처럼 취침시간 1시간 전부터 적색광 계열의 스탠드를 켜고 그 아래서 책을 읽다가 졸려서 기절하기 직전에 침대에 올라가자. 만약 10분 정도 있었는데도 잠이 안 온다면 바로 침대에서 내려와서, 스탠드를 켜고 책을 읽자. 다시 졸려서 도저히 참지 못하겠다 싶을 때 침대로 올라가서 잠이 들고, 이 경험이 반복된다면 이제는 '침대'와 '수면'이 연합된다.

이 외에도 꿀잠을 자기 위한 방법으로는 스트레칭(이완)과 복식호흡, 따뜻한 음료, 편안한 베게 등 여러 가지가 있다. 하지만 세 가지 행동 수정 방법이 우선시되어야 한다.

이에 더해 심리학자들은 인지 치료*도 실시한다. 수면에 대한 인지적 오류를 수정하는 것이다. 수면에 대한 강박적 사고나 비합리적 신념이 오히려 수면을 방해하기 때문이다. 일례로 '난 오늘 꼭 자야 해!'와 같은 생각은 스트레스 요인으로 작용해 불면을 초래할 수 있다. 이처럼 어떤 생각과 결심을 할수록 희한하게도 그와 반대의 결과를 초래하는 경우가 있다. 이 점에 착안해 새롭게 시도해볼 수 있는 방법이 역설적 의도paradoxical intention다. '잠도 잘 안 오는데, 오늘은 밤을 새야겠어!'라고 생각을 바꾸면 놀랍게도 이전보다 잘 잠들 수 있는 가능성이 높아진다.

또 어떤 분들은 '잠을 못 자면 큰일 나!'라면서 불면이 초래하는 결과를 '큰일'이라고 모호하면서 극단적으로, 파국적으로 생각하기도 한다. 이런 파국화catastrophizing에서 벗어나 불면이 초래하는 결과를 현실적으로 인지하게 하는 것도 중요하다. '잠을 못 자면 다음 날은 많이 피곤하겠다' 정도로 말이다.

제아무리 오래된 불면증이라도 제대로 된 도움을 받으면 극복할 수 있다. 수면제에만 의지하지 말고, 또 믿을 수 없는 민간요법에만 매달리지 말고, 힘들더라도 전문가의 도움을 받아 꾸준하게 노력하는 것이 중요하다.

스키너

행동주의의 거장
Burrhus Skinner / 인물

행동주의*를 창시한 왓슨보다 더 유명한 행동주의자. 스스로를 급진적 행동주의자radical behaviorist라고 칭한 그는 자신의 실험을 위해 여러 장치를 만든 발명가이지 여러 편의 소설을 쓴 작가이자 『자유와 존엄을 넘어서Beyond Freedom and Dignity』로 인정받은 사상가였다.

학문적으로나 대중적으로도 자신의 사상을 알리는 데 성공했던 스키너는 1904년에 미국에서 태어났다. 어린 시절부터 독립적으로 사고했으며, 확실한 증거가 없다면 누구의 주장도 잘 받아들이지 않았다. 그가 처음부터 심리학자의 길을 간 것은 아니다. 사실 그는 해밀턴대학에서 영문학을 전공하면서 작가가 되기를 희망했다. 하지만 대학 졸업 후 1년 정도 본격적으로 글을 쓰면서 작가로서의 자질이 부족함을 절감했다. 그렇지만 이 시기에 읽게 된 여러 저서와 논문을 통해 스키너는 왓슨과 파블로프의 연구를 알게 되었고, 결국 새로운 학문인 심리학*을 공부하기 위해 하버드대학교 대학원에 진학했다.

스키너가 하버드대학에서 누군가에게 행동주의를 배운 것은 아니다. 심리학 자체가 새로운 학문이었던 데다가 행동주의는 더 새로운 분야였기 때문이다. 그럼에도 스키너는 행동주의에 입각해 연구를 지속하는 데에는 별 어려움이 없을 정도로 논리적으로 사고하는 사람이었다.

스키너는 오랜 기간의 연구와 논문을 끝내고 드디어 박사학위 논문 심사를 받게 되었다. 이때 성격심리학*의 창시자인 올포트가 행동주의의 단점을 말해보라고 하자 "단점이 없습니다"라고 말한 일화는 유명하다. 박사학위를 받은 스키너는 이후 여러 대학의 심리학과 교수로 활동하다가 1948년에 다시 하버드대학으로 돌아와서 은퇴할 때까지 활발한 활동을 했다.

왓슨이 그랬던 것처럼 스키너도 행동주의 원리의 응용에 많은 관심을 기울였다. 그는 행동주의의 원리를 이용해 인간의 행동을 조작, 통제, 예측하는 행동공학technology of behavior, behavioral engineering을 창안하려고 했다. 행동공학을 적용한 대표적인 예는 비둘기 프로젝트 Project Pigeon였다. 이 프로젝트는 비둘기를 훈련시켜서 미사일을 목표물로 향하도록 조종하는 것이었다. 스키너는 정부와 여러 기관으로부터 연구비를 받아 연구를 진행했지만, 국방 당국의 반대로 중단되고 말았다. 뿐만 아니라 학생들을 위해서는 학습을 촉진하는 교수기계teaching machine를 만들었다. 당시 스키너의 교수기계는 매우 획기적인 학습 도구였다.

스키너도 왓슨처럼 육아에 행동주의의 원리를 적용했다. 자신의 딸 데보라Deborah를 위해 육아상자air crib를 만들었던 것이다. 오랫동안 사람들은 그가 쥐를 실험하듯이 딸을 상자에 넣었다고 오해했다. 미국의 유명 심리학자이자 작가인 슬레이터Lauren Slater는 『스키너의 심리상자 열기Opening Skinner's Box』에서 이 오해를 풀어주었다.

스키너가 육아상자를 만들었던 1945년 당시에 그의 아내는 두 딸의 양육과 끊이지 않는 집안일로 힘들어 하고 있었다. 스키너가 육아상자를 만든 이유도 아내의 부담을 덜고, 딸의 안전과 건강을 위해서였다고 한다. 서양에서 부모들이 종종 아기를 사방이 나무살로 되어 있는 아기용 침대에 두는데, 육아상자란 이것을 획기적으로 개량한 것뿐이라는 것이다.

육아상자를 만들었던 시기에 스키니는 현실에 존재하는 모든 문제를 해결하는 이상사회에 대한 소설인 『월든 투Walden Two』를 집필했다. 스키너는 개인적으로는 육아와 가정생활의 어려움을, 거시적으로는 2차 세계대전을 통해 드러난 인간세상의 문제점을 직시하고 있었다. 이 소설은 스키너의 철학과 생각이 현실적 문제에 어떻게 적용될 수 있는지를 보여준다. 소설의 내용은 주인공인 부리스Burris가 동료 철학자, 두 명의 제자 및 그들의 여자 친구와 함께 프레이저Frazer가 설립한 이상사회를 방문하는 이야기다. 스키너는 자신의 이름Burrhus과 비슷한 부리스를 주인공으로 내세워 자신의 생각을 대변하게 한다.

1960년대 인지심리학*이 등장하면서 스키너의 행동주의는 적지 않은 학문적 타격을 입었다. 하지만 사람의 마음에 대한 재발견이 결코 행동에 대한 그간의 학문적 업적을 무위로 돌리지는 못했다. 스키너의 핵심적인 주장은 여전히 유효하다고 할 수 있다. 1990년에 백혈병으로 사망하기 바로 8일 전에는 미국심리학회 연차대회개회식에서 강연을 했는데, 강연 내용은 사망 직후『심리학은 마음의 과학일 수 있는가Can Psychology Be a Science of the Mind?』라는 책으로 출간되었다. 그는 죽는 그 순간까지 심리학이 행동에 대한 과학이어야 한다는 생각을 굽히지 않았다.

많은 이들은 인간의 행동이 환경의 영향을 받는다는 스키너의 주장을 비판했다. 그가 인간을 자유 의지*결정론 vs. 자유 의지가 없는 존재로, 그래서 환경에 대해 무력한 존재로 묘사했기 때문이다. 하지만 이들은 환경을 통제하는 것도 인간이라는 스키너의 주장에는 귀를 닫고 있는 셈이다.

스키너는 누구보다 현실의 문제에 능동적으로 대처했다. 특히 그의 접근은 인간의 행동에 영향을 미치는 환경에 대한 것이었다는 점에서 더 윤리적이고 현실적이다. 자유 의지에 대해 한없는 신뢰와 기대를 갖고 있는 사람들이 얼마나 자주 타인을 비판하고 정죄하는지 생각해보라. 그러면 스키너의 주장이 왜 윤리적이고 현실적인지 알 수 있을 것이다.

스트레스

너무 많아도 문제지만 너무 적어도 문제
stress / 동기와 정서

복잡하고 빠르게 돌아가는 현대사회를 살고 있는 우리에게 스트레스를 피할 수 있는 마법 따위는 없다. 직장에서는 업무, 상사와의 갈등, 동료들끼리의 험담으로 인한 스트레스가 있고, 가정으로 돌아와도 부모나 자녀와의 사소한 갈등, 쌓여 있는 집안일이 우리를 힘들게 한다. 스트레스를 풀려고 애인을 만나도, 친구를 만나도 별 소용이 없다. 스트레스를 풀기는커녕 더 받지 않는다면 그나마 다행이다.

스트레스의 본질

본래 '물리적인 마찰이나 억양의 강조와 강세'라는 의미인 스트레스라는 단어를 인간에게 적용한 사람은 캐나다의 내분비학자인 셀리에Hans Selye다. 그는 사람들이 심리적 압박을 받을 때 몸에서 일어나는 변화를 관찰했고, 세 단계로 설명했다. 이를 일반 적응 증후군GAS General Adaptation Syndrome이라고 하는데, 첫 번째 단계는 경고 반응기alarm reaction다. 스트레스 사건이 발생하면 우리 몸은 반응하기 시작한다.

아드레날린adrenaline을 비롯해 온갖 호르몬*신경전달물질들이 분비되면서 자율 신경계*의 교감 신경계가 작동하기 시작한다. 이 신체 반응을 싸우기-도망가기 반응fight or flight response이라고 한다. 스트레스 사건이 지속되면 두 번째 단계인 저항기resistance에 들어선다. 뇌*의 명령으로 분비되는 호르몬을 통해 우리의 몸은 스트레스 사건에 대해 저항한다. 스트레스 사건이 종료되면 세 번째 단계인 소진기exhaustion로 접어든다. 부교감 신경계가 작동하면서 우리의 몸은 이완과 휴식, 회복의 과정을 거친다.

우리의 몸에서 일어나는 스트레스 반응은 선사시대에 곰이나 사자처럼 우리의 생명을 위협하는 대상이 나타났을 때 싸우거나 도망가기 위한 준비 과정이다. 스트레스 반응은 심장이 빨리 혈액을 순환시키게 하고, 근육에 힘이 들어가게 하며, 소화와 배설을 일시적으로 멈추게 한다.

그런데 문제는 더이상 곰이나 사자가 괴롭히지 않음에도 불구하고 우리의 몸은 여전히 그와 동일하게 반응한다는 사실이다. 우리를 괴롭히는 것은 동물원 우리를 탈출한 곰이나 사자가 아니라 직장 상

일상생활에서 겪는 사건들의 스트레스 정도

순위	항목	정도	순위	항목	정도
1위	배우자의 죽음	100	6위	자신의 부상이나 질병	53
2위	이혼	73	7위	결혼식	50
3위	별거	65	8위	해고	47
4위	가족의 죽음	63	9위	별거 후 재결합	45
5위	교도소 수감	63	10위	정년퇴직	45

사와 부하, 경쟁해야 하는 동료들과 카드 회사의 독촉 전화다. 이들이 우리를 신체적으로 괴롭힌다면야 싸우거나 도망가면 되지만, 정신적으로 괴롭히는 것이므로 그렇게 할 수도 없다. 따라서 싸우거나 도망가기 위해 분비되는 호르몬은 우리의 신체기관을 손상시키고 결국 질병에 취약한 상태로 만든다.

스트레스 사건들

미국의 정신과 의사인 홈스Thomas Holmes와 라헤Richard Rahe는 미국인들을 대상으로 일상생활에서 겪는 사건들LCU ; Life-Change Units의 스트레스 정도를 조사해 사회 재적응 평정 척도SRRS ; Social Readjustment Rating Scale를 만들었다. 기혼자들에게 '결혼식'의 스트레스가 50이라고 했을 때, 다른 생활 사건들의 스트레스는 얼마인지 보고하도록 했다. 결혼보다 두 배의 스트레스를 주는 사건이면 100점이고, 반 정도의 스트레스라면 25점을 매기는 식이다. 스트레스 1위부터 10위까지는 표의 내용과 같았다.

한 가지 재미있는 현상은 스트레스 사건 상위 열 가지 중에서 무려 다섯 가지가 결혼이나 배우자와 연관이 있다는 것이다1위 배우자의 죽음, 2위 이혼, 3위 별거, 7위 결혼식, 9위 별거 후 재결합. 배우자 이외에 가족의 죽음이 4위였으며, 직장과 관련된 사건도 두 가지였고8위 해고, 10위 정년퇴직, 자신에 관한 것도 두 가지밖에 없었다5위 교도소 수감, 6위 부상이나 질병. 이 연구는 1960년대 미국에서 진행되었으나 이후 여러 나라와 인종들을 대상으로도 비슷한 결과가 나왔다. 현대인들에게 배우자를 포함한 가족과 직장이 얼마나 중요한 영향을 미치는지 잘 알려주고 있다.

외상 및 스트레스 관련 장애

앞서 언급한 사건들은 심리적으로 큰 부담이 되며, 적응하기까지는 일정 시간이 필요하다. 물론 인간의 뛰어난 적응능력 덕분에 대부분은 잘살게 되지만, 어떤 사람들은 그렇지 못하다. 우울*이나 불안*은 물론 폭력적 행동을 보이기도 한다. 이처럼 주요한 생활사건에 적응하지 못하는 경우 적응 장애adjustment disorder로 진단을 받을 수 있다. 적응 장애는 DSM-5*DSM에서 외상 및 스트레스 사건 관련 장애trauma-and stressor-related disorder의 하위 범주에 속한다.

이에 속하는 또 다른 장애로는 외상 후 스트레스 장애PTSD ; Post Traumatic Stress Disorder와 급성 스트레스 장애acute stress disorder가 있다. 이 두 장애는 심리적인 충격과 외상을 직간접적으로 경험한 사람들이 겪을 수 있는 정신장애*이상심리학다. 사실 이 장애를 본격적으로 연구한 이유는 퇴역 후에도 전쟁에 대한 기억으로 괴로워하는 참전 용사들을 돕기 위해서였다. 하지만 이제는 외상 사건이 꼭 전쟁일 필요는 없다. 교통사고나 폭행, 테러나 자연재해처럼 개인이 극심한 공포와 무력감을 경험할 수 있는 사건이라면 무엇이든지 가능하다. 게다가 외상을 직접 경험한 것이 아니라 외상을 목격한 경우도 포함된다.

외상 후 스트레스 장애의 증상은 크게 네 가지다. 첫째는 외상적 사건에 대한 악몽이나 갑작스럽게 그 장면이 생각나는 플래시백flashback, 둘째는 관련 자극에 대한 회피다. 예를 들어 지하철 사고를 경험한 사람들은 기차나 지하철을 타지 못하거나 지하도로 다니지 못한다. 셋째는 왜곡된 사고나 부정적 감정상태, 마지막 넷째는 과도한 긴장이나 흥분이다. 외상 후 스트레스 장애의 진단은 이상의 증상이 1개월 이상 지속되어야 받을 수 있으며, 사건이 발생한지 3일부터 1개월 이내로 이러한 어려움을 겪는 사람들은 급성 스트레스 장애로 진단을 받는다.

스트레스 해소법

스트레스를 완전히 없앨 수 있는 획기적 방법이 있다. 바로 지구를 떠나는 것이다. 우리의 삶이 지속되는 한 스트레스가 전혀 없을 수는 없기 때문이다. 그래서 심리학자들은 스트레스에 대한 우리의 마음과 자세를 바꾸라고 한다. 여러 방법이 있지만 그 중 두 가지만 소개한다. 참고로 스트레스가 아주 심하다면 다음의 방법을 사용하기보다는 상담자★상담심리학를 찾아가야 한다.

첫째, '스트레스가 없으면 행복할 것'이라는 생각을 버리자. 감각박탈★각성 실험에서도 알 수 있듯이 우리의 정신이 건강하기 위해서는 적절한 자극이 있어야 한다. 아무런 자극도, 스트레스도 없는 상황에서 인간은 온전한 정신을 가질 수 없다. 물론 현재의 자극과 스트레스가 커서 문제겠지만 스트레스 자체를 부정하려고 하는 마음은 버려야 한다.

둘째, 자신의 통제감★을 어느 정도는 포기할 필요가 있다. 사람들은 자신이 통제할 수 없는 상황을 통제하려고 할 때 스트레스를 느낀다. 우선 자신이 통제 가능한 것과 불가능한 것을 명확하게 구분하고, 가능한 것은 최선을 다하되 나머지에 대해서는 적극적으로 포기해야 한다. 현실을 인정하고 받아들여야 한다.

만약 세계선수권대회나 올림픽 등 중요 대회에서 우승할 만한 실력이 있다고 자타가 공인하는 선수가 우승을 하지 못했다면 스트레스를 받을 것이다. 하지만 일반인이 그 대회에 나갔다면 우승을 못했더라도 스트레스는 받지 않는다. 인정하기가 쉽지 않겠지만 자신의 능력과 한계를 명확히 알자. 자신의 능력을 넘어서는 일에 욕심을 부린다면 결과도 좋지 않고 당신의 건강도 좋지 않게 된다.

장기간의 스트레스는 정신과 신체 모두에 악영향을 끼친다. 지구에서 살아가는 이상 스트레스를 피할 수 없다면 스트레스에 대처하는 우리의 마음을 바꿔야 한다. 돈 많은 사람도 없는 사람도, 인기가 많은 사람도 없는 사람도, 공부를 잘하는 학생도 못하는 학생도 스트레스를 받는다. 100년 전에 사람들도 스트레스를 받았을 것이고, 100년 후에 사람들도 스트레스를 받을 것이다. 스트레스는 없애버려야 할 우리의 적이 아니라, 함께 살아야 할 우리 몸속에 있는 미생물과 같은 것이다. 너무 많아도 문제지만 너무 적어도 문제가 된다. 당신의 스트레스는 무엇인가?

▌스포츠심리학

운동선수의 마음도 관리하고 보호해야 할 대상
▌sport psychology / 분야

우리나라 최초로 동계올림픽 피겨 스케이팅 여자 싱글 종목에서 금메달을 딴 김연아 선수. 그녀는 자신의 저서인 『김연아의 7분 드라마』에서 심리 상담*상담심리학을 받으면서 스포츠심리학에 관심이 생겼다고 말했다. 실제로 그녀가 고려대학교 체육교육과 학생일 때 스포츠심리학 강의를 듣는 모습이 언론에 공개되기도 했다.

어린 시절부터 운동선수로 살아왔던 그녀가 매력을 느꼈던 스포츠심리학이란 말 그대로 스포츠와 관련된 인간의 마음과 행동을 연구하는 분야라고 할 수 있다. 물론 스포츠심리학자들이 연구만 하는 것은 아니다. 연구 못지않게 현장에서 운동하는 선수들을 다양하게 돕는 일도 스포츠심리학자의 중요한 업무다. 선수들의 경기력 향상을 위해 명상이나 상상 훈련 등 심리적인 기술을 이용하는 것은 물론 선수들과 직접 상담을 하면서 심리적인 부담을 털어버리도록 하는 일도 한다.

스포츠심리학은 심리학의 다른 분야보다 일찍 발달했다. 최초의 스포츠심리학자는 사이클 선수들을 관찰하다가 사회적 촉진* 현상을 발견했던 트리플렛이다. 그가 사회적 촉진 현상을 발견한 것이 1898년이니 독일에서 분트*가 1879년에 심리학 연구소를 설립한 지 20년도 되지 않았을 때였다. 심리학의 여러 응용 분야 중에서도 이른 시기에 시작된 스포츠심리학은 트리플렛 이후 비약적인 발전을 했다. 이는 스포츠가 국가적으로나 사회적으로 중요한 역할을 했기 때문이기도 하다.

특히 미국에서는 스포츠심리학자들의 활동이 활발하다. 코리안 특급으로 불렸던 야구선수 박찬호 역시 스포츠심리학자의 도움을 받은 것으로 유명하다. 1995년부터 미국에서 프로야구 선수로 뛰기 시작한 이후 일본 소프트뱅크를 거쳐서 2009년에 한국으로 건너온 용병 투수 니코스키Christopher Nitkowski는 한 일간지와의 인터뷰에서 다음과 같이 말했다.

상당수의 미국 프로야구 구단은 심리학자를 구단에 상주시킨다. 메이저리그 역시 선수들의 심리적인 스트레스를 덜어주기 위해 많은 관심을 쏟는다. 보스턴 레드삭스의 경우에는 심리학자도 선수들과 같은 유니폼을 입고 더그아웃에서 함께 경기를 지켜보도록 한다. 혹시 있을지 모르는 상황에 대비하는 동시에 선수들과 호흡하며 심리 상태를 체크하기 위해서다.

　미국에 비해 아시아 국가들은 선수들의 심리적인 부분에 신경을 덜 쓰는 것 같다. 스포츠심리학자는 코치나 감독과 또 다른 역할을 한다. 꼭 필요한 존재다.

　많은 이들은 스포츠심리학자가 되려면 심리학을 전공해야 하는 것이 아니냐고 생각한다. 맞는 말이긴 하다. 스포츠심리학은 심리학을 스포츠에 적용하는 분야이기 때문이다. 하지만 국내 심리학과 일반대학원에는 스포츠심리학 전공이 없다. 한국에서 스포츠심리학은 심리학보다 체육학의 하위 분야에 가깝고, 단일 전공으로 개설되지는 않았다.

　일례로 한국스포츠심리학회란 단체는 한국심리학회와 무관하며, 학회의 회원 역시 일반 심리학자보다는 체육을 전공한 사람들이 주를 이루고 있다. 어서 우리나라도 심리학에 대한 사람들의 인식과 사회적 분위기가 조속히 바뀌어 심리학자들이 운동선수들에게 전문적인 도움을 줄 수 있기를 바란다.

신경계

우리 몸속의 초고속 인터넷망
nervous system / 생리심리학

감자탕의 주인공은 감자가 아닌 돼지 등뼈다. 뼈에 붙어 나오는 살코기의 정도는 그 감자탕 집의 평판을 좌우한다. 열심히 뼈를 발라 먹다보면 보이는 것이 있다. 가느다랗고 하얀 단백질 조직이다. 별 맛이 없는데도 많은 이들이 맛있다면서 뼈와 뼈 사이에 끼어 있는 이 녀석을 열심히도 먹는다. 사실 그 녀석의 정체는 돼지 신경계의 일부다.

신경계란 우리 몸에 뻗어 있어 외부의 정보를 수집하고 그에 적절하게 대응할 수 있도록 온몸에 명령을 전달하는 뉴런*들의 집합체다. 마치 국가가 통신망을 통해 위기 상황에 잘 대응하고, 평상시에 발전을 도모하는 것처럼 신경계는 우리 몸에서 그런 역할을 한다. 통신망을 제대로 갖추지 않으면 국가의 여러 기관과 각 지역이 유기적으로 움직일 수 없다.

전쟁 상황이라면 더욱 중요하다. 제아무리 뛰어난 무기와 필승 전략이 있다고 하더라도 상부의 지시가 전달되지 않거나 현장의 상황을 보고할 수 없다면 어떻게 되겠는가? 신경계는 이런 면에서 우리 몸의 가장 중요한 조직 중 하나다. 신경계를 구성하는 신경 세포인 뉴런은 재생되지 않는다는 점에서 그 중요성이 신체의 다른 기관에 결코 뒤지지 않는다.

신경계는 중추 신경계CNS ; Central Nervous System와 말초 신경계PNS ; Peripheral Nervous System로 구분한다. 중추 신경계란 뇌*와 척수spinalcord를 의미한다. 신경계에서도 가장 중요한 부분으로 단단한 뼈 —뇌는 두개골skull, 척수는 척추spine —의 보호를 받는다.

중추 신경계가 얼마나 중요한 기관인지는 사고나 질병으로 척수와 뇌가 손상된 사람들을 통해 알 수 있다. 척수의 경우에는 손상 지점부터 하반신 마비가 나타나며, 뇌의 경우에는 전신 마비가 나타나기도 한다. 물론 뇌의 어느 부분이 손상되었느냐에 따라 다르겠지만 말이다.

뇌와 척수를 제외한 나머지는 말초 신경계다. 말초 신경계는 다시 체성 신경계SNS ; Somatic Nervous System와 자율 신경계ANS ; Autonomic Nervous System★스트레스로 구분한다. 체성 신경계는 우리가 의도적으로 조절하고 움직일 수 있는 수의적 운동과 연관이 있으며, 자율 신경계는 불수의적 운동과 연관이 있다.

지금 책을 잡고 있는 당신의 손은 체성 신경계가, 당신의 호흡과 심장박동과 혈압 등은 자율 신경계가 담당하고 있다. 자율 신경계는 다시 위기 상황에 대응하고 준비하면서 에너지를 소모시키는 교감 신경계sympathetic nervous system와 휴식과 이완, 에너지를 축적하게 하는 부교감 신경계parasympathetic nervous system로 구분이 가능하다.

신경전달물질

뉴런 사이에서 정보를 전달하는 화학물질
neurotransmitter / 생리심리학

소위 사랑*의 유효기간이 있다고 한다. 눈에 콩깍지가 씌워서 오로지 그 사람밖에 안 보이는 그런 기간 말이다. 3~6개월이라고 주장하는 사람도 있고 2~3년이라고 주장하는 사람도 있다. 심지어 21년이라는 주장도 있다.

그런데 어떤 주장이든 근거로 제시하는 것이 뇌의 화학물질이다. 사랑을 느낄 때 분비되는 화학물질이 있는데, 이것이 언제까지 분비되는지 조사해 이런 주장을 한다. '웬 화학물질?' 하고 생각하는 사람도 있을 것이다. 화학물질이라고 하면 중고등학교 때 배웠던 화학을 생각하면서 말이다. 그런데 여기서 말하는 화학물질이란 바로 신경전달물질이다.

신경전달물질이란 뉴런* 사이에 있는 작은 틈인 시냅스에서 정보 전달을 담당한다. 뉴런은 내부적으로는 전기적인 정보 전달을, 외부적으로는 화학적인 정보 전달을 한다. 다시 말해 한 뉴런이 다른 뉴런에게 정보를 전달할 때는 화학물질을 분비한다.

신경전달물질은 때로 호르몬hormone과 혼동된다. 사실 신경전달물질과 호르몬은 동일한 화학물질이다. 다만 어디에서 활동하는지에 따라 다르게 부른다. 내분비계endocrine system에서 분비되어 혈류를 타고 다니면서 우리 몸의 여러 기관에 영향을 미치면 호르몬이라고 하고, 신경계*에서 뉴런과 뉴런 사이를 이동하면서 정보 전달에 관여하면 신경전달물질이라고 한다. 예를 들어 익히 들어본 적이 있을 법한 호르몬인 노르아드레날린noradrenalin은 노어에프네프린norepinephrine이라는 신경전달물질과 동일한 물질이다. 어떤 이들은 신경전달물질이라는 용어보다 호르몬이라는 용어가 더 익숙해서 그런지 '뇌의 호르몬'이라는 표현을 사용한다.

신경전달물질의 종류는 몇 가지가 될까? 지금까지 연구자들이 밝혀낸 것만도 수십여 가지인데, 앞으로 얼마나 더 발견될지 모른다고 한다. 대표적인 신경전달물질로는 세로토닌serotonin, 5-HT, 도파민dopamine, 엔도르핀endorphine 등을 꼽을 수 있다. 이 신경전달물질의기능은 매우 복잡해 단순하게 일반화시키기는 어렵다. 이는 우리 뇌의 활동이 매우 복잡하기 때문이다. 예를 들자면 도파민은 쾌락과 연관되어 있지만, 한편으로는 파킨슨씨병Parkinson's disease이나 정신분열*과도 연관이 있다. 이 외에도 우리의 마음이 보이는 수많은 증상과 연관이 있어서 어떤 신경전달물질의 기능을 단순화시키는 것은 쉽지 않다.

신경증과 정신증

현실 검증력을 기준으로 한 정신장애의 구분
neurosis and psychosis / 이상심리학

　보통은 지나치게 신경이 예민하거나 신경질을 자주 내는 사람들을 가리켜 노이로제 환자라고 한다. 노이로제란 신경증뉴로시스의 독일어 표현으로, 히스테리★신체 증상나 사이코패스★성격 장애와 함께 일반인들이 많이 사용하는 정신장애★이상심리학 용어다.

　이 용어는 스코틀랜드의 의사 컬린William Cullen이 1769년에 신경계 이상과 관련이 있는 질환을 통칭하기 위해 처음으로 사용했다. 하지만 의학의 발전으로 확실한 신경계의 이상이 발견된 질환들이 배제되면서 신경증은 심리적인 증상만을 의미하게 되었다. 프로이트★가 정신분석★을 발전시킬 수 있었던 이유도 바로 신경증 환자를 치료하면서였다.

　그렇지만 심리학과 정신의학의 발전으로 정신장애가 세부적으로 정의되고 분류되면서, 신경증이라는 표현은 그 의미하는 바가 모호해 더이상 공식적으로 사용하지 않는다. 당연히 특정 정신장애를 의미하는 하나의 진단명도 아니다. 그럼에도 전문가들은 여전히 신경증이라는 용어를 암묵적으로 사용하고 있다. 신경증이 정신증과 함께 정신장애의 중요한 측면을 구분한다고 생각하기 때문이다.

　본래 정신분석에서 시작된 신경증과 정신증을 구분하는 기준은 자아★자아심리학의 여러 기능 중 현실 검증력reality testing이 존재하는지

아닌지다. 심리적으로 어려움을 겪지만 현실 검증력이 있으면 신경증, 없으면 정신증이라고 한다. 정신증은 정신병이라고도 한다.

우리는 내적 세계internal world, 생각·믿음·공상·환상와 외부 현실external reality, 실제 세계이라는 두 세계 혹은 두 현실 속에서 살고 있다. 현실감 reality sense 혹은 현실 판단력reality judgement이라고도 하는 현실 검증력은 내적 현실을 외부 현실과 비교하고 검증할 수 있는 힘을 말한다. 두 현실 사이에 불일치나 괴리가 존재할 때 대부분의 사람들은 현실 검증력을 사용해 해소한다.

지현은 친구 옥진에게 전화를 걸었다. 몇 번을 걸어도 신호는 가지만 친구가 전화를 받지 않는다. 지현은 '혹시 내가 싫어서 일부러 안받나' 라는 생각내적 현실을 잠시 했다. 이때 또 다른 친구 향우를 통해 옥진이 휴대전화를 분실했다외부 현실는 소식을 들었다. 지현은 '내가 싫어서 전화를 안 받았던 것은 아니군!' 하면서 자신의 생각을 수정현실 검증했다.

심리적 문제가 심각해 현실 검증력이 무너진 사람들은 객관적인 사실 앞에서도 자신의 생각을 수정하지 않으며, 자신의 증상에 대한 통찰인 병식病識도 없다. 정신증의 대표적 증상은 망상★과 환각★이다. 이 증상을 보이는 정신장애는 DSM-5★DSM의 정신분열★ 스펙트럼 및 기타 정신증적 장애로 분류되어 있다. 여기에는 정신분열증, 정신분열형 장애, 분열정동 장애, 망상장애, 단기 정신증적 장애 등이 있다. 이에 더해 주요 우울★ 장애와 소위 조울증이라고 하는 양극성 장애도 정신증이라고 할 정도로 심각한 정신장애다.

이를 제외한 대부분의 정신장애들은 신경증에 속한다고 볼 수 있다. 신경증의 경우도 심리적으로 취약한 부분에서는 현실 검증력이 무너진 것처럼 보인다. 예를 들어 개 공포증★불안이 있는 사람은 아주 작고 귀여운 강아지만 봐도 공포에 사로잡히는 동시에 개가 자신을 공격할 것 같다는 생각을 한다. 하지만 이는 심리적 취약성 때문에 나타나는 일시적 증상이지 현실 검증력의 문제는 아니다. 이들은 자신의 두려움이 비합리적이라는 사실을 알고 있으며 병식도 있다.

정신증과 신경증을 구분할 수 있으면 정신장애를 더 정확하게 이해할 수 있다. 장선우 감독, 이정현 주연의 1996년 영화 〈꽃잎〉은 1980년 5월 광주민중항쟁을 배경으로 한 영화로, 영화의 주인공인 소녀는 심리적인 충격으로 정신장애를 가지게 되었다.

엄마와 함께 광주에 왔다가 항쟁을 경험하는 주인공 소녀이정현 분는 혼란과 두려움에 사로잡혀서 진압군의 총탄에 맞아 죽어가는 엄마를 뿌리친 채 도심을 빠져나온다. 혼란과 두려움 속에서 깨어난 소녀는 자신에게 벌어진 일, 그리고 자신이 엄마를 버렸다는 사실을 감당하지 못해 미쳐버리게 된다. 누가 봐도 소녀가 미쳤다는 것을 알 수 있을 정도로 혼자 웃고 울며, 분노에 사로잡히고 쉽게 사랑에 빠진다.

어떤 이는 소녀의 증상이 정신적 외상 때문에 일어난 일이니 이 정신장애가 외상 후 스트레스★ 장애PTSD가 아니냐고 하지만 외상 후 스트레스 장애는 신경증이다. 소녀의 경우 현실 검증력이 무너졌다. 물론 가상인물이므로 정확한 진단을 내릴 수는 없지만 단기 정신증적 장애나 정신분열형 장애일 가능성이 높다.

신경증일 경우에는 상담과 심리치료★^{상담심리학}만으로도 회복이 가능하고 혹은 자연적으로도 회복할 수 있지만, 정신증일 경우에는 먼저 정신과에서 약물치료★^{향정신성 약물}를 받아야 한다. 약물치료를 받지 않으면 심리치료를 하는 것이 불가능할 뿐만 아니라 오히려 증상을 심하게 만들 수 있다.

대부분의 정신장애를 정신증과 신경증으로 구분할 수 있으나 어떤 정신장애는 이 둘 사이를 왔다갔다 하는 것처럼 보인다. 다시 말해 때로는 현실 검증력이 있는 것처럼 보이기도 하지만, 때로는 없는 것처럼 보이기도 한다. 이런 사람의 상태를 '경계선_{borderline}'이라고 한다.

이 단어는 1938년에 경미한 정신분열 증세를 보이는 사람들을 지칭하기 위해 스턴_{Adolf Stern}이 신경증과 정신증의 경계라는 의미로 처음 사용했다. 현재 경계선은 성격 장애의 하나로 분류되고 있다. 참고로 경계선이란 표현은 정상 지능★과 정신 지체의 중간을 의미할 때에도 사용되는데, 이는 정신장애의 경계선과는 엄연히 다른 의미다.

현실 검증력을 가지고 있는 대부분의 사람들도 때로는 자신만의 생각에 사로잡혀 객관적인 현실을 무시할 때가 있다. 다들 잘했다고 칭찬하지만 스스로 만족하지 못해 자괴감에 빠지고, 다들 예쁘고 멋 있다고 하는데도 끊임없이 성형수술을 원하며, 상대방이 자신을 싫어한다는 확실한 증거도 없이 끊임없는 피해의식에 사로잡히기도 한다. 물론 우리나라처럼 '눈치'가 중요한 집단주의 문화★문화심리학에서는 현실 검증이 어려울 수 있다. 하지만 현실 검증이 어렵다면 판단을 보류해야 한다. 굳이 확인되지 않는 것을 사실인 양 믿는다면, 우리의 현실 검증력은 점점 약해져 심리적으로 어려움에 봉착할 수 있다. 우리의 현실 검증력은 안녕한지 돌아보자.

▌신체 증상
▌몸이 아픈 것 같지만 정말 아픈 것은 당신의 마음
▌somatic symptom / 이상심리학

  몸이 아파서 병원을 찾는 사람들 중 일부는 실력 있는 전문의가 진찰을 하고 최첨단 장비로 검사를 해도 아무런 이상이 없다는 이야기를 듣게 된다. 이들은 몸이 아프다고 생각하지만, 사실 몸이 아니라 마음이 아픈 것이다. 자신은 아프거나 괴로운데 병원에서는 이상이 없다고 하니 답답한 마음에 온갖 민간요법을 사용해보지만, 오히려 문제만 더 크게 만들 뿐이다.

  DSM-5★DSM에서는 신체 증상 장애somatic symptom disorder, 전환 장애conversion disorder, 질병 불안 장애illness anxiety disorder, 허위성 장애factitious disorder를 신체 증상 및 관련 장애somatic symptom and related disorder로 분류

하고 있다.

신체 증상 장애는 한 가지 이상의 신체 증상을 호소하고, 자신의 신체 증상에 대한 걱정과 염려를 과도하게 하는 것이다. 대표적인 신체 증상으로는 통증을 들 수 있다. 그러나 통증처럼 구체적이지 않고 피로감처럼 막연한 것도 가능하다. 이들은 자신의 신체 증상이나 걱정에 대한 반대 증거를 접하더라도 자신의 증상이 심각하다는 생각을 잘 포기하지 않는데, 신체 증상에 대한 걱정과 염려가 6개월 이상 지속되어야 이 진단을 내릴 수 있다.

전환 장애는 마음의 문제가 몸으로 전환되었다고 붙여진 이름이다. 구체적으로는 감각 기관의 이상이나 사지 같은 수의적 운동의 마비가 전환 장애의 주된 특징이다. 이를 반영해 DSM-5에서는 전환 장애를 기능성 신경 증상 장애functional neurological symptom disorder라고도 한다.

여성들에게서 주로 나타나 한때 자궁을 의미하는 그리스어인 히스테리hysteria라고 불렸던 이 장애는 프로이트*가 정신분석*을 발전시킬 수 있었던 계기였다.

혹시 이들이 거짓으로 증상을 만들어 꾀병maligering을 부리는 것이 아닐까 하는 생각이 들지도 모르겠다. 그렇지만 마비된 사지는 아주 강하게 자극해도 아무런 반응을 보이지 않는다. 꾀병도 아니고, 아픔을 참는 것도 아니다. 2007년 6월 8일, MBC 라디오 〈두 시의 데이트〉에서 한 청취자가 DJ에게 보낸 문자 사연이 소개되었다.

오빠, 119구급차 타보셨어요? 지난 밤 헤어진 남자 친구한테 다시 만나달라고 징징대다가 갑자기 다리에 마비가 와서 119구급차에 실려갔어요. 부끄럽습니다.

전환 장애는 개인의 욕구와 감정을 억눌러야 하는 상황에서 발생한다. 프로이트 시대에 이 증상이 많았던 이유도, 그리고 우리나라에 아직도 많은 이유도 바로 이 때문이다. 라디오로 문자를 보낸 청취자가 헤어진 남자 친구에게 징징대지 않고 당당하게 다시 만나달라고 요구했거나, 혹은 자신의 감정과 생각을 정확히 표현했더라면 다리가 마비되는 일은 없었을 것이다.

건강염려증hypochondriasis이라고도 하는 질병 불안 장애는 자신의 신체 증상이나 기능을 잘못 해석해 심각한 질병에 걸렸다는 두려움이나 생각에 집착하는 것을 말한다. 요즘처럼 건강과 질병에 대한 정보가 넘쳐나는 시대에 사람들은 자연스레 자신의 건강상태에 관심을 갖게 된다. 이러한 관심은 때로는 도를 넘어서 자신의 몸 상태를 스스로 체크하고 진단과 처방까지 내리게 하고, 온갖 건강보조식품을 섭취해 자신의 질병을 스스로 다스리려 한다. 사실 이 정도의 반응은 요즘 기준으로는 평범하다고 할 수 있다.

그러나 질병 불안 장애인 경우는 여기에서 그치지 않고 자신의 병명을 확인받기 위해 의사를 찾아간다. 의사가 병에 걸리지 않았다고 해도 믿지 않으며 자신의 진단명을 확인받기 위해 소위 닥터 쇼핑doctor shopping을 한다. 이들은 구체적인 진단명을 가지고 의사를 찾아가는 경우가 많으며, 자신의 진단을 입증해줄 많은 증거와 증상을 의사에게 하나씩 설명해야 직성이 풀린다.

이 진단을 받기 위해서는 이러한 증상이 6개월 이상 지속되어야 한다. 다시 말해 일시적인 건강이나 질병에 대한 걱정이라면 지극히 정상이라는 것이다. 질병 불안 장애는 신체 증상 장애와 비슷하게 보이기도 하지만, 질병 불안 장애가 질병 자체에 대한 집착이라면 신체 증상 장애는 신체 증상을 호소하는 것이 주된 특징이다. 또한 유의미한 증상이 존재한다면 신체 증상 장애이고, 신체 증상이 존재하지 않거나 미약한 강도라면 질병 불안 장애라고 할 수 있다.

마지막으로 허위성 장애는 환자의 역할을 하기 위해 신체적이거나 심리적인 증상을 만들어내는 것이다. 일반적으로는 꾀병처럼 보이지만, 전문가들은 꾀병과 허위성 장애를 구분해야 한다고 말한다. 꾀병의 경우 분명한 목적이 있다. 예를 들어 경제적 보상이나 심리적 위로를 기대하는 것, 법적인 책임을 회피하는 것, 학교에 결석하는 것 등이다. 그러나 허위성 장애는 현실적인 이득이나 목적이 없다. 단지 환자 역할을 하려는 것처럼 보일 뿐이다.

이상의 장애는 신체 증상을 호소하기 때문에 먼저 의학적 검사가 선행되어야 한다. 의학적 검사 없이 정신 장애★이상심리학라고 진단해서는 안 된다. 환자 본인도 수긍하지 못할 뿐더러 실제로 마음이 아니라 몸이 아플 수 있기 때문이다. 검사 결과 몸에 이상이 없을 때 마음을 들여다보아야 한다.

실험심리학

현대 심리학의 정통성을 계승하다

experimental psychology / 분야

실험심리학이란 말 그대로 실험을 통해 인간의 마음을 연구하는 심리학의 하위 분야다. 구체적으로 생리심리학★, 학습심리학★, 인지심리학★, 감각과 지각★ 등을 들 수 있다.

사람들은 심리학이 사람의 행동 속에 숨겨진 동기★동기와 정서나 의도, 혹은 무의식★에 대한 관심에서 시작된 학문일 것이라고 생각한다. 하지만 심리학의 본래 관심은 이런 것이 아니라 정신세계의 구성과 본질을 다루는 인식론★이다. 현대 심리학은 그 정체성을 과학★심리학에 두고 있으며, 그 시작도 실험을 본격적으로 할 수 있는 실험실을 만든 1879년★분트으로 잡는다. 이런 면에서 실험심리학은 심리학의 뿌리와 기초라고 할 수 있다.

실험을 중시한다는 측면에서, 또 그 주된 관심이 인간의 마음과 행동이라는 점에서 실험심리학의 하위 분야들은 그 경계가 모호하다. 다시 말해 인지심리학에서도 신경계의 원리생리심리학를 다루며, 생리심리학에서도 인간의 감각 기관감각과 지각에 대해 다룬다. 한국심리학회 산하에는 '인지 및 생물심리학회'가 있는데, 이 분과학회의 역사를 보면 실험심리학 각 분야들이 얼마나 밀접하게 연관되어 있는지 알 수 있다.

- 1977년, 한국심리학회 내 실험심리학회 창설 인준
- 1979년, 한국심리학회 내 인지심리학회 창설 인준
- 1982년, 실험심리학회와 인지심리학회의 통합으로 실험 및 인지심리학회 설립
- 1989년, 한국심리학회 내 생물 및 생리심리학회 창설
- 2001년, 실험 및 인지심리학회와 생물 및 생리심리학회의 통합으로 실험심리학회 설립
- 2009년, 학회 명칭을 인지 및 생물심리학회로 변경

심리 검사

종합검진으로 몸을 점검하듯 심리 검사로 마음을 점검하라
psychological testing / 심리 검사

심리학자들에게 심리측정psychometrics은 숙명과도 같은 것이다. 눈에 보이지 않는 정신세계를 사변적으로만 접근한다면 철학과 다를 바가 없기 때문에 정신세계의 계량화는 과학적 심리학*의 정체성과 직결된다. 임상심리학*의 창시자 위트머 역시 학습과 행동에 문제를 보이는 아동들을 돕기 위해 먼저 그들의 마음을 측정하는 일에 주력했다. 이후로 임상심리학자들은 사람들의 마음을 돕기 위해 우선 마음을 징확하게 측정하는 심리 검사를 중요한 도구로 사용하게 되었다.

역사

심리 검사의 기원은 골턴Francis Galton에게 있다. 다윈Charles Darwin의 사촌이자 여러 분야에서 뛰어난 업적을 보여 만능 과학자로 불렸던 골턴은 대영제국이 강대국의 지위를 계속 유지하려면 우수한 지능을 가진 아이들이 태어나야 하며, 이를 위해서는 인종 개량우생학이 필요하다고 생각했다.

결국 골턴은 자신의 주장을 실천에 옮기기 위해 실험실에서 사람들을 대상으로 신체와 정신의 여러 측면을 측정하기 시작했다. 신체 조건은 물론이고 기본적인 감각과 운동 능력들을 측정하면서 심리 측정의 기초를 놓았다. 이 방법이 그리 과학적이지는 않았지만 최초로 인간의 개인차를 연구했다는 점에서는 높은 평가를 받고 있다.

이후 미국에서 커텔James Cattell이 골턴의 방법을 계승 발전시켰다. 그는 「정신검사와 측정Mental Tests and Measurement」이라는 논문에서 정신 검사mental test라는 표현을 최초로 사용했다. 골턴과 커텔 외에 최초의 지능★ 검사를 만든 프랑스의 심리학자 비네도 심리 검사의 역사에서 빼놓을 수 없다. 골턴과 커텔이 주로 성인을 대상으로 감각 및 지각 과제를 통한 개인차를 알아보려고 했다면, 비네는 학습부진아를 선별하기 위한 아이들의 정신 수준 측정에 관심이 있었다.

1차 세계대전 즈음 미국 정부는 신병들의 정신 상태를 파악하기 위해 심리학자들에게 도움을 요청했다. 그 결과 군대 알파 검사army alpha와 군대 베타 검사army beta가 만들어졌다. 이 일을 주도적으로 한 사람은 각성★과 수행의 법칙을 발견했던 심리학자 역스였다. 이를 계기로 1920년대는 검사 운동의 전성기라고 할 정도로 다양한 목적의 검사들이 개발되었으며, 그 영향이 오늘날까지 계속되어 다양한 현장에서 심리 검사가 활용되고 있다. 심리 검사는 학교와 산업현장을 비롯해 군대와 정신병원에 이르기까지 다양한 곳에서 사용되고 있는 중요한 도구다.

종류

심리 검사는 기준에 따라 다음처럼 구분한다. 측정 영역에 따라 적성 검사aptitude test, 타고난 능력와 성취도 검사achievement test, 경험과 노력, 시간 제한과 문항의 난이도에 따라 속도 검사speed test, 짧은 시간에 많은 문제를 풀어야 함와 능력 검사power test, 시간제한 없이 가능한 어려운 문제를 풀어야 함, 실시 방식에 따라 개인 검사individual test, 일대일로 실시와 집단 검사group test, 단체로 실시, 응답 방식에 따라 객관적 검사objective test, 보기에서 선택와 투사적 검사projective test, 주관적인 생각과 느낌을 표현로 구분할 수 있다.

임상심리학자들이 실시하는 지능 검사와 투사적 검사는 개인 검사이고, 다른 검사들은 집단으로 실시할 수 있는 검사들이다. 객관적 검사는 대표적으로 MMPI★와 MBTI★가 있으며, 투사적 검사는 로샤 검사★, 주제 통각 검사theme apperception test(TAT)를 들 수 있다.

하지만 이것 아니면 저것이라고 명쾌하게 구분할 수 없는 검사들도 있다. 우선 학교에서 치르는 대부분의 시험들은 제한된 시간 동안 다양한 난이도의 문제를 풀어야 한다는 점에서 속도 검사와 능력

검사의 특성을 모두 포함하고 있다.

적성 검사와 성취도 검사의 구분은 때로는 모호하다. 원래 우리나라의 수학능력시험미국의 SAT과 지능 검사는 적성 검사이므로 노력과는 무관해야 하고, 학교에서 보는 중간고사와 기말고사는 성취도 검사이므로 노력에 따라 점수가 변해야 한다. 하지만 현실은 이와 다르다. 이는 적성과 성취도가 밀접하게 관련이 있기 때문이다. 요즘에는 영재학교에 입학하기 위해 지능 검사에서 좋은 점수를 받으려고 사교육을 받는 아이들도 있다고 한다. 지능 검사 역시 반복학습을 통해서 점수를 올릴 수 있기 때문이다.

적성 검사와 관련해 사람들의 오해가 가장 많은 것이 직업적성 검사다. 이런 검사들은 피검자에게 구체적인 직업이나 관련 직업군을 추천해주고, 많은 이들은 이에 근거해 직업을 선택한다. 하지만 이런 검사들은 엄밀히 따지면 선호도 검사interest test다. 그 직업에 대한 능력ability이나 적성aptitude을 측정하는 것이 아니라, 그 직업이나 그와 관련된 활동을 얼마나 좋아하고 있는지를 측정한다.

만약 생물학 과목을 좋아하고 사람을 대하는 일을 좋아하는 청소년이 의사가 되고 싶어 직업적성 검사를 하면 어떨까? 당연히 검사 결과는 의사가 적성에 맞는다고 나온다. 하지만 어떤 직업을 단지 좋아한다고 해서 할 수 있는 것은 아니다. 지필 검사로는 해당 직업을 잘 수행할 수 있는 적성이나 능력을 측정할 수 없다. 어떤 직업을 수행할 능력이 자신에게 있는지 알려면, 심리 검사보다는 그 직업을 체험해보거나 관련 지식을 공부해보는 것을 추천한다.

좋은 심리 검사

인터넷에 떠돌아다니는 수많은 심리 테스트와 심리학자들이 사용하는 심리 검사는 엄연히 다르다. 심리 테스트는 '맞으면 좋고 틀리면 어쩔 수 없고' 식이다. 누군가가 직관에 근거해 문항과 해석의 틀을 만든 것이다.

좋은 심리 검사란 신뢰도$_{reliability}$와 타당도$_{validity}$, 그리고 표준화$_{standardization}$라는 세 요소가 확립된 검사다. 신뢰도란 반복해서 측정해도 검사 결과가 일관되어서 믿을 만한지, 타당도란 검사가 측정하려고 하는 것을 정확하게 측정하고 있는지 따져보는 것이다. 표준화란 검사의 실시와 채점, 그리고 해석의 절차를 정하는 것으로 가장 중요하게는 검사 점수의 의미를 파악할 수 있는 규준$_{norm}$의 확립 과정을 포함한다.

마음의 측정은 물질과는 다르다. 길이나 무게 같은 물질의 측정치는 절대영점이 있어서 단순하게 점수만으로도 서로 비교가 가능하지만 마음의 측정치에는 절대영점이 없다. 따라서 한 개인이 받은 점수의 의미는 그가 속한 모집단의 점수들$_{규준}$과 비교를 통해서만 알 수 있다.

가끔 신문이나 TV를 보면 동물과 사람의 지능지수$_{IQ}$를 비교하곤 한다. 하지만 동물과 사람의 지능을 동일한 방법으로 측정할 수 없을 뿐더러 규준이 다를 수밖에 없는 두 점수를 직접 비교한다는 것은 어불성설이다. 정확히 말하면 동물 지능에 대한 규준도 없다. 동물과 사람을 비교할 수 있는 측정치는 물리적 속성$_{키, 무게 등}$뿐이다.

실시와 해석

심리적인 도움을 얻기 위해 정신과 의사나 임상심리학자를 방문했다면 심리 검사를 권유받을 수 있다. 보통 이때 실시하는 여러 심리검사의 모음을 검사 총집full battery이라고 한다. 병원에서 종합검진으로 전반적인 신체 상태를 파악하듯이 검사 총집은 마음의 전반적인 상태를 드러내준다. 따라서 검사 총집은 마음의 종합검진인 셈이다.

검사 총집은 기본적으로 객관적 성격 검사MMPI, PAI 등, 투사적 성격 검사Rorschach, TAT 등, 지능 검사WAIS, K-ABC 등를 포함한다. 이 외에도 기관이나 피검자의 상태에 따라 BGT벤더-게슈탈트 검사나 SCT문장 완성 검사, HTP집-나무-사람, MBTI 등 여러 심리 검사가 포함될 수 있다. 심리적인 어려움이 없더라도 검사 총집을 받아보면 자신의 심리적인 강점과 약점을 알 수 있다.

심리 검사를 실시한 후 검사 결과에 대한 해석을 받을 때 심리학자가 정확한 검사 결과수치를 알려주지 않을 수 있다. 그 이유는 심리 검사의 결과가 그 자체로 절대적이지 않기 때문이다. 특히 지능 검사를 받은 사람들은 자신의 지능지수IQ를 알고 싶어하지만, 심리학자는 단지 범위평균, 평균 상, 평균 하 정도로만 지능지수를 알려준다. 지능 검사는 피검자의 심리 상태에 많은 영향을 받기 때문에 정상적인 지능을 가진 사람이라면 구체적인 수치는 큰 의미가 없다고 판단하는 것이다.

만약 우울*한 상태로 지능 검사를 받았다면, 점수는 낮게 나오게 될 것이다. 지능이 떨어졌기 때문이 아니라, 우울한 감정이 검사에 대한 집중도를 떨어뜨렸기 때문이다. 따라서 검사에 대한 충분한 이해가 없이 점수만 알면 괜한 오해를 하기 쉽다.

어떤 사람들은 심리 검사 점수의 의미를 파악하기 위해 관련 서적이나 인터넷 정보를 참고하기도 하는데 이것은 좋은 방법이 아니다. 그 중에는 피검자의 상황과 무관하게 수치만으로 해석을 한 경우도 있다. 하지만 다른 의학적 검사와 달리 심리 검사는 피검자의 심리 상태를 기계적이고 자동적으로 측정하는 도구가 아니다. 다만 여러 가설과 가능성을 고려하도록 하는 보조수단일 뿐이다. 특히 HTP 같은 검사에서 이런 경우가 종종 있는데, 모든 사람들은 특정 심리 상태에서 동일한 그림을 그리지는 않는다는 사실을 반드시 기억해야 한다.

검사의 실시와 채점, 해석은 반드시 공식적인 교육과 수련을 받은 임상 심리학자에게 받기를 추천한다. 심리학자들은 단순히 검사만 실시하고 채점하는 사람이 아니라, 전문적인 지식에 근거해 면접과 행동을 관찰하고 이 모든 결과를 종합하는 심리 평가psychological assessment를 하는 전문가이기 때문이다. 심리 검사가 단지 검사와 채점, 그리고 해석만을 의미한다면 심리 평가란 종합적인 판단이다. 당연히 검사에 대한 단편적인 지식만으로는 한계가 있을 수밖에 없으니 전문가에게 맡겨야 한다.

심리사회적 발달

사회적 갈등과 위기를 통한 성격의 성장과 발달
psychosocial development / 발달심리학

박사학위가 없는 것은 물론 정식으로 대학교육도 받지 않은 사람이 미국 최고의 대학이라고 할 수 있는 예일과 하버드에서 교수가 되었다면 믿을 수 있겠는가? 이는 소설이 아니라 에릭슨_{Erik Erikson}의 진짜 이야기다.

유대인이었던 에릭슨의 어머니는 덴마크 사람과 결혼했지만, 그를 낳기 전 이혼했고 머지않아 유대인을 만나 결혼했다. 머리카락이나 눈동자가 모두 덴마크 혈통임이 분명한 그는 유대인 부모 아래서 정체감의 혼란을 경험했다. 결국 고등학교를 졸업한 후, 집을 떠나 유럽을 떠돌던 중 오스트리아의 비엔나에서 미술을 배우면서 학생들을 가르쳤다.

그러던 중 프로이트*의 딸 안나를 만나 정신분석*을 받게 되었다. 하지만 그는 그곳에서도 정착할 수 없었다. 히틀러가 유대인을 탄압했기 때문이다. 그는 비엔나를 떠나 처음엔 덴마크로, 다시 미국으로 이민을 가야만 했다. 미국 보스턴에 정착한 그는 아동을 대상으로 정신분석을 실시하면서 유명해졌고, 치료와 연구 업적을 인정받아 하버드대학병원에서 일을 하게 되었다. 또한 예일대학의 교수직을 제안받은 이후 하버드대학 등 여러 학교에서 교편을 잡게 되었다.

교수가 되었다고 해서 그의 열정은 멈추지 않았다. 오히려 더욱 활발

하게 아동을 대상으로 한 치료에 매진했으며, 정상 아동을 대상으로 한 연구도 진행했다. 이에 더해 북부 캘리포니아에 살고 있는 원주민인 유록Yurok 부족의 삶을 오랜 시간 연구하면서 심리사회적 발달 이론을 만들어나갔다. 자신의 이론에 확신을 갖게 된 그는 여러 자료를 근거로 종교개혁자 루터Martin Luther와 인도 독립운동가 간디Mohandas Karamchand Gandhi의 생애를 분석하는 작업을 했다. 특히 간디에 대한 자료를 수집하기 위해서 잦은 인도여행도 마다하지 않았다. 일련의 작업은 모두 책으로 출간되었는데, 특히 간디를 분석한 책으로 퓰리처상을 받기도 했다. 무엇보다 건강관리를 훌륭하게 한 그는 향년 92세로 생을 마감할 때까지 강의와 연구를 쉬지 않았다.

안나 프로이트에게 직접 정신분석을 받았던 에릭슨이 프로이트의 심리성적 발달*과 전혀 다른 관점의 발달이론을 내놓기는 쉽지 않았을 것이다. 그는 분석심리학*의 융*과 개인심리학*의 아들러*, 게슈탈트 치료*의 펄스를 비롯해 많은 사람들이 프로이트와 다른 주장을 했다는 이유로 정신분석에서 쫓겨났다는 사실을 잘 알고 있었기 때문이다. 하지만 에릭슨은 태어나면서부터 죽을 때까지 계속되는 환경의 변화 속에 위기와 갈등, 성장과 발달을 경험하고, 원주민을 비롯해 수많은 성인과 아동을 만나면서 사람의 발달이란 평생계속되는 것임을 뼈저리게 느꼈다. 결국 그는 프로이트의 심리성적 발달이론과 대비되는 심리사회적 발달이론을 정립했다.

두 이론은 여러 면에서 대비된다. 프로이트가 인간의 성격 형성에

▌심리사회적 발달의 각 단계별 위기와 덕목

단계	심리사회적 발달 항목	덕목	심리성적 발달
영아기	근본적 신뢰감 대 불신감basic trust vs. mistrust	소망hope	구강기
유아기	자율성 대 수치감과 회의심autonomy vs. shame and doubt	의지will	항문기
학령 전기	주도성 대 죄책감initiative vs. guilt	목표purpose	남근기
학령기	근면 대 열등감industry vs. inferiority	유능competence	잠재기
청소년기	정체성 대 역할 혼란identity vs. role confusion	성실fidelity	성기기
성인 초기	친밀감 대 고립intimacy vs. isolation	사랑love	
성인기	생산감 대 침체감generativity vs. stagnation	돌봄caring	
노년기	통합감 대 절망감integrity vs. despair	지혜wisdom	

서 어린 시절childhood과 성sex에 초점을 맞추었다면, 에릭슨은 사회와 환경 가운데서 자아★자아심리학의 역할과 기능에 초점을 맞추었다. 프로이트가 청소년기 이후를 하나의 단계로 묶어 인간의 발달을 5단계로 구분했다면, 에릭슨은 전 생애를 8단계로 구분했다. 프로이트가 각 단계마다 심리적 갈등을 겪으면서 어떤 성격적 결함이 생길수 있는지에 관심을 가졌다면, 에릭슨은 사회적 갈등과 위기를 통한 성격의 성장과 발달에 관심을 가졌다. 각 단계에서 겪는 위기와 이 위기를 잘 극복하기 위한 덕목은 위의 표와 같다.

이 세상에 태어난 아기는 근본적 신뢰감 대 불신감의 위기를 겪는다. 이때를 발달심리학★에서는 애착★ 형성의 시기로 보고 있다. 스스로 할 수 있는 것이 아무것도 없고, 전적으로 양육자에게 의존해야 하는 상황이다. 양육자가 아이의 요구에 적절한 반응을 하면 근본적 신뢰감을, 그렇지 못하면 자신과 세상에 대해 불신감을 가지게 된다. 근본적 신뢰감을 위해 아이는 부모의 돌봄과 사랑에 대한 소망을 가져야 하고, 부모 역시 양육을 잘하기 위해서는 아이에 대한 소망을 가져야 한다.

아이가 스스로 걸어다니게 되면 자율성 대 수치감과 회의심의 위기로 넘어간다. 아이는 아직 인지 능력★인지 발달이 부족해 위험한 상황에 자주 처하기도 하고, 주변 사람들에게 본의 아닌 피해를 주기도 한다. 당연히 부모는 아이의 의지를 통제하고자 한다. 부모의 통제가 너무 과도하면 아이는 자신의 존재에 대해 수치감과 회의심을 갖게 되지만, 부모가 아이에게 적절하게 허용해주면 자율성을 가진 아이가 된다. 이시기에 아이들은 "싫어", "안해", "내가 할 거야" 같은 말을 많이 한다.

어린이집이나 유치원에 다닐 정도로 언어와 인지 능력이 어느 정도 발달하면 주도성 대 죄책감의 위기를 겪는다. 아이는 주도적으로 목표를 세우거나 호기심을 해결하기 위한 활동이 가능하다. "왜?"라는 질문을 너무나 가볍게, 그리고 끊임없이 해서 부모들을 당황하게 만들기도 한다. 호기심이 왕성한 시기이지만 아직 사회적으로 적절한 활동 수준과 표현 방법을 몰라 부모와 자주 충돌한다. 이때 부모가 아이의 행동을 지나치게 판단하고 혼내면 아이는 자신의 행동에 대한 죄책감을 가지게 되고, 아이의 행동을 이해하면서 격려★하면 주도적인 아이가 된다.

시간이 지나 아이가 학교에 들어가면 또래와 본격적인 경쟁을 하면서 근면성 대 열등감★개인심리학의 위기를 겪는다. 주어진 과제나 시험에서 좋은 결과를 얻어 친구들과 선생님께 인정받으면 근면성을 가지게 되고, 또래와 비교를 당하고 실패하는 경험을 반복하면 열등감을 가지게 된다.

이 단계까지 에릭슨은 프로이트의 심리성적 발달의 구강기, 남근기, 항문기, 잠재기와 동일하게 연령을 구분하고 있다. 이후의 단계를 프로이트는 성기기라는 하나의 단계로 보았으나 에릭슨은 네 단계로 구분한다.

청소년 시절 겪는 사회적 위기는 정체성 대 역할 혼란이다. 정체성은 에릭슨에게도 매우 중요한 주제였을 뿐만 아니라 대부분의 청소년들이 고민하는 주제다. 청소년기는 아이도 어른도 아닌 애매한 시기일 뿐더러, 직업을 결정하는 중요한 시기다. 자신이 누구인지 이해하기 위해 청소년은 자신에게 주어진 임무와 책임에 성실해야 한다. 이와 더불어 부모는 자녀가 다양한 경험을 통해 자신과 세상을 탐색할 수 있는 기회를 주는 것도 중요하다.

성인 초기의 과제는 평생을 함께할 사람들을 만드는 일이다. 관계가 중요한 이 시기의 위기는 친밀감 대 고립이다. 친밀감의 대상은 배우자가 될 사람과 친구들이다. 평생 친구로 남는 사람은 단지 같은 학교나 지역 사람이 아니다. 이 시기에 연락과 만남을 지속하는 사람이다. 배우자가 될 사람과 친구들을 사랑하는 마음으로 대하면 친밀감을 획득하지만, 그렇지 못하면 외롭고 고립된 삶을 살게 된다.

본격적으로 자신의 인생을 사는 성인기의 위기는 생산감 대 침체감이다. 인생에서 가장 왕성한 활동을 하는 이 시기는 가정과 자녀를 돌보는 것은 물론, 주변 사람들과 사회에게 자신이 받은 것을 되돌려주는 시기이기도 하다. 계절로 보자면 풍성한 가을을 연상시키는 이 시기는 인생의 하이라이트라고 할 수 있다. 이런 면에서 어떤 이들은 generativity를 생산감이 아니라 성숙감으로 번역한다. 하지만 모든 성인들이 가을걷이의 풍성함을 맛보는 것은 아니다. 어떤 이들은 이와 반대로 뒤쳐지고 머물러 있는 침체감을 갖게 된다.

인생의 마지막인 노년의 위기는 통합감 대 절망감이다. 신체적·사회적인 상실을 경험하면서 죽음에 직면하는 이 시기는 자신의 삶을 돌아보는 시기다. 과거의 잘잘못을 있는 그대로 받아들이면서 자신의 삶을 통합할 수도 있고, 낙담과 후회를 주로 하면서 절망감에 사로잡힐 수도 있다. 사실 통합감으로 번역되는 integrity의 일반적 의미는 성실과 정직, 고결함과 청렴이고, 이와 비슷한 integration이 통합을 의미한다. 하지만 노년의 성실과 정직, 고결함과 청렴은 자신의 인생을 건강하게 통합해야 얻을 수 있다는 점에서 많은 심리학자들은 통합감이라는 번역을 선호한다.

앞서 언급했듯이 에릭슨은 루터와 간디라는 두 역사적인 인물을 대상으로 심리사회적 발달 이론을 적용시켰다. 루터에 대해서는 자신이 누구이고 앞으로 어떻게 살아가야 할지 고민하던 청소년기의 위기정체성 vs. 역할 혼란가 그에게 종교개혁을 결심하게 했다고 분석했으며, 간디에 대해서는 사회와 후손들에게 무엇을 남겨줄 수 있을지 고민하던 성인기의 위기생산감 vs. 침체감가 삶의 중심을 이루고 있다고 분석했다. 두 사람에 대한 에릭슨의 분석은 『청년 루터Young Man Luther : A Study in Psychoanalysis and History』와 『비폭력의 기원-간디의 정신분석Gandhi's Truth : On the Origin of Militant Nonviolence』으로 출간되었다.

심리성적 발달

정신분석에서 가장 논란이 되었던 유아 성욕 이론
psychosexual development / 발달심리학

심리성적 발달이론은 정신분석*에서 가장 독창적이고 가장 논란이 되었던 개념이다. 프로이트* 이전까지만 해도 어린이에 대해 이론을 펼친 사람은 적었고, 그 내용도 어린이에 대한 일반적인 생각을 정리한 수준이었다. 하지만 프로이트는 달랐다. 열역학 제1법칙인 에너지 보존의 법칙law of conservation of energy을 인간의 성적 에너지에도 적용할 수 있다고 생각했다. 즉 성인의 성적 에너지는 어느 시점에 갑작스럽게 외부에서 들어오거나 새롭게 생겨난 것이 아니라, 태어날 때부터 가지고 있었다는 것이다. 이는 결국 어린아이들도 성욕이 있다는 유아 성욕infantile sexuality의 개념으로 요약되었다.

아이들에게도 성욕이 있다는 프로이트의 주장은 거센 반발에 직면했다. 많은 사람들이 아이들을 순수한 영혼의 소유자라고 생각했

기 때문이다. 그렇지만 프로이트가 보기에는 성인은 물론 아이들도 자신의 신체를 통해 즐거움을 추구하고 있었다. 특히 성적 추동★에 따라오는 심리적 에너지인 리비도libido가 신체의 세 기관에 차례로 부착cathexis된다고 생각했기 때문에 이를 중심으로 발달의 시기를 구분했다.

리비도가 가장 먼저 부착되는 곳은 입이다. 구강기oral stage로 표현할 수 있는 이 시기의 아기들은 입을 통해 즐거움을 추구한다. 아기들은 손에 잡히는 것은 무엇이든지 입으로 가져가며, 배가 고프지 않아도 빨거나 씹으려는 행동을 멈추지 않는다. 구강기는 다시 전기와 후기로 구분되는데, 전기에는 입술로 빠는 즐거움을 추구한다면 후기에는 잇몸과 치아로 깨물거나 씹는 즐거움을 추구한다.

이렇게 입을 통한 성적 즐거움이 적절하게 만족되면 리비도의 반부착anti-cathexis이 일어나서 그 다음 단계로 넘어가게 되지만, 지나치게 충족되거나 지나치게 결핍되면 고착fixation이 발생한다. 고착이란 이 시기에 심리적으로 머물러서 특정 행동을 계속 보이는 현상이다.

프로이트는 이를 성인의 성격★성격심리학과 연관시켰다. 구강 전기에 고착된 사람은 의존적이거나 지나친 낙관주의를 보이고, 구강 후기에 고착된 사람은 불안하거나 조급하고 지나친 비관주의를 보인다.

입에서 반부착된 리비도는 항문에 부착된다. 항문기anal stage의 아이들은 자신의 몸을 의도적으로 움직일 수 있고 괄약근 조절이 가능해지면서 배변 훈련toilet training을 받게 된다. 성공적으로 배변 훈련을 시키는 것은 예나 지금이나 부모들의 강렬한 소망이다. 배변 훈련이 시작되면 부모의 관심은 온통 아이의 항문으로 가게 된다. 아이가 시와 때를 가리지 않고 변을 본다면 여간 낭패가 아니기 때문이다. 그래서 부모는 아이에게 시와 때를 알려주면서 괄약근을 조절하도록 간곡히 부탁한다. 이 과정에서 아이는 자신의 변에 따라서 일희일비하는 부모의 모습과 변을 참았다가 분출하는 과정을 통해 쾌감을 경험한다.

만약 부모와 아이의 상호협조가 적절하게 이루어지지 않으면 고착이 발생해 항문 폭발적anal expulsive 성격이나 항문 보유적anal retentive 성격이 된다. 전자는 자기애적이거나 반항적이고, 분노가 가득해 지저분하거나 난잡한 모습을 보인다. 후자는 규칙과 질서, 통제★통제감에 대한 집착을 보이거나 지나치게 고집이 센 형태로 나타난다.

그 다음은 남근기phallic stage다. 항문기까지의 아이들은 자신의 성별과 성기에 대해 관심이 없거나 적은 편이다. 그래서 아무 데서나 성기를 내놓고 용변을 보기도 한다. 반면에 남근기의 아이들은 이와 다르다. 성에 대한 의미를 알고 있기 때문에 아무 곳에서나 용변을 보려고 하지 않는다. 또한 자신의 성기를 몰래 만지거나 마찰시키는 행동을 하기도 한다. 때론 부모는 아이들이 자위행위를 한다고 생각해 적지 않은 충격을 받기도 하지만, 이는 지극히 정상적인 행동이며 분명 성인의 자위행위와는 다른 것이다. 만약 부모가 과도하게 반응할 경우 아이는 죄책감을 갖거나 오히려 이를 이용해 부모의 관심을 끌려고 하니 주의할 필요가 있다.

또한 이 시기의 아이들은 자신이 이성 부모와 결혼할 것이라면서 동성 부모를 경쟁상대로 생각하는 듯한 말과 행동을 한다. 프로이트는 아이들의 이러한 모습이 리비도가 남근에 부착되었기 때문이라고 하면서, 아이와 두 부모 사이에서 발생하는 삼각관계*균형 이론에 주목해 남아의 경우 오이디푸스 콤플렉스*Oedipus complex, 여아의 경우 엘렉트라 콤플렉스Electra complex라고 명명했다. 이는 모두 그리스의 오이디푸스 신화와 엘렉트라 신화를 차용한 표현이다.

테베의 왕자로 태어난 오이디푸스는 '아버지를 죽이고 어머니를 범한다'는 신탁 때문에 왕궁에서 버려졌다. 이후 출생의 비밀을 모른 채코린토스의 왕자로 자라게 된 오이디푸스는 성인이 된 후 신탁의 내용을 알고는 신탁을 피하려고 코린토스 왕궁을 떠났다. 그러던 중 길에서 한 노인을 만나 사소한 시비 끝에 노인을 죽였다. 그후 테베에서 사람들을 잡아먹는 스핑크스를 물리쳐서 테베의 왕이 됨과 동시에 테베의 여왕과 결혼을 하게 되었다. 그런데 그가 길에서 죽인 노인은 그의 아버지, 그가 결혼한 테베의 여왕은 그의 어머니였던 것이다.

엘렉트라는 트로이 원정의 총 지휘관인 아가멤논의 딸이다. 오랜 원정으로 남편과 생이별을 해야 했던 아가멤논의 아내이자 엘렉트라의 어머니인 클리타임네스트라는 남편 몰래 연인을 만들었다. 전쟁이 끝났다는 소식을 들은 그녀는 연인과 함께 남편을 죽일 계획을 세우고, 실행에 옮긴다. 이 사실을 알게 된 엘렉트라는 후에 동생과 함께 아버지를 대신해 복수를 했다.

오이디푸스와 엘렉트라의 이야기는 너무 극적이긴 하지만 분명 아이들에게는 동성 부모보다는 이성 부모를 더 좋아하는 경향이 있다. 또한 이 시기의 고착은 성인이 된 이후 성적인 측면을 포함해 일상생활 전반에서 지나친 자신감이나 부적절감의 형태로 나타난다.

이후 학령기는 공교육의 시작과 함께 아이의 관심이 성에서 사회로 옮겨가는 시기로 프로이트는 잠재기latency라고 명명했다. 그러다가 청소년기에 접어들면 성인의 성을 가지게 되어 이성과의 성관계가 가능해지기 때문에 특별한 구분 없이 성기기genital stage라고 했다.

프로이트의 심리성적 발달 단계를 성격의 구조 모형★무의식과 연관시켜 이해할 수 있다. 프로이트에 따르면 사람은 성적인 욕구와 에너지로 가득한 원초아만을 가지고 태어나고, 이후 항문기에 접어들면서 자신의 성적 추동을 조절할 필요가 생겨서 자아를 발생시키며, 남근기의 오이디푸스 콤플렉스와 엘렉트라 콤플렉스를 극복하는 과정에서 동성 부모와의 동일시★을 통해 초자아가 형성된다. 그는 엘렉트라 콤플렉스를 설명하는 과정에서 언급한 성차별적인 언급을 해 많은 여성주의자들의 비판★도덕성을 받았다.

프로이트가 사람들에게 격렬한 비판을 받았던 이유는 바로 심리성적 발달 단계 때문이다. 사람들은 그를 정신병자라고 비난했다. 유아가 신체의 세 부위—입, 항문, 남근—를 통해 성욕을 만족시킨다고 했기 때문이다. 사실 프로이트가 언급한 신체의 부위는 성인들이 섹스를 통해 성적 쾌감을 얻는 곳이다. 이 말은 아이들도 성인처럼 성 생활을 한다는 의미로 비춰지기도 했다.

그는 심리성적 발달 단계 이론을 정립하는 과정에서 단지 아이들만 관찰하지는 않았다. 사람은 태어날 때부터 성적인 존재라는 것을 이야기하고 싶어했다. 그렇지만 성에 대한 언급조차 금기시했던 빅토리아 문화권의 사람들에게는 적지 않은 충격이었다.

하지만 기억해야 할 것은 프로이트에게 성이란 섹스가 아니라 보다 넓은 의미의 삶의 추동과 즐거움이라는 점이다. 성인이든 아이든 사람이라면 누구나 살고자 하는 기본 욕구와 즐거움을 추구하려는 경향이 있지 않은가? 이런 점에서 프로이트에게 쏟아진 비난과 오해는 과도한 감이 없지 않다. 또한 프로이트가 자신의 생각과 이론을 보다 자세하게 설명했더라면 좋았을 법했다는 생각도 든다.

▍심리학

심리학이란 무엇인가?
psychology / 역사

심리학이란 무엇인가? 모두가 동의하는 단 하나의 정의는 없다. 다른 학문도 마찬가지리라. 그래도 심리학이 어떤 학문인지 알기 위해 단어의 의미에서 출발해보자. 심리학은 한자로 '마음心의 이치理에 대한 학문學', 영어의 어원인 헬라어로 '마음psyche, ψυχη에 대한 학문 -ology, λόγια'이다. 한자와 영어 모두 심리학은 마음에 대한 학문이라 한다.

그런데 헬라어 ψυχη는 마음정신으로도 번역되지만 영혼으로도 번

317

역할 수 있다. 고대 그리스인들에게 마음과 영혼의 구분이 중요하지 않았다. 하지만 기독교 중심인 중세를 거치면서 마음과 영혼이 다르다고 생각하는 사람들이 많아졌고, 결국 이 두 용어를 구분한 사람이 나오게 되었다. 바로 멜랑히톤Philipp Melanchthon이다. 루터와 함께 종교개혁 운동을 이끈 그는 영혼에 대한 학문pneumatology과 마음에 대한 학문을 구별하기 위해 자신의 저서에서 psychology라는 용어를 처음으로 사용했다.

심리학은 마음을 연구하는 학문이다.

중요한 문제가 있다. 눈에 보이지 않는 마음을 어떻게 연구한다는 말인가? 마치 장님이 코끼리를 연구하겠다고 달려드는 식이다. 눈에 보이지 않는 것을 연구 대상으로 삼으면 객관성과 정확성이 문제가 된다. 이 때문에 마음이 아닌 눈에 보이는 행동만을 연구해야 한다고 주장한 행동주의*가 나타났다. 물론 이 주장이 현재 유효하지는 않지만 심리학자들에게 행동의 중요성을 일깨워주었다.

굳이 행동주의를 언급하지 않아도 행동은 사람들이 마음에 대해 관심을 가지는 계기가 된다. 행동의 이유가 마음에 있다고 생각하기 때문이다. 실제로 마음과 행동은 매우 밀접한 관계에 있다. 따라서 심리학의 연구 대상을 마음과 행동으로 확장시킬 수 있다.

심리학은 마음과 행동을 연구하는 학문이다.

누구의 마음일까? 당연히 인간의 마음이다. 그러나 인간을 자유롭게 연구하기에는 윤리적 제약이 너무 많다. 윤리적 문제를 해결하면서도 비교적 자유롭게 연구할 수 있는 대상이 없을까? 비록 논란이 있겠지만 동물이 대안이 될 수 있을 것이다. 의학에서도 좋은 수술법이나 어떤 약물을 개발했을 때 먼저 동물을 대상으로 실험한다. 동물을 대상으로 한다고 해서 윤리적 제약이 없어지지는 않지만 사람을 대상으로 할 때보다 윤리적 제약이 덜할 수 있다.

어찌되었든 심리학에서는 예상보다 동물들이 많이 등장한다. 하지만 심리학의 궁극적인 관심은 동물이 아닌 사람★인간주의임을 생각할 때, 심리학의 정의에 동물을 포함시킬지는 여전히 논란거리가 되고 있다.

심리학은 인간과 동물의 마음과 행동을 연구하는 학문이다.

마음과 행동의 무엇을 연구할까? 크게는 세 가지 측면으로 분류한다. 첫째, 생리적 과정★생리심리학을 연구한다. 생물학의 발전은 인간의 마음과 행동 이면에 생물학적 기제가 있음을 밝혀냈다. 그것은 바로 뇌★를 중심으로 우리 몸에 뻗어 있는 신경계★다.

둘째, 심리적 과정을 연구한다. 심리적 과정이란 다른 말로 개인 내적 과정이다. 많은 이들이 관심 있어 하는 지능★, 성격★성격심리학, 감정★동기와 정서, 사고★인지심리학를 비롯해 우리 마음에서 일어나는 일을 연구한다.

셋째, 사회적 과정★^{사회심리학}을 연구한다. 인간은 고립된 존재가 아니다. 끊임없이 외부 환경과 소통하면서 반응한다. 그렇기 때문에 어떤 사람들과 함께 있는지, 어떤 환경에 처해 있는지에 따라 마음과 행동은 달라질 수 있다.

심리학은 인간과 동물의 마음과 행동, 이와 관련된 생리·심리·사회적 과정을 과학적으로 연구하는 학문이다.

모든 심리학 개론서에는 조금 생소한 표현이 있다. 바로 '심리학은 과학'이라는 말이다. 다른 학문에서는 찾아보기 힘든 표현이 아닐까 싶다. 자연과학은 누구나 인정하는 과학이고, 철학과 신학, 문학과 예술은 굳이 과학일 필요가 없다. 심리학이 스스로를 과학이라고 주장하는 이유는 마음이 본래 과학의 영역이 아니라 철학과 신학, 문학과 예술의 영역이기 때문이다. 하지만 인간의 마음을 과학적인 방법, 즉 객관적이고 실증적인 방법으로 접근하려고 하니 당연히 과학을 강조할 수밖에 없다.

과학은 현대 심리학의 정체성이자 출발점이다. 사회학이나 경제학 등 소위 사회과학이라 불리는 다른 학문들도 심리학과 비슷한 입장이지만, 심리학처럼 과학을 학문의 중요한 정체성으로 삼지는 않는다. 이는 현대 심리학의 창시자가 정신물리학*의 페흐너가 아닌 분트*인 것과 심리학의 시작을 분트가 독일 라이프치히대학에 실험실을 세운 1879년으로 보는 이유이기도 하다.

심층심리학

무의식을 가정하는 여러 심리학 이론들
depth psychology / 역사

심층심리학이란 인간의 마음에서 무의식*을 가정하는 여러 이론을 일컫는 말이다. 대표적으로는 프로이트*의 고전적 정신분석*을 꼽을 수 있다. 또한 대상관계 이론*, 자기심리학* 등 후기 정신분석 이론과 융*의 분석심리학*과 아들러*의 개인심리학* 등 무의식이나 어린 시절의 경험을 강조하는 이론은 모두 심층심리학이다.

심층심리학은 마음의 깊은 곳을 다룬다는 느낌을 주지만 과학적 심리학*을 강하게 주장하는 심리학자들은 이 표현을 인정하지 않으려고 한다. 왜냐하면 무의식을 인정하지 않거나 다루지 않는 심리학 이론은 피상적인 심리학으로 오해받을 수 있기 때문이다. 이는 정신분석 치료를 소위 근본치료나 뿌리치료라고 했을 때, 다른 접근을 하는 치료는 단지 겉으로 드러나는 증상만을 없애는 데 급급한 치료가 되는 것과 같은 이치다.

무의식이란 개념이 과학적으로 입증할 수 없기 때문에, 무의식을 핵심 개념으로 하는 심층심리학 자체를 거부하려는 심리학자들도 적지 않다. 하지만 무엇이 심리학인지 아닌지 판단하는 기준이 꼭 과학이어야 하는지 의문을 제기하는 심리학자들도 적지 않은 실정이다. 심리학의 창시자인 분트* 역시 과학적 방법인 실험 이외의 다양한 방법과 접근을 인정했다.

아들러

개인심리학의 창시자
Alfred Adler / 인물

　일본의 철학자와 작가가 함께 쓴 책 『미움받을 용기』가 베스트셀러 반열에 오르기 전까지 아들러를 알고 있는 대중은 많지 않았다. 개인심리학*의 창시자 아들러는 심리학 전공자들 사이에서도 프로이트*와 융*에 비하면 인지도가 높지 않은 편이었다. 그러나 이 베스트셀러 덕분에 아들러는 대중이 관심 갖는 심리학자가 되었다.

　아들러는 열등감과 출생 순위를 비롯해 우리에게 친숙한 개념을 정립했다. 이런 개념은 아들러 개인의 경험과 밀접하게 연관이 있다. 그는 태어날 때부터 병약했으며, 4세까지는 구루병을 앓아서 제대로 걷지도 못했고, 5세에는 폐렴으로 거의 죽을 뻔했다. 그는 병약한 몸에 대해 열등감을 느꼈다. 특히 그와 같은 침대를 썼던 형제 한 명이 급성 호흡기 전염병인 디프테리아로 사망했다. 이런 경험 때문에 아들러는 자신의 진로를 일찍 의사로 정했고, 공부에 매진한 덕분에 비엔나의과대학에 진학할 수 있었다. 이런 경험은 아들러에게 열등감이 얼마나 중요한 삶의 에너지가 될 수 있는지에 대한 이론을 정립하게 했다.

아들러의 경험이 그의 이론에 반영된 또 한 가지 사건은 형과의 관계였다. 둘째로 태어난 아들러는 형과의 사이가 좋지 않았다. 아들러가 느끼기에 어머니는 형을 더 좋아하고 있었다. 훗날 아들러는 이렇게 말했다.

"형은 내가 잘 지내지 못하는 유일한 사람이었다."

둘째로 태어나서 부모의 사랑을 온전히 받을 수 없고 형과 끊임없이 경쟁해야만 했던 이 경험은 그의 성격 형성에 매우 중요했다. 이후 수많은 사람들을 만나 심리치료를 하면서 출생 순위의 중요성을 확증하게 되어 그의 이론에 중요한 개념이 되었다.

비엔나의과대학을 졸업한 직후 아들러는 안과 의사로 활동을 했다. 많은 시각 장애인들을 만나 치료를 진행하면서 그들과의 대화를 통해 인간의 마음에 대해 관심을 갖게 되었다. 그리고 얼마 후 안과가 아닌 일반 진료를 시작하면서 본격적으로 몸과 마음의 치료를 하게 되었다.

그러던 중 프로이트의 글을 읽게 되었고, 많은 부분에서 공감했다. 프로이트가 많은 사람들로부터 비난을 받게 되자, 1902년 지역

신문에 기고해 프로이트를 공개적으로 방어해주었다. 이를 계기로 두 사람은 친분을 쌓게 되었고, 아들러는 매주 수요일 프로이트 자택에서 진행된 정신분석 모임의 초기 멤버가 되었다. 이후 프로이트의 총애를 받으며 1910년에는 비엔나 정신분석학회 초대회장까지 역임했지만, 이듬해 성욕 이론★심리성적 발달에 집착하는 프로이트와의 결별을 선언했다.

아들러가 보기에 프로이트는 이론에 갇혀 있었다. 아들러는 성욕도 중요하지만 인간의 의지력, 즉 열등감을 극복하려는 노력이나 부모의 사랑을 얻기 위한 형제들 간의 경쟁심 등이 인간의 더 중요한 원동력이라고 생각했다. 그리고 이런 원동력에 영향을 미치는 것은 가정과 학교 등 환경이라고 생각했다. 주로 인간 내면의 무의식을 강조했던 프로이트는 환경을 강조하는 아들러를 받아들일 수 없었다. 결국 아들러는 프로이트를 떠나 1911년 자유 정신분석학free psychoanalysis이라는 새로운 학파를 만들었다. 그러나 자유 정신분석학이라는 이름은 프로이트와 그의 제자들로부터 많은 비난을 받았을 뿐더러, 한편으로 정신분석의 아류라는 오해를 받기도 했다. 그래서 1912년 개인심리학으로 이름을 바꾸었다.

그 동안 아들러가 많이 알려지지 않았던 이유는 그의 이론이 프로이트의 정신분석★이나 융의 분석심리학★에 비해 체계적이지 않기 때문이다. 프로이트는 무의식과 성을 중심으로, 융은 집단 무의식과 원형을 중심으로 이론을 만들었다. 여러 개념이 유기적으로 연결되어 있어서 이해하기도, 적용하기도 쉽다. 반면 아들러의 이론은 여러 가지 개념을 나열해놓았다는 인상을 준다. 여러 개념이 나오지만 이들이 서로 어떤 연관을 맺고 있는지 명쾌한 설명이 부족하다.

또 다른 이유도 있다. 프로이트와 융은 비교적 자신의 이론을 계승 발전시킬 후학들과 지지자들이 많았던 반면, 아들러는 그렇지 않았다. 이론 확립에 매달리기보다는 현장에서 치료하는 일에 매진했다. 실제로 프로이트와 결별한 후 비엔나에 있는 32개 공립학교에 아동 상담센터를 개설하고 직접 아동을 상담하면서 교사, 사회복지사, 의사를 비롯해 여러 전문가들을 교육시켰다. 이런 그의 헌신과 노력은 아동 상담과 가족 상담, 학교 상담 분야에서 중요한 초석이 되었다.

그래도 충분한 시간이 있었으면 자신의 이론을 더욱 체계적으로 다듬었을 텐데, 그에게는 시간적 여유도 부족했다. 1차 세계대전이 끝나고 얼마 지나지 않아 나치가 득세하면서, 유대인이었던 그는 심한 견제를 받았다. 자유롭게 활동을 할 수 없게 되자 미국으로 이주했고, 3년 후인 1937년에 심장마비로 세상을 떠났다.

어쩌면 아들러의 이론이 체계적이지 않은 것은 어쩌면 아들러의 의도였을지도 모르겠다. 왜냐하면 아들러는 프로이트와의 갈등을 통해 체계적인 이론이 얼마나 사람을 고집스럽게 하는지 뼈저리게 느꼈을 것이기 때문이다. 아들러의 이론이 체계적이지 못한 부분은 있지만, 그의 열린 자세와 다양한 이론적 개념은 여러 분야에 적지 않은 영향을 미쳤다.

애착

인생 초기에 형성되는 양육자와의 유대관계
attachment / 발달심리학

일반적인 의미에서 애착이란 '몹시 사랑하거나 끌려서 떨어지지 않는 마음'을 의미한다. 애착의 대상은 사람뿐만 아니라 물건이나 일, 삶이 될 수도 있다. 하지만 심리학에서의 애착은 이런 의미와 사뭇 다르다. 생후 1~2년 이내에 자신을 돌보는 양육자와 형성하는 상호적이고 감정적인 유대관계를 의미한다. 보통은 어머니가 양육자이지만 상황에 따라 다른 사람이 될 수도 있다. 생의 초기에 애착이 형성되는 이유는 아기의 무력함과 양육자의 중요성 때문이다. 아기에게 양육자는 생명 유지 장치와도 같다. 아기가 먹는 것과 자는 것, 입는 것이나 변을 보는 것 등 어느 하나도 양육자의 도움 없이는 불가능하다.

아기와 양육자의 긴밀한 관계는 아기의 마음에 자신self과 타인other, 혹은 대상object, 그리고 관계에 대한 틀을 형성해 이후의 삶에 중요한 영향을 미친다. 이를 하나의 이론으로 발전시킨 것은 후기 정신분석*의 대상관계 이론*이다. 하지만 대상관계 이론이 어린 시절 양육자와의 경험을 통해 성격과 대인관계, 더 나아가 정신병리*이상 심리학를 설명하는 데에 초점을 두고 있다면 발달심리학*의 애착 연구는 어린 시절의 부모와 자녀와의 관계 그 자체에 초점을 두고 있다.

성인의 애착 유형

캐나다 시몬프레이저대학의 심리학자 바솔로뮤Kim Bartholomew와 미국 스탠포드대학의 심리학자 호로위츠Leonard Horowitz는 다음의 도식처럼 성인들의 애착 유형을 구분했다. 크게는 안정 애착과 불안정 애착으로 구분하고, 불안정 애착을 다시 몰입형, 무시형, 두려움형으로 구분했다. 이는 어린 자기와 타인이 믿을 만한 존재이냐긍정적, 믿을 수 없는 존재이냐부정적에 따라 달라진다. 각 유형의 특징은 다음 표와 같다.

▌성인의 애착 유형

		자기	
		긍정적	부정적
타인	긍정적	안정형secure	몰입형preoccupied
	부정적	무시형dismissive	두려움형fearful

안정형은 자기와 타인을 모두 긍정적으로 인식하고 있기 때문에 대인관계에서 편안함을 느낀다. 필요하다면 타인에게 의존하기도 하고, 타인의 의존을 편안하게 받아준다. 이들은 혼자가 되거나 거절을 당할까봐 걱정하지 않는다.

무시형은 자기에 대해서는 긍정적이지만 타인에 대해서는 부정적이기 때문에 타인의 눈치를 전혀 보지 않는다. 본인은 다른 사람들과 잘 지낸다고 생각할지 모르지만, 타인은 불편함을 느낀다.

몰입형은 자신을 부정적으로 타인을 긍정적으로 인식한다. 그렇기 때문에 언제나 다른 사람들과 가깝게 지내는 것을 원하지만 다른 사람들이 자신을 싫어할까봐 걱정한다.

마지막으로 두려움형은 자신과 타인 모두 부정적으로 본다. 자신도 믿을 수 없고, 타인도 믿을 수 없는 존재이기 때문에 대인관계가 무척이나 힘들다. 정서적으로 다른 사람들과 친밀한 관계를 맺고 싶지만, 그들을 완전히 신뢰하거나 의존하기 어려워한다. 또한 다른 사람들과 가까워지게 되면 자신의 못난 모습을 보고 실망하게 될까봐, 그래서 자신이 상처를 받을까봐 걱정을 한다.

낯선 상황

발달심리학자들은 애착이 얼마나 중요한지에 대해 많은 연구 결과를 내놓고 있다. 애착이 잘 형성된 아이는 그렇지 않은 아이보다 또래와의 관계도 좋고, 리더십도 뛰어나다. 문제 상황에서도 덜 불안해한다. 또한 성격적으로도 안정되어 있고, 학업성적도 더 좋다고 한다.

어떻게 애착이 성격이나 대인관계에 국한되지 않고 학업성적에도 영향을 미치는 것일까? 그 이유는 애착 연구로 유명한 에인즈워스 Mary Ainsworth의 낯선 상황strange situation 실험에서 찾아볼 수 있다.

연구자는 장난감이 있는 낯선 방에 아이와 어머니를 들여보낸다. 잠시 후 다시 낯선 사람을 들여보낸다. 아이의 어머니는 방으로 들어온 낯선 사람과 몇 마디를 나눈 후 갑작스럽게 방을 나온다. 그리고 시간이 얼마 동안 흐른 후에 다시 방으로 들어갔을 때 아이가 어떠한 반응을 보이는지 관찰했다.

안정 애착으로 분류된 아이들은 낯선 상황에서도 어머니를 안전기지 security base로 삼아서 새로운 환경을 탐색했다. 그러다가 어머니가 갑작스럽게 방을 떠나자 불안한 모습을 보였으나 어머니가 다시 돌아오자 어머니에게 다가가서 위로를 받았다. 반면에 불안정 애착으로 분류된 아이들은 어머니가 옆에 있을 때에 장난감에 집중하지 못했고, 어머니와의 분리와 재회 상황에서 극도의 불안을 보이거나 혹은 정반대로 어머니를 무시하는 듯한 행동을 보였다.

안정 애착인 아이들은 어머니를 안전기지로 삼아서 주변을 탐색할 정도로 심리적으로 안정되어 있고, 자신과 세상에 대한 믿음이 있다. 따라서 새로운 환경과 과제에 대한 두려움이 적기 때문에 궁금증이 생겼을 때 손을 들고 질문하고, 교무실까지 선생님을 쫓아갈 수도 있으며, 자신의 관심 분야에 대해 확신을 가지고 꾸준하게 노력할 수 있다. 결국 안정 애착이 심리적인 안정감을 형성하는 데 영향을 미치고, 이것이 성적을 높인다고 볼 수 있다.

애착의 조건 ① _ 양육자

어떻게 해야 안정 애착을 형성할 수 있을까? 심리학자들은 안정 애착을 맺는 부모들은 아기들의 신호에 일관되고 안정되게 반응해 준다는 사실을 확인했다. 이때 아기는 두 가지 믿음 혹은 근본적 신뢰★심리사회적 발달를 가지게 된다. 우선은 자신의 필요를 언제든지 채워줄 것이라는 양육자에 대한 믿음이고, 그 다음은 자신이 그런 대우를 받을 정도로 가치 있는 존재라는 믿음이다.

아기의 욕구를 채워준다는 것은 단지 잘 먹이고 입히는 것만을 의미하지 않는다. 이보다 신체적 접촉physical contact이 중요하다. 이는 미국의 심리학자 할로Harry Harlow의 원숭이 실험을 통해서도 입증되었다. 할로는 2차 세계대전으로 발생한 고아들이 충분한 음식과 청결한 환경에서도 1/3 가량이 첫해에 죽고, 나머지 아이들 역시 신체적으로나 정신적으로 발달이 부진하다는 볼비John Bowlby의 글을 접하고서는 일련의 실험을 계획했다.

태어난 지 얼마 되지 않은 원숭이를 어미에게 떼어서 두 개의 인형대리모을 만들어주었다. 하나는 몸통을 철사로 만들어 촉감은 좋지 않으나 우유를 먹을 수 있었고, 또 다른 하나는 우유는 먹을 수 없지만 부드러운 천으로 몸통을 만들어 부드러운 촉감을 느낄 수 있었다.

이 실험의 목적은 새끼 원숭이가 어느 인형에 더 많이 붙어서 애착을 형성하는지 관찰하는 것이었다. 언뜻 생각하면 새끼 원숭이에게 가장 중요한 것은 먹이이므로 당연히 우유를 먹을 수 있는 인형에게 매달려 있을 것 같지만, 결과는 달랐다. 배가 고플 때만 잠시 그랬고, 대부분의 시간은 천으로 만든 인형에 붙어 있었다. 특히 원숭이를 위협해 공포 분위기를 조성했을 경우, 원숭이는 지체 없이 천으로 만든 인형에게 달려갔다.

이 실험을 통해 할로는 애착에서 무엇보다 중요한 것은 접촉 위안 contact comfort 이라고 보았다. 아기의 욕구를 채워준다는 것은 단지 잘 먹이고 잘 입히는 것 이상이다. 애정과 사랑으로 따뜻하게 안아주는 것이 너무나 중요하다. 이 세상에서 어머니의 품보다 더 따뜻하고 편안한 것이 무엇이겠는가?

애착의 조건 ②_아이의 기질

애착 형성에서 어머니의 역할은 결코 적지 않다. 굳이 심리학자들이 말하지 않아도 아이에게 어머니가 얼마나 중요한 존재인지는 많은 이들이 알고 있다. 자녀가 성공했을 때 어머니가 주목받는 것도 바로 이 때문이다. 하지만 어머니의 중요성이 강조될수록 어머니의 부담과 죄책감은 커질 수밖에 없다. 혹시 우리 아이가 잘못된 것이 나 때문은 아닌지 생각하며 눈물을 흘리는 어머니들이 얼마나 많겠는가?

그런데 최근에는 양육자 못지않게 아이도 중요한 역할을 한다는 주장이 힘을 얻고 있다. 양육자가 아이에게 절대적인 영향력을 행사해 마치 양육자가 모든 것을 결정한다는 식의 논리를 완전히 뒤엎는 것이다.

이러한 주장은 기질* 연구로 힘을 얻는다. 양육자가 동일하더라도 아기들의 기질에 따라서 양육자의 태도와 반응이 달라질 수 있다. 제아무리 아이를 안성 애착으로 키우고 싶어하는 양육자라도 아이가 워낙 까다롭고 예민하다면 금세 지칠 수밖에 없을 것이고, 아이가 편안하고 순한 기질이라면 양육자가 안정 애착을 향해 고군분투하지 않아도 안정 애착을 형성할 가능성이 높다.

애착의 조건 ③_주변의 도움

양육자가 아이에게 온전한 관심을 갖기 위해서는 주변 환경도 매우 중요하다. 우선 산후 우울*과 호르몬 변화갑상선의 기능 이상도 양육자와 아이의 관계에 적지 않은 영향을 미친다. 부부 관계 역시 자녀의 애착 형성에 중요한 영향을 미친다. 출산은 모든 가족 구성원에게 큰 변화이자 시련이다. 서로를 이해하지 못하고 다툼이나 갈등이 많아지게 되면 양육자는 아이에게 온전하게 집중하기 힘들 수 있다. 게다가 행여나 고부갈등*균형 이론이 심해진다면 질 좋은 애착은 더욱 쉽지 않은 일이다. 양육자가 아기의 필요에 적절하게 반응하기 위해서는 심리적인 안정감이 절대적으로 중요하기 때문이다.

하나의 생명이 탄생해 평생의 기초를 닦는 일인 애착은 단지 양육자만 노력하고 애쓴다고 될 문제는 아니다. 아기들은 양육자에게 막무가내로 자신의 필요를 채워달라고 요구한다. 밤과 낮은 물론, 양육자의 건강이나 기분 상태를 개의치 않으며, 개의할 수도 없다. 이렇다 보니 양육자가 안정 애착을 위해 필요한 일관되고 안정된 반응은 결코 쉬운 일이 아니며 주변의 도움이 절대적으로 필요하고 중요하다. 이처럼 한 사람의 인생이 달려 있는 애착은 온 가족이 함께 준비하고 노력해야 가능하다. 주변의 도움은 아무리 강조해도 지나치지 않다.

양가감정

서로 반대되는 두 감정이 동시에 존재하는 상태
ambivalence / 상담과 심리치료

양가감정이란 어떤 대상이나 상황에 대해 서로 반대되는 두 감정이 동시에 존재하는 상태를 말한다. 양가감정은 이성적으로 보면 매우 혼란스러운 감정이지만 한편으로는 보편적이며 자연스러운 감정이다.

양가감정을 설명할 때 가장 자주 사용되는 표현은 애증愛憎이다. 상반되는 감정인 애정과 증오가 합쳐진 애증은 경험을 통해서만 알 수 있다. 소위 논리적으로 생각한다는 사람들은 "사랑이면 사랑이고, 미움이면 미움이지 어떻게 상대를 사랑한다면서 미워할 수 있느냐?"고 반문할지 모르겠다. 하지만 이 질문에 대한 답은 너무나 간단하다. 사랑하기 때문에 미워한다는 것이다. 역설적이고 모순적이지만 사실이다.

양가감정이란 말은 정신분열* 연구의 선구자 블로일러가 처음으로 사용했다. 프로이트*도 블로일러에게 이 개념을 받아들였다고 했다. 프로이트는 1차 세계대전 이후 제안한 공격성의 추동*을 성추동의 다른 측면으로 보았다. 그래서 그동안 공격성을 잘 인식하지 못했다고 말한다. 공격성과 성적 추동이 본래 하나, 즉 동전의 양면과 같다고 하면서 양가감정으로 설명하고 있다.

양가감정이 보편적이긴 하지만 그 정도가 심해서 아무런 결정을 할 수 없거나 상반되는 두 감정 사이를 빠르게 오간다면 심리적인 문제로 볼 수 있다. 양가감정은 마치 늪과 같아서 벗어나려고 할수록 더 빠져들게 된다. 이럴 경우에는 상담자★상담심리학의 도움을 받을 필요가 있다. 양가감정은 상담에서 자주 다루는 주제 중 하나이기 때문이다.

▌언어

마음으로 들어가는 통로이자 마음을 비추는 거울
▌language / 인지심리학

심리학에서 언어를 다룬다는 사실이 다소 생경하게 느껴질 수 있다. 하지만 심리학의 중요한 주제인 사고★인지심리학가 언제나 언어로 표현되기 때문에 심리학에서 언어를 다루는 것은 당연한 일이다. 이런 점에서 언어 자체에 관심이 있는 언어학자들과 달리 심리학자들은 인간의 마음과 행동을 이해하기 위한 수단으로 언어에 관심을 가진다고 할 수 있다.

언어와 사고의 관계는 사피어-워프 가설Sapir-Whorf hypothesis에 잘 나타나 있다. 미국의 언어학자이자 인류학자인 사피어Edward Sapir와 그의 제자 워프Benjamin Whorf는 언어가 사고에 영향을 미친다고 주장했다. 초기에는 언어가 사고를 결정한다는 언어 결정론linguistic determinism의 형식을 띠었지만, 이후에는 언어와 사고가 서로 상호작용한다는 언어 상대성론linguistic relativity으로 수정하면서 사피어-워프 가설은 언어 상대성 가설linguistic relativity hypothesis로도 불린다.

예를 들어 우리나라 사람들은 '나'보다는 '우리'라는 말을 즐겨쓴다. 심지어 다른 사람에게 아내를 소개할 때에도 '우리 아내'라고 표현할 정도다. 만약 영어권의 외국인에게 아내를 'our wife'라고 소개한다면 어떤 반응일까? 영어권에서는 공동 소유의 개념이 아니면 'our'라고 하지 않는다. 또 영어로는 너무나 당연하게 'my'라는 말을 사용하지만, 우리나라 사람이 '내 학교', '내 부모'라고 한다면 무척 이기적인 사람으로 보일 것이다. 이러한 언어의 차이는 생각의 차이 때문에 생긴다. 우리나라 사람들은 개인보다는 집단을 우선시하고, 서양 사람들은 집단보다는 개인을 우선시한다.

언어와 사고의 관계를 잘 보여주는 이 주장을 가설이라고 표현하는 이유는 주장의 그 특성상 충분한 경험적 증거를 발견하기 어렵기 때문이다. 과학적으로 확실히 입증하기 위해서는 상황을 통제할 수 있어야 하는데, 언어 연구에 있어서는 이것이 현실적으로 불가능하다. 앞의 예에서도 볼 수 있듯이 언어와 사고의 관계는 둘 사이의 문제가 아닐 수 있다. 집단주의나 개인주의 같은 문화★문화심리학의 차이가 언어와 사고에 동시에 영향을 주는 또 다른 요인이 될 수 있기 때문이다.

얼굴 표정

얼굴만 봐도 감정을 알 수 있다고?
facial expression / 동기와 정서

미국 FOX 채널에서 2009년 1월부터 5월시즌 1까지 방영되었던 드라마 〈라이 투 미Lie to me〉. 드라마 주인공 라이트만Lightman 박사는 얼굴 표정 연구의 대가다. 그는 얼굴 표정의 보편성에 대한 증거를 수집하기 위해 문명과 접촉이 없었던 파푸아뉴기니 부족을 찾아가는 수고를 마다하지 않았다. 뿐만 아니라 다양한 문화권의 정신과 환자들과 일반인들, 성인과 어린이들, 그리고 뉴스 프로그램에 나오는 일반인들의 얼굴에 이르기까지 엄청난 자료를 분석했다. 그 결과 얼굴 표정을 과학적이고 체계적으로 이해할 수 있는 방법인 얼굴 움직임 해독법FACS ; Facial Action Coding System을 만들었다. 이를 기반으로 사람들의 심리 상태를 파악할 수 있게 된 라이트만 박사는 검찰이나 FBI, CIA 등에게 의뢰를 받아 사건 해결에 도움을 주는 것으로 나온다.

그런데 이 드라마는 단지 TV 속의 이야기가 아니라 현존하는 얼굴 표정 연구의 대가인 에크먼Paul Ekman 박사의 연구 성과에 기초하고 있다. 실제로 에크먼 박사는 라이트만 박사처럼 활동을 하고 있다.

얼굴에 감정이 드러난다는 사실, 즉 선천적이고 보편적이어서 얼굴 표정만으로 감정을 알 수 있다고 에크먼이 주장했을 때 많은 사람들은 귀를 기울이지 않았다. 대부분의 사람들은 얼굴 표정은 언어처럼 학습되는 것이기에 문화*문화심리학에 따라 다르다고 믿었다. 당시 심리학계에는 감정*동기와 정서이 인지의 부산물이라는 견해가 지배적이었다. 인지가 문화마다 다르니 얼굴 표정 역시 차이가 있다고 믿었던 것이다.

사실 에크먼도 본격적인 연구를 진행하기 전에는 대세를 따르고 있었다. 그가 얼굴 표정에 관한 연구를 통해 알고 싶었던 것도 보편성이 아닌 특수성이었다. 하지만 놀랍게도 그는 자신의 예측과 반대되는 결과를 얻었고, 이제는 문화적 보편성의 선두주자가 되었다.

에크먼은 여러 연구를 통해 행복happiness, 분노anger, 슬픔sad, 놀라움surprise, 혐오disgust, 두려움fear이라는 여섯 가지 정서와 얼굴 표정이 동양이나 서양, 문명사회나 원시사회를 비롯해 어느 곳에서나 보편적임을 알게 되었다. 그는 사람들에게 한 번도 본 적이 없는 다른 문화권의 얼굴 표정 사진을 보여주고 어떠한 감정인지 물어보았다. 그 결과 사람들은 매우 정확하게 그 표정의 의미를 알아맞혔다.

정서의 보편성이 모든 사람이 언제나 동일한 방법으로 정서를 드러낸다는 것은 아니다. 당연히 문화간 차이도 존재하며, 문화권 내에서도 개인차가 존재한다.

일본인과 미국인에게 혐오를 유발하는 영화끔찍한 교통사고나 수술 장면를 보여주었다. 연구자와 함께 보게 한 조건에서는 얼굴 표정에서 차이가 발견되었다. 미국인은 혐오를 그대로 드러냈지만, 일본인은 종종 미소를 띠면서 혐오를 감추려고 했다. 하지만 영화를 혼자 보게 한 다른 조

건에서 일본인과 미국인의 얼굴 표정에 차이가 없었다. 모두 혐오감을
얼굴로 드러냈다.

에크먼은 이를 표시 규칙display rules이라고 불렀다. 원래의 감정을
드러낼 때 문화권마다 다른 규칙이 있어서 다르게 보일 뿐, 원래의
감정은 보편적이라고 주장했다. 그래서 에크먼은 1/15초 이하로 지
속되는 미세표정microexpression에 초점을 맞췄다. 제아무리 표시 규칙
이 강해도 순간 드러나는 미세표정은 바꿀 수 없기 때문이다.

그는 상대가 거짓말을 하는지 알 수 있는 얼굴 표정이 있다고 한
다. 거짓말을 할 때 얼굴의 좌우 대칭이 약간 어긋난다거나 얼굴에
서 표정이 나타났다 사라질 때의 흐름이 매끄럽지 못하다는 것이다.
당신 역시 이 방법을 사용하면 누가 거짓말을 하는지 알아맞힐 수
있을 것이다. 만약 1/15초 이하로 지속되는 미세표정을 감지할 수
있다면 말이다. 건투를 빈다.

엘리스

합리적 정서 행동 치료의 창시자
Albert Ellis / 인물

엘리스는 심리적 고통의 원인을 자신의 비합리적 신념에서 찾고,
비합리적 신념을 합리적 신념으로 바꿈으로 문제를 해결하고자 한

다. 이처럼 왜곡된 생각을 교정하는 방법을 사용하는 심리 치료를 통틀어 인지 치료*라고 분류하는데, 엘리스가 만든 합리적 정서 행동 치료 역시 인지 치료의 한 종류라고 할 수 있다.

엘리스는 아주 적극적이고 활발한 성격으로 유명하다. 엘리스의 표현은 거칠고 화려했으며 유머*^{방어 기제}가 있었다. 또 사람들을 잘 놀라게 만들었는데, 그는 자신의 특이한 면을 나타내기를 즐기는 것처럼 보였다. 엘리스의 이런 성향은 그의 이론에도 반영되었다. 즉 내담자의 비합리적 신념을 수정하기 위해서 엘리스는 적극적으로 내담자의 생각을 반박하는 것을 주요 기법으로 채택했다. 사람들과 논쟁하기를 좋아했던 그는 내담자와도 논쟁을 벌였던 셈이다. 또한 내담자가 자신의 생각이 얼마나 어처구니없는지를 깨달을 수 있도록 유머송_{humor song}이라는 독특한 기법도 제안했다. 유머송이란 잘 알려진 멜로디에 자신만의 비합리적 신념(예를 들어 '난 모든 사람에게 사랑받아야 해', '다른 것이 잘 되어도 한 가지가 잘못 되면 실패한 것이야'와 같은)으로 가사를 바꿔 부르게 하는 것이다.

엘리스는 에너지가 넘치는 사람이었다. 2006년 폐렴으로 병상에 눕기 전에는 하루에 16시간씩 일을 하는 사람이었다. 심지어 병상에 누워서도 호주 출신의 심리학자인 자신의 아내 데비 조페_{Debbie Joffe-Ellis}의 일 돕는 것을 쉬지 않았다. 그렇게 1년 정도 투병 생활을 하다가 2007년 아내의 품에서 눈을 감았다. 그는 생전에 80권 이상의 책을 출간했으며, 800편 이상의 학술 논문과 400편의 원고를 남겼다.

죽는 순간까지 열정적으로 살았기에 어떤 이들은 엘리스가 원래 이런 성향과 기질을 타고 났거나, 사랑을 많이 받고 자란 사람일 것이라고 생각할 수 있다. 그러나 그의 어린 시절은 불우했고, 그는 위축된 아이였다. 부모님의 관심과 사랑을 전혀 받지 못했기 때문이다. 어렸을 때 병치레가 잦았던 엘리스는 병원에 자주 입원했고, 그 중 한 번은 입원 기간이 거의 1년이었는데 부모님들은 엘리스를 보러오거나 간호해주지 않았다고 한다. 아버지는 자주 출장을 다녔고, 어머니는 조울증★우울을 앓고 있어서 자기만의 세상에 빠져 있었다. 결국 부모님은 엘리스가 10세 때 이혼하셨다. 어머니와 함께 살기는 했지만, 어머니는 우울할 때면 침대에 누워있고, 기분이 좋을 때면 집을 나가서 돌아오지 않는 경우가 많았다. 첫째였던 엘리스는 직접 동생들을 보살펴야만 했다.

엘리스에게는 한 가지 큰 고민이 있었다. 그는 다른 사람에게 말을 걸기가 어려웠다. 특히 여자 앞에서는 극도의 공포★불안에 휩싸일 정도였다. 19세 때 엘리스는 이런 자신의 모습을 바꾸기 위해서 한 가지 아이디어를 생각했다. 한 달 동안 공원에서 지나가는 여자 100명에게 데이트 신청을 해보기로 한 것이다. 당시 엘리스는 잘 몰랐겠지만 사실 이것은 엘리스가 만든 합리적 정서 행동 치료의 중요한 기법이 되었다.

100명에게 데이트 신청을 한 결과는 어떻게 되었을까? 얼굴도 잘 쳐다보지 못하고 말을 더듬거리는 청년의 데이트 신청을 받아줄 여자는 없었다. 데이트만을 놓고 보자면 엘리스는 완전히 실패했지만, 그가 진짜 원하는 목표는 이뤄냈다. 여자들에게 거절당하는 것에 대한 두려움과 공포는 극복할 수 있었던 것이다. 즉 아주 정확한 행동 수정*을 스스로 해낸 것이다.

엘리스는 학부에서 경영학을 전공했다. 졸업 후 잠깐 사업도 했고, 소설 작가가 되기 위해 준비도 했다. 그러나 사업은 실패했고, 작가로서의 소질이 없다는 것도 알게 되었다. 그러나 소설이 아닌 논픽션으로는 글을 괜찮게 쓴다는 이야기를 듣고, 인간의 성에 대해 연구도 하고 사람들도 만나 인터뷰를 하면서 글을 쓰기 시작했다. 이 과정에서 엘리스는 심리 치료에 관심을 갖게 되어 임상심리학* 전공으로 대학원에 진학한다.

엘리스도 로저스*처럼 처음에는 정신분석* 훈련을 받았지만, 내담자의 치료와 변화가 느린 것에 실망을 했다. 정신분석이라는 이론의 틀을 내려놓고 내담자의 생각과 감정에 초점을 맞추자 새로운 길이 보이기 시작했다. 내담자가 자신의 문제에 대해서 가지고 있는 생각이 비합리적이라는 것을, 즉 논리도 없고 현실성도 없다는 것을 알게 되었다. 그리고 문제를 바라보는 관점과 생각을 합리적으로 바꿔주자 놀랍게도 내담자의 증상은 빠르게 호전되었다.

이런 경험을 토대로 그는 1955년 자신의 이론을 만들고 합리적 치료라고 이름 붙였다. 1962년에는 정서의 중요성을 인정해 합리적 정서 치료로 이름을 바꿨으며, 1993년에는 행동의 중요성을 강조하기 위해 합리적 정서 행동 치료로 이름을 바꾸었다.

엘리스는 심리학자로 살았지만 심리학이라는 영역에 얽매이지 않고 다양한 분야에 관심을 갖고 활동을 했다. 성과 종교, 사업, 교육,

철학 등 자신의 흥미를 끄는 것이라면 열정을 쏟아 부었다. 2003년 90세 생일에는 조지 W. 부쉬George W. Bush 대통령, 힐러리 클린턴Hillary Clinton, 달라이 라마Dalai Lama를 비롯해 각계각층으로부터 축하 메시지를 받기도 했다.

그로부터 1년 후인 2004년에는 삶의 마지막 순간을 함께했던 조페와 깜짝 결혼을 했다. 당시 엘리스의 나이는 91세였고, 조페는 48세였다. 두 사람의 결혼은 많은 이들을 놀라게 했다. 진심으로 축하하는 사람들도 있었지만, 곱지 않게 보는 시선도 있었다. 그도 그럴 것이 두 사람이 알고 지낸지는 20년 정도였기 때문이다. 어쨌든 두 사람은 법적 부부상태가 되었고, 비록 결혼생활은 3년 밖에 하지 못했지만 마지막 순간까지 서로를 너무나 아끼고 사랑했다고 한다.

엘리스는 과거의 환경이나 주변의 시선에 얽매이지 않고 자신의 삶을 스스로 만들어가는 사람이었다. 그리고 그가 남겨준 치료 이론도 많은 이들로 하여금 자신의 삶을 만들어가도록 돕고 있다.

역치

최소한의 기준 이상의 자극만 알아차릴 수 있다
threshold / 감각과 지각

현실세계에 존재하는 모든 자극을 알아차릴 수 있다고 생각하는 사람이 있을지 모르겠지만, 정신물리학*의 연구 결과 인간의 감각 기관은 외부의 자극이 최소한의 기준 이상일 때에만 알아차릴 수 있음이 밝혀졌다. 이 '최소한의 기준'을 역치라고 한다. 역치 이하의 자극인 역하 자극*은 너무 미세해 알아차릴 수 없다.

역치 이하에서는 물리세계에 존재하는 자극이 정신세계에는 존재하지 않는 불일치 현상이 발생한다. 반면에 역치 이상의 자극은 물리세계와 정신세계에 모두 존재해 불일치 현상이 발생하지 않는다. 역치는 이처럼 물리와 정신이라는 두 세계를 이어주는 연결고리 같은 역할을 하기 때문에 정신물리학자들과 초기 심리학자들의 관심을 끌었다.

이처럼 어떤 자극의 존재 여부를 탐지할 수 있는 최소한의 기준인 역치를 절대역absolute threshold이라고도 한다. 반면에 두 자극의 차이를 알아차리는 최소한의 기준은 차이역difference threshold 혹은 최소식별차이JND Just Noticeable Difference라고 한다.

형인이 순수하게 두 팔의 감각만으로 알아차릴 수 있는 무게의 차이가 1,000g과 1,100g이라면, 차이역은 100g이다. 만약 기준자극을 1,000g이 아닌 2,000g으로 했을 때, 형인이 알아차릴 수 있는 자극의 무게는 2,100g일까, 2,200g일까?

정답은 2,200g이다. 흥미롭게도 차이역은 절대적 크기가 아니라 기준자극에 대한 상대적 크기, 즉 비율이다. 이를 가리켜 웨버의 법칙 Weber's law이라고 하며, 다음의 공식으로 표현한다.

$$K = \frac{JND}{S}$$

K는 Weber 소수, S는 표준자극 값

과학자들의 연구 결과 시각*^{오감}의 K는 8%, 청각은 5%임이 밝혀졌다. 시각과 청각의 차이역은 조명기구의 밝기와 오디오의 볼륨 조절 버튼에 적용되어 있다. 기존의 자극보다 일정 비율 이상으로 변화가 있어야 우리는 그 차이를 인식할 수 있다.

이처럼 우리의 신경계와 감각체계는 절대적인 차이보다는 상대적인 차이를 인식하도록 되어 있다. 어찌 보면 이 원리를 심리적인 측면에도 적용할 수 있을 것 같다. 집 한 채도 없는 무리 속에서는 집 한 채만 있으면 소원이 없겠다고 생각하던 사람들도, 집 한 채를 가진 무리들 속에 들어가게 되면 그 이상의 욕심을 부리는 경우가 얼마나 많은가!

역하 자극

알아차릴 수 없을 정도로 미세한 자극
subliminal stimulation / 감각과 지각

역하 자극이란 인간이 알아차릴 수 있는 최소한의 자극기준인 역치* 이하의 자극을 말한다. 자극의 크기가 너무 작기 때문에 인간이

인식할 수 없는 자극이다. 하지만 1957년에 미국의 시장조사 전문가인 비커리James Vicary가 역하 자극이 사람의 마음과 행동에 영향을 미칠 수 있다는 주장을 해 논란이 되었다.

비커리는 한 극장에서 순간노출기를 사용해 관객들에게 1/3000초 동안 제시되는 두 개의 메시지—'Drink Cola'와 'Hungry? Eat Popcorn'—를 5초 간격으로 반복 제시했더니 콜라와 팝콘의 매출이 증가했다고 주장했다. 두 메시지는 사람들이 알아차릴 수 없는 역하자극으로 제시되었음에도 행동에 영향을 미쳤다는 것이다.

하지만 비커리가 정확한 실험 패러다임을 따르지 않았다는 점에서 그의 주장은 신빙성이 떨어진다. 인과관계를 명확히 밝힐 수 있는 과학적 실험을 하기 위해서는 실험 집단experimental group과 통제 집단control group에 명확히 설정해 결과에 영향을 미칠 수 있는 혼입 변인confounding variable을 통제해야 한다. 그렇지만 비커리의 실험은 그저 한 집단을 대상으로만 진행되었고, 연구자의 객관성도 확보하지 못했다. 너무나 많은 혼입 변인의 가능성이 있기 때문에 결과를 믿을 수 없다는 것이 대부분 학자들의 의견이다. 무엇보다 비커리는 자신의 실험을 논문으로 발표한 적도 없는데, 비커리의 주장이 언론을 통해 소개되면서 많은 사람들이 마치 사실인 것처럼 받아들였다고 한다.

비커리의 주장 이후로 여러 심리학자들이 역하 자극을 실험적으로 증명하려고 했지만, 통계적으로 의미 있는 결과를 이끌어내지는 못했다. 물론 우리의 뇌*는 우리의 의식적인 인식과 상관없이 역하 자극에 대한 반응이 있다고는 하지만 이것이 실제적인 행동으로 이어지는지는 또 다른 문제다.

광고계에서는 여전히 역하 자극의 효과를 주장하는 사람들이 있지만, 이들의 주장은 역하 자극의 효과라기보다는 암묵 기억*이나 점화 효과에 대한 것이 대부분이다. 대표적으로 간접 광고PPL ; Products Placement가 그렇다.

연산법 vs. 발견법

문제 해결의 두 전략
algorithm vs. heuristic / 인지심리학

윤선은 여행을 가려고 가방을 꺼냈다. 먼지가 쌓여 있을 정도로 오랫동안 사용하지 않았던 가방이었다. 먼지를 닦고 나서 가방을 열려고 손잡이에 힘을 주었다. 하지만 가방은 좀처럼 속내를 드러내지 않을 요량이었다. 가방의 자물쇠 번호는 000을 가리키고 있었다. 보통 이런 가방은 제품 출고시 비밀번호가 000으로 설정되어 있으며, 자신은 번호를 변경한 적이 없었기에 당연히 열려야 했다. 혹시나 하는 마음으로 어머니에게 여쭈었더니 작년에 단체 해외여행을 가면서 비밀번호를 변경했다고 하셨다. 그런데 당신은 비밀번호를 바꿀 줄 몰라 함께 여행에 갔던

일행 중 한 사람이 도와주었는데 몇 번으로 바꾸었는지 기억이 안 난다고 하셨다.

자, 이런 상황에서 당신이 윤선에게 조언한다면 어떤 방법을 추천하겠는가?

① 무식하지만 가장 확실한 방법인 000부터 999까지 모든 번호를 하나씩 돌려본다.

② 사람들이 일반적으로 사용하는 번호 몇 가지를 시도해본다.

우리는 살아가면서 수많은 문제에 부딪히게 된다. 문제의 종류는 셀 수 없이 다양하고 많겠지만, 문제를 해결하려는 방식은 크게 두 가지로 나눌 수 있다. 바로 연산법과 발견법이다. 이 두 방법은 문제 해결을 위해 시도할 수 있는 모든 가능성을 의미하는 문제 공간 problem space을 어떻게 접근하느냐의 차이다.

앞서 서술한 문제의 경우 000부터 999까지의 모든 번호들이 문제 공간이 된다. 이때 연산법은 문제 공간 전체를 탐색하는 방법이고, 발견법은 문제 공간에서 일부만을 선택해 탐색하는 방법이다. 연산법은 반드시 문제를 해결할 수 있는 논리적 접근이기는 하지만 비효율적이라는 문제가 있고, 발견법은 문제를 가장 빠르게 해결할 수 있는 방법이긴 하지만 비논리적이라는 문제가 있다. 어림법이나 추단법이라고도 번역되는 발견법은 종종 주먹구구식 방법rule of thumb이라고도 하며, 비논리적 접근방식이므로 오류error나 편향bias이라고도 한다.

발견법에는 몇 가지 종류가 있다. 우선 가용성 발견법availability heuristic은 가장 먼저 떠오르는 정보에 근거해 해결책을 찾는 것이다. 특히 위험성 지각에서 자주 사용된다. 만약 부산으로 휴가를 가려고 비행기를 예약했는데 출발 전날 비행기 추락사고가 발생했다면, 사람들은 대체로 예약을 취소하고 자가운전으로 부산에 내려간다. 이는 매우 합리적인 선택인 듯하나 사실은 그렇지 않다. 왜냐하면 비행기와 자가운전 중 사고로 다치거나 목숨을 잃을 가능성은 자가운전이 더 크기 때문이다. 그러다가 시간이 좀 지나면 사람들은 아무 일도 없었다는 듯이 다시 비행기를 탄다.

조류 독감AI Avian Influenza이 유행했을 때에도 이와 비슷한 일이 발생했다. 온갖 매체를 통해 섭씨 100도 이상의 고온에서 조리했을 경우에 인체에 무해하다는 정보를 접해도 사람들은 닭과 오리를 외면한다. 대신 질식사할 가능성이 높아 흉기가 될 수도 있는 찹쌀떡이나 산낙지는 아무런 거리낌없이 먹는다.

다른 유형의 발견법은 대표성 발견법representativeness heuristic이다. 여러 해결책 중에서 가장 전형적이고 대표적인 것을 선택하는 방식이다. 처음 언급한 문제에서 두 번째 해결책이 바로 대표성 발견법이다. 또 다른 예를 들어보자. 친구가 당신에게 로또 복권을 사준다고 하면서 다음의 번호 모음 중에 하나를 고르라고 한다면, 당신은 어떤 것을 고르겠는가?

[2, 30, 17, 9, 41, 28] vs. [1, 2, 3, 4, 5, 6]

대부분의 사람들은 앞의 모음을 고를 것이다. 왜냐하면 숫자들의 조합이 무작위인 것처럼 보여서 당첨확률이 높아 보이고, 후자는 당첨이 거의 불가능할 것처럼 보이기 때문이다. 하지만 독립시행에서 두 번호 모음이 발생할 확률은 동일하다.

마지막으로 기준점과 조정 발견법anchoring and adjustment heuristic은 같은 현상이라도 기준에 따라서 다르게 추정하는 것이다. 한 집단의 사람들에게는 '8×7×6×5×4×3×2×1'을, 다른 집단의 사람들에게는 '1×2×3×4×5×6×7×8'을 주고 그 답을 추정해보라고 했다. 8로 시작하는 경우 사람들은 답을 더 크게 추정했다.

자신이 주로 사용하는 문제 해결 방식을 확인하고, 그에 따르는 오류나 편향은 없는지 살펴본다면 중요한 순간에 큰 실수를 범하지 않을 것이다.

▌오감

▌세상에서 정보를 받아들이는 통로
five senses / 감각과 지각

인간은 감각 기관★감각과 지각으로 외부의 자극을 받아들인다. 감각기관으로는 시각, 청각, 미각, 후각, 촉각을 들 수 있으며, 이를 오감다섯 감각이라고 한다. 감각 기관의 핵심은 외부의 자극을 신경신호로 변환시키는 수용기다. 신경신호란 신경 세포인 뉴런★을 통해 뇌★로 전달되는 일종의 전기적 신호다. 수용기에서 시작된 뉴런의 흥분이 뇌에 전달이 되어야 세상을 인식할 수 있다.

만약 수용기가 손상되었다면 외관상으로는 멀쩡한 감각 기관도 무용지물이 된다. 또한 당연하겠지만 수용기가 존재하지 않는 신체 부위로는 해당 정보를 인식할 수 없다. 예를 들어 뇌에는 촉각 수용기가 없기 때문에 뇌를 직접 만지더라도 우리는 전혀 느끼지 못한다. 실제로 의사가 수술중에 수술용 칼로 뇌의 일부를 절개하더라도 환자는 전혀 알아차리지 못한다. 마치 발바닥으로는 책을 읽을 수 없고, 혀로는 냄새를 맡을 수 없으며, 코로는 들을 수 없는 것과 동일한 이치다.

감각 기관 중에서 시각과 청각, 그리고 촉각은 외부의 에너지를 신경신호로 변환시키고, 후각과 미각은 화학물질을 신경신호로 변환시킨다. 시각은 빛★색채 지각을, 청각은 공기 중의 파장을, 촉각은 물체의 직접적 접촉을 받아들인다. 반면에 후각과 미각은 해당 물질에서 떨어져 나온 화학물질을 받아들인다. 어떤 면에서 우리는 대상의 물체를 직접 보는 것이 아니라 그 물체가 반사하는 빛을 보는 것이고, 다른 사람의 목소리나 스피커에서 나오는 소리를 직접 듣는 것이 아니라 공기 중의 파장을 듣는 것이다. 촉각도 그렇고, 후각이나 미각도 같은 원리다.

우리는 때로 감각 기관으로 받아들인 정보 이외의 것을 직관적으로 느낀다. 이를 육감六感이라고 하는데, 이 말은 우리의 감각이 다섯 가지라는 생각에서 나온 말이다. 하지만 정말 인간의 감각이 다섯가지일까? 감각 기관에 대한 연구가 진행되면서 인간의 감각 기관이 다섯 가지 이상임이 밝혀졌다.

우선 오감 중 하나인 촉각은 하나가 아니라 세 가지의 감각이다. 보통은 촉각을 접촉touch에 대한 감각만으로 생각하지만 사실 온도 temperature와 통증pain에 대한 정보도 전달한다. 이를 서로 다른 감각으로 봐야 하는 이유는 별도의 수용기가 존재하기 때문이다. 물론 세 감각에 대한 수용기가 모두 피부에 있기 때문에 서로 배타적으로 활동하지는 않는다. 즉 한 가지 정보만을 받아들이지는 못한다. 어떤 물체에 대한 접촉은 그 즉시 온도와 연관이 있으며, 그 접촉이 강할 경우에는 통증까지 느끼게 된다.

물론 어떤 이들은 어차피 접촉, 온도, 통증은 매우 밀접하니 하나의 감각으로 볼 수 있고, 따라서 오감이라는 표현도 맞다고 생각할지도 모르겠다. 하지만 오감이 아닌 또 다른 이유는 몸의 위치에 대한 정보도 감각 기관을 통해 받아들이기 때문이다.

몸의 위치에 대한 감각은 두 종류가 있다. 하나는 몸의 전반적인 위치와 방향에 대한 감각으로 전정 감각vestibular sense 혹은 평형 감각 sense of equilibrium이라고 하며, 또 다른 하나는 팔, 다리의 위치와 방향에 대한 신체운동 감각kinesthetic sense이라고 한다. 전자는 내이內耳의 전정기관에, 후자는 근육과 관절에 수용기가 위치한다.

우리의 뇌는 여러 감각 기관들에서 오는 정보를 구분해 처리한다. 시각 정보는 시각 경험만을, 청각 정보는 청각 경험만을 일으킨다. 그런데 어떤 사람들은 한 감각 기관에서 받아들인 정보로 다양한 감각 경험을 한다. 이를테면 소리를 들었을 때 색깔을 느끼거나 글씨를 보고 냄새를 느끼는데, 이를 공감각synesthesia이라고 한다. 수많은 예술가들이 공감각을 소유한 것으로 알려지고 있는데, 대표적으로 현대 추상미술의 선구자인 칸딘스키Wassily Kandinsky를 들 수 있다. 공감각은 후천적인 노력과 연습으로 얻을 수 없다고 한다.

우울

감기는 몸이 약하다는 신호, 우울은 마음이 약하다는 신호
depression / 이상심리학

우울은 마음의 감기라고 할 정도로 흔한 심리적 증상이다. 감기에 자주 걸린다면 몸 상태를 의심해봐야 하는 것처럼, 자주 우울한 기분이 든다면 마음 상태를 의심해봐야 한다. 감기를 방치하다간 더 큰 병이 생길 수 있듯이 우울도 더 심각한 정신장애★이상심리학나 자살 같은 끔찍한 결과로 발전할 수 있기 때문이다.

심리학자들은 인간의 마음을 정서와 인지, 그리고 행동이라는 세 가지 측면에서 살펴본다. 우울도 마찬가지다. 정서로서 우울은 온몸에 힘이 없고 계속 바닥으로 가라앉는 듯한 기분과 감정이다. 많은 사람들은 이것만이 우울이라고 생각할지 모르지만, 인지와 행동 차원의 우울도 있다. 다음으로 인지적 측면의 우울은 비관적이고 자기파괴적인 생각이다. 특히 자신과 세상, 미래에 대한 비합리적이고

부정적인 생각인 인지 삼제★인지 치료가 우울의 인지적 측면이다. 마지막으로 행동적 측면의 우울은 불면이나 과다수면, 자해나 자살 시도 같은 자기 파괴적 행동, 그리고 일상생활에서 물러나는 것이 있다. 이 셋 중에 하나라도 해당하면 우울한 상태라고 할 수 있다.

DSM-5★DSM에서는 우울과 관련된 정신장애를 우울 장애depressive disorder와 양극성 및 관련 장애bipolar and related disorder로 구분한다. 우울 장애에 속하는 정신장애로는 주요 우울 장애major depressive disorder와 지속성 우울 장애persistent depressive disorder, 월경전 불쾌 장애premenstrual dysphoric disorder, 파괴적 기분 조절곤란 장애disruptive mood dysregulation disorder가 있고, 양극성 및 관련 장애에는 양극성 장애bipolar disorder, 순환성 장애cyclothymic disorder가 있다.

주요 우울 장애는 우울하다고 느끼거나 일상생활에 대한 흥미와 즐거움의 상실, 체중이나 수면의 문제, 초조하거나 처진 느낌, 피로감, 무가치함과 죄책감, 사고력과 집중력의 감소, 죽음에 대한 반복적인 생각이 연속으로 2주 동안 나타나야 한다.

조울증manic-depressive disorder이라고 알려진 양극성 장애는 이러한 우울증과 함께 조증이나 경조증이 나타난다. 조증이란 연속으로 1주 동안 비정상적으로 의기양양하거나 과민한 기분이 나타나고, 목표 지향적 활동이나 에너지가 증가한다. 그리고 심하게 과장된 자신감과 수면 욕구의 감소, 평소보다 많아지는 말수, 사고의 비약과 주의 산만, 과도한 활동이나 초조, 고통을 초래할 쾌락적인 활동—무분별한 사업투자나 쇼핑, 과도한 성관계 등—에 몰두하는 것이다. 주요 우울 장애나 양극성 장애는 현실 검증력★^{신경증과 정신증}을 의심해야 할 정도로 심각한 상태다.

이러한 기준에는 미치지 못하는 가벼운 우울증이나 조울증이 2년 동안 지속적으로 나타나는 경우를 지속성 우울 장애와 순환성 장애 라고 한다. 지속성 우울 장애는 약한 우울증이라고 할 수 있고, 순환 성 장애는 약한 양극성 장애다. 하지만 이 경우도 2년 이상 기분에 문제가 있는 날이 그렇지 않은 날보다 더 많아야 한다는 점에서 많 은 사람들이 일시적으로 경험하는 우울과는 상당한 차이가 있다.

월경을 시작하기 전에 감정 동요로 힘들어하는 여성들이 있다. 우 울하고 무기력하며 주의 집중하기를 어려워한다. 그리고 무언가에 압도될 것처럼 불안을 느끼기도 한다. 전체 여성의 20~40% 정도가 월경전 증후군premenstrual syndrome을 경험하는 것으로 알려져 있다. 이 들 가운데서 일상생활에 심각한 지장이 있을 정도라면 월경전 불쾌 장애라고 할 수 있다.

파괴적 기분 조절곤란 장애는 보통 아동과 청소년에게 나타나는 데, 말이나 행동으로 심한 분노를 반복적으로 드러내는 것이다. 평 소에는 짜증을 계속 내다가 갑작스럽게 분노를 폭발시킨다. 단순히 떼를 쓰는 정도가 아니라 학교나 가정, 친구관계에서 문제를 일으킬 정도로 심각해야 한다. 구체적으로는 분노 폭발이 평균 매주 3회 이 상 나타나고, 12개월 이상 지속되어야 한다는 기준이 있다.

사람들은 계절에 따라서 감정의 변화를 겪기도 하는데 이를 계 절성 정서 장애SAD ; Seasonal Affective Disorder라고 한다. 그렇지만 이는

DSM-5에 명시되어 있는 정신장애는 아니다. 앞서 언급한 정신장애가 계절의 영향을 받을 수도 있지만, 평소 잘 지내던 사람이 일조량이 줄어드는 가을이나 겨울에 우울을 느낀 경우는 정신장애로 진단하지 않는다. 이런 증상은 낮에 햇볕을 많이 쬐면 상당히 좋아진다. 또한 갑상선 기능에 이상_{항진, 저하}이 생기면 우울증이나 조증의 증상이 나타나기도 한다. 하지만 이는 정신장애가 아닌 생리적 이상으로 인한 일시적인 기분의 변화이므로, 병원에서 약을 처방받으면 갑상선 기능과 함께 기분도 회복된다.

여성들은 출산 이후 몸과 마음, 환경까지 급격한 변화를 경험하면서 산후 우울증을 겪기도 한다. 산후 우울증은 자신뿐만 아니라 세밀한 보살핌이 필요한 아이에게도 부정적 영향을 끼쳐 안정 애착*을 형성하는 데에 걸림돌로 작용한다. 따라서 전문가의 도움은 물론 주변 가족들의 적극적인 관심이 필요하다.

우울의 원인으로는 여러 가지를 들 수 있겠으나 눈여겨볼 것은 생리적인 측면이다. 세간의 주목과 관심을 받는 직업군인 연예인과 운동선수를 비교해보자. 이들은 대중의 스타가 되기도 하지만 공공의 적이 되기도 한다. 인기와 함께 비난을 감수해야 하므로 마음이 편할 날이 없다. 하지만 연예인들은 잦은 우울증으로 고통받다가 자살이라는 극단적인 선택을 하는 경우가 적지 않으나, 운동선수들이 자살하는 경우는 극히 드물다. 아무리 힘들어도 이겨낸다. 왜 그럴까?

바로 신체활동의 차이 때문이다. 주변을 살펴보라. 꾸준하게 운동을 하는 사람치고 부정적인 생각에 사로잡혀 있는 사람은 없다. 혹시 잦은 우울증으로 힘들다면 먼저 자신에게 맞는 운동을 꾸준하게 하는 것이 좋다. 물론 이렇게 해서도 안될 경우에는 정신과에서 약을 처방받거나 심리학자를 찾아가 상담★^{상담심리학} 받기를 추천한다.

유전 vs. 양육

오래되었고 앞으로도 계속될 논쟁

nature vs. nurture / 발달심리학

오래전에 시작되었고, 지금도 계속되고 있으며, 앞으로도 쉽게 해결되지 않을 논쟁 중 하나가 바로 유전과 양육에 대한 것이다. 이 문제를 '전부 아니면 전무'로 접근한 적도 있지만, 지금은 그 어느 누구도 100% 유전과 0%의 환경, 혹은 그 반대를 주장하지 않는다. 다만 어느 쪽이 더 많은 영향을 미치는지 궁금해할 뿐이다.

유전과 양육의 논쟁은 인식론★으로 보자면 합리론과 경험론의 대립이다. 인간의 감각★^{오감}을 신뢰하지 않았던 데카르트는 합리론을 통해 정신세계를 구성하는 데 있어서 중요한 것은 타고나는 이성과 추론 능력, 그리고 본유 관념이라고 주장했다. 반면에 로크는 데카르트의 생각을 강하게 비판하면서 인간의 경험이 없다면 지식도 없다는 경험론을 주장했다. 이러한 로크의 주장은 그의 정치철학, 교육철학과도 맥이 닿아 있다.

일반적으로 유전과 양육의 문제는 순수하게 다뤄지기보다는 어떤 목적과 방향성을 가진 사람들이 자신들의 필요에 따라 한쪽을 주장하는 식으로 전개되었다. 특히 유전을 강조하는 이들은 계급사회에서 자신들의 기득권을 유지하려고 하거나 인종차별을 정당화하려는 목적을 가진 사람들이었다.

2차 세계대전을 일으켰던 히틀러의 나치즘은 국가주의에 근거했던 무솔리니Benito Mussolini의 파시즘과 달리 민족주의에 근거하고 있다. 나치즘은 세계사가 민족간 싸움의 역사라면서 우월한 민족이 열등한 민족을 지배하는 것이 순리라고 주장했다. 그러면서 가장 우월한 민족인 아리안 인종과 북방 게르만족이 유대인을 학살하는 것을 정당화했다. 당시 이 논리는 많은 독일인들의 마음을 움직였다.

인종차별의 타당성을 확보하기 위해 환경보다는 유전의 영향을 주장했던 이들은 나치뿐만이 아니었다. 미국에서도 오랜 기간 동안 유색인종에 대한 차별을 옹호했던 사람들은 환경보다는 유전을 강조했다. 유색인종에 대한 차별 이면에는 인종에 대한 우월과 열등이라는 구도가 자리 잡고 있다.

그렇다면 과학적으로 유전을 지지하는 증거가 많을까, 환경을 지지하는 근거가 많을까? 얼핏 생각하면 유전보다는 환경을 지지하는 증거들이 많을 것 같다. 서점에 진열되어 있는 책만 봐도 그렇다. 유전자★생리심리학와 무관하게 '자녀는 부모하기 나름'이라고 말하는 책들, 그리고 열심히 노력하면 성격을 바꿀 수 있다거나 공부도 잘할 수 있다고 말하는 책들이 얼마나 많은가!

하지만 과학적 증거는 이와 반대다. 과학 기술이 발전할수록 환경보다는 유전의 증거들이 더 강력하게 나타나고 있다. 인간의 뇌*와 유전자에 대한 연구가 급속도로 발전하고 있기 때문이다. 반면에 환경은 과학적으로 연구하기 어렵다. 만약 환경이 인간에게 미치는 영향을 과학적으로 증명하려면 환경을 연구자의 입맛에 맞도록 조작*^{행동주의}해야 하는데, 이는 매우 심각한 윤리적인 문제를 초래할 수 있기 때문이다.

유전과 환경의 문제를 연구하기 위해 심리학자들은 한때 쌍둥이 연구twin study를 진행했다. 일란성 쌍둥이는 유전적으로 보았을 때 100% 동일하다. 친부모가 양육을 포기한 일란성 쌍둥이를 서로 분위기가 다른 가정에 입양시키고 서로의 존재를 알려주지 않으면, 유전은 같지만 환경이 다른 상태가 된다. 이러한 조건에서 성장한 두 쌍둥이를 성인이 되었을 때 비교해 차이점이 더 크다면 환경의 영향이, 공통점이 더 크다면 유전의 영향이 더 크다고 결론을 내릴 수 있을 것이라고 기대했다.

이러한 방식의 연구는 윤리적인 문제 때문에 중단되고 말았다. 실험을 위해 인위적으로 쌍둥이를 떨어뜨려놓고, 서로의 존재를 알려주지 않아야 했기 때문이다. 실제로 미국에서는 이 실험의 대상이었던 35세의 여성이 2004년에 자신의 생모를 찾아 나섰다가 입양 기관의 관계자를 통해 자신이 쌍둥이였다는 사실을 알았고, 결국 쌍둥이 자매를 만나는 일이 있었다.

윤리적인 문제와 함께 이 연구의 또 다른 문제는 유전과 환경의 상호적인 영향이 존재한다는 것이다. 일란성 쌍둥이의 경우에는 외모와 기질*이 동일하다. 외모와 기질의 유사성은 이들이 어떤 환경에 있든지 주변 사람들에게 비슷한 반응을 끌어낸다. 미인들은 어딜가나 대접을 받듯이 말이다. 다시 말해 유전이 환경에 영향을 미치기 때문에 단순히 일란성 쌍둥이의 차이점은 환경, 공통점은 유전으로 볼 수 없다.

과학적인 증거가 유전에서 더 많이 나오고 있다고 해서, 환경의 영향력이 전혀 없다는 의미는 아니다. 최근 유전과 환경의 논쟁은 점차 절충적인 방향으로 발전하고 있다. 대표적인 이론은 반응의 범위 모형reaction range model이다. 그것이 성격이든 지능이든 유전은 반응의 범위를 결정하고, 그 범위 안에서 일정 수준을 환경이 결정한다는 것이다.

지능*지수IQ가 115인 사람을 예로 들어보자. 이 사람은 본래 80~120 정도의 지능지수 범위를 타고 났는데유전, 어린 시절의 환경양육이 비교적 좋은 편에 속했기 때문에 115라는 지능지수를 갖게 되었을 수 있다. 동일한 범위를 타고난 사람도 환경이 좋지 못하면, 지능지수가 80이 될 수도 있다.

심리학자들 중에서도 유전을 강조하는 사람이 있는가 하면, 환경을 강조하는 사람이 있다. 인간의 성격을 생물학적인 관점에서 연구하는 심리학자는 유전을 강조한다. 반면에 사람의 변화에 관심을 갖는 상담심리학*자는 환경을 강조한다.

이는 어디까지나 관점의 차이일 뿐이다. 사람의 변화와 성장에 도움을 주고 싶어하는 상담심리학자는 내담자의 성격에 미치는 유전의 영향이 90%이고, 환경의 영향이 10%밖에 안 된다 하더라도 환경을 강조할 수밖에 없다. 많은 부모들의 지갑을 열게 하는 자녀양육 관련 서적이 양육과 환경에 초점을 맞추는 것 역시 이런 맥락이다. 어떤 심리학자도 왓슨이 말한 '12명의 유아' 이야기를 곧이곧대로 믿지는 않는다. 하지만 부모들을 대상으로 강의한다면 그 누구라도 환경과 양육을 강조할 것이다.

융

분석심리학의 창시자
Carl G. Jung / 인물

심리학의 역사에서 프로이트★와 융처럼 애증의 관계를 맺은 경우가 또 있을까? 프로이트는 융을 가리켜 "나의 양자, 황태자, 후계자 my adopted eldest son, my crown prince and successor"라고 했다. 프로이트는 자신보다 19세 어린 융을 끔찍이 대우해주었고, 진심으로 자식처럼 생각했다. 아들러★가 프로이트를 떠난 지 얼마 되지 않아, 융도 프로이트와 결별을 선언했다. 도대체 둘 사이에 무슨 일이 있었던 걸까?

바젤대학교에서 의학을 공부한 융은 정신분열★ 연구의 선구자인 블로일러와 함께 병원에서 환자들을 치료하고 있었다. 블로일러는 융에게 프로이트의 『꿈의 해석』을 추천해주었다. 프로이트의 글을 읽으면서 융은 정신분석★이 평소 자신의 생각과 일맥상통하는 측면이 있음을 발견했다. 융은 프로이트에게 편지를 썼다. 자신의 연구를 소개하고, 정신분석에 대한 관심과 지지를 표명했다. 프로이트 역시 자신의 생각이 널리 알려지기를 원했기 때문에, 융에게 기쁜 마음으로 화답했다.

그러던 중 융은 1907년 프로이트의 몇몇 개념을 사용해 소논문을 발표했다. 이를 계기로 프로이트는 융을 비엔나로 초대했고, 두 사람은 더욱 친밀한 사이가 되었다. 1909년 홀G. Stanley Hall은 자신이 총장으로 있던 클라크대학교 창립 20주년 기념강연에 두 사람을 연사로 초청했다. 정신분석은 물론, 콤플렉스에 대한 융의 발견과 업적도 미국에까지 알려져 있었기에 가능했던 일이었다. 프로이트와 융의 결별에 대해서 어떤 이들은 미국 여행 중 서로에 대해 감정이 상한 탓이라고 말한다. 그러나 이듬해인 1910년 융이 프로이트의 전폭적인 지지를 받아 국제정신분석학회 초대회장을 역임했다는 사실로 보아, 이 주장은 설득력이 없다.

함께 여행을 다녀온 지 3년 후 1913년 융은 프로이트와 결별을 선언하게 되었는데, 그 동안 무슨 일이 있던 것일까? 1912년 융은 『무의식의 심리학Psychology of the Unconscious』이라는 제목의 책을 출간했다. 이 책의 부제는 '리비도★심리성적 발달의 변형과 상징 연구a study of the transformations and symbolisms of the libido'였다. 책을 집필하는 과정에서 프로이트와 융은 의견 차이를 보이기 시작했다. 융은 프로이트가 개인의 경험으로 생기는 개인 무의식만을 다룬다고 생각했다. 그러면서 인류의 경험으로 생기는 집단 무의식이 오히려 인간의 정신과정을 이해하는 데 더 중요할지 모른다고 생각했다. 그렇기에 리비도 역시 개인의 경험과 무관한 것일 수 있다는 주장을 펼치기에 이른다. 그러나 이런 융의 생각을 프로이트는 받아들일 수 없었다. 프로이트는 자신의 이론에 도전한 사람은 가차 없이 내쳤지만, 융과의 관계는 특별했기에 쉽게 등 돌리지 않았다. 의견 차이가 분명한 상황에서도 두 사람은 여러 번 만남을 가졌다. 그러나 1913년 독일 뮌헨에서 열린 4차 국제정신분석학회에서 융은 심리적 유형론★MBTI에 대해 프로이트에게 이야기했고, 이로써 둘은 돌아올 수 없는 강을 건너고 만다.

서로에게 너무나 특별했던 두 사람의 결별은 누구보다 본인들 스스로에게 적지 않은 충격과 도전을 주었다. 이론적 차이 때문에 틀어진 탓에 그냥 슬퍼만 할 수는 없었다. 자신의 견해가 더욱 설득력 있다는 것을 주장하기 위해서라도 더욱더 이론 정립에 매진했다. 프로이트는 자신의 입장과 생각을 빈틈이 없도록 확실히 정리해 다시는 이와 같은 불상사를 막고 싶었을 것이다. 융은 프로이트와 다르게 생각했던 부분을 보다 더 체계화하고 가다듬어서 자신만의 틀을 갖추고자 했을 것이다. 그리고 어느 정도 목적을 달성했을 1918년에 자신의 이론을 분석심리학★이라고 명명했다.

융은 인류의 경험이 우리의 마음에 그 흔적을 남긴다고 생각했기 때문에 일찍부터 점성술과 연금술에 관심을 가졌다. 프로이트와 결별한 후에는 아프리카를 비롯해 전 세계로 여행을 다니면서 신화와 종교, 신비주의 등 문화인류학적 연구에 매진했다. 개인의 심리적 고통을 치유하는 것을 목표로 삼았던 프로이트와 달리, 융은 국가와 민족 같은 더 거시적인 관점에서 인간을 이해했기 때문이다. 현재 두 사람의 이론은 전혀 다른 관점을 취하지만, 인간의 마음을 제대로 이해하기 위해서는 둘 다 중요하다고 할 수 있다.

의식

일원론에 대한 이원론의 반격
consciousness / 분야

예로부터 인간이 어떻게 구성되어 있는지에 대한 논쟁이 있었다. 인간의 마음정신, 영혼과 몸뇌, 물질이 같은 것이냐 별개의 것이냐, 즉 일원론과 이원론*결정론 vs. 자유 의지은 철학과 과학, 그리고 신학에서도 중요한 논쟁거리였다.

하지만 과학이 발달해 뇌★가 인간의 정신 과정을 담당하는 신체 기관임이 증명되었고, 게놈genome 프로젝트를 비롯해 유전자의 막강한 영향력에 대한 증거를 발견하면서 일원론이 이원론을 제압하는 듯 했다. 이러한 일원론의 우세는 진화론자★진화심리학들에게 인간과 동물을, 인공지능★인지심리학 과학자들에게 인간과 기계를 연속선 continuum 상에서 이해하게 만들었다.

다시 말해 질적으로 다른 존재가 아니라 양적으로 다른 존재라는 주장에 힘이 실렸다. 특히 침팬지를 비롯해 유인원도 인지 능력언어나

도구의 사용이 있다는 증거가 쌓이고, 스스로 생각과 판단이 가능한 인공지능 로봇이 출현하면서 이원론의 패배가 확정된 것처럼 보였다. 인간도 물질로 구성되어 있는, 동물이나 기계와 엇비슷한 존재라는 주장이 승리한 듯했다.

그렇지만 이러한 흐름과 일치하지 않는 현상, 즉 인간의 고등정신 과정에 대한 관심이 조금씩 증가되고 있었다. 바로 의식이다. 의식이란 자신의 정신 과정에 대한 인식과 통제다. 다시 말해 '자신이 알고 있다'는 사실을 '아는 것'이다. 동물이나 기계도 인간처럼 외부의 정보를 받아들여서 느끼고 생각하고 행동한다. 하지만 이들은 자신이 느끼고 생각하고 행동한다는 사실을 알지 못하고, 그것을 의도적으로 통제하지 못하는 것처럼 보인다.

세계적인 침팬지 연구자인 일본 교토대의 마쓰자와Tetsuro Matsuzawa는 KBS 다큐멘터리 〈마음〉 1부에서 말하기를 침팬지에게도 지성과 감성, 의지력으로 구성된 마음mind이 분명히 존재하고, 거울을 보고 자신을 알 수 있는 자아self★자기도 있다고 한다. 하지만 침팬지의 마음이 자신들의 마음을 반영reflect하는지에 대해서는 의문이라고 말했다.

만약 의식이 자신의 마음자극, 정보, 이와 관련된 뇌의 활동에 대해 관찰하고 통제할 수 있는 정신기능이라면, 일원론으로 치우쳐진 흐름을 어느 정도는 되돌릴 수 있을지도 모르겠다. 물론 일원론을 강하게 주장하는 사람은 의식도 뇌의 현상이기 때문에 의식이 이원론을 뒷받침하는 증거는 될 수 없다고 주장한다.

심리학자들은 철학자들이나 신학자들과는 달리 논쟁보다 과학*
심리학적 증명을 선호할 뿐더러, 어떤 도그마를 세운 후 그것에 모든
자료를 끼워 맞추는 연역법을 배척하기 때문에 이 문제를 직접 언급
하지는 않는다. 하지만 분명 의식은 이원론과 연관되어 있는 심리학
의 연구 분야다.

의식이라는 주제에서는 주로 명상과 최면*, 수면*과 꿈*, 그리고
우리의 정신에 영향을 미치는 향정신성 약물*에 대해 다룬다. 그렇
지만 의식의 본질과 종류에 대해서는 학자들마다 의견 차이를 보이
고 있고, 또한 의식에만 국한된 연구나 자료가 많지 않은 것이 현실
이다. 앞으로 더 많은 연구가 필요하다.

이상심리학

정신장애의 증상과 원인을 다루는 심리학
abnormal psychology / 분야

이상심리학은 심리학과에서 가장 인기 있는 수업 중 하나다. 이상
심리학에서는 누구든지 겪을 수 있는 우울*이나 불안*부터 정신분
열*에 이르기까지 다양한 정신장애의 증상과 원인을 다룬다. 수업
을 들으면서 '혹시 내가 정신적 문제가 있는 것은 아닐까?' 하고 고
민에 빠져보지 않거나, 가족과 친구들에게 어설픈 진단을 하나가 쓴
소리를 들어보지 않은 심리학과 학생은 없을 것이다.

이상심리란 무엇인가? 정신병리는? 그리고 정신장애는 또 무엇인가? 우선 용어를 살펴보자. 학부에서는 이상심리학이라는 이름으로 주요 정신장애들을 개략적으로 다루지만, 대학원에서는 정신병리학psychopathology이라는 이름으로 심각한 정신장애를 자세히 다룬다. 이런 면에서 정신병리학은 이상심리학의 고급과정이라고 볼 수 있다.

하지만 두 용어는 출발점과 배경이 다르다. 우선 이상심리는 정상심리혹은 일반심리★일반심리학에 대응하는 말로 심리학에서 나온 개념이고, 정신병리는 정신건강에 반대되는 말로 의학에서 나온 개념이다. 이는 단지 심리학과 의학의 차이가 아니라 마음의 문제를 바라보는 중요한 관점의 차이, 철학의 차이이기도 하다. 심리학에서는 이상과 정상을 연속선상양적 차이에서 이해하려는 경향이 있으나, 의학에서는 육신의 질병처럼 마음의 문제도 정신 질환mental disease, illness으로 이해하려고 한다.

정신분열schizophrenia을 예로 들어보자. 정신분열증이라고 해야 하는가, 아니면 정신분열병이라고 해야 하는가? 심리학 서적에서는 보통 정신분열증이라고 하지만 정신의학 서적에서는 정신분열병이라고 한다. 심리학자들은 정신분열을 하나의 단일 질병이 아닌 증후군syndrome으로 보고 '증症'이라는 표현을 쓴다. 증후군이란 다양한 증상symptom, 주관적 보고과 징후sign, 객관적 증거의 집합을 의미한다. 반면에 의사들은 이를 '병病'이라고 표현한다. 물론 모든 심리학자와 의사들이 그런 것은 아니며 개인마다 다른 입장을 취할 수는 있다.

이처럼 용어의 문제는 중요하지만 해결이 어렵다. 그래서 학자들은 이 문제를 해결할 수 있는 표현을 생각해냈는데, 바로 정신장애 mental disorder다. 질서order에서 벗어난 무질서disorder라는 개념은 이상 심리와 정신병리 사이에서 적절한 균형을 잡고 있다고 볼 수 있다.

용어의 문제를 뒤로 하고 이제 정상normal과 이상비정상, abnormal의 구분, 즉 정신장애의 기준으로 넘어가보자. 시쳇말로 누가 '미친 사람'인가? 이는 오랜 논쟁거리로 아직 해결되지 않았으며 또 앞으로도 쉽게 해결되지 않을 것 같다. 신체는 아프다거나 병에 걸렸다는 기준이 명확하지만 정신의 영역에서는 그렇지 않다. 정신장애의 판단 기준은 다음처럼 몇 가지가 있지만 어느 하나도 완벽하지 않고 나름의 한계점이 있다.

첫째, 낮은 빈도다. 이는 일종의 통계적인 기준인데, 대부분의 사람들정상 범위라고 하는 95%과는 다른 생각이나 행동을 하는 소수의 사람들을 이상이라고 본다. 정상 분포의 평균에서 2표준편차 이상과 이하에 속하는 5%의 사람들을 가리킨다. 지능*으로 따지자면 평균에서 2표준편차 아래를 정신 지체라고 한다. 하지만 이런 식으로 따지면 또 다른 소수, 즉 2표준편차를 넘는 영재들도 정신적인 문제가 있다고 봐야 한다. 게다가 이 기준으로는 어떠한 경우에도 이상이 사라지지 않는다.

둘째, 개인의 주관적인 고통이다. 스스로 심리적인 고통을 느낀다면 이상으로 볼 수 있다는 것이다. 우울이나 불안은 겉으로 보기에는 잘 지내는 것처럼 보여도 심리적 고통이 심각해 도움이 필요한 경우가 많다. 하지만 이 기준도 완전하지 않다. 정신장애가 심각해질수록 자신보다는 주변의 사람들이 더욱 고통스러워하는 경우가 많기 때문이다.

셋째, 무능력disability 또는 역기능dysfunction이다. 정상적인 생활을 하지 못하거나 자신이 처한 환경에 효과적으로 적응하고 대처하는 것을 어려워한다는 의미다. DSM-5*DSM는 정신장애의 진단을 위해서는 증상이나 심리적 고통이 사회적 기능과 직업적·학업적 기능에 영향을 주어야 한다고 명시하고 있다. 하지만 앞서 언급했듯 우울이나 불안의 경우 속으로 엄청난 고통을 겪음에도 겉으로는 어느 정도 기능하는 것처럼 보인다는 점, 그리고 다양한 종류의 변태 성욕paraphilias도 사회적 기능에 문제가 없다는 점에서 이 기준 역시 완벽하지 않다.

넷째, 사회적 규범의 위반이다. 모든 사회는 옳고 그름이나 정상에 대한 규칙이 있는데, 이를 위반하는 사람을 이상으로 본다. 예를 들어 반사회성 성격*성격 장애의 경우, 길 가는 사람에게 아무런 이유 없이 욕설을 하거나 폭행을 가한다. 그렇지만 자신의 의지로 사회적 규범을 위반하는 사람이 있다는 점에서 이런 기준 역시 완벽하지 않다.

노출증exhibitionism, 소위 바바리맨의 경우에는 정신장애라고 할 수 있지만, 대낮에 길거리에서 누드 시위를 하는 사람들은 정신장애라고 할 수 없다. 또한 사회적 규범이라는 것은 시간과 장소에 따라 달라질 수 있기 때문에 이상과 정상을 구분하는 데 문제가 있다.

뭐가 이렇게 복잡하냐고 생각할 수도 있지만, 그만큼 우리의 마음과 정신은 쉽게 이해할 수 없다. 정상과 이상을 올바르게 구별하고, 정신장애에 대해 정확히 진단을 내리는 것은 결코 쉽지 않은 일이다.

이타주의

남을 도와주는 이유, 도와주지 않는 이유
altruism / 사회심리학

방어 기제*에도 이타주의가 있으나 일반적으로 이타주의와 이타 행동은 사회심리학*의 연구 주제다. 사회심리학들은 이타주의에 있어 상반된 두 가지 질문을 던진다. 바로 '우리는 왜 남을 도와주지 않는가?'와 '우리는 왜 남을 도와주는가?'다. 하나씩 살펴보자.

우리는 왜 남을 도와주지 않는가? 이 질문은 1964년 3월에 미국 뉴욕의 한 주택가에서 벌어진 살인사건과 연관이 있다.

당시 28세인 제노비스Kitty Genovese라는 여성은 늦은 시각 자신의 아파트 앞에서 강도를 만나 35분 동안 세 차례에 걸쳐 칼에 찔린 후 사망했다. 그런데 놀라운 사실은 제노비스의 비명소리와 도와달라는 절규를 듣고 그 장면을 목격한 아파트 주민이 무려 38명이었지만, 아무도 도와주지 않았다는 사실이다. 아파트 밖으로 나오지 않은 것은 물론 경찰이나 911에 신고도 하지 않나. 목격자들이 했던 일이라곤 시끄러운 소리에 잠시 열었던 창문을 닫고, 잠시 켰던 불을 끈 것이었다.

새벽시장 근처의 횡단보도를 건너던 한 아주머니가 출근길에 차에 치였다. 시장에서 일을 마치고 집으로 돌아가던 아주머니의 허리춤에서 수십 장의 만 원권이 도로에 흩날렸다. 이때 행인들은 도로에 떨어진 돈을 줍느라 피 흘리는 아주머니를 전혀 돌보지 않았다.

이런 사건이 발생하면 신문기사나 일반 시민들은 "어떻게 그럴 수가 있냐", "사람들이 매정해지고 세상이 각박해졌다", 모두들 돈에 미쳤다"는 식으로 말을 한다. 그러면서 그 상황과 장면에서 구경만 했던 사람들을 매도한다. 정말이지 어떻게 '많은 사람들' 중에서 '한 사람'도 이들을 도와주지 않을 수 있을까? 이 세상에 많은 사람들이 이타행동을 보이지 않을 정도로 나쁜 사람들인 것일까?

놀랍게도 심리학자들은 이타행동이 나타나지 않은 이유가 '많은 사람들'이 그 장면을 목격했기 때문이라고 말한다. 곤경에 처한 사람을 목격한 사람들이 많을수록 그 사람을 향한 이타행동은 일어나기 어려운데 이를 방관자 효과bystander effect라고 한다.

방관자 효과는 왜 일어날까? 몇 가지 이유가 있다. 우선 사람들이 많으면 책임감이 분산diffusion of responsibility된다. '왜 내가 나서야 해? 다른 사람들도 있잖아'라는 생각을 하기가 쉬워진다. 다수의 무지pluralistic ignorance도 방관자 효과의 중요한 원인이다. 우리는 보통 어떤 상황을 해석할 때 타인의 반응을 참고한다. 수업 시간에 선생님이 질문을 하라고 해도 다른 학생들이 가만히 있으면 '나만 모르나 보다'라고 생각하지만 사실 다들 모르는 경우가 있다. 그래서 쉬는 시간이 되면 많은 학생들이 교탁으로 달려 나가 비슷한 질문을 하는 것이다. 마지막으로 사람들이 많으면 먼저 도움이 필요한 사람이 주의*를 끌기 어렵게 된다. 특히 많은 사람들이 지나다니는 길일수록 주의가 분산이 된다.

그렇지만 뒤집어 생각해보면 방관자 효과란 인간이 기본적으로 남을 도와주려는 경향성을 갖고 있음을 의미한다. 상황적인 요인만 제거된다면 이타행동은 얼마든지 일어날 수 있다는 것이다. 하지만 이타주의는 당연한 것일까? 이제 이타주의에 대한 두 번째 질문을 던져보자. 우리는 왜 남을 도와주는가?

이에 대한 한 가지 대답은 사회책임 규범social-responsibility norm이다. 말 그대로 남을 도와줘야 하는 사회적 책임이 있기 때문에 남을 도와준다는 것이다. 타인에 대한 도움과 배려의 책임은 가진 자들에게 더 많이 요청되는 것이 일반적이다.

이타주의에 대한 또 다른 설명은 사회 교환 이론social exchange theory이다. 대인관계를 손해와 이익의 관점에서 보는 이 이론은 이타행동 역시 그에 대한 마땅한 보상과 이득 때문이라고 주장한다. 인간의 모든 행동, 심지어 이타주의까지도 이기주의egoism의 발로라는 것이다.

진화론*진화심리학적인 입장에서도 이타주의를 설명할 수 있다. 본래의 진화론에서는 적자생존survival of the fittest의 적합성fitness 단위를 개체로 보았다. 하지만 진화론의 발전과 함께 적합성의 단위는 개체에서 종species으로, 근래에는 유전자gene로 발전했다. 이것을 포괄적 적합성inclusive fitness이라고 한다. 다시 말해 자신의 유전자를 남기기 위해 행동한다는 것이다.

포괄적 적합성의 개념은 전통적 진화론이 하지 못한 이타주의를 설명한다. 자신의 유전자를 남길 수 있다면 자신의 목숨도 아까워하지 않고 남을 돕는다고 한다. 가족이나 친척은 물론, 심지어 낯선 사람일지라도 언젠가는 자신의 유전자를 가진 이들에게 되갚아줄 것이라고 기대한다고 한다. 이렇게 보자면 진화론적 입장 역시 일종의 이기주의다.

규범 때문이나 경제적 이득, 이기주의 때문이 아닌 진정한 이타주의genuine altruism를 주장하는 심리학자도 있다. 미국 캔자스대학의 심리학자 밧슨Daniel Batson은 참가자들에게 일방경one-way mirror을 통해 자신과 무관한 사람이 전기충격을 받는 장면을 관찰하게 했다. 그 결과 상당수의 참가자들이 자발적으로 대신 전기충격을 받겠다고 했다. 밧슨은 이타행동이란 인간에게 있는 공감* 능력 때문에 발생하는 것으로, 진정한 이타주의가 가능하다고 주장한다.

인간주의

심리학의 연구 대상은 마음이 건강한 사람이어야 한다
humanism / 역사

"휴머니즘의 번역으로 인간주의가 맞을까, 인본주의가 맞을까?" 대학원 수업 시간 중에 한 교수님께서 던지신 질문이다. 그동안 인본주의라는 표현을 당연하게 여겼던 학생들은 교수님을 쳐다보았다. 교수님께서는 "우리나라에서는 보통 인본주의라는 표현을 많이 사용하고 있지만, 이는 일본식 표현이고 우리의 표현으로 하자면 인간주의가 맞다. 그러니 가급적 인간주의라고 하는 것이 좋겠다"고 말씀하셨다. 학문에 있어서 번역과 용어의 문제는 매우 중요하기 때문에 이후로 인간주의라는 표현을 고집하게 되었다.

　1950년대부터 시작된 인간주의는 제3의 힘The third force이라고 불린다. 이는 당시 주류이론이었던 행동주의★와 정신분석★의 대안으로 제시되었기 때문이다. 행동주의와 정신분석은 모두 결정론★^{결정론 vs. 자유 의지}에 근거해 사람을 이해한다. 하지만 대표적인 인간주의 학자 로저스★와 매슬로Abraham Maslow는 인간에게는 자유 의지가 있다고 주장하면서, 인간의 마음과 행동이 단순한 조건형성★이나 억압된 욕구★^{무의식}로 환원될 수 있다는 생각에 도전했다.

　인간주의자들은 동물을 대상으로 실험한 결과를 인간에게 적용하는 행동주의자들을 향해 동물도 종마다 다른데 어떻게 동물과 인간을 같다고 보느냐고 반문한다. 또한 신경증★^{신경증과 정신증} 환자를 치료하면서 인간에 대한 일반론을 확립한 정신분석가들을 향해서는 마음이 병든 사람들만을 대상으로 연구하면 결코 정상적이고 일반적인 인간을 온전히 이해할 수 없다고 했다. 또한 이런 식의 접근은 모든 사람들을 신경증 환자로 보게 만든다고 비판했다. 인간주의자들은 심리학자라면 동물이 아닌 사람을, 그것도 마음이 병든 사람뿐만 아니라 마음이 건강한 사람도 연구해야 한다고 주장했다.

인간주의자들은 인간에게는 자유 의지가 있으며, 자유 의지를 통해 진정한 자기를 찾아 산다는 자기*실현이 인간의 궁극적 삶의 목표라고 주장한다. 로저스는 심리치료 분야에서 인간주의적 관점을 실현시켰으며, 그의 이론은 인간중심 치료*라고 불린다. 매슬로는 동기와 성격을 주로 연구했으며, 대표 이론으로는 욕구의 위계이론*^{추동}을 들 수 있다.

인간중심 치료

치료의 중심은 치료자나 내담자가 아닌 인간
person-centered therapy / 상담과 심리치료

많은 상담*^{상담심리학}이론 책에서는 인간중심 치료를 설명할 때 상담자가 갖춰야 할 세 가지 태도―무조건적 긍정적 존중unconditional positive regard, 공감*적 이해empathic understanding, 솔직성genuineness―만을 강조한다. 그래서 혹자는 로저스*의 이론은 매우 간단해 적용이 쉽지 않겠냐고 말한다. 하지만 로저스의 이론은 특별한 기법이 없기 때문에 상담 현장에서 실천하기 어려우며, 상담뿐만 아니라 우리 삶의 모든 부분에서 적용할 수 있을 정도로 심오하다.

역사
처음에는 정신분석*을 했으나 이후 새로운 이론을 발전시켰던

다수의 심리치료 이론가들과 달리 로저스는 처음부터 자신의 경험과 철학에 근거해 이론을 발전시켰다. 로저스가 현장에서 내담자들을 만나기 시작한 때는 1940년대였다. 당시의 정신과 의사들은 주로 정신분석을 했고, 교육자나 종교인들은 내담자에게 해결책을 제시하는 지시적 상담directive counseling을 했다. 이 둘은 상담의 주도권이 상담자에게 있었고, 그 이면에는 내담자에게 좋은 것이 무엇인지 상담자가 알고 있다는 전제가 깔려 있었다. 하지만 로저스는 내담자에게 가장 좋은 것을 아는 사람은 내담자 자신이라면서 내담자를 향해 입은 닫고 귀를 여는 이른바 비지시적 상담non-directive counseling을 시작했다.

그렇지만 지시를 하지 않는다는 것은 너무 소극적인 표현이어서 로저스의 상담방식을 제대로 드러내지 못했다. 그는 자신의 상담방식을 더 적극적으로 표현하기 위해 1950년대부터 내담자중심 치료client-centered therapy라는 새로운 이름을 사용했다. 이러한 변화는 단지 이름의 변화가 아니었다. 비지시적 상담에서는 상담자가 내담자의 말을 우호적인 태도로 경청하지만 비판적인 태도를 유지해야 한다고 주장했다면, 내담자 중심 치료에서는 내담자가 이해받고 있다는 느낌으로 자신을 온전히 드러낼 수 있는 환경을 조성해야 한다고 주장했다. 상담자가 아닌 내담자를 중심으로 하는 접근은 현장에서 상담을 해야 하는 사람들에게 희소식이었다. 당시만 해도 이들이 배울 수 있는 제대로 된 심리치료 이론은 정신분석이 유일했으나 까다로운 자격조건 때문에 정신분석가가 되기는 정말 어려웠다. 이러한 상황에서 로저스는 상담의 중심은 내담자이고, 상담자의 할 일은 오직 공감적 이해라고 주장했다. 이에 대한 현장의 반응은 가히 폭발적이었다.

성선설에 가까운 인간관을 가진 로저스의 관심은 상담을 넘어서 교육과 산업, 사회와 국제관계 등으로 확장되었다. 그는 사람들이 본래의 모습대로 살도록 도와준다면 진정 평화로운 세상이 되리라고 생각했다. 이러한 변화는 상담이론의 명칭에서도 드러나 내담자중심 치료는 인간중심 치료로 대체되었다. 이는 상담에서 내담자와 상담자의 구분까지도 허물겠다는 의도로 비쳐지기도 했다.

로저스가 제시한 상담자의 솔직성은 일치성congruence이나 진실성authenticity이라고도 하는데, 이는 내담자를 인간 대 인간으로 대하겠다는 의도적인 표현이다. 그는 모두가 같은 인간으로서 서로를 진실하게 대할 때 행복해질 수 있다고 믿었다.

정신장애의 발생

로저스는 인간은 모두 독특한 개성과 상당한 잠재력을 가진 존재로 태어나며, 원래 자기의 모습대로 살고자 하는 자기★실현의 경향성이 있다고 주장했다. 본래 생명을 가진 유기체는 자신의 인생을 살아갈 능력을 가지고 태어난다는 것이다.

이를 위해 유기체는 자신의 경험을 평가하는 유기체적 평가 과정organismic valuing process을 사용한다. 어떤 경험을 평가해 자신에게 좋으면 그 경험을 지속하고, 그렇지 않으면 그만둔다는 것이다. 배가 고픈 아기들이 엄마의 젖가슴을 통해 주린 배가 채워지는 경험을 즐겁고 행복한 것으로 평가했다면, 이후에도 그 경험을 지속한다. 만약 장난감을 빨아서 주린 배가 채워지기는커녕 배가 더 고파져 불쾌한 경험으로 평가했다면, 지속하지 않으려고 한다. 이처럼 사람은 누구나 자신의 경험을 스스로 평가하면서 자기실현을 이루어나간다.

유기체적 평가 과정을 통해 자기실현을 이루게 된다면 좋으련만 현실은 다르다. 자기실현은커녕 부모나 사회가 제시하는 여러 조건을 충족시키기 위해 진정한 자기가 되는 것을 포기하는 사람들이 대부분이다. 왜 그럴까? 그 이유는 긍정적 존중에 대한 욕구need for positive regard 때문이다.

사람이라면 누구나 사랑과 인정을 받기 원하는데, 문제는 이것이 조건적으로 주어진다는 점이다. 어떤 것을 해야만 사랑해주고 인정해주겠다는 식이다. 물론 부모들은 자신의 자식 사랑이 무조건적이라고 생각하겠지만 과연 아이들도 그렇게 생각할까? 부모는 아이에게 순간마다 어떤 행동을 요구하고 조건을 제시한다. 만약 부모가 정말 무조건적으로 자식을 사랑해준다고 해도, 우리 사회는 그렇지 않다. 좋은 성적과 학교, 높은 연봉과 뛰어난 외모라는 조건을 충족시켜야만 가치 있는 사람으로 대우한다. 바로 이것을 가치의 조건화conditions of worth라고 한다. 이 때문에 많은 사람들은 자기실현과 유기체적 평가 과정을 내팽개치고, 긍정적 존중을 얻기 위한 조건을 충족시키기 위해 하루하루 살아가게 된다.

이러한 삶을 사는 사람은 결국 '자기가 원하는 진정한 자신의 삶'

과 '조건적인 현실' 사이의 괴리, 즉 자기와 경험의 불일치를 경험하게 된다. 또한 이 불일치는 불안*을 유발한다. 분명 객관적으로는 행복을 느낄 만한 조건에서도 내면적으로 불행을 느끼는 사람이 얼마나 많은가? 다른 사람들의 부러움을 받고 살지만, 정작 자신은 즐겁지 않은 사람이 얼마나 많은가? 자기와 경험이 일치하지 않는다는 증거다. 불안에 대처하기 위해 사람들이 사용하는 방법은 자신의 경험을 부인denial*방어 기제하거나 왜곡distortion하는 것이다. 하지만 불안이 너무 커져서 이러한 대처가 효과적이지 않으면 결국 정신장애*이상심리학로 발전한다고 로저스는 말한다.

치료의 과정

이러한 맥락에서 로저스는 상담자의 역할이 내담자가 자기실현을 할 수 있도록 아무런 조건 없이 긍정적인 존중을 해주는 것이라고 주장한다. 로저스는 내담자의 자기실현을 막고 있는 긍정적 존중의 욕구를 채워주어야 로저스는 내담자가 유기체적 평가 과정을 발휘하면서 진정으로 자신이 원하는, 자신이 가장 행복할 수 있는 삶을 살 수 있다고 말한다.

과연 사람들은 자신이 타고난 진정한 자기가 무엇인지 알 수 있는 것인가? 구체적으로 아이들에게 진정으로 좋은 것이 무엇인지 아이들이 아는가, 부모가 아는가? 이에 대해 로저스는 아이들이 스스로 알고 있다고 주장한다. 상담 장면에서도 마찬가지다. 내담자에게 가장 좋은 것은 내담자만이 알 수 있다는 것이다. 다른 사람이 보기에는 고소득자가 행복하게 보일지라도 정작 본인은 그렇지 않을 수 있으며, 최악의 상황에 처했다고 생각되는 사람도 최고의 행복을 느낄 수 있다.

이처럼 한 개인의 경험이나 행동을 이해하는 과정에서 객관성보다는 주관적인 경험을 중시하는 것을 현상학적 접근phenomenological approach이라고 한다. 이런 면에서 로저스는 상담자의 태도로 공감적 이해를 꼽는다. 내담자의 입장에서 내담자를 볼 때에 제대로 이해할 수 있다고 말한다.

상담자가 내담자에게 무조건적 긍정적 존중과 공감적 이해만 해준다면 내담자가 진정한 자신의 삶을 살 수 있을까? 내담자가 나쁜 일을 하더라도 상담자는 내담자를 이해하고 긍정적으로 존중해줘야 하는가? 여기에서 로저스는 상담자의 중요한 태도로 솔직성, 일치성, 진실성을 주장한다.

상담자는 내담자에게 생각과 감정을 진실하고 솔직하게 드러낼 수 있어야 한다. 물론 위협이나 협박을 가하는 것도, 정죄하고 판단하는 것도 아니다. 상대에 대한 마음을 솔직하게 드러내는 것이다. 이는 내담자가 자신의 고집과 아집에 빠지지 않도록 돕는다. 또한 사람들은 겉과 속이 다른 사람을 제일 싫어하며, 누군가에게 속았을 때 큰 상처를 받는다. 또한 당장에는 불쾌할 수 있지만 솔직하게 피드백하는 사람을 결국 찾게 되어 있다. 이런 맥락에서 상담자의 솔직성은 내담자를 성장시키고, 더 나아가 사회의 긴강한 구성원으로 살아가도록 도와준다.

다른 심리치료 이론도 비슷하지만 특히 인간중심 치료는 육아 현장에 적용할 부분이 많은 이론이다. 부모가 자녀에게 조건적인 칭찬이 아닌 격려*를 하면서 무조건적인 사랑과 존중을 줄 때, 아이는 그 누구의 인생도 아닌 바로 자신의 인생을 살 수 있다. 많은 부모들이 자녀들에게 자신의 열등감*개인심리학과 열망을 투사해 자녀들의 행복을 망치고 있는 것을 볼 때 로저스의 인간중심 치료는 많은 생각을 하게 만든다.

인상
우리 마음에 남게 되는 것은 결국 그 사람의 인상
impression / 사회심리학

사람들이 많이 혼동하는 '인상'이란 한자는 두 가지가 있다. 하나는 印象도장 인, 모양 상이고, 또 다른 하나는 人相사람 인, 보다 상이다. 象과 相은 '코끼리'와 '서로'라는 뜻으로 많이 알려져 있으나 '모양'과 '보다'라는 뜻이 있다.

印象이 어떤 대상에 대해 마음에 새겨지는 주관적인 느낌이라면, 人相은 사람의 얼굴이나 생김새라는 객관적인 모습이다. 따라서 "그 사람 첫인상이 어때?"라고 할 때는 印象이고, "그 사람 인상착의가 어때?"라고 할 때는 人相이다. 물론 우리 대부분은 그 사람의 人相으로 印象을 평가하지만, 본래 이 둘은 엄연히 다른 것이다. 그리고 여기서 말하는 인상은 印象이다.

사회심리학자들은 오래전부터 사람들이 타인과 세상에 대해 어떻게 생각하는지, 즉 사회 인지social cognition를 연구했다. 그 중에서도 특히 인상 형성impression formation은 우리의 삶에 일상적으로, 그리고 매우 직접적으로 영향을 미친다. 인상 형성에 영향을 미치는 중요한 요인 중 하나는 고정관념★편견이다. 상대의 외모나 고향, 출신 학교와 성별, 옷차림과 나이에 이르기까지 많은 고정관념이 존재한다. 또 다른 요인은 그 사람에 대한 일반적인 평가다. 비공식적인 뒷담화를 통해 전해지는 평가도 결코 무시할 수 없다. 물론 그 사람을 직접 경험하면서 얻는 정보 역시 중요하다.

이렇게 다양한 인상 형성의 정보들을 우리는 과연 어떻게 통합할 수 있을까? 다음의 유력한 두 이론이 이 질문에 대답해줄 수 있다. 하나는 미국 UC샌디에이고의 심리학자 앤더슨Norman Anderson의 정보 통합 이론information integration theory이고, 하나는 동조★ 실험으로 유명한 애쉬의 윤곽 모형configural model이 있다. 앤더슨의 정보 통합 이론은 여러 정보를 통합해 인상을 형성한다고 하며, 애쉬의 윤곽 모형은 여러 정보들 중에서 중요한 특성이 인상 형성의 윤곽을 결정한다고 한다.

앤더슨에 따르면 긍정적 정보호감는 +, 부정적 정보비호감는 -로 표시하고 정보의 중요노에 따라서 숫자를 가정할 수 있다. 만약 어떤 사람이 정직하고+4 예의가 바르나+2 재미없는-3 사람이라면 인상은+3=4+2-3 정도의 호감으로 형성된다.

하지만 애쉬는 이렇게 수리적으로 인상을 형성하지 않는다고 지적한다. 예를 들어 두 집단의 사람들에게 어떤 사람에 대한 성격 특성 7개를 알려주고 인상을 평가하게 한다고 해보자. 한 집단에게는 '지적인', '재주가 많은', '근면한', '따뜻한', '의지가 굳은', '현실적인', '조심성 있는'이라는 정보를 주고, 다른 집단에는 이 목록 중 '따뜻한'을 빼고 '차가운'이라는 정보를 주었다. 만약 앤더슨의 이론대로 하자면 두 집단의 인상형성 결과의 차이는 크지 않아야 할 것이다. 하지만 결과는 이와 달랐다.

'따뜻한'의 정보를 받은 집단은 남에게 이로운 무엇인가를 해주고자 하는 소망에 따라 행동하는 사람으로 평가한 반면에 '차가운'이라는 정보를 받은 집단은 잘난 체하고 계산적이고 동정심 없는 사람으로 평가했다.

이 외에도 우리의 인상 형성에 영향을 미치는 심리적 요인으로 긍정성 편향positivity bias과 부정성 효과negativity effect를 꼽을 수 있다. 먼저 긍정적 편향이란 구체적인 정보가 없음에도 상대를 막연히 좋은 사람으로 보는 경향성이다. 새로운 직장이나 학교, 혹은 소개팅을 앞둔 사람들은 한결같이 긍정적인 기대를 하는 것도 같은 이치다. 실제로 관계를 맺고 만나게 되면 상대방에 대한 긍정적인 정보가 들어오면서 긍정성 편향은 더욱 빨라지는데, 때에 따라서는 부정적인 정보를 무시하는 오류를 범한다.

하지만 상대방에 대해 긍정성 편향이 어느 정도 사라지면, 부정적인 정보의 영향력이 더 커지는 부정성 효과가 나타난다. 부정성 효과의 대표적인 예는 좋은 소문보다는 안 좋은 소문이 더 빠르게 전파되는 현상이다. 연예인들이나 정치인을 비롯한 유명인들이 심리적으로 고통받는 이유 중 하나도 바로 이 때문이다. 또한 당신의 지인 중 한 사람이 당신에게 친절을 베풀었을 때와 당신에게 사기를 쳤을 때, 두 사건 중 그 사람의 인상에 더 큰 영향을 미치는 것은 후자일 것이다.

이상의 모든 정보와 개인적인 삶의 경험을 통합해 우리는 나름대로 사람의 성격에 대한 도식*을 형성한다. 특히 우리나라 사람들은 혈액형*별 성격유형도 중요한 정보로 사용한다. 어쨌든 우리 마음에는 '어떤 사람은 성격이 어떻다'라는 식의 틀이 있는데, 이를 가리켜 암묵적 성격 이론implicit personality theory이라고 한다. 이는 심리학자들의 성격 이론이 아니라, 일반인들의 마음속에 있는 성격 이론이다. 심리학자들이 사람들의 암묵적 성격 이론을 분석한 결과 보통 사람들은 사회적 특성대인관계과 지적 특성능력이라는 두 가지 차원으로 상대방을 평가하는 것으로 나타났다.

함께 일하는 사람이건, 길에서 잠시 눈만 마주친 사람이건 간에 우리는 죽는 그 순간까지 인상 형성을 쉬지 않을 수도 있다. 따라서 자신의 암묵적 성격 이론을 자세히 들여다보고 혹시 왜곡되거나 잘못된 기준은 없는지 살펴볼 필요가 있다. 그렇지 않으면 나중에는 어떤 사람도 당신 옆에 남아 있지 않게 될 것이다.

인식론

현대 심리학의 출발점
epistemology / 역사

심리학은 오랜 과거를 갖고 있지만, 그 진정한 역사는 짧다.

망각곡선★기억으로 유명한 독일의 심리학자 에빙하우스가 한 말이다. 그는 인간의 마음에 대한 관심은 아주 오래되었지만, 하나의 독립된 학문으로서의 역사는 짧다는 의미에서 이런 말을 했다.

고고학자들이 석기시대 것으로 추정되는 구멍 뚫린 인간의 두개골을 발견했다. 이는 정신장애★이상심리학가 있는 사람들을 치료하기 위한 수단으로 인간의 마음과 정신에 대한 관심을 보여주는 하나의 예다. 고대 그리스 철학자들의 주요 관심 분야도 인간의 정신혹은 영혼이었다. 아리스토텔레스Aristotle나 플라톤을 비롯해 여러 철학자들은 인간의 영혼과 정신, 마음을 알고자 했다. 이후 중세의 아퀴나스Thomas Aquinas를 비롯해 르네상스 시대에 이르기까지 많은 사람들은 인간의 마음, 주로 인식론에 관심을 갖고 있었다.

주제

인식론은 철학의 주요 분야로서 인간의 앎에 대한 이론이다. 지식이란 무엇이며, 그것을 어떻게 얻는지를 다룬다. 인식론에 대한 논의는 고대 그리스에서도 있었으나, 중세 이후에 벌어진 일련의 사건으로 다시 주목받게 되었다. 일련의 사건이란 학문에서는 자연과학의 발달, 예술에서는 르네상스, 종교에서는 종교개혁이다. 이 사건들은 인류에게 기존의 세계관과 지식을 부인하게 만들었다. 대략 중세 1천 년 동안 의심해보지 않았던 모든 지식과 진리들이 어느 순간 틀렸을지도 모른다는 생각을 하게 된 것이다.

기존의 믿음이 흔들리면 사람들은 회의적인 태도를 가지게 마련이다. 그러면서 그 본질에 대해 따져 묻게 된다. 마치 믿었던 친구에게 배신을 당하면 '도대체 우정이란 무엇인가?'라는 질문을 던지고, 사랑했던 이에게 상처를 받으면 '도대체 사랑이란 무엇인가?'라는 질문을 던지는 것처럼 말이다. 자연과학의 발달로 천동설이 틀렸음을 알게 되었고, 르네상스로 인간의 아름다움을 깨닫게 되었으며, 종교개혁으로 교황이 언제나 진리의 사도는 아니라는 것을 알게 되었다.

당연히 사람들은 회의적이 되었다. 그동안 한 번도 의심해보지 않았고 믿었던 지식과 진리가 틀렸음을 알았기 때문이다. 사람들은 '도대체 지식이란 무엇인가?'라는 질문을 던졌다. 이 질문이 바로 인식론에서 다루는 문제다.

두 주장

현대 심리학*의 탄생에 중요한 기여를 한 사람으로 데카르트Rene Descartes를 꼽기도 한다. 그가 인간의 몸과 마음에 대해 온갖 실험과 연구를 한 탓도 있지만, 무엇보다 인식론에 대한 기여 때문이다. 그는 인간의 감각★오감이 부정확하다면서, 감각을 통해 얻는 지식도 부정확할 수 있다고 생각했다. 수많은 착시현상★착각을 생각하면, 감각이 부정확해 현실을 제대로 반영하지 못한다는 데카르트의 주장에 고개가 끄덕여질 것이다. 데카르트는 자신이 알고 있는 모든 것을 의심하기 시작했다. 그 결과 자신의 지식 대부분은 감각을 통해 얻은 것이므로 진리가 아닐 수 있다고 결론내렸다. 그러나 의심할 여지가 없는 확실한 진리가 있었는데, 그것은 바로 '자신이 의심생각하고 있다.'라는 사실이었다. 그는 다음과 같이 결론을 내렸다.

나는 생각한다, 고로 존재한다Cogito ergo sum.

이 말은 자신의 지식을 더이상 믿을 수 없었지만, 자신이 의심하고 있다는 사실은 부인할 수 없었기 때문에 자신이 존재하는 근거를 의심과 생각에 두겠다는 의미다. 인식론에 있어서 데카르트는 추론능력과 합리적 판단, 이성이 중요하다고 보았고, 이와 더불어 감각을 통하지 않고서도 알 수 있는 본유 관념innate ideas이 존재한다고 주장했다. 합리론rationalism으로 불리는 이 입장은 철학에서는 칸트Immanuel Kant와 헤겔Georg Hegel로 계승, 발전되었다.

이와 반대의 주장인 경험론empiricism은 인간의 지식에 있어서 오감에 근거한 외부세계의 경험이 없다면 그 어떤 지식도 존재할 수 없다고 한다. 대표적으로는 영국의 정치가이자 철학자인 로크John Locke를 들 수 있다. 물론 그도 데카르트가 주장했던 인간의 사고 능력을 인정했지만, 본유 관념은 부인했다. 합리론자들은 '신의 존재'처럼 모든 문화권에서 보편적이고 본유적인 관념이 있음을 지적하지만 로크는 어린 시절 양육자와의 경험으로 추론된 관념일 뿐이라고 반박한다.

또한 어떤 관념들은 아주 이른 시기부터 나타나기 때문에 선천적 본유 관념으로 봐야 한다는 주장에 대해 경험론자들은 어린 아이들도 언어 사용 이전부터 경험의 혜택을 받는다고 응수했다. 결국 로크는 인간의 마음은 태어날 때 백지tabula rasa 상태라고 주장했다. 이는 밀랍판이라는 의미로 아리스토텔레스의 비유다.

그렇다면 감각 기관을 통해 얻는 단순한 경험들과 이로 인해 만들어지는 단순 관념들이 어떻게 인간의 복잡하고 고차적인 관념들을 구성할까? 이에 대해 로크는 연합★조건형성이라는 개념을 사용했다. 연합 개념은 이후 버클리George Berkeley와 흄David Hume에 의해 발전했고, 심리학에서는 행동주의★자들에게 이어졌다.

인식론에 있어서 합리론과 경험론의 첨예한 대립은 끝날 줄 몰랐다. 논쟁을 업으로 삼는 철학자들이야 끝나지 않는 대립을 즐길지 모르겠지만, 자연과학의 발달 이후로 사람들은 논쟁에 싫증을 내기 시작했다. 왜냐하면 과학자들이 실험실에서 증명이라는 새로운 방법으로 인류에게 새로운 진리를 알려주기 시작했기 때문이다. 인식론에 있어서도 과학의 방법을 이용해 직접 증명하려는 새로운 시도인 정신물리학★이 니타나게 되었다. 한때 정신물리학을 심리학의 시작으로 봐야 한다는 주장이 있었을 정도로, 정신물리학은 초기 심리학의 중요한 토대를 제공했다. 실제로 많은 심리학 개론서의 감각과 지각* 파트에는 정신물리학의 내용이 등장한다. 하지만 정신물리학의 페흐너가 자신의 정체성을 철학에 두었기 때문에 정신물리학은 현대 심리학의 시발점이 되지 못했다. 어쨌든 현대 심리학은 인식론의 문제를 과학적으로 접근하고 해결하기 위해 시작되었다고 할 수 있다.

인지 발달

발달심리학자 피아제가 말하는 정신의 발달
cognitive development / 발달심리학

인간 정신세계의 발달을 다루는 인지 발달은 발달심리학*에서 가장 중요한 부분이다. 이는 인식론*의 관점에서 생각해보면 당연하다. 인간의 인지가 어떻게 발달되는지에 대해 여러 이론이 있으나 대표적인 것은 피아제*의 이론이다. 그는 자신의 이론을 발달적 인식론genetic epistemology이라고 불렀다.

원리

피아제는 인지를 도식*이라고 명명했으며, 도식 발달의 원리로 평형화equilibrium를 꼽았다. 도식과 일치하는 정보는 그저 도식에 동화assimilation시키면 되지만, 일치하지 않는 정보를 받아들이기 위해서는 도식의 조절accommodation이 필요하다고 보았다. 이 원리는 아동뿐만 아니라 모든 사람에게 적용되는 원리다.

당신은 누군가에게 '혜인은 차가운 사람'이라는 이야기를 들었다. 그 정보는 혜인에 대한 도식으로 자리를 잡게 된다. 그런데 어느 날 길거리에서 약간 굳은 표정으로 걸어가는 혜인을 보았다면 '역시 혜인은 차가워!'라고 생각할 것이다. 도식과 경험이 일치하기 때문에 별문제없이 경험을 도식에 동화시키면 된다.

하지만 어느 날 캠퍼스 안에서 매우 상냥하고 친절한 태도로 누군가와 이야기하는 혜인을 보았다면 도식과 경험 사이에 불일치와 불균형이 발생해 혼란스러움을 느낄 것이다. 이내 도식의 평형과 균형을 회복하기 위해 당신은 기존의 도식을 조절해 '혜인은 겉으로는 차갑게 보이지만 사실 마음은 따뜻한 사람'이라고 생각할 것이다.

피아제는 평형화의 두 과정인 동화와 조절을 통해 도식이 계속 발달해가는데, 기존의 도식을 아무리 조절해도 새로운 지식을 받아들일 수가 없게 되면 새로운 단계로 발달한다고 주장한다. 인지 발달의 틀이 바뀐다는 것이다. 그래서 그의 이론은 비연속적discontinuous 발달이론으로 분류된다.

인지 발달의 네 단계

피아제는 네 단계의 인지 발달을 주장했다. 그는 조작operation을 중심으로 단계를 구분한다. 인지의 핵심 기능이 사고와 환경의 조작이라고 생각했기 때문이다.

첫 번째 단계는 감각운동기sensorimotor period, 대략 0~2세다. 이는 유아가 감각과 운동을 통해 도식을 만들어가는 시기로 조작이라는 개념을 적용할 수 없는 때다. 이 시기의 아이는 눈앞에 있는 물건이 사라져도 어디엔가 여전히 존재한다는 대상 영속성*을 획득하는데, 이는 대상에 대한 도식이 만들어졌다는 증거다.

도식이 어느 정도 형성되면 두 번째 단계인 전조작기preoperational period, 대략 2~7세에 들어선다. '전조작'이란 아동이 도식을 만들기는 했지만 아직 조작할 수 없다는 의미다. 소꿉장난 같은 역할 놀이role play를 할 수 있고, 언어를 사용할 수 있을 정도로 세상에 대한 도식이 발달했다. 이 시기의 소꿉장난은 자신이 목격한 부모의 태도와 행동, 언어*를 그대로 따라하는 수준이다. 또한 자신의 느낌과 생각만이 옳다고 생각하는 자기중심성*을 보인다. 당연히 논리적인 사고는 불가능하다.

세 번째 단계는 구체적 조작기concrete operational perio, 7~11세다. 피아제는 이 단계가 보통 7세부터 시작된다고 생각했는데, 전 세계적으로 공교육이 7세를 전후로 시작된다는 사실은 이와 무관하지 않다. 이 시기에는 논리적인 사고가 가능해 체계적인 지식을 학습할 수 있다. 자신의 입장과 타인의 입장을 구분할 수 있다. 하지만 조작의 대상이 눈에 보이고 만질 수 있는 구체물에 국한된다.

마지막으로 네 번째 단계는 형식적 조작기formal operational period, 대략 11세 이후다. 이때부터 추상적인 사고가 가능하다. 추상적인 개념인 음수陰數를 초등학교 시절에 배우지 않고 중학교 시절에 배우는 이유도 이 때문이다. 가설을 세울 수 있고, 일어나지 않은 일의 가능성에 대해서도 생각할 수 있는 시기다.

다른 의견들

피아제의 이론을 비판하는 학자들은 생후 몇 개월밖에 안 된 아이들도 덧셈과 뺄셈에 대한 원시적인 이해가 가능하다는 증거를 제시하면서 아동들의 인지 발달이 연속적continuous이라고 주장한다. 피아제의 이론에서 덧셈과 뺄셈은 구체적 조작기7세 이후에나 가능한 것이다. 하지만 피아제가 주장한 나이보다 더 이른 시기에 논리적인 사고를 발휘해 수학문제를 풀어내는 아동들을 우리 주위에서 쉽게 찾아볼 수 있다.

이처럼 아동들의 인지를 너무 과소평가했다는 비판은 피아제의 연구방법의 문제로 연결된다. 피아제가 아동들의 언어에만 의존해 연구를 진행했고, 무엇보다 자신의 세 자녀를 중점적으로 관찰하고 연구했기 때문에 생긴 오류라는 것이다.

이 외에도 피아제에 대한 비판은 한때 봇물 터지듯 쏟아져 나왔다. 마치 상담★상담심리학 이론에서 수많은 학자들이 정신분석★을 비판하거나 수정하면서 자신의 위치를 확고히 하려고 했던 현상과 비슷했다. 하지만 이처럼 많은 비판을 받는다는 것은 여전히 그 이론이 영향력을 미치고 있다는 방증이다. 비록 피아제가 제안한 각 단계의 연령이나 그가 사용했던 여러 연구방법이 문제가 되고 있으나, 그가 제시한 네 단계는 여전히 많은 심리학자들과 교육학자들이 현장에서 적용하는 중요한 이론이다.

인지 발달에서 아동의 능동적 역할을 강조한 피아제의 이론은 아동 고유의 사고 양식을 주장한 루소Jean Rousseau, 아동들은 스스로 학습한다고 주장한 이탈리아 최초의 여의사이자 교육학자인 몬테소리 Maria Montessori와 유사하다. 그리고 아동보다는 주변인들의 도움을 통해 근접 발달 영역*에 도달할 수 있다고 주장한 러시아의 발달심리학자 비고츠키의 이론과 상반된다.

인지 부조화 이론

나는 일관성 있는 사람이므로 부조화와 불일치가 싫다!
cognitive dissonance theory / 사회심리학

사람들은 태도와 행동의 일관성을 추구하며, 일관성이 깨지면 불편함을 느껴서 다시 일관성을 회복하려고 노력한다.

인지 부조화 이론의 전제다. '정말 그럴까' 하는 의구심이 든다면 다음의 상황을 상상해보자. 사랑하지 않는 사람과 결혼하기, 가장 미워하는 친구와 즐겁게 수다 떨기, 싫어하는 음식 먹기, 지루한 게임을 하면서 황금연휴를 보내기 등. 어떤가? 생각만 해도 손이 오그

라들 정도 아닌가! 태도와 행동 사이의 불일치와 부조화, 비일관성이 특징인 이런 일들은 사람들을 불편하게 한다. 이처럼 태도와 행동이 일치하지 않을 때 사람들은 불편함을 느끼고, 이를 해소하기 위해 태도와 행동 중 하나를 바꾼다. 이것이 바로 인지 부조화 이론이다.

그렇다면 태도와 행동 중 무엇을 바꿀까? 보통은 태도를 바꾼다. 왜냐하면 행동은 이미 엎질러진 물처럼 되돌릴 수 없는 경우가 많으나 태도는 눈에 보이지 않아 바꾸는 것이 수월하기 때문이다. 행동에 맞는 태도를 취하는 이 과정은 일종의 합리화★방어 기제로 볼 수 있다. 물론 어떤 경우는 태도에 맞게 행동을 바꾸거나 부조화를 견디면서 살아가지만, 대부분의 경우는 태도를 바꾼다. 인지 부조화 이론은 사회심리학자 페스팅거Leon Festinger와 칼스미스James Carlsmith가 1956년에 미국 스탠포드대학에서 대학생을 대상으로 한 실험에서 입증되었다.

연구자들은 참가자들에게 매우 지루하고 따분한 과제를 수행하게 한 후 대기실에 있는 다른 참가자들에게 실험이 매우 재미있고 흥미로웠다는 이야기를 해달라고 했다. 일종의 거짓말을 부탁한 셈이다. 그리고 수고비 명목으로 어떤 이들에게는 1달러, 어떤 이들에게는 20달러를 주었다. 그 후에 참가자들에게 실험에 대한 몇 가지 질문을 던졌다. 과제가 얼마나 재미있었는지, 실험이 얼마나 유익했는지, 실험이 학문적으로 중요했는지, 다음 기회에 다시 참가할 의향이 있는지 물었다.

아주 지루한 과제를 수행했고 거짓말까지 한 상황에서 참가자들의 답변은 어땠을까? 어떤 사람들이 과제와 실험을 더욱 긍정적으로 평가했을까? 많은 이들은 당연히 보상을 많이 받았던 사람들이 더욱 긍정적이었을 것이라고 예측한다. 하지만 결과는 정반대다. 오히려 적은 보상을 받은 사람들이 그랬다.

짜증나는 실험태도에 참가행동한 학생들은 마음이 불편했다. 부조화가 발생했기 때문이다. 그런데 많은 보수20달러를 받은 사람들은 자신의 행동에 대한 그럴 듯한 이유를 찾을 수 있었기에 애써 태도를 바꿀 필요가 없었다. 반면 적은 보수1달러를 받은 사람들은 불편감을 해소하지 못했고 결국 태도를 바꾸었다.

이 같은 현상은 우리의 삶 곳곳에서 찾아볼 수 있다. 군대에 다녀온 사람들은 대체로 애국자가 되는 경향이 있는데, 군대에서 고생을 많이 한 사람들일수록 그렇다. 입회 절차가 까다로운 모임일수록 회원들의 결속력이 높다. 별로 좋아하지 않는 사람과 계속 만나다보면 그 사람을 좋아하게 되기도 하고, 적은 급료 때문에 불만인 사람도 회사에 계속 다녀야 하는 상황이라면 자신의 일과 직장에 대해 자부심을 갖게 된다. 결혼도 마찬가지다. 지금이야 배우자가 싫어지면 이혼을 하기도 하지만 이혼이 쉽지 않았던 시대에는 배우자에 대한 태도를 바꾸는 경우가 많았다.

이러한 경향성은 국가나 부모에 대해서 나타나기도 한다. 사람들에게 국가나 부모에 대해 어떻게 생각하는지 물어보면, 대부분의 사람들은 "그래도 우리나라나 부모가 좋다"고 말한다. 하지만 만약 다시 태어나 국가와 부모를 선택할 수 있다면 어떻게 할 것이냐고 물으면, 상당수의 사람들은 다른 국가와 부모를 선택하고 싶어한다.

사람들은 자신의 행동과 처지, 그리고 상황에 맞게 태도를 고친다. 어떻게 보면 인간이 참 줏대 없고 임기응변으로 사는 것 같으나 한편으로는 이 방법이 상황에 적응하는 최선의 선택이 아닐까 하는 생각이 든다.

인지심리학

정보처리 관점에서 인간의 마음과 행동을 이해하려는 심리학
cognitive psychology / 분야

인지cognition란 무엇인가? 정보information의 습득과 저장, 변형과 사용과 관련한 모든 것을 지칭한다. 유기체 내부에서 일어나는 모든 내용과 과정, 즉 사고와 정서★동기와 정서, 기억★과 주의★, 판단과 추리, 언어★ 등을 의미한다. 인지심리학은 인간의 마음과 정신 과정에 직접 접근한다.

한때 행동주의★자들은 마음이 눈에 보이지 않기 때문에 객관적이고 경험적, 즉 과학★심리학적으로 연구할 수 없다고 주장했다. 이 영향으로 심리학자들은 한동안 인간의 마음이 없는 것처럼 연구를 진행했다. 하지만 인간의 마음이 존재한다는 사실이 수반성★근접성 vs. 수반성

으로 증명되면서 심리학자들은 다시 마음에 관심을 갖게 되었다.

분명 초기 심리학자들의 마음에 대한 연구는 비과학적이었다. 주로 사용했던 방법이 내성법★정신물리학이었기 때문이다. 실험에 참가하는 사람들의 정직성만을 믿어야 했다. 그리고 정직성과 무관한 감각 기관의 순응이나 피로로 인한 오류와 편향을 피하기 어려웠다. 따라서 현대의 인지심리학자들은 이러한 방법을 사용하지 않는다. 다음에서 제시하는 것과 같이 객관성과 정확성을 확립할 수 있는 여러 방법을 사용한다.

인지심리학자들은 우선 인간의 마음과 직접 연관되는 뇌★를 관찰하고 연구한다. 이는 생물학의 발달로 가능하게 되었다. 이런 면에서 인지심리학과 생리심리학★은 매우 밀접하게 연관이 되어 있다. 또 다른 방법은 화면에 어떠한 자극을 보여주고, 그 자극에 대한 반응 시간RT Reaction Time을 측정하는 것이다.

예를 들어 화면에 나오는 것이 그림이면 왼쪽 키를, 글자면 오른쪽 키를 누르라는 식이다. 이때 참가자는 지시에 따라서 키보드를 열심히 누르느라 그림이나 글자의 내용에 대해서는 잘 인식하지 못한다. 그렇지만 미리세컨드msec=1/1000초 단위로 측정되는 반응 시간을 통해 다양한 내용의 그림과 글자에 대한 참가자의 마음을 알 수 있다. 이 방법은 내성법과 달리 내담자가 거짓보고를 할 수도 없으며, 더 나아가 감각 기관의 순응과 피로로 인한 오류도 없기 때문에 과학성을 보장할 수 있다.

인지심리학이 정착할 수 있었던 중요한 계기는 컴퓨터의 발달 때문이다. 인류는 새로운 기계가 발명될 때마다 그것을 인간의 마음이나 뇌에 대한 비유로 삼았다. 시계가 발명되었을 때는 인간의 뇌를 시계와 비슷한 것으로 생각했고, 증기 기관이 발명되었을 때에도 그랬다. 또한 계산기가 등장했을 때에도 그랬다.

특히 1960년대에 컴퓨터가 급격히 발전하게 되면서 사람들은 인간의 뇌와 마음을 컴퓨터에 비유했다. 컴퓨터가 입력과 저장, 출력이라는 세 단계로 정보를 처리하듯이 인간도 그렇다는 것이다. 분명당신도 지금 이 글을 읽고 있으며, 필요한 부분은 머릿속에 넣어 두었다가 누군가를 만났을 때 이야기할 수도 있을 것이다. 마치 컴퓨터가 정보를 다루듯이 말이다.

게다가 최근에는 온갖 성능 좋은 기기들이 인간의 마음을 대신하고 있으니, 어쩌면 인간의 마음과 컴퓨터가 더이상 구분되지 않을날도 오지 않을까?

인간의 정신에 대해 관심을 갖는 인지심리학은 자연스럽게 여러분야들철학, 인류학, 언어학, 신경과학, 인공지능과 연관을 맺고 발전하고 있는데 이러한 분야를 통칭해 인지 과학cognitive science이라고 한다. 인지심리학은 인간의 마음과 정보처리에 관심을 갖기 때문에 현실생활에 적용할 수 있는 방법이 매우 많다. 그 일례로 애플의 아이폰이 전 세계인의 마음을 사로잡을 수 있었던 이유 중 하나는 디자인과 인터페이스 개발시 디자이너뿐만 아니라 인류학자와 심리학자, 공학자 등이 함께 참여했기 때문이다. 인지심리학이 인간의 마음을 정보처리관점에서 바라보는 것임을 생각한다면 이는 당연한 결과다.

인지 치료

생각을 바꾸면 세상이 달라진다
cognitive therapy / 상담과 심리치료

　행동주의*의 독단이 무너지고 비로소 인지심리학*이 시작된 1960년을 전후로 상담*ⁿ상담심리학 분야에서도 인지를 강조한 새로운 심리치료 이론이 등장했다. 인지 치료로도 불리는 이 접근 방식은 벡*의 인지 행동 치료CBT ; Cognitive Behavioral Therapy와 엘리스*의 합리적 정서 행동 치료REBT ; Rational Emotive Behavioral Therapy가 대표적이라 할 수 있다.

　인지 치료는 심리적 문제의 원인을 정신분석*처럼 무의식*에서 찾지 않고, 행동주의처럼 강화와 처벌*에서 찾지도 않으며, 일반인들처럼 상황에서 찾지도 않는다. 이런 것들보다는 상황을 받아들이는 사람들의 생각에서 찾는다. 물론 문제의 원인이 실제 현실상황에 있기도 하지만 그에 대한 해석을 더 중요하게 본 것이다. 따라서 생각과 해석의 틀을 바꿔서 심리적 문제에서 벗어나게 하는 목표를 가진다. 이러한 인지 치료의 과정을 엘리스는 A-B-C 과정으로 표현했다.

Activating event → Belief → Consequence

동민과 현숙은 최근 직장에서 해고를 당했다. 동민은 이제 모든 것이 끝났다는 절망감에 휩싸여 새로운 직장을 구해보려는 시도조차 하지 않고 자포자기 상태에 빠져 있었다. 하지만 현숙은 실직을 당한 직후 좌절과 낙담을 딛고 이내 새로운 직장을 찾아보기 시작했으며, 새로운 기술을 익히기 위해 학원에 등록했다.

동일한 사건을 경험한 두 사람의 대처가 다른 이유는 무엇일까? 바로 생각 때문이다. 실직은 선행 사건ᴀ이고, 좌절과 낙담은 결과c이다. 사람들은 자신의 힘든 감정c을 외부의 사건이나 상황ᴀ 탓으로 돌리지만, 인지 치료는 사건에 대한 해석이나 신념, 생각ʙ이 둘 사이를 매개하고 있다고 본다. 두 사람의 대처가 달라진 이유도 바로 이 때문이다. 동민은 실직을 극복 불가능한 파국적인 사건으로 생각했기 때문에 절망의 늪에 빠졌지만, 현숙은 자신이 극복할 수 있는 사건으로 생각했기 때문에 이내 벗어날 수 있었다. 이처럼 인지적 접근에서는 사람의 감정과 행동이 생각인지에서 나오기 때문에 부정적인 감정상태c를 변화시키기 위해서는 생각ʙ을 변화시켜야 한다고 주장한다.

사실 이러한 인지 치료의 패러다임은 우리가 이미 알고 있는 것이다. 의상대사와 함께 당나라로 유학을 가기 위해 떠났던 신라의 원효대사가 한밤중에 시원하게 마셨던 물이 해골에 담긴 썩은 물이었음을 알게 되자 '정말 중요한 것은 사람의 마음'이라는 것을 깨닫고 유학을 가지 않았다는 이야기나, 필라멘트 전구를 발명하기까지 엄청나게 실패한 경험에 대해 "난 실패한 것이 아니다. 불이 들어오지 않았던 이유를 알아낸 것이다"라고 말했던 에디슨의 이야기는 너무나도 유명하다.

벡은 우울*한 사람들을 치료하면서 인지 치료를 발전시켰다. 본래 정신분석적 치료를 했던 벡은 우울증 환자를 치료하면서 프로이트*의 설명에 한계를 느꼈다. 프로이트는 우울증을 자신을 향한 공격성과 분노라고 보았지만 벡은 이들의 무의식에 있는 것이 무엇이든 더 시급하고 중요한 것은 이들의 생각이라고 판단했다.

실제로 우울한 사람은 비관적인 생각을 하는 경우가 많다. 비관적인 생각은 어떤 성공적인 경험도 부정적으로 평가한다. 벡은 자신과 세상, 미래에 대해 부정적인 생각이 우울증의 특징이라면서 이를 인지 삼제cognitive triad라고 했다.

자신을 힘들게 하는 역기능적이고 부정적인 생각을 바꾸는 방법으로 벡은 내담자가 스스로 깨닫게 하는 소크라테스식 질문법을, 엘리스는 적극적인 논박dispute을 주로 사용했다. 이러한 방법을 모르더라도 많은 사람들은 책을 읽거나 다른 사람과 이야기하면서 혹은 종교적인 메시지를 들으면서 자신의 생각을 바꾸기도 한다. 생각의 변화는 단순하게 보일 수 있지만, 그 효과는 엄청나다. 아주대학교 심리학과 이민규 교수는 이런 생각을 담아 『생각을 바꾸면 세상이 달라진다』는 책을 출간한 바 있다. 이 책의 제목이 바로 인지 치료의 핵심 명제다.

예전의 인지 치료자들은 언제나 인지의 변화를 통해 감정과 행동의 변화를 꾀했지만, 최근에는 감정*동기와 정서이나 행동의 변화를 통해 인지의 변화를 꾀하려는 시도도 있다. 자신을 우울하게 만드는 생각을 바꾸는 것이 쉽지 않다면, 운동이나 여타 즐거운 일을 하면서 몸을 움직이다 보면 우울증도 사라지게 될 것이고, 이를 기반으로 생각도 변화시킬 수 있다는 논리다.

　종종 사람들은 자신을 힘들게 하는 생각을 멈출 수 없다고 말한다. 부정적인 생각은 '하는' 것이 아니라 '드는' 것이라면서 말이다. 이렇게 생각을 바꾸는 것이 쉽지 않다면, 감정이나 행동을 바꾸는 것도 한 방법이 될 수 있다. 또한 인지 변화는 행동감정으로 이어지게 마련이고, 행동감정의 변화는 다시 인지 변화를 강화한다. 이처럼 인지 변화에서 행동과 감정의 중요성이 강조되면서, 현재의 인지치료는 감정과 행동을 포함한 종합적 접근이 되었다.

　벡의 치료는 본래 인지 치료CT ; Cognitive Therapy였다가 인지 행동 치료로 이름을 바꾸었고, 엘리스의 치료도 합리적 치료RT ; Rational Therapy에서 합리적 정서 치료RET ; Rational Emotive Therapy로, 다시 합리적 정서 행동 치료로 이름을 바꾸었다. 현재의 인지 치료는 행동 수정* 기법들을 상당수 포함하고 있다. 또한 1990년대 이후로는 인지 치료에 마음챙김* 명상을 접목시킨 새로운 이론이 등장하고 있다.

일반심리학

정상 성인의 기능을 연구하는 심리학
general psychology / 분야

    심리학의 여러 분야 중에서 전공자들에게도 생소한 분야가 바로 일반심리학이다. 다른 분야들은 학부에서 하나의 과목으로 배우는 경우가 많으나 일반심리학이라는 과목은 찾아보기 힘들다. 그런데 간혹 어떤 학교들은 심리학과 일반대학원에 일반심리가 하나의 전공으로 분류되어 있다.

    도대체 일반심리학이란 무엇인가? 일반심리학이란 정상 성인 normal adults의 정신기능혹은 마음과 행동을 연구하는 심리학이다. '정상' 이라는 말은 정신기능이 온전한 대부분의 사람들을 의미하며, 이는 이상abnormal과 반대되는 의미라고 봐도 무방하다. 또한 '성인'이라는 말은 여전히 발달중인 아동이나 청소년이 아니라, 이미 발달해 정신기능의 안정성이 확보되었음을 의미한다. 이런 면에서 일반심리학에 포함되지 않는 분야는 정신장애를 다루는 이상심리학*과 그 치료 방법인 상담심리학*, 그리고 정상 성인의 기능이 어떻게 발달하는지 다루는 발달심리학*이다.

    일반심리학에서는 구체적으로 어떤 내용을 다룰까? 정상 성인의 정신기능을 연구하는 심리학의 하위 분야라면 모두 일반심리학이라고 할 수 있다. 바로 생리심리학*, 감각과 지각*, 학습심리학*, 인지심리학*, 동기와 정서*다. 여기에 성격심리학*과 사회심리학*을 포함시킬지는 학자마다 다르다. 왜냐하면 성격심리학의 내용에는 연구와 실험이라는 전통을 따르지 않는 내용일례로 정신분석이 많이 포함되어 있기 때문이고, 사회심리학은 개인의 정신기능보다는 사회적인 맥락을 강조하기 때문이다.

어찌되었든 이처럼 일반심리학은 광범위하기 때문에 학부에서 한 과목으로 다루기가 힘들다. 그런데 외국의 경우 종종 general psychology라는 수업이 있는데, 그 내용을 보면 발달심리, 이상심리, 상담심리까지 모두 다루는 심리학 개론 수업일 뿐 심리학의 하위 분야로서의 일반심리학을 다루는 것이 아님을 알 수 있다.

임상심리학

실험심리학자들이 임상 현장으로 눈길을 돌리다
clinical psychology / 분야

본래 심리학*과 무관했던 상담이 심리학을 만나 상담심리학*이라는 분야로 거듭났다면, 임상심리학은 심리학자들이 시작한 분야다. 분트*의 제자이자 미국 펜실베이니아대학의 심리학자 위트머Lightner Witmer가 최초의 '심리 클리닉Psycholo gical Clinic'을 설립한 1896년을 임상심리학의 시작 연도로 잡는다.

실험심리학*을 전공한 위트머를 임상심리학의 창시자로 만들어놓은 것은 한 소년이었다. 만성적으로 철자를 틀리던 이 소년은 심리학 전공 대학생을 만나게 되었다. 이 대학생은 소년을 돕는 데 조언을 얻고자 평소 존경하던 위트머 교수를 찾아갔고, 제자의 이야기를 들은 위트머는 소년을 직접 만나기로 했다. 소년을 만난 위트머는 검사와 관찰을 통해 소년이 복시철자를 이중으로 보는 증상라는 사실을 발견했다.

이를 교정하는 안경을 맞추어주고 소년의 수준에 맞게 다시 교육을 시켰더니 소년의 증상은 눈에 띄게 호전되었다. 이 소문이 퍼지자 학습 문제가 있는 아이들이 위트머에게 의뢰되었으며, 위트머는 이 아이들을 본격적으로 돕기 위해서 심리클리닉을 설립했다.

임상clinical이라는 말은 실험 혹은 연구와 대비되는 표현으로, 현장에서 병상에 누운 환자를 대한다는 의미다. 쉽게 말해 응용이다. 의학에도 기초의학이 있고, 임상의학이 있다. 기초의학은 의학의 토대가 되는 해부학, 생리학, 생화학, 병리학, 약리학, 세균학 등을 가리키며, 임상의학은 환자의 치료를 목적으로 하는 내과, 외과, 소아과, 산부인과 등을 가리킨다. 위트머를 비롯한 초기의 심리학자들은 모두 기초심리학이라고 할 수 있는 실험심리학을 전공한 이들이었다. 본래 인간 정신세계의 구성과 본질에 대해 실험하고 연구하는 일을 주로 했지만, 위트머 이후로 지식과 연구 결과를 현장에서 응용하는 사람들이 나타나기 시작했다.

임상심리학이 정착되기까지는 많은 어려움이 있었다. 의학은 처음부터 현실적인 필요성 때문에 생겨난 분야라서 임상의학이 당연하게 받아들여졌다. 하지만 심리학은 본래 연구와 실험 중심이었기 때문에 임상심리학은 실험심리학자들의 거센 비판과 오해를 샀다.

실험심리학자들은 임상심리학자들이 제대로 된 연구도 하지 않은 채 돈벌이만 한다고 비난했다. 이에 대해 임상심리학자들 역시 나름의 입장을 항변했지만, 한편으로 실험심리학자들의 고민을 모르지 않았다. 그들 역시 이런 식으로 가다가는 과학이라는 심리학*의 정체성이 심각하게 위협받을 수 있다고 염려했다. 이러한 두 영역의 갈등은 결국 임상심리학자의 교육과 수련 과정을 정립하는 것으로 해결되었다. 이것이 바로 과학자-전문가 모형scientist-practitioner model 이다.

임상심리학자의 정체성을 잘 보여주는 이 모형은 1949년에 미국 콜로라도의 볼더Boulder에서 열린 미국심리학회APA에서 채택되었다. 이 모형은 임상심리학자가 되려면 과학자실험심리학자 못지않은 학문성과 함께, 현장에서 일할 수 있는 전문성까지 갖출 것을 요구하고 있다. 현재 우리나라를 비롯한 여러 나라의 심리학회는 이를 채택하고 있다.

사람들은 때로 임상심리와 임상병리를 혼동한다. 임상병리는 병원과 의학연구소에서 다양한 의학적 검사와 실험을 진행하는 의학의 한 전문 분야다. 임상병리사를 만나려면 가까운 내과에 가서 혈액검사를 신청하면 된다. 혈액의 채취와 검사를 실시하고 결과보고서를 의사에게 제출하는 사람이 바로 임상병리사다. 두 분야를 혼동하는 이유는 임상심리사들이 정신과에서 심리 검사*를 담당하는 경우가 많기 때문이다.

물론 임상심리학자의 중요한 역할 중 하나는 심리 검사다. 심리검사는 임상심리학 초기에 임상심리학자의 중요한 업무였다. 하지만 위트머의 경우에서도 알 수 있듯이 정확한 검사와 진단은 좋은 치료적인 접근으로 발전할 수 있다. 임상심리학자들은 언제라도 심리치료 분야로 활동을 넓혀갈 수 있었다.

그러던 중 2차 세계대전 이후 미국의 재향군인회VA ; Veterans Administration가 퇴역군인들을 대상으로 심리적인 서비스를 제공할 파트너로 임상심리학자를 선택했다. 비슷한 시기에 미국 연방공중위생국 U. S. Publiv Health Service은 임상심리학자의 훈련 과정을 지원하기 시작했다. 또한 1950년대 이후 정신분석* 외에 다양한 심리치료 이론들이 만들어졌다. 일련의 사건으로 임상심리학자들은 심리치료에 본격적으로 뛰어들게 되었다.

과학자-전문가 모델로 훈련을 받은 임상심리학자들은 크게 세 가지 영역에서 활동한다. 심리 평가검사와 심리치료상담, 그리고 연구다. 연구는 과학자로서의 정체성과 연관되고, 심리 평가와 치료는 전문가로서의 정체성과 연관된다. 물론 전문가로서 자문과 교육을 하기도 한다.

미국에서 임상심리학자의 위상과 역할은 정신과 의사와 비슷하지만 우리나라의 상황은 좀 다르다. 우리나라에 임상심리학이 들어온 것은 1950년대지만 반세기가 지난 지금도 임상심리전문가의 숫자는 턱없이 적으며, 활동 영역도 여전히 제한적이다. 특히 많은 임상심리학자들이 정신과에서 심리 검사를 주로 하고 있으므로 임상심리사를 임상병리사와 혼동하는 것은 충분히 이해할 만하다. 심지어 심리학과 학부생들도 검사를 하려면 임상심리를 전공하고, 치료를 하려면 상담심리를 전공하면 되는 것 아니냐고 질문하는 사람이 있을 정도다.

분명히 심리치료는 임상심리학자의 중요한 활동이다. 바로 이 점 때문에 임상심리학과 상담심리학은 종종 혼동되기도 하며, 현실적으로 중복되는 부분이 많다. 따라서 많은 심리학과 대학원에서 임상과 상담을 독립적인 전공으로 구분하지 않기도 한다. 두 분야의 자격증을 함께 가지고 있는 전문가들도 적지 않다. 한국심리학회 산하의 '임상 심리학회'와 '상담 심리학회'의 역사에서도 두 분야의 연관성이 잘 나타난다.

- 1964년, 한국심리학회 내 임상심리학회 창설 인준
- 1971년, 임상 및 상담심리전문가 자격규정 공포
- 1974년, 학회 명칭을 임상 및 상담심리학회로 변경
- 1987년, 임상심리학회와 상담심리학회로 분리

그렇다면 두 분야는 차이가 없는 것일까? 그렇지 않다. 두 분야의 차이점은 분명히 존재한다. 이 차이점은 자격증 취득을 위한 수련 과정에서 비롯된다고 볼 수 있다. 자격증 취득을 위해 필요한 심리평가검사와 심리치료상담 시간은 임상심리의 경우 비슷하지만 상담심

리의 경우에는 심리 평가보다는 심리치료를 더 많이 요구한다. 또한 임상심리 전공자들은 보통 병원이나 정신보건 관련 시설에서 수련을 받고, 상담심리 전공자들은 대학교 상담센터나 사설상담센터에서 수련을 받는 것이 일반적이다. 이것이 임상심리학자와 상담심리학자의 차이를 만든다.

자기

입장에 따라 너무나 다양하게 사용되는 자기
self / 상담과 심리치료

심리학에서 자기는 매우 흔한 표현이다. 보통 문장부호 하이픈과 함께 자신과 관련된 다양한 개념으로 등장한다. 예를 들자면 자아존 중감★, 자기실현self-actualization, 자기충족적 예언self-fulfilling prophecy★ 등 이다. 과학적 심리학★에서는 자기를 '스스로'라는 의미로 사용하면 서, 자신에 대해 인지하고 있는 자기 개념self-concept과 동일하게 사용 한다. 하지만 심층심리학★에서 자기는 주로 무의식★과 연관되어 있다.

심층심리학에서 자기라는 표현이 가장 많이 등장하는 이론은 대 상관계 이론★과 자기심리학★이다. 대상관계에서는 '자기'와 '대상'

의 관계를 언급하고, 자기심리학도 '자기'를 이론의 중심에 놓는다.

그렇다면 이들의 '자기'는 독창적인 것일까, 아니면 프로이트★에게 나온 것일까? 프로이트는 자기selbst, self라는 표현보다 자아ich, ego라는 표현을 주로 사용했다. 프로이트에게 자아는 초자아와 원초아와 함께 성격의 구성물인 동시에 개인적 경험을 의미하는 표현이었다.

하지만 프로이트의 정신분석★이 영어로 번역독일어 ich가 ego로 번역되면서, 자아는 개인의 경험과는 무관한 성격의 구조물로 자리를 잡게 되었다. 이렇게 되자 후기 정신분석가들은 관계적인 측면을 설명함에 있어서 '자아' 개념이 부적절하다고 느낀 나머지 '자기' 개념을 선호하게 되었다. 이들에게 자기란 무의식에서 타인과 관계를 맺게 하는 개인의 모든 경험을 의미한다.

이와 달리 융은 분석심리학★에서 판단 주체로 활동하는 의식의 구조물인 '자아'와 마음의 원동력이 되는 집단 무의식의 구조물인 '자기'를 명확히 구별했다. 융은 자기가 자아에게 끊임없이 자기실현을 요구한다고 주장했으며, 자아가 자기의 요청을 깨닫지 못할 때 온갖 심리적인 문제가 발생한다고 했다. 융에게 정신장애★이상심리학란 자아에게 자기실현을 요청하는 자기의 신호인 셈이다.

자기실현이라는 표현은 융 이외에도 인간주의★ 학자인 로저스★나 매슬로가 사용했지만, 이들에게 자기실현이란 인간이 타고난 자신의 잠재력을 온전히 발휘하는 것이며, 자기실현을 위해서는 자신과 주변 사람들의 노력과 지지가 필요하다고 말한다. 또한 자기실현 자체가 그렇게 고차원적이거나 어려운 것이 아니라, 자신의 판단과 결정을 신뢰한다면 이루어질 수 있다고 했다.

반면에 융에게 자기실현이란 자신의 마음 깊은 곳에 위치한 자기의 요청으로, 평생을 노력해도 이루기 힘든 과제다. 심지어 융은 자기를 표현할 때 '내 안의 신神'이라고 하면서 신비함과 무한한 가능성을 강조했다. 두 자기실현 사이에는 분명 공통점이 존재하지만 자기라는 개념을 다르게 잡고 있기 때문에 자기실현에 대한 해석이나 방법은 확연한 차이를 보인다.

이처럼 다양한 관점과 이론들의 집합체인 심리학에서는 자기의 개념이 다양하게 해석될 수 있다. 단지 표현이 같다고 의미까지 같은 것은 아니기 때문에 반드시 이론의 틀에서 맥락에 맞게 이해해야 한다.

자기심리학

부모의 공감 실패가 자기애성 성격을 만든다
self psychology / 상담과 심리치료

대상관계 이론*과 함께 후기 정신분석*의 대표 이론으로 꼽히는 자기심리학의 창시자는 바로 코헛Heinz Kohut이다. 그는 자기애성 성격 장애*를 가진 이들에게 정신분석을 실시하면서, 자기애성 성격에 대한 프로이트*의 설명에 의문을 품게 되었다. 프로이트는 자기애성 성격이란 심리적 에너지 리비도*심리성적 발달가 자신을 향해 있는 상태로, 스스로를 사랑하기 때문에 굳이 타인의 관심이나 사랑이 필요하지 않는 성격이라고 설명했다. 하지만 프로이트의 설명이 자기애성 성격을 가진 이들이 대인관계에서 보이는 우울*과 불만족감, 그리고 손상되기 쉬운 민감한 자존심을 제대로 설명하지 못한다고 생각했다.

코헛은 자기애성 성격이란 어린 시절 부모의 공감* 실패로 인해 생긴 마음의 공허감을 해소하기 위해 스스로를 사랑하는 것이라고 주장했다. 아무도 사랑해주지 않는다고 생각하기 때문에 스스로를 사랑할 수밖에 없다는 것이다.

그렇다면 부모는 아이의 무엇에 공감해줘야 했을까? 코헛은 내담자와의 관계에서 발생하는 두 전이*를 통해, 공감이 필요한 마음의 상태를 확인할 수 있었다. 하나는 거울 전이mirror transference이고, 다른 하나는 이상화 전이idealization transference다. 전이란 어린 시절 부모과거와의 경험을 상담*상담심리학 장면에서 치료자현재와 반복하는 것이다.

우선 어린 시절의 경험을 살펴보자. 인생 초기에 유아들은 부모의 보호와 돌봄 속에서 일종의 전능감을 경험한다. 부모는 아이가 연약하기 때문에 아이를 보호하지만 아직 인지 발달이 안 된 아이는 자신이 대단한 존재라고 느낀다. 그래서 자신을 과도하게 드러내려는 거대 자기grandiose self의 모습을 보인다. 이때 부모는 아이들의 거만하고 자신을 대단하게 여기는 이런 모습에 공감하고 거울처럼 반영해줘야 한다.

시간이 지나 인지가 발달*인지 발달하면 자신이 아니라 부모가 대단한 존재라고 느낀다. 자신은 못하는 일을 부모는 할 수 있으며, 자신이 모르는 것을 부모가 알기 때문에 자신의 부모가 세상에서 최고라고 느낀다. 자신의 부모가 대단하다면 자신도 대단한 존재가 되기 때문에 부모의 이상화는 한편으로 자신을 높이는 일이다. 이때 부모는 자신의 능력이나 수준과 무관하게, 자신을 이상화시키려는 아이의 마음을 공감해줄 필요가 있다.

거대 자기에 대한 공감은 '건강한 야망'으로, 이상화에 대한 공감은 '이상과 가치'로 아이에게 내재화되어 건강한 성격을 가지게 된다. 반면에 부모의 공감 실패는 아이가 결핍된 자기deficient self를 형성하게 하고, 이를 보완하기 위해 자기애성 성격을 발달시킨다. 고전적 정신분석이 자기애를 포기해야 할 유아기적 소망으로 보았다면, 코헛은 공감되고 이해되어야 하는 것으로 보았다.

코헛은 공감을 강조했다는 점에서 정신분석가들에게 많은 비판을 받았다. 정신분석과는 근본적으로 다른 인간중심 치료*의 로저스*가 공감을 강조하고 있었기 때문이다. 이때 코헛은 로저스가 공감을 변화와 성장의 필요충분조건으로 생각했다면 자신은 공감을 필요조건으로만 본다면서 로저스와의 차별성을 강조했다.

어린 시절 부모의 공감의 실패로 결핍된 자기를 가지고 있는 사람들은 성인 이후에 인간관계에서도 이러한 관계 패턴을 반복한다. 다시 말해 주변 사람들과의 관계에서 거울 전이와 이상화 전이를 경험한다. 마치 어린 시절 부모와의 관계에서 이루지 못했던 과제를 이루려고 하는 듯하다. 코헛은 이처럼 온전한 자기를 형성하기 위해

413

필요한 대상을 자기대상selfobject이라고 했다. 자기대상은 어린 아이에게는 부모양육자일 것이고, 성인이 된 이후에는 연인이나 가족, 혹은 친밀한 관계의 친구가 될 수도 있다.

대상관계 이론에서 언급하고 있는 자기self★와 대상object의 관계가 자기심리학에서는 자기와 자기대상과의 관계로 표현된다. 왜 코헛은 굳이 자기대상이라는 표현을 썼을까? 그는 자기의 성장과 발달이라는 관점에서 대상은 자기와 독립적이지 않고, 자기를 충족시켜주기 위한 대상이라고 보았기 때문이다.

코헛에게 자기대상은 관계를 맺는 사람 자체를 가리키는 것이 아니라, 그 사람이 자기의 형성과정에서 하는 역할과 기능을 의미하는 것이다. 코헛은 사람에게는 신체적 생존을 위해 산소가 필요하듯이 정서적 생존을 위해 자기대상이 필요하다고 주장했다. 그러면서 분리-개별화★반발심 같은 정서적 독립이란 하나의 신화에 불과하다고 주장했다.

자기중심성

자신의 생각, 감정, 지각, 관점이 유일한 진리인 듯!
egocentrism / 발달심리학

자기중심성이란 타인의 생각, 감정, 지각, 관점을 인정하지 않고 자신의 입장에서만 보는 경향성, 혹은 자신의 것만이 옳다고 주장하는 경향성이다. 피아제*의 인지 발달* 이론에서 자기중심성은 주로 물리적 관점, 즉 조망에 대한 것이었다.

그는 책상 위에 산 모형 세 개를 만들어놓고 아이들에게 건너편에서는 모형이 어떻게 보일지 물었다. 대략 6~7세 이전의 아이들은 건너편에서도 자신과 동일하게 볼 것이라고 대답했지만, 이후의 아이들은 제대로 된 대답을 했다. 이처럼 피아제가 연구한 자기중심성은 전조작기의 특징으로, 구체적 조작기부터는 나타나지 않는다.

하지만 초등학교 입학과 함께 우리는 정말 자기중심성을 벗어났을까? 물론 피아제의 실험에서처럼 시각 조망에서는 그럴 수도 있으나 다음과 같은 경우를 보면 의문이 들 수밖에 없다.

우선 형식적 조작기에 있는 청소년들은 자신의 사고에 절대성을 부여해 타인의 이야기를 무시한 채 극단적인 모험을 강행한다. 또한 자신이 주인공이고 다른 사람들을 관객으로 생각하는 상상적 관중 imaginary audience도 자기중심성의 한 예다.

청소년들이 지나치게 타인의 시선에 신경을 쓰는 것은 바로 이 때문이다. 자신을 주인공으로 보는 청소년들의 자기* 개념은 개인적 우화personal fable로도 설명이 가능하다. 자신은 다른 사람과 다른 특별한 사람이라고 생각해 자신의 경험과 감정은 누구도 이해할 수 없을 것이라고 생각한다.

이러한 극단적인 생각으로 표현되는 자기중심성은 시간이 지나 성인이 되면서 점차 약해지고 사라지는 듯 보이지만 중년기에도 나타난다. 중년기의 자기중심성은 어느 분야의 전문가로서 가지는 지나친 자신감으로 표현된다. 남의 도움을 거부하고 무모하게 사업을 시도했다가 실패하기도 한다. 노인들은 어떨까? 굳이 책을 찾아보지 않아도 노인들의 자기중심성을 쉽게 알 수 있다. 경륜을 근거로 다른 사람들에게 자신의 생각과 방법을 강요하는 노인들이 얼마나 많은가!

일상생활에서 자기중심성을 쉽게 볼 수 있는 장면은 다툼과 싸움이다. 부모와 자식, 부부, 친구 등 가까운 사이에서 발생하는 싸움이든지, 도로 위에서 차를 세워놓고 벌이는 운전자들끼리의 다툼이든지 모든 싸움과 다툼에는 자기중심성이 그대로 드러난다. 내가 맞고 너는 틀렸다는 각자의 주장은 이 세상이 자기를 중심으로 돌아가고 있다는 유아기적 사고와 다름없다.

자기충족적 예언

타인의 기대와 예언을 몸소 실천하다
self-fulfilling prophecy / 사회심리학

심리학 용어로 많이 알려진 자기충족적 예언을 개념화한 사람은 미국의 사회학자인 머튼Robert Merton이다. 그는 잘못된 예언이 어떤 행동을 유발시켜서 결국 그 예언이 현실화되는 것을 자기충족적 예언이라고 정의했다. 여기서 예언이란 예언자가 하는 예언이 아니라 타인의 기대와 예측이다.

머튼은 토마스 정리Thomas theorem에서 자기충족적 예언의 개념을 착안했다. 토마스 정리란 '사람들이 주어진 상황을 객관적으로 파악하기보다는 주관적으로 파악하고 있으며, 그들의 행동 역시 주관적 이해의 영향 아래 놓이게 된다'는 미국의 사회학자인 토마스William Thomas의 주장이다. 결국 자기충족적 예언이란 누군가에게 부정적인 기대를 받거나 잘못된 예언을 듣게 되었을 때 그 영향을 받아 결국에는 그 기대와 예언을 스스로 성취하는 현상이다.

자기충족적 예언은 우리에게 낯선 개념이 전혀 아니다. 많이 알려진 그리스 신화의 오이디푸스 이야기★심리성적 발달는 무시무시하고 끔찍한 예언을 막으려다가 오히려 그 예언을 성취시킨 경우다. 이 때문에 과학철학자 포퍼는 자기충족적 예언을 오이디푸스 효과oedipus effect라고 불렀다.

자기충족적 예언과 유사한 것으로 피그말리온 효과Pygmalion effect를 들 수 있다. 그리스 신화의 피그말리온 왕은 뛰어난 조각 솜씨를 발휘해 상아로 실물 크기의 아름다운 여인을 만든 후 아프로디테에게 조각상을 아내로 삼게 해달라고 빌었고, 아프로디테가 그 소원을 들어주어서 마침내 결혼까지 하게 되었다.

교육학에서는 피그말리온 효과를 종종 로젠탈 효과Rosenthal effect라고도 하는데, 이는 미국 하버드대학의 심리학자 로젠탈Robert Rosen thal이 초등학교 교장이었던 제이콥슨Lenore Jacobson과 함께 피그말리온 효과가 실제 교육현장에서 어떻게 적용될 수 있는지 연구했기 때문이다.

연구자들은 학년 초 담임교사에게 학생들의 명단을 주면서 지능* 검사 결과 잠재력이 뛰어난 아이들이라고 말했다. 그리고 이 사실을 학생들이나 학부모에게는 알리지 말고, 그냥 아이들을 지도할 때 참고만 하라고 했다. 명단은 사실 무작위로 뽑은 것이었지만, 교사는 이 아이들이 지적 능력이나 학업에서 좋은 성과를 보일 것이라고 믿게 되었다.

이러한 기대와 믿음의 효과가 정말 있었을까? 결과는 놀라웠다. 8개월 후 이 아이들의 지능을 검사해보니 처음과 비교해 무려 24점이나 올랐으며, 대인관계도 다른 아이들에 비해 뚜렷한 향상을 보였다.

자기충족적 예언의 또 다른 경우가 호손 효과Hawthorn effect와 위약 효과placebo effect다. 호손 효과는 연구에 참가하기로 한 사람들이 누군가에게 관찰당하고 있다는 사실만으로도 행동의 변화가 일어나는 것이며, 위약 효과는 처치에 대한 기대 때문에 실제 변화가 일어나는 것이다.

어떤 이들은 자기충족적 예언과 피그말리온 효과를 구분해야 한다고 주장한다. 그 이유는 자기충족적 예언이란 오이디푸스 신화처럼 '잘못된 기대와 예언을 받고 있는 사람'의 행동 변화가 중심이지만, 피그말리온 효과는 이와 반대로 '기대를 하고 있는 사람'이 중심이기 때문이다. 둘을 구분해야 하는지 하지 않아야 하는지 논쟁을 벌이기보다는 이 개념들이 우리에게 던지는 시사점을 잘 이해하는 것이 더 중요할 듯싶다.

자아심리학

고전적 정신분석과 후기 정신분석 사이에서

ego psychology / 역사

프로이트*의 주된 관심이 지형학적 모형에서는 무의식*, 구조 모형에서는 원초아였다. 하지만 프로이트의 관심은 이내 원초아에서 자아로 옮겨지는데, 과거의 외상 경험을 자아가 어떻게 다루는지에 따라 신경증*_{신경증과 정신증}이 나타날 수도, 그렇지 않을 수도 있음을 알게 되었기 때문이다.

1920년대 후반부터 생겨난 관심의 변화와 함께 그를 찾아온 것은 구개암이었다. 이 때문에 그는 정신분석*을 한 단계 도약시킬 수 있는 기회를 주도적으로 끌고 나가지 못했다. 대신 그의 딸 안나 프로이트_{Anna Freud}와 그가 총애하던 하트만_{Heinz Hartmann}이 그 역할을 맡았다.

안나는 1936년에『자아와 방어 기제_{The Ego and the Mechanism of Defense}』를, 하트만은 1939년에『자아심리학과 적응의 문제_{The Ego Psychology and the Problem of its Adaptation}』를 출간했다. 이처럼 구조 모형에서 자아를 중심으로 하는 정신분석을 자아심리학이라고 한다. 하트만의 주장이 안나보다 더 자아 중심적이었기 때문에 그는 자아심리학의 창시자로 인정받는다.

하트만은 프로이트에게 무료로 정신분석을 받을 정도로 촉망받는 정신분석가였다. 그가 안나와 함께 프로이트의 관심 변화를 읽으면서 정신분석의 새로운 도약을 주도한 것은 당연하게 여겨졌다. 하트만은 자아의 적응적 측면을 강조했는데, 특히 자아가 원초아의 힘과 갈등에서 독립적으로 성장한다고 주장했다. 이는 프로이트의 초기 견해와는 완전히 다른 것이다. 프로이트는 사람은 태어날 때 원초아만을 가지고 태어나며, 항문기*심리성적 발달에 이르러서야 원초아에서 자아가 분화한다고 보았다.

하지만 하트만은 프로이트와 달리 사람은 태어날 때 원초아와 자아를 함께 가지고 있는데, 항문기에 이르러서야 서로 분리되고 독립한다고 보았다. 자아심리학에서는 자아가 태어날 때부터 존재하기 때문에 예측이 가능한 일상적인 환경에서 자발적으로 성장한다고 보고 있다.

하트만은 이 외에도 자아의 여러 기능을 언급했는데, 그 중에 대표적인 것이 바로 신경증과 정신증을 구분하는 주요한 기준인 현실 검증력이다. 이 외에도 자아는 충동조절, 사고 과정, 판단, 합성-통합 기능, 극복-숙달 능력 등의 기능도 가지고 있다.

자아심리학은 때로 후기 정신분석으로 분류되기도 한다. 하지만 프로이트의 생각을 반영하고 있기 때문에 고전적 정신분석으로 보기도 한다. 또한 일부 심리학 서적에서는 심리사회적 발달*을 주장한 에릭슨을 자아심리학자로 분류하고 있다. 이는 에릭슨이 자아를 강조한 것은 맞지만 하나의 학파로서 자아심리학으로 분류되기는 어렵다.

자아존중감

모든 것이기도 하지만, 실체가 없는 것

self-esteem / 상담과 심리치료

자존감이라는 준말로 더 많이 알려진 자아존중감이란 스스로를 얼마나 가치 있고 중요하며 유능한 존재로 믿고 있는지에 대한 주관적 자기평가라고 할 수 있다. 즉 자아존중감이 높다는 것은 자신을 꽤 괜찮게 평가하고 있다는 뜻이고, 자아존중감이 낮다는 것은 자신을 별 볼일 없는 사람으로 생각한다는 뜻이다.

자아존중감이라는 말을 처음으로 사용한 사람은 기능주의★구조주의 vs. 기능주의의 창시자 윌리엄 제임스였다. 그는 1890년 출간한 자신의 책『심리학의 원리The Principle of Psychology』에서 처음으로 이 단어를 언급했다. 제임스가 생각한 자아존중감이란 자기만족의 다른 표현이었다. 그는 구체적으로 자신의 포부(가능성)에 비해 현실적으로 얼마나 성공했는지에 따라 결정된다고 했다. 포부에 비해 성공을 못했다면 자아존중감이 낮고, 포부에 비해 큰 성공을 했다면 높다는 식이다.

그러나 심리학자들이 자아존중감을 본격적으로 연구하기 시작한 때는 척도가 개발되기 시작한 1960년대였다. 자아존중감 척도에도 여러 종류가 있지만 대표적으로는 미국의 사회학자 로젠버그Morris Rosenberg가 만든 것을 많이 사용한다. 로젠버그의 척도로 자신의 자아존중감을 측정해보고 싶다면, 다음 10문항에 대해 어느 정도로 동의하는지 네 개의 보기에서 하나씩 선택해보라.

전혀 그렇지 않다 / 그렇지 않다 / 그렇다 / 아주 그렇다

1. 다른 사람과 비교해 보았을 때 나는 가치 있는 사람이라는 느낌이
   든다.
2. 나는 내가 많은 장점을 가지고 있다고 느낀다.
3. 대체로 나는 실패자라고 생각하는 경향이 있다.
4. 나는 대부분의 사람들만큼 일을 잘할 수 있다.
5. 나는 자랑할 만한 점이 별로 없는 것 같다.
6. 나는 내 자신에 대해 긍정적인 태도를 가지고 있다.
7. 대체적으로 나는 내 자신에 대해 만족하고 있다.
8. 내가 내 자신을 좀 더 존중할 수 있었으면 좋겠다.
9. 나는 때때로 내가 정말 쓸모없다고 느낀다.
10. 나는 때때로 내가 전혀 좋은 사람이 아니라고 생각한다.

채점 방법은 문항에 따라 다르다. 1, 2, 4, 6, 7번의 경우 '전혀 그
렇지 않다'는 0점, '그렇지 않다'는 1점, '그렇다'는 2점, '아주 그렇
다'는 3점으로 채점하고, 3, 5, 8, 9, 10번의 경우 이와 반대로 채점을
한다. 즉 '전혀 그렇지 않다'는 3점, '그렇지 않다'는 2점, '그렇다'는
1점, '아주 그렇다'는 0점이다. 채점을 하면 0점부터 30점 사이의 점
수가 나오는데, 로젠버그는 15점 이하인 경우를 낮은 자아존중감이
라고 정했다.

이렇게 자아존중감을 수량화할 수 있게 되자 연구가 쏟아져 나왔

다. 우울*과 불안*, 행복, 중독, 외로움, 자살, 대인관계 능력, 문제해
결 능력, 지능* 등 인간 심리의 거의 모든 것을 자아존중감과 연관
시켰다. 그 결과 자아존중감은 이 모두를 잘 설명해주는 것으로 나
타났다. 자아존중감이 높으면 모든 것이 좋고, 낮으면 모든 것이 나
쁘다고 할 수 있을 정도로 자아존중감은 마음의 모든 것처럼 인식되
기 시작했다. 자아존중감만 높일 수 있다면 모든 문제가 해결될 수
있다는 생각이 들 정도였다.

   그러나 시간이 지날수록 자아존중감에 대해 의구심을 가진 심리
학자들이 생겨났다. 두 가지 이유 때문인데, 첫 번째는 개념의 모호
성 때문이다. 자아존중감이 높다는 것은 스스로를 긍정적으로 평
가한다는 것인데, 자신의 어떤 면을 구체적으로 어떻게 평가한다
는 것인지가 불분명했다. 이후로 이를 대체할 수 있는, 보다 분명하
고 구체적인 의미를 가진 여러 개념이 나오기 시작했다. 자기효능감
self-efficacy(주어진 과제를 성공적으로 해결할 수 있다는 스스로에 대한 기
대), 자신감self-confidence(자신의 판단과 능력에 대한 믿음), 자기수용self-
acceptance(있는 모습 그대로 자신을 받아들이는 마음) 등이다.

   심리학자들이 의구심을 가진 두 번째 이유는 자아존중감이 모든
것의 원인이 아니라, 모든 것의 결과일 수도 있다는 생각 때문이다.
즉 자아존중감이 높아야 행복한 것이 아니라 행복한 사람이 자아존
중감이 높다는 것이다. 이 말은 자신을 좋게 평가해야 삶이 즐거운
것이 아니라, 삶이 즐거우면 자신을 좋게 평가한다는 뜻이다. 또 어
떤 이들은 자아존중감은 건강한 마음의 원인이나 결과도 아닌, 같은

것을 다르게 표현한 것일 뿐이라고 주장한다. 그런 면에서 자아존중감은 실체가 없는 것처럼 보이기도 한다.

이런 두 가지 이유 때문에 심리학계에서 자아존중감이라는 주제는 소위 '한물갔다'는 취급을 받는다. 하지만 우리나라에서는 2010년대 중반부터 자존감 열풍이 불기 시작했는데, 이는 자아존중감이 얼마나 과학적 근거가 있느냐의 관점에서 보기보다는 그만큼 많은 사람들이 자기 스스로에 대한 가혹한 평가로 힘들어하고 있다는 방증으로 봐야 할 것이다.

저항

내담자가 상담에 협조하지 않는 현상
resistance / 상담과 심리치료

상담*상담심리학을 받으러온 내담자가 상담에 협조하지 않는 현상을 저항이라고 한다. 상담 과정에서 중요하게 다루는 저항이라는 개념은 본래 정신분석*에서 나왔다. 프로이트*는 정신분석을 통해 억압된 감정과 기억, 경험이 가득한 무의식*을 의식화시키는 과정에서 내담자들이 주저하거나 상담자에게 협조하지 않는 현상을 목격했다. 의식에서 받아들일 수 없어 무의식으로 억압*방어 기제했는데, 이를 다시 의식으로 꺼내려 할 때 저항이 생기는 것은 당연했다.

저항은 다양하게 나타날 수 있다. 내담자가 오랫동안 침묵할 수도 있고, 반대로 상담자가 말을 하지 못하도록 끊임없이 이야기를 쏟아놓을 수도 있다. 맥락에 맞지 않게 자꾸 웃거나 울기도 한다. 상담시간에 반복적으로 지각을 하거나, 갑작스럽게 마음이 편안해졌다면서 상담을 끝내려고 한다.

사소한 부분에서 상담자와 대립각을 세우기도 하지만 상담자에게 지나치게 협조함으로써 저항할 수도 있다. 예를 들어 자신의 인생을 지나치게 간섭하고 통제했던 어머니에게서 심리적으로 독립하지 못했던 내담자가 어머니에게 느꼈던 적개심을 직면하지 않기 위해 상담자에게 과도하게 순종할 수도 있다. 이럴 경우 오히려 상담자에게 저항하는 것이 필요하다. 이것이 어머니에게서 자신을 분리하는 시작과 계기가 될 수 있기 때문이다.

상담을 받으러 온 내담자가 상담의 목표에 반하는 행동을 한다는 점에서 저항은 상담의 효과와 매우 밀접한 연관이 있다. 저항을 해결하지 않으면 상담자는 내담자를 깊이 있게 만날 수 없다. 상담자는 저항을 내담자에게 직면시키고 그 의미를 파악하도록 해야 한다.

저항은 내담자가 가지고 있는 핵심적인 문제에 접근할수록 강하게 일어난다. 피상적이고 일상적인 주제에 대해서만 이야기를 나눈다면 저항은 일어나지 않는다. 아픔이 클수록 저항도 커진다. 이는 일종의 자기보호 반응이다. 따라서 저항이 발생한다는 것은 치료 과정이 제대로 진행되고 있다는 증거가 될 수도 있다. 하지만 한편으로 저항이 너무 커버리면 내담자는 상담 장면을 떠날 수도 있다. 이처럼 저항은 양날의 칼과 같다.

상처나 통증, 온갖 질병을 치료하기 위해 병원에 갔을 때, 의사들은 정확한 치료를 위해 아픈 부위를 자극해본다. 환자가 고통을 호소하면 의사는 아픈 부위를 제대로 찾아낸 것이다. 그 다음 그곳에 약을 바르거나 제거하는 수술을 한다. 또한 아픈 부위를 더욱 고통스럽게 하는 물리치료를 시키기도 한다. 이처럼 고통을 치료하려면 더 고통스러워지는 경험이 따른다. 그렇지만 일시적인 고통을 견디기만 하면 그 고통에서 벗어날 수 있다.

마음의 치료도 마찬가지다. 의사들은 환자의 고통을 줄여주기 위해 마취라도 할 수 있지만 우리 마음은 마취가 안 된다. 심리적 고통은 직면하고 견딤으로써 이겨내는 수밖에 없다.

전이
과거의 중요했던 관계를 끊임없이 반복하는 현상
transference / 상담과 심리치료

전이란 과거의 문제가 현재로 옮겨오는, 그때 그 사람과의 관계가 지금 이 사람과의 관계로 넘어오는 현상이다. 프로이트*는 정신분석*을 진행하면서 내담자들이 과거에 중요한 인물들에게 느꼈던 감정을 자신에게 느낀다는 사실을 알게 되었다.

그는 처음에는 전이가 치료에 방해가 된다고 보았으나, 전이를 통해 내담자들의 문제를 생생하게 이해할 수 있음을 알게 되면서 전이를 치료의 주요 수단으로 삼게 되었다. 더 나아가 내담자의 전이를 유도하기 위해 치료자는 자신의 색깔을 드러내지 않는 중립성blank screen ★라포을 가져야 한다고 주장했다. 이제 전이는 정신분석의 여러 개념처럼 일반 상담★상담심리학 과정에서도 사용하는 개념이다. 또한 정신분석가들처럼 의도적으로 유도하지 않더라도 상담 과정에서 자연스럽게 발생하는 현상이다.

상담자는 내담자의 말에 귀를 기울이고 온전히 내담자에게 집중한다. 당연히 내담자는 상담자에게 상담자 이상의 감정을 느낄 수 있다. 다른 누구에게도 할 수 없었던 자기 내면의 이야기를 마음껏 털어놓을 수 있다는 사실은 내담자에게 매우 특별한 경험이기 때문이다. 자연스럽게 상담 시간이 기다려지는 것은 물론, 힘든 일이 생겼을 때에도 상담자만 생각하면 기분이 좋아지기도 한다. 때로 내담자들은 이 감정을 상담자에 대한 사랑★으로 인식하기도 해, 상담 시간 외에 연락을 하거나 별도의 만남을 요청하기도 한다.

하지만 이것은 사랑이 아니라 전이다. 사랑이란 상호적인 관계에서 발생하는 감정인 반면에 상담 관계는 일방적일 수밖에 없기 때문이다. 내담자가 자신의 감정을 상담자에게 드러냈을 때, 상담자는 내담자의 이런 마음까지도 공감★해줘야 한다. 그러면서 그 이면에 있는 욕구와 관계의 패턴을 내담자가 직면하고 해결하도록 도와 상담의 효과를 극대화시킬 의무가 있다. 전이란 해결되지 못한 과거를 재현하는 것이기 때문에 정신분석을 비롯한 많은 상담이론에서는 내담자의 전이를 이해하고 해결해 내담자가 과거가 아닌 현재를 살아갈 수 있도록 돕는다.

본래 상담자와의 내담자 관계에서 발생하는 것을 의미했던 전이를 일상에서도 경험할 수 있다. 어린 시절 부모에게 들어서 상처가 되었던 말을 친구에게 들었을 때에 순간적으로 부모에게 느꼈던 분노를 친구에게 느끼는 이유, 이성 교제의 과정이 모두 비슷한 이유, 부모와 전혀 다른 사람을 만나려고 해도 사귀고 보면 부모와 비슷한 이유, 누가 봐도 별 매력이 없는 사람에게 자신도 이해할 수 없을 정도로 끌리는 이유는 모두 전이 때문이다.

상담 장면에서 전이는 내담자뿐만 아니라 상담자에게도 일어날 수 있다. 상담자도 과거의 상처에서 완전히 자유로울 수 없는 사람이기 때문에 내담자에게 치료적 관계 이상의 감정을 느낄 수 있다.

이를 역전이counter-transference라고 한다. 예를 들어 상담자는 가슴 아프게 헤어진 첫사랑과 매우 비슷한 분위기를 가진 내담자에게 그때의 감정을 느껴 내담자에게 상담 시간 외에 불필요한 연락을 자주 할 수도 있다. 이럴 경우 상담자는 자신의 감정과 욕구를 위해 상담 관계를 왜곡할 위험이 있다. 따라서 상담자는 끊임없는 자기분석을 통해 가급적이면 역전이를 경험하지 않도록 해야 한다.

하지만 대상관계 이론*에서는 이와 다른 입장을 취한다. 대상관계 이론에서는 역전이에 대한 개념을 확장해 내담자를 향한 상담자의 모든 감정까지 역전이라고 본다. 그래서 역전이의 감정을 통해 내담자의 관계 패턴을 이해할 수 있다고 주장한다.

매사에 수동적이고 회피적인 성격인 내담자는 치료 장면에서도 비슷한 행동 패턴을 보인다. 상담자의 질문에 제대로 대답하지 않고, 상담자가 내준 과제를 해오지도 않으며, 일방적으로 상담 시간을 취소하거나 변경할 수도 있다.

이때 상담자는 내담자에게 답답하거나 화가 나는 감정을 느끼게 된다. 이런 감정을 통제하지 못하고, 내담자에게 공격적인 발언을 퍼붓는다면 이는 엄연한 잘못이다. 만약 상담자가 자신의 감정을 통제할 수 있다면 내담자의 주변 사람들이 느끼는 감정을 이해할 수 있게 돼 내담자의 대인관계 문제를 보다 생생하게 파악할 수 있다.

그렇지만 역전이가 상담에 효과적이려면 상담자는 먼저 자신의 문제를 어느 정도 해결해야 한다. 그래야 감정에 압도되지 않고 잘 활용할 수 있다.

정신물리학

현대 심리학의 초기 형태를 제공하다
psychophysics / 역사

정신물리학이란 외부의 자극물리과 지각정신의 관계를 연구하는 학문이다. 정신세계와 물리세계의 연결점을 찾으려는 시도라고 볼 수 있다. 정신물리학은 심리학*에서 감각과 지각* 파트에 등장하며, 주로 역치*에 관한 내용을 다루고 있다.

정신물리학자들은 인간의 정신세계 연구를 위해 내성법內省法.

introspection을 사용했다. 내성법이란 실험 참가자에게 자극을 제시하고 그 자극에 대해 어떻게 지각하는지, 자신의 마음을 살펴내성해 보고하게 하는 방법이다. 이때 참가자는 적게는 수십에서 많게는 수백 번의 자극을 받는다. 또한 참가자에게 제시되는 자극은 너무나 미세해 판단이 애매한 것들이다. 당연히 감각의 피로와 순응, 반응의 편향 때문에 참가자들이 하는 보고에 정확성이 떨어지기 쉽다. 이런 연구는 더이상 현대 심리학에서 유효하지 않다. 또한 생리학의 발전으로 인간의 정신세계를 생리학적으로 연구하는 정신생리학psychophysiology, 혹은 생리심리학★이 발전했기 때문에 정신물리학 연구는 더이상 유효하지 않다.

그렇다면 왜 정신물리학은 다른 옛 이론과 주장처럼 심리학책에서 사라지지 않고 아직까지 남아 있는 것일까? 그 이유는 정신물리학이 현대 심리학의 초기 실험 형태를 제공했기 때문이다. 정신물리학은 인간의 정신세계를 과학적으로 연구하는 모델이 되었고, 이를 심리학의 창시자인 분트★가 이어받았다.

정신물리학 실험을 주도했던 사람은 페흐너Gustav Fechner다. 당시에는 자연과학의 발전으로 인간의 정신세계까지 물질로 설명하려는 유물론★결정론 vs. 자유 의지이 대세를 이루고 있었다. 페흐너는 이러한 주장을 반박하기 위해 인간의 정신세계와 물질세계는 다르다는 것을 증명해 보이고자 했다. 당연히 그의 관심은 순수하게 인간의 정신세계가 아니었다. 철학적 목표가 있었다. 이런 면에서 그는 인식론★을 과학적으로 접근하고자 했던 '철학자'라고 할 수 있다.

내용적으로 봤을 때 분트의 방법은 페흐너의 정신물리학과 질적으로 다르지 않았다. 그는 페흐너가 사용했던 내성법을 사용했다. 따라서 내용적인 면에서 정신물리학은 초기 심리학, 페흐너는 심리학의 창시자라고 할 수 있다. 실제로 미국 심리학계에서는 한때 심리학의 창시자가 누구인지에 대한 논란이 있었다. 물론 결론은 분트로 났지만, 페흐너를 지지하는 사람들도 있었다.

정신분석

현대 심리학의 뜨거운 감자, 최초의 심리치료 이론
psychoanalysis / 역사

현대 심리학*에서 정신분석만큼 뜨거운 감자가 있을까? 과학적 심리학을 주장하는 이들은 정신분석은 심리학이 아니라고 주장하지만, 상담과 심리치료*^{상담심리학} 영역에 있는 심리학자들은 정신분석도 큰 틀에서는 심리학으로 봐야 한다고 주장한다. 사람의 마음에 대해 중요한 통찰*을 제공하는 심리학 이론으로 인정해야 한다는 것이다.

시작

정신분석은 비엔나 출신인 유대인 정신과 의사 프로이트*가 만든 이론이다. 그가 죽은 후 정신분석은 여러 이론으로 발전되었다. 이를 후기 정신분석이라고 한다. 대표적으로 대상관계 이론*, 자기심리학*을 들 수 있다. 후기 정신분석과 구별하기 위해 프로이트의 이론을 고전적 정신분석으로 부르기도 한다.

고전적 정신분석의 시작은 프로이트가 활동할 당시 유행하던 히스테리*^{신체 증상} 덕분이다. 프로이트는 이들을 치료하면서 그 원인이 자신도 모르는 자신의 마음, 즉 무의식*과 연관되어 있다는 사실을 확신하게 되었다. 히스테리는 신경계통에는 아무런 문제가 없는데도 감각 기관에 이상이 생기거나 수의적 운동의 마비가 특징인 정신 장애*^{이상심리학}다.

당시 대부분의 의사들은 히스테리가 단지 꾀병에 지나지 않다고 생각했지만 프로이트는 달랐다. 과거의 상처와 갈등, 해결하지 못한 욕구가 무의식에서 존재하다가 증상을 만들어낸다고 생각했다.

처음에는 최면*을 사용해 환자들의 무의식에 접근하려고 했으나, 이내 최면을 포기하고 자유 연상free association을 사용했다. 머릿속에 떠오르는 모든 것을 숨기지 않고 이야기하는 방법인 자유 연상에 대해 프로이트는 인간이 적극적으로 무의식을 의식화시키려는 노력이라고 보았다. 그래서 자유 연상을 도입한 1896년을 정신분석의 시작 연도로 잡는다. 또한 이 해에 프로이트는 공식적으로 정신분석이라는 용어를 사용하기 시작했다.

금기에 대한 도전

프로이트는 무의식의 본질이 성性이라고 주장했다. 당시의 빅토리아 문화는 겉으로 드러난 아름다움만을 추구하느라, 인간의 내면의 어두운 부분을 철저하게 외면했다. 코르셋은 이 시대의 대표적인 아이콘이다. 여성들은 아름다운 몸매를 만들기 위해 엄청난 고통을 감내해야 했는데 심한 경우에는 내장이 파열되는 경우도 있었다고 한다.

이처럼 겉과 속이 다른 왜곡된 문화에서 감춰야 했던 것은 비단 여성들의 뱃살만이 아니었다. 인간 본유의 것이라 할 수 있는 성적 욕구도 숨겨야만 했다. 누구나 성욕이 있지만, 누구나 없는 것처럼 행세했다. 당시 최고의 사회적인 금기는 성이었다. 지식인들은 성에 관한 용어를 입에 올리지 않았다. 기껏해야 의사들이 전문용어를 사용했을 따름이다. 하지만 프로이트는 자신의 글에서 성에 관한 단어를 모두 일상어독일어로 표현해 금기에 정면으로 도전했다.

무의식에 억압된 성적 욕구와 과거의 상처는 가만히 있는 것이 아니라 자꾸만 의식으로 떠오르려 하고, 의식은 이를 억누르려고 해역동이 발생한다. 의식이 무의식을 잘 견제하면 아무런 문제가 없지만, 간혹 의식의 견제에 틈이 생기면 무의식이 의식으로 나와 꿈*이나 실수 행위, 그리고 다양한 정신장애 증상을 만들어낸다. 특히 프로이트는 꿈을 '무의식에 이르는 왕도王道'라면서, 꿈을 제대로 분석하면 무의식에 쉽게 도달할 수 있다고 했다. 그는 인간의 마음을 크게 의식과 무의식, 그리고 그 중간에 있는 전의식으로 구분하는 지형학적 모형을 제안했다.

무의식을 구성하는 인간의 성적 욕구는 도대체 언제부터 생겨나는 것일까? 이에 대해 프로이트는 성인이 되어서 갑작스럽게 생겨난 것이 아니라 태어날 때부터 가지고 있다고 주장했다. 이 말은 당연히 어린 아이들에게 성욕이 있다는 것이다.

1905년에 프로이트는 『성에 관한 세 편의 논문Three Essays on the Theory of Sexuality』을 통해 아이들의 성욕이 시간에 따라 입과 항문, 남근을 통해 발현된다는 심리성적 발달* 이론을 주장했다. 이러한 프로이트의 주장에 사람들은 큰 충격을 받았고, 그를 악마 혹은 사악하고 음탕한 사람이라고 비난하면서 모든 수단을 동원해 그와 그의 쓰레기 같은 이론을 매장시키려고 했다. 이처럼 격렬한 반대와 비난에 대해 프로이트는 자신이 불편한 진실을 건드렸기 때문이라고 생각했다.

지지자들

정신분석에 대한 열기는 엄청난 반대에도 불구하고 결코 식지 않았다. 정신과 의사 중에는 일부만이 프로이트를 적극적으로 지지했으나, 대중들은 대체적으로 프로이트를 좋아했다. 왜냐하면 프로이트의 문장력은 최고의 문학상인 괴테상을 받을 정도로 뛰어났으며, 라틴어처럼 유식한 용어가 아닌 누구나 다가갈 수 있도록 일상어독일어로 이론을 전개했기 때문이다. 사실 많은 사람들이 자아, 원초아, 초자아로 알고 있는 라틴어 에고ego, 이드id, 슈퍼에고superego는 프로이트의 표현이 아니었다. 그는 이를 독일어 이히ich, 에스es, 위버-이히uber-Ich로 표현했다. 영어로 하자면 I, it, over-I가 된다. 프로이트의 의도가 엿보이는 대목이다.

하지만 프로이트는 작가가 아니라 정신과 의사였기 때문에 대중들의 호응만으로는 부족했다. 이때 프로이트의 우군이 예상치 못한 곳인 미국에서 나타났다. 미국의 초기 심리학자 홀Stanley Hall이 정신분석을 미국에 소개한 것이다.

청소년기를 '질풍노도'의 시기라고 표현했던 홀은 청소년기와 청년기의 성에 대해 평소에 많은 관심이 있었고, 그러던 중 프로이트의 이론을 알게 되었다. 또한 1909년에 자신이 총장으로 있던 클라크대학 창립 20주년 기념 강연에 프로이트를 초청했다. 이 강연 이후로 프로이트의 정신분석은 유럽보다는 자유분방하고 개방적인 미국에서 많은 정신과 의사와 심리학자들을 지지자로 얻을 수 있었다.

프로이트가 유럽에서 전문가보다 대중들에게 인기가 많았고, 미국에서 대중들보다 전문가에게 인기가 많았던 이유는 용어 때문이기도 하다. 프로이트가 이론을 전개할 때 의도적으로 일상어를 썼는데, 이것이 미국에서 번역하는 과정에서 전문용어라틴어로 둔갑했기 때문이었다.

미국에서 프로이트의 이론이 필요했던 의사들은 프로이트의 표현이 자신들의 전문성과 품위에 어울리지 않는다고 판단한 나머지, 일상어를 모두 전문용어로 바꿔서 번역했다. 번역의 문제를 공식적으로 제기한 사람은 프로이트의 비엔나의과대학 후배이자 정신분석가로 활동했던 베텔하임Bruno Bettelheim이었다. 그는 『프로이트와 인간의 영혼Freud and Man's Soul』에서 잘못된 번역이 정신분석에 대한 오해와 왜곡을 가져왔다고 주장했다.

수정과 발전

프로이트는 처음에 무의식을 구성하는 기본적인 추동*을 성적인 것으로만 보았다. 프로이트가 말하는 성이란 섹스 행위sexual inter course 이상의 의미다. 그래서 성적 추동을 다른 말로는 에로스Eros, 즉 삶의 추동이라고도 한다.

하지만 1차 세계대전을 경험하면서 인간의 기본 추동에 하나를 더 추가하게 된다. 공격적 추동이 그것이다. 무조건 죽이고 파괴하는 전쟁을 성적 추동만으로는 설명하기 힘들었기 때문이다. 성적 추동이 삶의 추동이듯이 공격적 추동은 죽음의 추동, 즉 타나토스 Thanatos라고도 했다. 그렇지만 프로이트는 공격적 추동과 성적 추동이 동전의 양면*양가감정과 같다고 하면서, 자신의 이론에서 공격적 추동에 대한 논의를 더 발전시키지는 않았다.

정신분석의 세력이 커져가고 이론이 확장되어 가면서 프로이트는 더 많은 사례들을 접하게 되었다. 그럴수록 프로이트는 마음을 의식과 무의식, 전의식으로만 구분하고 있는 지형학적 모형에 한계를 느꼈다. 원래 무의식이란 쉽게 접근할 수 없는 마음인데, 어떤 환자들의 경우 무의식이 너무 쉽게 의식으로 떠오르는 경우가 있었기 때문이다. 이에 프로이트는 1923년에 『자아와 원초아Ego and Id』에서 구조 모형을 제안했다. 인간의 마음을 원초아와 자아*자아심리학, 초자아로 설명하는 모형은 기존 지형학적 모형의 폐기가 아닌 수정이라고 볼 수 있다.

본래 프로이트의 관심은 지형학적 모형에서는 무의식, 구조 모형에서는 원초아였다. 그렇지만 그는 점차 무의식과 원초아를 통제하고 조절할 수 있는 것이 자아임을 인식했고, 정신분석의 관심은 원초아에서 자아로 나아가게 되었다. 하지만 프로이트의 방향 선회는 그의 딸 안나 프로이트가 완성했다. 많이 알려진 자아의 방어 기제★ 역시 프로이트의 생각을 안나가 발전시켜 정리한 것이다.

비판과 관심

정신분석이 많은 과학자들과 심리학자들에게 비판을 받는 주된 이유는 현대 과학의 기준에 부합하지 않기 때문이다. 현대 과학의 기준은 과학철학자 포퍼Karl Popper의 반증가능성falsifiability이다. 반대 증거로 기각이 가능한 명제를 세울 수 있어야 과학이라고 할 수 있는데, 정신분석은 핵심 개념인 무의식의 특성 때문에 이것이 불가능하다.

무의식은 비합리적, 비논리적, 역설적, 모순적이다. 따라서 상반되는 증거가 하나의 현상을 지지한다고도 할 수 있다. 일례로 무의식의 관점에서 보자면 정신분석을 지지하는 사람이나 격렬하게 반대하는 사람 모두 정신분석이 옳다는 것을 증명하는 사람이라고 할 수 있다. 사실 우리 인간의 마음에는 이러한 면이 있지만, 논리성과 합리성에 기초한 과학과는 맞지 않는다. 실제로 포퍼는 프로이트의 정신분석과 칼 마르크스Karl Marx의 공산주의는 과학이 아니라고 강력히 주장했다.

현대 심리학과 과학에서 홀대받는 것과 달리 철학이나 문학, 예술

분야에서 그 영향력은 막강하다. 게다가 프로이트의 많은 이론과 용어들은 현대인들의 삶 속에 깊숙이 들어와 일상어처럼 쓰인다. 이는 프로이트가 가장 원했던 것일지도 모른다.

앞서 언급했던 베텔하임은 정신분석은 인간의 영혼에 대한 따뜻한 이론이며, 프로이트는 진정한 인간주의자라고 주장했다. 따지고 보면 정신분석은 최초의 심리치료 이론이다. 프로이트가 등장하기 이전까지는 정신장애로 고통받고 있는 이들을 도울 방법이 없었다고 해도 과언이 아니다. 프로이트의 이론이 나온 이후로 수많은 심리치료 이론들이 쏟아져 나왔는데, 그 이론들은 프로이트의 이론을 발전·수정시킨 것들이거나 혹은 프로이트의 이론을 비판하면서 나온 것들이다.

정신분석은 프로이트 생전이나 사후에 많은 비판과 관심을 동시에 받고 있다. 정신분석은 앞으로도 식지 않을 감자가 될 듯하다. 정신분석에 동의하든 반대하든 그것은 각자의 몫이다. 하지만 정확한 이해 없는 비판과 관심은 모두 배척해야 한다. 적어도 프로이트가 정신분석을 통해 말하고자 했던 것을 이해하려면 '그에 대해서 쓴 글'이 아니라 '그가 쓴 글'을 읽고, 21세기를 살아가는 '지금 우리'의 입장이 아니라 19~20세기의 '그때 그들'의 입장에서 생각해봐야 하지 않을까?

정신분열

가장 오래된 정신장애, 가장 심각한 정신장애

schizophrenia / 이상심리학

가장 심각한 정신장애★이상심리학로 알려진 정신분열은 인류의 역사와 함께 시작되었다고 할 수 있다. 정신분열로 보이는 행동적 특징이 기원전 14세기의 힌두 문서에서도 나타난다. 오래된 만큼 많은 사람들이 알고 있긴 하지만, 정확하게 아는 사람은 많지 않다.

정신분열은 발병 후 방치되는 기간이 길수록 인지기능의 손상이 심해진다. 따라서 빠른 시일 안에 가족이나 주변 사람들이 알아차려서 전문가의 도움을 받도록 해야 한다. 하지만 정신분열은 인생의 꽃을 한창 피우려는 시기에 발병하기에 가족들은 이를 인정하지 않으려는 경향이 있다. 당연히 증상은 더 악화된다.

정신분열로 고통받는 사람들의 비율유병률이 대략 0.5%라고 한다. 우리가 만나는 사람 200명 중 1명은 정신분열로 고통받고 있을 수도 있다는 말이다. 정신분열의 올바른 이해가 얼마나 시급한 과제인지 새삼 깨닫게 된다.

선구자

현대적 의미에서 정신분열의 개념은 19세기 크래펠린Emil Kraepelin과 블로일러Eugen Bleuler, 슈나이더Kurt Schneider의 연구 결과로 확립되었다고 볼 수 있다.

독일의 정신과 의사였던 크래펠린은 정신장애를 질병으로 봐야한다고 주장했다. 당시까지만 해도 정신장애를 종교적인 차원에서 이해하려고 했기 때문에 크래펠린의 주장은 상당히 획기적이었다.

이러한 주장이 설득력을 얻을 수 있었던 주된 이유는 분트*의 제자였던 그가 정신분열을 과학★심리학적이고 체계적으로 연구했기 때문이다. 그는 인간의 정신 과정에 대한 분트의 체계적인 접근과 여러 개념을 정신분열에 적용했다. 또한 구체적으로 정보를 능동적으로 조직화하는 능력인 통각apperception이 정신분열로 고통받고 있는 사람들에게는 나타나지 않는다고 지적했다. 크래펠린은 정신분열을 조발성 치매dementia praecox라고 불렀다. 그 이유는 20세를 전후로 치매와 비슷하게 언어와 사고에서 퇴행이 나타나기 때문이다.

정신분열이라는 말을 처음으로 사용한 사람은 스위스의 정신과 의사 블로일러였다. 그는 이 장애가 청소년기혹은 20세 전후에 발병하고 지속적으로 인지기능이 퇴화된다는 사실을 받아들이지 않았다. 대신 언어와 사고, 행동이 서로 분리된다는 것에 관심을 가졌다. 그래서 그리스어로 '마음의 분리'라는 의미를 지닌 schizophrenia라는 단어를 사용했다. 크래펠린이 정신분열을 단일한 원인과 결과를 가진 질병으로 보았다면, 블로일러는 서로 다른 원인과 결과를 가진 증후군으로 보았다.

정신분열의 증상을 명료하게 정리한 사람은 독일의 정신과 의사 슈나이더였다. 그는 정신분열의 증상을 일급first-rank과 이급secondrank으로 구분했다. 뇌의 기질적인 손상 없이도 일급 증상이 나타난다면 정신분열이라고 할 수 있으며, 일급 증상이 없더라도 이급 증상들이 충분한 빈도와 조합으로 나타날 경우 정신분열로 볼 수 있다고 했다. 그가 말한 일급 증상은 환청*^{환각}과 망상*이다.

DSM-5*^{DSM}는 이들의 주장과 개념을 고르게 인정하고 있다. 우선 정신분열이 20세 전후, 즉 10대 후반에서 30대 중반 사이에 발병하는 것이 전형적임을 밝히면서 크레펠린의 손을 들어주고 있지만, 치매와는 구별된다는 점에서는 블로일러의 손을 들어주고 있다. 또한 망상이나 환각이 정신분열의 핵심 증상이라는 점에서는 슈나이더의 손을 들어주고 있다. 하지만 정신분열을 단일한 질병^{정신분열병}으로 봐야 하는지 아니면 일련의 증후군^{정신분열증}으로 봐야 하는지에 대해서는 아직 어느 누구의 손도 들어줄 수 없는 상황이다.

증상과 진단

정신분열의 증상은 양성_{positive}과 음성_{negative}으로 구분할 수 있다. 양성 증상이란 일반인들에게는 나타나지 않고 정신분열에서만 나타나는 증상이라면, 음성 증상은 그 반대다. 대표적인 예로 양성 증상은 망상이나 환각을, 음성 증상은 감정이 없는 것처럼 보이는 무감동_{apathy}을 들 수 있다. 정신분열의 약물치료*^{항정신성 약물}는 음성 증상보다는 양성 증상에 효과적이다. 다시 말해 나타나는 증상을 없앨 수는 있지만, 나타나지 않는 것을 나타나게 하기는 어렵다.

정신분열은 완치가 어렵다는 것이 학계의 중론이다. 완치가 어려운 이유는 정신분열이 사고와 언어의 기능을 망가뜨리는 인지적 황폐화cognitive deterioration를 초래하기 때문이다. 따라서 정신분열은 완치보다는 재활에 중점을 둔다. 발병 이전의 상태로 돌리기는 어렵기 때문에 재활을 통해 자기 관리를 하도록 돕는다.

이러한 이유로 전문가들은 정신분열증이라는 진단을 내리기까지 매우 조심스러우며, 한 번 진단을 내리면 쉽게 진단을 바꾸지 않는다. DSM-5에도 이러한 경향이 나타난다. 망상이나 환각 같은 정신증적 증상의 지속 기간이 1개월 이하면 단기 정신증적 장애brief psychotic disorder, 1개월 이상 6개월 이하면 정신분열형 장애schizophreniform disorder로 진단을 내리며, 6개월 이상 나타나야 정신분열증으로 진단한다. 이와 더불어 정신분열의 여러 증상과 우울*증이나 조증 증상이 동반하되, 기분 증상이 없을 때 2주 이상 망상이나 환각이 존재한다면 분열정동 장애schizoaffective disorder로 진단한다.

원인

다른 정신장애의 경우엔 심리적 원인론이 생물학적 원인론 못지않게 설득력이 있으나 정신분열은 그렇지 않다. 그동안 많은 심리적 원인론이 등장했지만, 현대 심리학자들과 정신과 의사들은 정신분열의 원인으로 염색체 이상과 같은 유전과 도파민이라는 신경전달물질*의 이상을 꼽는다. 정신분열 환자들은 정상인보다 측두엽*녀에 위치하는 도파민 수용기의 수가 더 많은데, 측두엽에는 청각을 담당하는 영역이 존재한다. 이는 정신분열의 환각 증상 대부분이 환청이라는 점과 일치한다. 한편으로 도파민의 활동 저하로 나타나는 파킨

슨씨병을 치료하는 과정에서 정신분열의 증상이 나타나는 것 역시 이러한 주장을 뒷받침하는 증거다.

그럼에도 생물학적 관점이 정신분열의 모든 것을 설명할 수는 없다. 정신분열의 몇몇 증상은 시대와 문화에 따라 다르게 나타나기 때문이다. 예를 들어 이상한 자세로 오랜 시간 동안 움직이지 않거나 특정한 행동을 과도하게 하는 긴장증적 행동catatonic behavior은 20세기 초에는 일반적이었으나 근래에는 보기 어렵다. 하지만 여전히 많은 사람들은 이것이 정신분열의 대표적인 증상이라고 생각한다.

박찬욱 감독의 2006년 영화, 〈싸이보그지만 괜찮아〉만 봐도 그렇다. 정신병원의 음산한 분위기를 표현하기 위해 온갖 이상한 행동을 하는 사람들을 곳곳에 배치시켰다. 하지만 이는 현실과 사뭇 다르다. 지금의 정신병원에서는 바닥을 굴러다니는 사람이나 이상한 포즈로 장시간 움직이지 않는 사람은 거의 없다. 망상이나 환각은 예나 지금이나 가장 중요한 정신분열의 일급 증상이긴 하지만, 그 내용은 시대마다 다르다는 점에서 정신분열에도 분명히 심리적인 원인이 존재함을 알 수 있다.

오해와 편견을 넘어

우리나라에서는 정신분열정신이 갈라지고 나뉨이라는 명칭이 가져다주는 오해와 편견*이 큰 편이다. 이를 해소하기 위해 학계와 의사, 환자들이 개명을 추진했고, 그 결과 정신분열과 관련한 최상위법인 약사법이 2011년 말 개정되면서 조현병調絃病으로 이름이 바뀌었다.

조현은 "현악기의 줄을 고르다"라는 뜻이다. 악기의 줄이 잘 맞지 않으면 제대로 연주할 수 없듯이 환자의 신경계에 생긴 이상으로 행동이나 마음에 문제가 나타난다는 은유적 표현이다. 이름을 바꾼다고 오해와 편견이 줄어들까 싶겠지만 일본과 홍콩의 예를 보면 충분히 가능할 것 같다. 일본은 2002년에 통합실조증統合失調症으로, 이와 비슷한 시기에 홍콩은 사각실조증思覺失調症으로 바꾸었다. 둘 다 생각과 행동이 일치하거나 조화하지 못한다는 뜻이다. 개명 결과 사회적 편견이 줄고, 치료 효율성이나 인권 측면에서 개선되었다고 한다.

의학과 과학의 발달로 지금은 정신분열을 비롯해 여타의 정신장애에 대해 과학적이고 체계적인 접근을 한다. 오해와 편견을 넘어 필요한 도움을 적기에 받는다면 정신장애를 가진 사람도 얼마든지 일상생활이 가능하다. 이를 위해서는 사회적 분위기가 바뀌어야 한다. 단순히 법을 개정하는 것만으로는 부족하다. 우리 모두의 노력이 필요하다.

정화

억눌렸던 감정을 드러내다
catharsis / 상담과 심리치료.

너무나 속상했던 일을 누군가에게 말하면서 그동안 속에 쌓였던 감정이 올라와서 울어본 적이 있는가? 실컷 울고 났을 때 마음이 후

련해지는 경험, 이것이 바로 정화카타르시스다. 정화는 강렬한 정서를 동반한다.

보통의 경우 눈물로 감정이 드러나지만 굳이 눈물을 흘리지 않아도 정화를 경험할 수 있다. 사람이 아닌 신을 대상으로 하는 기도와 같은 종교적인 행위도 정화의 수단이 된다. 또한 자신의 처지와 비슷한 처지에 있는 사람의 이야기를 듣거나 혹은 영화나 소설의 주인공에게 동정하면서 정화를 경험하기도 한다.

어떤 이들은 억눌린 감정을 풀어내는 정화가 무슨 소용이냐고 할지 모르겠다. 하지만 상담★상담심리학 장면에서 정화는 통찰★과 함께 나타나기 때문에 변화와 성장의 중요한 계기가 된다. 통찰이 없는 감정만의 정화라면, 문제 해결이나 변화는 요원하다. 상담 장면이 아닌 일반적인 상황에서의 정화가 변화와 무관한 이유는 바로 이 때문이다.

정화와 통찰을 통한 문제 해결은 정신분석★의 창시자 프로이트★가 언급했다. 그는 히스테리★신체 증상 환자들이 무의식★에 억눌려 있던 기억과 감정을 의식으로 표출하면 그들의 증상수의적 운동의 마비나 감각 기관의 이상이 감쪽같이 사라지는 것을 목격했다. 가상인물인 '그'의 이야기를 살펴보자.

그는 아버지에 대한 강렬한 분노와 아버지를 공격하고 싶은 충동을 느꼈다. 강한 초자아 덕분에 착하다는 이야기를 듣고 살았던 그는 이러한 충동을 무의식으로 억압★방어 기제했다. 하지만 무의식은 억압한다고 당하지만은 않는다. 아버지를 향한 그의 분노는 끊임없이 의식으로 올라오려 했고 결국 팔의 마비로 표현되었다.

그는 정신분석 치료를 받으면서 무의식에 있는 아버지에 대한 분노가 팔의 마비로 표현되었다는 사실을 깨달으면서 강렬한 정서를 경험했고, 마비는 거짓말처럼 사라졌다.

이처럼 프로이트가 만났던 환자들의 히스테리 증상은 분석가의 해석interpretation으로 통찰과 정화가 일어나는 즉시 사라지곤 했다. 하지만 시대가 바뀌면서 히스테리 증상보다는 성격이나 대인관계문제를 가지고 프로이트를 찾아온 사람들이 많아졌다. 이런 문제는 정화와 통찰로 해결되지 않는 것이다. 프로이트는 실제적인 변화가 일어나기 위해서는 반복적인 해석과 통찰이 필요 하다는 것을 알게 되었다.

이러한 일련의 과정을 훈습working through, 철저하게 처리하기이라고 한다. 정신분석을 치료하는 기간이 긴 것도 훈습의 기간이 길기 때문이다. 비록 정신분석 치료의 핵심이 일회적인 정화에서 일련의 과정인 훈습으로 바뀌긴 했으나, 정화는 여전히 심리치료 장면과 일상생활에서 우리의 마음을 시원하게 하는 중요한 경험이다.

조건형성

모든 학습은 연합이며, 모든 연합은 조건형성이다

conditioning / 학습심리학

조건형성은 학습심리학*에서 다루는 주된 내용이다. 왜 학습심리학에서 조건형성을 주로 다룰까? 그 이유는 학습은 연합_{association}으로 설명이 가능하고, 연합은 조건형성 절차로 재구성할 수 있기 때문이다.

부모가 아이에게 사과라는 단어를 가르치는 장면을 상상해보자. 부모는 사과를 들어 보이면서 "사과"라는 말을 반복한다. 이렇게 하면 아이는 사과의 이미지_{자극}와 "사과"_{자극}라는 소리를 연합시킨다. 아이가 자동차 놀이를 배우는 과정 역시 비슷하다. 시행착오_{trial and error}*_{통찰}를 여러 번 거친 후에 결국 자동차를 바닥에서 밀고 다니는 행동을 학습한다. 자동차_{자극}와 놀이 방법_{반응}의 연합이다. 이처럼 연합학습은 자극과 자극의 연합, 그리고 자극과 반응의 연합으로 구분할 수가 있다.

자극과 자극이든, 자극과 반응이든 연합이 발생하려면 어떠한 자극이 제시되는 조건에서 또 다른 자극이나 유기체의 반응이 나타나야 한다. 사과가 제시되는 조건에서 "사과"라는 소리가 나타나거나 자동차가 제시되는 조건에서 적절한 놀이 방법이 나타나야 연합, 더 나아가 학습이 된다. 이처럼 연합이란 아무 때나 발생하는 것이 아니라 특정 조건하에서만 나타나기 때문에 조건형성이라고 표현한다.

조건형성은 고전적 조건형성classical conditioning과 조작적 조건형성 operant conditioning으로 구분할 수 있다. 전자가 자극과 자극에 대한 연합이라면 후자는 자극과 반응에 대한 연합이다. 고전적 조건형성은 1904년에 노벨상을 수상한 러시아의 생리학자 파블로프Ivan Pavlov가 발견하고 확립한 학습 패러다임이다.

파블로프는 개의 침을 연구하기 위해 실험실에 개를 묶어두었다. 개의 침을 얻기 위해 침샘에 호스를 꽂았고 움직이지 못하도록 했기 때문에 연구자들이 개에게 먹이를 직접 가져다줘야 했다. 그러던 중 신기한 현상을 발견했다. 먹이를 받지 않았는데도 연구자의 발자국 소리를 듣더니 개가 침을 흘리는 것이었다. 그는 의외의 현상을 놓치지 않고 본격적인 실험을 진행했다.

개에게 종소리를 들려주고 먹이를 제공하는 일을 여러 번 반복하면서 개의 반응을 관찰하는 실험이었다. 처음에 개는 종소리가 아닌 먹이 때문에 침을 흘리게 되지만, 종소리와 먹이를 여러 차례 짝 지어준 이후에는 종소리 때문에 침을 흘리게 되었다. 먹이를 주지 않고 종소리만 들려주었을 때에도 침을 흘리는 놀라운 일이 일어난 것이다.

어떻게 개는 종소리만 듣고서도 침을 흘리게 되었을까? 대부분의 사람들은 개가 종소리를 듣고 먹이를 예상했기 때문이라고 생각했지만, 파블로프는 생리학자답게 뇌*의 신경 세포*뉴런들이 새로운 연결을 형성했기 때문이라고 설명했다. 하지만 당시의 과학기술로는 이를 입증할 수가 없었고, 결국 하나의 가설로만 남게 되었다. 행동주의*자들은 증명 불가능한 추측을 거부하면서 종소리자극와 먹이자극가 단지 연합되었을 뿐이라고 주장했다. 행동주의자들이 이 실험을 자신들의 논리와 철학에 맞게 해석하면서, 파블로프의 실험은 생리학보다 심리학에 더 많이 등장하게 되었다.

파블로프의 실험을 고전으로 만든 것은 미국의 초기 심리학자 손다이크Edward Thorndike였다. 기능주의*구조주의 vs. 기능주의 심리학자였던 그는 고양이를 대상으로 동물의 지능에 대한 연구를 하다가 새로운 조건형성을 발견했다.

손다이크는 밖이 보이는 문제 상자puzzle box 안에 고양이를 집어넣고, 문 바로 앞에는 생선을 두었다. 문제 상자 안에서는 밖을 볼 수 있었기 때문에 고양이가 똑똑하다면 상자의 문을 열고 나와 생선을 먹을 것이라는 가설을 세웠다. 손다이크는 이러한 절차를 수차례 반복하면서 고양이가 탈출하는 시간을 기록했다. 예상대로 고양이는 시간이 걸리기는 했지만 문을 열고 나와서 생선을 마음껏 먹었다.

이때 손다이크의 관심을 끈 예상치 못한 결과가 있었다. 바로 고양이가 탈출하는 시간이었다. 시행이 반복될수록 시간이 감소하고 있었다. 고양이는 경험을 통해 학습을 하고 있는 것이었다.

어떻게 이런 일이 가능했을까? 이 놀라운 현상을 손다이크는 효과의 법칙law of effect으로 설명했다. 효과의 법칙이란 고양이가 자신이

한 행동문을 열고 탈출하는의 결과effect인 생선에 '만족'했기 때문에 그 행동을 할 가능성이 증가했다는 것이다. 어떻게 보면 맞는 말 같다. 우리 역시 초기 기능주의 심리학자들처럼 동물을 너무나 쉽게 의인화하는 경향이 있다.

하지만 행동주의자들은 이러한 설명을 강하게 비판했다. 고양이가 정말 만족했는지 단순히 배가 고파서였는지 아니면 그냥 심심해서였는지 어떻게 아느냐고 따져 물었다. 동물의 의인화는 소설에서나 사용하라면서 이런 식의 설명은 결코 과학적이지 못하다고 비판했다. 스키너*는 이 현상을 강화*강화와 처벌로 설명했다. 행동의 결과생선가 행동의 빈도를 증가시키는 강화물로 작동했다는 것이다. 다시 말해 생선자극과 고양이의 행동반응의 연합이 일어났을 뿐이라고 주장했다. 손다이크의 실험은 이후 스키너가 쥐나 비둘기를 대상으로 실시했던 여러 실험의 모델이 되었다.

참고로 손다이크는 자신의 실험 패러다임을 도구적 조건형성 instrumental conditioning이라고 칭했다. 이는 유기체가 어떠한 결과자극를 얻기 위해 자신의 행동반응을 도구로 활용한다는 것을 의미한다. 반면에 조작적 조건형성은 스키너의 표현으로, 그는 유기체가 환경을 조작한다는 점에 주목했다.

행동주의의 핵심 원리인 조건형성을 설명하는 두 실험을 실시한 사람이 행동주의자가 아니라는 사실은 흥미롭다. 파블로프는 심리학자가 아닌 생리학자이며, 손다이크는 심리학자이긴 하지만 행동주의와 반대되는 기능주의 심리학자다. 따지고 보면 행동주의의 이론과 주장은 완전히 새로운 것이라기보다는 일상적인 현상에 대한 재해석이다. 새로운 것은 이후 또 다른 새로운 것에게 밀려 완전히 사라질 수도 있으나 해석은 그렇지 않다. 현상에 대한 해석은 현상이 사라지지 않는 한 사라지지 않기 때문이다.

조성
행동을 만들어가는 원리
shaping / 학습심리학

　자전거나 인라인 스케이트 타기, 처음 배우는 언어를 정확하게 발음하기. 이런 것들은 단번에 성공할 수 없는 어려운 일들이다. 만약 당신이 누군가에게 이런 것을 가르쳐야 한다면 어떻게 하겠는가? 분명 처음부터 완벽한 수행을 요구하기보다 차근차근 한 단계씩 밟아나가도록 상대를 도와줄 것이다. 처음에는 쉬운 단계부터 시작하되 그 단계에서 성공을 맛보고 익숙해지면 난이도를 조금씩 높여나가는 식으로 말이다.

　이것이 바로 조형이라고도 번역하는 조성이다. 조성은 그 말처럼 행동을 만들어가는 방법으로, 최종 목표에 도달하기까지 적절한 단계를 구분하며, 각 단계를 성공할 때마다 적절한 강화물★강화와 처벌을 제공한다. 조성은 목표행동에 연속적으로 접근해나가는 방식이므로 연속적 접근법successive approximation으로도 불린다. 사실 이 방법은 많은 이들이 이미 사용하고 있는 방법이다. 예를 들자면 운동이나 공부를 할 때에 처음부터 무리한 목표를 세우기보다는 조금씩 그 양을 늘리지 않던가.

사람들은 연쇄화chaining를 조성과 많이 혼동한다. 조성이 하나의 목표행동을 단계적으로 완성해가는 것이라면, 연쇄화란 구별되는 여러 행동들을 연결시켜 그 순서를 학습하는 것이다. 예를 들어 차를 운전하기 위해서는 여러 행동들을 순서에 맞게 해야 한다. 자동차 키로 문을 열고, 자리에 앉아 안전벨트를 매고, 키를 꽂아 브레이크 페달을 밟고, 키를 돌려서 시동을 켜고, 핸드 브레이크를 내리고 가속 페달을 밟아야 한다. 운전에 익숙한 사람이야 자연스럽지만 처음 운전을 배우는 사람들은 이 모든 순서가 버겁게 느껴진다.

초보 운전자를 지도하는 사람은 조수석에 앉아 이 행동들을 순서대로 가르치며, 상대방이 하나씩 할 때마다 적절한 강화물운전의 경우 보통은 '맞아', '잘했어' 등의 언어적 강화물을 제공하거나 맨 마지막 행동을 마친 이후에 강화물을 제공한다.

놀이공원에서 볼 수 있는 동물 쇼는 조성과 연쇄화를 모두 사용한다. 돌고래나 물개가 점프를 해 조련사가 높이 들고 있는 링 안으로 통과하고, 그 다음 관객 쪽으로 가서 박수를 치고, 다시 돌아와서 공놀이를 한다고 하자. 이때 각 묘기는 조련되지 않은 돌고래나 물개라면 성공할 수 없는 어려운 행동이다. 따라서 조련사는 각각의 묘기를 동물에게 가르치기 위해 조성을 사용하고, 여러 묘기들을 정해진 순서대로 하게 하려고 연쇄화를 사용할 것이다.

조성과 연쇄화가 의도와 목적에 맞게 학습을 유도하는 방식이라면, 자동조성autoshaping은 우연하게 어떤 행동이 학습되는 현상을 의미한다. 보통은 고전적 조건형성*의 패러다임에서 유기체가 조작적 조건형성으로 반응할 때 나타난다고 할 수 있다. 고전적 조건형성으로 알려진 파블로프의 개 실험에서 개는 벨 소리 이후에 먹이를 받는다. 먹이는 개의 행동과 무관하게 주어진다. 그런데 벨 소리가 들리자 개가 우연하게 앞발을 들었고 그 다음 먹이가 주어졌다고 하자. 개가 발을 드는 행동은 먹이 제공과 아무런 상관이 없다. 하지만 앞발을 드는 행동반응과 먹이 제공자극이 반복적으로 연합되면 개는 이후에 먹이를 먹고 싶을 때마다 앞발을 드는 행동을 한다.

자동조성이 어떻게 보면 동물들이 멍청해서 나타나는 행동처럼 보이지만, 사실은 인간에게도 미신이나 징크스라는 형태로 나타난다. 만약 손톱을 깎거나 머리를 감지 않은 채로 시험을 보았는데 결과가 좋았다면, 다음 시험을 볼 때에도 주변 사람들에게 악취를 풍길 수 있다. 운동선수들도 많은 징크스를 가지고 있다. 특정한 행동이나 환경, 옷차림 등 다양한 단서들을 경기의 결과와 연관시킨다.

어떤 이들은 심리적 안정감을 준다는 이유로 미신이나 징크스를 옹호하기도 하지만, 뒤집어 생각해보면 미신이나 징크스는 안정감 못지 않게 불안*을 초래한다. 때가 되지 않으면 아무리 앞발을 들어도 먹이를 얻을 수 없고, 때가 되면 가만히 있어도 먹을 수 있으니 마음 편안하게 때를 기다려보자.

죄수의 딜레마

협동보다는 경쟁을 선택하는 심리
prisoner's dilemma / 사회심리학

한 검사가 공범 두 명을 잡아 기소하려고 했으나 증거가 충분하지 않았다. 만약 이 상태로 기소한다면 두 공범은 재판에서 낮은 형량을 받을 것이 뻔했다. 검사는 이들에게 죗값을 제대로 치르게 하기 위해 자백을 받아낼 필요가 있었다. 그래서 검사는 두 죄수를 각각 다른 방에서 취조하면서 이렇게 말했다.

"만약 너희 둘 중에 한 사람만 자백을 하고 나머지는 끝까지 무죄를 주장한다면, 자백을 한 사람은 무혐의 처리를 해주고 끝까지 무죄를 주장한 사람은 10년을 감옥에서 살게 된다. 두 사람 모두 자백하면 각각 5년을, 둘 다 자백하지 않으면 6개월만 살게 된다. 자백을 하겠는가?"

이 이야기는 게임 이론game theory의 대표라 할 수 있는 죄수의 딜레마 상황이다. 게임 이론은 우리가 살아가면서 끊임없이 겪는 경쟁과 갈등 상황에서 사용할 수 있는 전략과 의사결정을 연구하는 분야다. 응용 수학의 한 분야이기도 한 게임 이론은 경제학과 매우 밀접한 연관을 맺고 있다. 이 외에도 심리학은 물론 철학과 컴퓨터 공학, 생물학 등 다양한 학문에서 연구하고 있으며, 군사와 경영 등 다양한 영역에서 적용되고 있다.

죄수의 딜레마 상황에서 만약 두 죄수가 서로 의사소통이 가능하

		범인 A	
		자백	침묵
범인 B	자백	A=5년 / B=5년	A=10년 / B=석방
	침묵	A=석방 / B=10년	A=6개월 / B=6개월

다면 당연히 자백하지 않을 가능성이 크겠지만, 의사소통이 불가능하기 때문에 결정은 더욱 복잡해진다. 자백을 안 하자니 상대방을 믿을 수 없고, 자백을 하자니 자신의 범죄를 인정해 높은 형량을 받게 된다.

이처럼 상대방의 협력을 확신할 수 없는 상황에서 대부분의 사람들은 침묵보다는 자백, 즉 협력보다는 배신을 선택한다. 협력보다는 배신을 선택하는 것이 개인적으로는 매우 합리적인 선택이기 때문이다. 상대방의 침묵을 가정하면 침묵6개월보다는 자백석방이 낫고, 자백을 가정해도 침묵10년보다는 자백5년이 낫다.

이런 유형의 딜레마가 여럿 있다. 자신에게 주어진 적절한 몫만 가지게 되면 모두가 풍족할 수 있지만, 모두가 당장의 이익을 위해 많은 것을 가지려 하다 보니 결국 누구도 갖지 못하는 상황을 공공재화의 딜레마public good dilemma 혹은 공유지의 비극tragedy of the commons 이라고 한다. 실제로 영국 어느 농촌에는 누구든지 마음껏 소를 끌고 나올 수 있는 공동 방목장이 있었다고 한다. 농부들은 경쟁적으로 더 많은 소를 끌고 나왔고, 결국 방목장은 황폐해져서 더이상 풀이 자라지 않게 되었다고 한다. 죄수의 딜레마가 일 대 일의 상황이라면, 공유지의 비극은 다수의 상황이다.

무임승차free rider ★사회적 촉진 역시 딜레마 상황이다. 팀으로 진행하는 과제나 프로젝트의 경우 모든 구성원이 모두 동등하게 기여하지 않는다. 열심히 하는 사람들도 있으나 그들의 노력에 편승하려는 사람들이 있기 마련이다. 이런 사람들은 다른 사람이 버스비를 낸다면 자기 한 명쯤이야 무임승차를 해도 괜찮지 않느냐는 생각이다. 무임승차는 그 누구에게도 피해를 주지 않는 것처럼 보인다. 하지만 모두가 무임승차를 기대하면 버스는 출발하지 못한다. 이것이 바로 딜레마다. 버스비를 내지 않으면 버스는 출발하지 않고, 버스비를 내면 누군가가 무임승차를 하는 상황이다.

치킨 게임chicken game은 경제 관련 뉴스에서 자주 볼 수 있는 딜레마다. 한 분야의 두 업체가 무한 경쟁을 할 때 치킨 게임이 시작되었다는 표현을 쓴다. 치킨은 속어로 '겁쟁이'란 뜻이다. 이 용어는 제임스 딘James Byron Dean이 출연했던 1950년대 미국 영화 〈이유 없는 반항Rebel Without a Cause〉에서 착안되었다. 두 주인공이 자동차를 타고 낭떠러지를 향해 달리면서, 자동차에서 먼저 뛰어내리는 사람을 겁쟁이라고 부르기로 하는 일명 치킨 런chicken run 게임을 한다. 치킨 게임의 또 다른 형태는 자동차 두 대가 서로를 향해 달리면서 누가 먼저 뛰어내리는지 보는 것이다. 치킨 게임은 갈 데까지 가자는 식으로 끝이 보이지 않는 상황이다. 어느 한 쪽이 포기하지 않으면 둘 다 파멸을 맞는다. 포기하자니 겁쟁이가 되고, 포기하지 않자니 파멸을 맞게 되는 것이다.

이런 딜레마의 특징은 개인의 입장에서 보았을 때는 합리적인 최고의 선택이지만, 전체로 봤을 때는 최악의 결과가 나타난다는 것이다. 모두가 이기려고 해서 아무도 이기지 못하는 상황이다. 이 딜레마를 극복하려면 개인적으로는 비합리적인 선택을 하는 방법밖에는 없다. 죄수는 침묵하고, 공동 방목장에 소를 끌고 나오지 않으며, 어떤 경우에도 버스비를 지불하고, 상대방의 치킨이 되어주는 것이다. 하지만 이렇게 할 수 있는 사람이 과연 얼마나 될런지 자못 궁금해진다.

주의

원활한 정보처리를 돕는 중요한 정신의 기능
attention / 인지심리학

이 세상에는 정보가 넘쳐흐른다. 시내 한복판에 가보라. 우리의 오감*으로 어마어마한 양의 정보가 쏟아져 들어온다. 만약 이 정보들을 모두 처리해야 한다면, 즉 의미를 파악해 기억*하고 필요할 때 인출해야 한다면 아마도 제정신으로 살기 힘들 것이다. 생각만 해도 끔찍한 악몽이 아닐 수 없다.

다행히 이런 일이 일어나지 않는 이유는 주의 때문이다. 주의는 오감으로 들어오는 정보들 중에서 일부만을 선택하게 한다. 기억의 중다저장 모형으로, 말하자면 주의는 감각 기억으로 들어온 정보 중 일부만 단기 기억으로 이동시킨다고 할 수 있다. 주의는 우리가 중요한 정보를 선택해 선별적으로 처리하게 만듦으로써 우리의 뇌*가 과부하에 걸리지 않게 한다.

이에 더해 주의는 외부의 자극 중에서 필요한 것이 있다면 언제든 받아들일 수 있도록 적절한 각성* 상태를 유지하는 기능도 한다. 대부분의 사람들은 주의가 자동으로 제 역할을 하고 있기 때문에 그 역할이 얼마나 귀중한 것인지 잘 알지 못한다. 하지만 주의력 결핍 및 과잉행동 장애ADHD*인 아이들을 보면 주의의 소중함을 이내 깨닫게 될 것이다.

칵테일파티 효과cocktail party effect는 주의의 역할과 기능을 잘 보여주는 예다. 칵테일파티는 여러 사람들이 끼리끼리 모여서 대화를 나누기 때문에 무척이나 시끄럽다. 파티가 한참 진행중일 때 도착한 손님은 어떤 누구와도 대화하기 힘들 것 같다고 생각할지 모르나, 반가운 지인을 만나서 대화를 시작하면 자신의 걱정이 기우였음을 알게 된다. 주의 덕분에 다른 사람들의 대화는 처리하지 않고, 반가운 지인의 목소리만을 처리하기 때문이다.

그렇다면 다른 사람들의 대화는 아예 들리지 않는 것일까? 아니다. 그러면 들리지만 전혀 처리하지 않고 있는 것일까? 그렇지도 않다. 홀의 저쪽에서 누군가가 자신의 이름을 부르거나 자신과 연관된 이야기를 하게 되면 그 목소리가 들리곤 한다. 이 역시 주의의 기능이다.

주의는 때에 따라 원하는 정보만을 처리하지만, 한편으로 처리하지 않던 정보에서도 중요한 내용을 발견하면 자동적으로 그 정보에 귀를 기울이게 한다. 이처럼 주의는 상황에 적절하게 작동해 우리의 뇌가 효율적으로 정보를 처리하도록 돕는 중요한 인지기능이다.

주의력 결핍 및 과잉행동 장애

부주의, 과잉행동, 충동성이 특징인 정신장애
ADHD ; Attention-Deficit Hyperactivity Disorder / 이상심리학

주의*력 결핍 및 과잉행동 장애이하 ADHD는 우리 주위에서 흔하게 볼 수 있는 정신장애*이상심리학다. 성인들에게도 ADHD 진단을 내릴 수 있지만, 보통은 아동에게 내린다. 아동의 경우 이 장애로 진단받을 수 있는 아이들의 비율유병율이 5% 정도라고 한다. ADHD의 증상으로는 쉽게 산만해지는 부주의, 잠시도 가만히 있지 못하는 과잉행동, 그리고 매사에 성급하거나 타인에게 지나치게 참견하는 충동성을 들 수 있다. 이러한 증상들이 12세 이전에 시작되어 6개월 이상 지속되고, 가정과 학교 등 두 곳 이상의 장소에서 나타나 학교나 가정, 친구 관계에서 문제를 일으킨다면 ADHD라고 할 수 있다.

ADHD 아동은 부모나 교사, 친구 등 주변 사람들을 힘들게 한다. 당연히 사람들과의 관계 유지가 힘든 것은 물론 학업에 어려움을 겪기 때문에 심리학자나 정신과 의사 등 전문가의 도움을 받아야 한다. 여전히 많은 어른들은 원래 아이들이란 그런 것이라면서 시간이 지나면 괜찮아질 것이라고 생각한다. 실제로 ADHD는 청소년기가 되면 호전을 보이는 경우가 많다. 하지만 시간만 믿고 방치했을 경우에는 학교에서나 친구 관계에서 적응하지 못하는 등 돌이킬 수 없는 결과를 초래하기도 한다.

최근 ADHD의 원인과 치료에서 새로운 접근이 주목을 받고 있다. 바로 수면*이다. 아이들이 산만하고 과잉행동을 하는 이유가 수면의 부족이나 질의 저하 때문이라는 것이다. 부모들은 아이들이 잠을 얼마나 싫어하는지 알고 있다. 어른의 입장에서는 쉽게 이해할 수 없지만 아이들은 잠자리에 들기 직전에 산만해지고 충동적이 된다. 어떻게든 자지 않으려는 것처럼 보인다. 아기들의 잠투정도 이런 맥락에서 이해할 수 있다.

아이들이 잠을 싫어하는 이유는 최적 각성* 수준을 유지하기 위해서다. 그래서 졸릴수록각성이 떨어질수록 ADHD처럼 행동하는 것이다. 이러한 관찰에서 연구자들은 ADHD 아동들의 수면을 조사했다. 결과는 놀라웠다. ADHD로 진단을 받은 상당수의 아이들이 만성적인 수면 부족에 시달리고 있었다. 아이들의 수면 시간을 충분히 확보하고 질 좋은 수면을 할 수 있도록 했더니 ADHD 증세가 상당히 호전되었다는 보고도 있다.

이를 뒷받침하는 증거로 ADHD가 과거에 비해 급증하고 있다는 사실을 들 수 있다. 기계문명은 밤을 낮처럼 밝혀준다. 당연히 어른, 아이 할 것 없이 취침 시간이 늦어졌다. 늦게 잤으면 늦게 일어나서 수면 시간을 충분히 보장해야 하지만 태양은 언제나 정해진 시각에 밝은 빛을 내리쬔다. 이렇게 발생하는 수면 부족 현상은 성인에게는 만성 피로로 인한 짜증과 사소한 갈등으로, 아이들에게는 ADHD라는 심각한 상태로 나타나고 있다.

하지만 기계문명이 발달하기 전에도 ADHD는 존재했었다는 점에서 모든 ADHD의 원인을 수면으로만 돌릴 수는 없다. ADHD 아동을 위한 학교인 헌터스쿨Hunter School을 설립해, ADHD 아동들이 능력을 제대로 발휘하도록 돕고 있는 톰 하트만Thom Hartmann은 『에디슨의 유전자를 가진 아이들The Edison Gene』에서 ADHD를 바라보는 새로운 시각을 소개했다.

에디슨 역시 어린 시절 ADHD 증상 때문에 학교에서는 부적응아였지만, 자신의 재능을 잘 살려 발명왕이 되었다. ADHD란 정신장애가 아니라 특별한 선물이자 재능이다. 인류는 크게 사냥꾼hunter과 농사꾼farmer이라는 두 기질을 타고나게 되었는데, ADHD는 사냥꾼의 기질을 타고났을 뿐이다. 단지 농사꾼 기질의 아이들이 많아지면서, 소수인 사냥꾼 기질의 아이들이 정신병자로 오해를 받고 있다. ADHD 아동이 사냥꾼 기질이라는 것은 이 아이들도 자신이 좋아하고 즐거워하는 일에는 엄청난 주의 집중력을 발휘한다는 사실로 입증된다. 마치 평소에는 사냥감을 찾기 위해 산과 들을 뛰어다니는 사냥꾼이 사냥감을 발견하면 엄청난 주의 집중으로 사냥을 하는 것처럼 말이다.

ADHD를 단지 사냥꾼 기질이라고 보는 것은 너무 안이한 생각이라고 주장하는 전문가들도 있다. ADHD 증상은 개인차가 상당해 어떠한 경우에도 집중이 힘들고, 심한 공격성까지 보이는 아이들도 있기 때문이다. 하지만 부모가 전문가의 도움을 받으면서 아이를 바라보는 시각을 바꾸는 것은 매우 중요하다.

2008년 베이징 올림픽에서 수영 종목 8관왕에 올라 수영 황제라는 별명을 갖게 된 펠프스Michael Fred Phelps II도 7세 때 ADHD를 치료하기 위해 수영을 시작했다고 한다. 펠프스 어머니의 세심한 배려와 적극적인 대처가 있었기에 가능했던 일이다. 한 가지 재미있는 사실은 수영 황제인 그가 처음 수영을 배울 때에는 물에 대한 두려움으로 얼굴도 담그지 못해 배영부터 배웠다는 사실이다. 언제나 기회는 문제와 함께 오는가 보다.

지능

누구나 알고 싶어하는 지능, 지능의 오해와 진실
intelligence / 심리 검사

사람들은 지능 지수IQ ; Intelligence Quotient에 관심이 많다. 자신의 IQ는 물론이고, 주변 사람들이나 연예인들의 IQ도 궁금해한다. 주로 학창 시절에 실시했던 정체불명의 검사를 통해 알게 된 IQ가 대부분이다. 그런데 한 가지 놀라운 사실은 모든 학자들이 인정하는 공통된 지능의 정의가 없다는 것이다. 지능을 측정하는 검사들은 헤아릴 수 없을 정도로 다양하며, 같은 검사를 통해 얻은 점수가 아니면 직접 비교할 수 없다. 이는 TOEIC, TOEFL, TEPS의 원점수를 직접 비교할 수 없는 것과 마찬가지다.

$$IQ = \frac{정신연령}{실제연령} \times 100$$

최초의 지능 검사

19세기 말, 서구사회는 공공 교육을 확대했다. 이전까지는 어느 정도의 경제적·지적 능력을 갖춘 아이들만 교육을 받았지만 이후로는 누구나 교육을 받을 수 있게 되었다. 아니, 정확히 말하면 받아야 했다. 지적 능력이 부족한 아이들도 무조건 학교에 가야 한다는 의미였다. 프랑스 교육부에서는 특수 학급을 편성하기 위해 위원회를 구성하고, 심리학자 비네Alfred Binet에게 주도적인 역할을 맡겼다.

비네는 자신의 조수였던 시몬Theodore Simon과 함께 1905년에 최초로 지능 검사를 제작했다. 그들은 아이들에게 일련의 질문을 던지고, 그 아이들의 대답을 다른 아이들의 평균적인 대답과 비교해 정신 수준mental level을 정했다. 만약 5세 아동의 대답이 4세 아동들과 비슷하다면, 이 아이의 정신 수준을 4세라고 했다. 이것이 최초의 지능 검사다.

미국 스탠포드대학의 심리학자 터만Lewis Terman은 비네와 시몬의 검사를 개정해 1916년에 스탠포드-비네Stanford-Binet 검사를 출간했다. 이 과정에서 터만은 비네가 사용하지 않았던 IQ라는 개념을 도입했다. 다음의 공식처럼 비율로 계산한다고 해서 비율ratio IQ라고 한다. 참고로 비네의 정신 수준 개념은 영어로 번역하는 과정에서 정신 연령mental age으로 오역되었다.

터만의 IQ는 여러 가지 문제점이 있었다. 우선 성인은 아동과 달리 일정 연령을 넘어서면 정신 연령은 크게 달라지지 않아 IQ가 떨어지게 된다. 물론 터만은 20세 이상의 성인에게는 임의적으로 IQ의 분모를 20으로 설정해놓자고 했으나 어디까지나 임시방편일 뿐이었다. 또 다른 문제는 연령별로 IQ의 편차가 달라 비교가 어렵다는 점이다. 4세 아동은 정신 연령에 따라 50, 75, 100, 125, 150의 IQ를 받을 수 있어서 편차가 25점이고, 5세 아동은 60, 80, 100, 120, 140의 IQ를 받을 수 있어서 편차가 20점이다. 이러한 문제점 때문에 더이상 터만의 IQ를 사용하는 검사는 존재하지 않는다.

새로운 방식의 IQ

터만의 비율 IQ는 폐기처분되었지만 이로 인한 오해는 계속되고 있다. 대표적인 오해는 두 자리인 IQ를 바보 취급하는 것이다. 비율 IQ에서는 자신의 실제 연령보다 정신 연령이 낮을 경우 100 이하, 즉 두 자리가 된다. 결국 두 자리 IQ는 나잇값도 못하는 사람을 의미하는 것이다. 하지만 현재 대부분의 지능 검사는 비율 IQ가 아닌 편차deviation IQ를 사용하고 있기 때문에 이러한 생각은 유효하지 않다.

편차 IQ란 자신과 비슷한 연령대의 사람들모집단의 점수, 즉 규준*
심리 검사에서 개인의 위치를 파악해 IQ를 정하는 방식이다. 이런 면에
서 나이가 들수록 IQ가 떨어진다는 생각은 틀린 것이다. 물론 나이
가 들면 암기 같은 인지 능력은 약해지지만 이는 개인의 문제가 아
니라 모든 사람들모집단의 문제이기 때문에 개인의 IQ에는 아무런
변화가 없다.

편차 IQ를 채택하고 있는 지능 검사는 정상 분포normal distribution인
모집단의 평균을 100, 표준편차를 15로 가정한다. 따라서 지적능력
이 평균상위 50%이라면 100점, 평균에서 +1표준편차상위 16%라면 115
점, +2표준편차상위 2.5%라면 130점을 얻고, 평균에서 −1표준편차상
위 84%라면 85점, −2표준편차상위 97.5%라면 70점을 얻는다. 또한 평
균에서 ±2표준편차전체의 95%를 정상 범위normal range라고 한다. 결국
두 자리인 IQ도 지극히 정상이라고 할 수 있다.

이러한 정상 범위를 제외한 나머지 부분은 이상 범위abnormal range
다. 평균에서 +2표준편차 이상전체의 2.5%은 영재gifted child라고 하고,
−2표준편차 이하전체의 2.5%를 정신 지체MR ; Mental Retardation★이상심리학라고
한다.

한때 정박아정신 박약mental deficiency 아동나 저능아지능이 낮은 아동라고도
불렸던 정신 지체는 이제 지적 장애intellectual disability라고 한다. 정신지
체라는 표현이 무엇인가 부족하거나 모자란 사람이라는 인상을 주
기 때문이다. 이러한 용어의 변경은 전 세계적인 흐름으로 우리나라
도 이에 동참하고 있다. 일례로 2007년 10월 12일부터 발효된 장애

인복지법 개정안에는 정신 지체 대신 지적 장애라는 표현이 사용되었다. 이러한 변화는 2013년 5월 출간한 DSM-5*DSM에도 반영되어 지적 장애 혹은 지적 발달 장애intellectual developmental disorder로 명시되었다. 참고로 DSM-5에서는 이 진단의 핵심 기준을 IQ가 아닌 일반적인 정신 능력의 결함추론, 문제해결, 계획, 추상적 사고, 판단, 학업적 성취,경험 등으로 바꾸었다.

웩슬러 지능 검사

현재 전 세계적으로 가장 많이 사용하는 지능 검사는 미국의 임상 심리학자 웩슬러David Wechsler가 만든 검사다. 이 검사는 대상에 따라 성인용 웩슬러 지능 검사WAIS Wechsler Adult Intelligence Scale, 아동용 웩슬러 지능 검사WISC Wechsler Intelligence Scale for Children, 유아용 웩슬러 지능 검사WPPSI Wechsler Preschool and Primary Scale of Intelligence로 구분한다.

웩슬러는 인간의 지적 능력을 두 영역에서 측정해야 한다고 생각했고, 검사 역시 그렇게 만들었다. 두 영역이란 언어성과 동작성비언어이다. 그러나 2008년 출간된 WAIS-IV부터는 언어성과 동작성 대신, 이를 세분화한 네 가지 지표index를 사용한다.

그것은 바로 언어이해VCI ; Verbal Comprehension Index, 작업기억WMI ; Working Memory Index, 지각적 추리POI : Perceptual Reasoning Index, 처리속도PSI ; Processing Speed Index다. 언어이해에 해당하는 소검사는 공통성, 어휘, 지식상식이며, 작업기억에 해당하는 소검사는 숫자 외우기와 산수문제 풀기다. 지각적 추리에 해당하는 소검사는 나무토막 짜기, 행렬추리, 퍼즐 맞추기이고, 처리속도에 해당하는 소검사는 동형 찾기와 기호 쓰기다.

이상의 소검사 중에는 젊은이들에게 유리한 검사숫자 외우기, 산수 등도 있지만, 오히려 나이와 경험이 많은 사람들에게 유리한 검사이해, 어휘 등도 있다. 이를 통해 지능이란 새로운 정보를 받아들이거나 암기, 암산하는 능력보다 큰 개념임을 알 수 있다. 특질★5요인 모형 이론가로 잘 알려진 커텔은 일찍이 지능을 유동성 지능fluid intelligence과 결정성 지능crystallized intelligence으로 구분했다. 전자는 새로운 정보를 획득하거나 논리적으로 문제를 해결하는 능력으로 나이가 들수록 감소되는 경향이 있다. 반면에 후자는 경험으로 축적된 지능을 활용할 수 있는 능력으로 나이가 들어도 일정하게 유지되거나 오히려 증가하기도 한다. 결국 노인들의 지혜도 지능으로 볼 수 있다.

다중 지능

지능 개념에 획기적인 변화를 일으킨 사람은 미국 하버드대학의 심리학자 가드너Howard Gardner다. 그는 지금까지의 지능 개념이 잘못되었다고 주장하면서 1983년에 다중 지능multiple intelligence을 제안했다. 가드너는 지능이란 단일 능력이 아니어서 하나의 숫자IQ로 표현할 수 없다고 주장했다. 또한 그는 전통적인 지능 검사에서 주로 측정했던 언어linguistic, 논리수학logical-mathematical, 공간지각spatial 능력 뿐만 아니라 음악musical, 신체운동bodily-kinesthetic, 대인관계interpersonal, 자기이해intrapersonal, 자연탐구naturalist 능력도 중요한 지적 능력이라고 했다. 최근에는 실존existential 능력까지 지능에 포함시키려고 하고 있다.

　기존의 지능이론과 검사를 모차르트 같은 천재 음악가에게 실시한다면 어떨까? 이들의 언어나 논리적인 사고능력이 특출하지 않다면 그저 평범한 지능의 소유자로 분류될 것이다. 뛰어난 운동선수도 별반 다르지 않을 것이다.

　하지만 가드너의 이론으로는 이들의 재능을 모두 지능으로 설명할 수 있다. 끊임없이 사람들과 관계를 맺어야 하는 사업가들이나 교사들은 대인관계 지능이, 자신의 감정과 생각에 민감하게 반응해 표현해야 하는 예술가들은 자기이해 지능이 높다. 곤충을 관찰했던 파브르Jean Henri Fabre를 비롯한 수많은 자연과학자들은 자연탐구 지능이 높다고 할 수 있으며, 수많은 철학자들이나 종교인들은 실존지능이 높다고 할 수 있다.

정서 지능

　지능 분야에서 또 다른 획기적 변화는 정서 지능EI ; Emotional Intelligence의 등장이었다. 많은 이들은 골먼Daniel Goleman을 정서 지능의 대표적인 학자로 알고 있으나, 골먼은 교수나 연구자가 아닌 〈뉴욕 타임스The New York Times〉의 기자였다. 심리학 박사학위 소지자였던 그는 학계에서 나오는 여러 연구를 대중들에게 소개하는 기사를 주로 쓰고 있었다.

　어느 날 정서 지능 개념을 제안한 미국 뉴햄프셔대학의 메이어John

Mayer와 예일대학의 샐로비Peter Salovey의 논문을 보게 되었고, 그동안 심리학계에 발표된 정서 관련 연구를 정리해 1995년에 『정서지능Emotional Intelligence』을 출간했다.

정서 지능이란 구체적으로 무엇을 의미할까? 메이어와 샐로비는 다섯 가지 측면에서 설명하고 있다. 첫 번째는 자신의 정서를 인식하는 능력, 두 번째는 자신의 정서를 관리조절하는 능력, 세 번째는 스스로에게 동기를 부여하는 능력, 네 번째는 타인의 정서를 인식하고 공감하는 능력, 다섯 번째는 관계를 잘 맺는 능력이다. 골먼은 자신의 책에서 한 연구 결과를 인용해 IQ가 인간의 성공과 행복을 20%밖에 예측해주지 못한다고 하면서, 그 대안으로 정서 지능을 강조했다. IQ에 열광하고 있던 미국 사회는 이 책으로 적지 않은 충격을 받았다.

그런데 골먼의 주장이 세간의 관심을 받으면서 어느 새 정서 지능 EI은 기존의 IQ에 대비되는 EQ정서 지능 지수로 변신했다. EQ는 메이어와 샐로비, 그리고 골먼도 사용하지 않았던 개념이다. 정서 지능을 측정할 수 있는 검사가 없는 상황에서 EQ라는 개념은 타당하지 못했지만 언론과 대중은 개의치 않았다.

따지고 보면 사람들이 그토록 관심을 갖는 지능과 IQ, EQ는 돈벌이 수단으로 전락되지 않았나 생각한다. 지능과 아무런 연관성이 없는 제품에도 IQ나 EQ가 거침없이 붙어 있는 것을 볼 때에는 더욱 그렇다. 세상을 살아가는 데 지능이 얼마나 중요할지는 모르겠지만, 한 가지 다행인 것은 여러 학자들에 의해 지능의 개념이 점차 확장되고 있다는 사실이다. 이렇게 확장되다 보면 지능이라는 개념이 자연스럽게 사라지게 될지도 모르겠다. 이미 가드너의 다중 지능 이론으로 사람들의 관심은 공부 잘하게 만드는 지능보다 자신이 가지고 태어나는 재능으로 옮겨가고 있으니 말이다.

진화심리학

진화론의 관점으로 인간의 마음과 행동을 이해하다
evolutionary psychology / 분야

미국의 생물학자 윌슨Edward Wilson이 다윈의 진화론으로 인간의 사회현상을 설명하고자 했던 사회생물학sociobiology을 주창한 이후 진화심리학은 급격히 발전했다. 진화심리학이란 진화론으로 인간의 마음과 행동을 설명하려는 심리학의 하위 분야다. 관련 연구들은 1980년대 후반부터 발표되기 시작했으나 『적응하는 마음The Adapted Mind』이 출간된 1992년을 진화심리학의 시작으로 잡는다. 이는 캐나다 댈하우지대학의 인류학자 바코Jerome Barkow, 미국 UC산타바바라의 심리학자 코스미데스Leda Cosmides, 그리고 코스미데스의 남편이자 인류학자인 투비John Tooby가 공동으로 저술한 책이다.

대부분의 사회과학 이론들은 인간의 마음과 행동을 사회화의 산물로 보는 경향이 있다. 하지만 진화심리학에서는 인간의 본성이 처음부터 타고나는 것이며, 심리적 기제마음과 행동, 그리고 두뇌도 생존을 위해 환경에 적응한 진화의 결과라고 주장한다. 다시 말해 진화심리학에서는 개체 보존과 종족보존을 위한 자연 선택natural selection과 자웅 선택sexual selection의 두 원리가 인간의 마음과 행동을 잘 설명해준다고 보는 것이다.

진화심리학자들은 진화란 수많은 세대에 걸쳐 이루어지는 것으로 종에 따라 그 속도가 다르다고 한다. 인간의 경우 진화가 느리게 나타나는 종이지만, 뛰어난 두뇌를 통해 급격한 문명의 발달을 이루게 되면서 진화가 환경을 따라잡지 못했다고 한다.

그 결과 현대인들의 정신세계는 1만 년 전인 플라이스토세빙하기, 소위 석기시대 사람들의 정신세계와 동일하다고 주장한다. 겉모습은 다를지 몰라도 마음과 행동이 비슷하다는 것이다. 일례로 예나 지금이나 남자들은 권력과 경제적 부나 사회적 지위와 성공을 추구하면서 여러 여성과 관계를 맺으려 하고, 여성들은 자신들의 외모를 가꾸면서 믿을 수 있는 한 남자와 관계를 맺으려는 경향이 있다고 한다.

언뜻 성차별적으로 보이기도 하는 이런 식의 설명과 주장을 거부하는 이들도 많다. 그렇지만 진화심리학자들은 현상을 당위로 착각하는 자연주의적 오류naturalistic fallacy와 당위를 현상으로 해석하는 도덕주의적 오류moralistic fallacy, 이 두 가지 모두를 배제해야 한다고 주장한다.

다시 말해 남성이 많은 여성과 성관계를 통해 많은 자녀를 낳을 수 있는 생식 능력이 있다고 해서 바람을 피우는 남자들의 행동이 정당하다는 주장자연주의적 오류이나, 남자와 여자는 동등해야 하기 때문에 둘의 차이는 존재하지 않는다는 주장도덕주의적 오류 모두 틀렸다는 것이다. 현상은 현상으로만 받아들이면 된다는 것이 진화심리학자들의 논지다.

진화심리학은 성차와 짝짓기 행동에 대해 훌륭하게 설명하고 있다. 사람들은 자신의 이상형이 타인과는 다르다고 생각하지만 진화심리학자들은 모두가 비슷하다고 주장한다. 남성은 자신의 연령과 무관하게 20~30대의 여성을 원하고, 여성은 비교적 자신보다 나이가 많은 남성을 원한다는 것이다. 그 이유는 여성의 경우 20~30대가 가임연령이고, 남성의 경우 나이가 많을수록 경제적으로 안정적이어서 종족보존을 위한 최상의 파트너라고 한다. 물론 모든 사람들이 언제나 이런 상대를 찾는 것은 아니지만, 이러한 경향성을 부인할 수는 없다. 이 외에도 진화심리학은 정치와 종교, 경제적 행동까지 설명의 범위를 넓혀가고 있다.

하지만 진화심리학으로 설명이 어려운 문제들도 있다. 동성애, 자식을 낳지 않으려는 젊은 부부들, 자식이 부모를 공경하는 이유, 자살행동 등은 진화의 법칙에 위배되는 것들이어서 진화심리학자들을 곤혹스럽게 만든다. 사회심리학*의 한 분야로 다뤄지기도 하는 진화심리학은 많은 논란에도 불구하고 계속 발전할 가능성이 있는 신생 분야다.

집단

서로에게 지속적으로 영향을 미칠 수 있는 모임
group / 사회심리학

'단지 한 개인'이 아닌 '환경 속의 개인'의 마음과 행동을 연구하는 사회심리학*에서 집단은 중요한 연구 주제다. 개인에게 영향을 미치는 대표적인 환경이 집단이기 때문이다. 일반적인 의미의 집단이란 단지 여러 명이 이룬 모임을 의미하지만, 사회심리학에서 집단은 서로에게 지속적으로 영향을 미칠 수 있는 모임만을 의미한다.

소위 '우리'라는 표현이 가능해야 집단이라고 할 수 있다. 경기장에 모인 관중들이나 같은 버스에 타고 있는 사람들은 집단이라고 할 수 없고, 동창회나 동아리 혹은 직장처럼 다양한 목적을 가진 지속적인 모임만이 집단이라 할 수 있다.

집단은 상호작용의 정도에 따라 개인에게 미치는 영향이 달라진다. 우선 상호작용이 약한 집단에서는 사회적 촉진*이나 저하, 사회적 태만, 탈개인화*가 발생하며, 상호작용이 강한 집단에서는 집단극화*와 집단사고*가 발생한다.

사회심리학의 창시자인 레빈은 집단 연구로 유명하다. 1946년에 미국 코네티컷 주정부는 그에게 집단의 긴장을 효과적으로 다루고 인종에 대한 편견* 해소를 도울 수 있는 지도자 양성 프로그램을 의뢰했다. 이를 위해 레빈은 각 10명씩 집단을 구성해 지속적인 모임을 갖게 하면서 다양한 주제로 토론을 시켜보았다. 결과는 놀라웠다. 사람들은 토론의 주제나 내용과 무관하게 자신들의 인간관계 유형을 파악하게 되었고, 타인에 대한 적절한 반응과 행동이 무엇인지 배우게 되었다. 집단 경험을 통해 사람들은 상당히 긍정적인 변화를 체험했다.

레빈은 유사한 방식의 실험을 계속 진행했다. 이런 방식의 집단을 처음에는 기초 기술 훈련basic skills training 집단, 1949년에는 인간관계 훈련training in human relations 집단이라고 불렀다. 여기서 T집단이라는 표현이 나오게 되었다. T집단은 대인관계에서 중요한 감수성을 연습할 수 있다고 해 감수성 훈련sensitivity training 집단으로도 불렸다. 1950년경 미국교육학회National Educational Association는 T집단을 운영하는 기관NTL ; National Training Laboratory을 설립해 지금도 다양한 형식의 인간관계 훈련을 실시하고 있다.

1960년대에 들어서면서 집단의 목적은 사회적이고 교육적인 관점에서 심리치료적인 관점으로 바뀌게 되었다. 다시 말해 대인관계 기술을 훈련하는 것보다 개인의 성장과 변화를 목적으로 집단이 꾸려졌다. 이 과정에서 로저스*의 인간중심 치료*가 적지 않은 영향을 끼쳤다. 이후로 집단은 인간 잠재력human potential 집단으로 불리다가 최종적으로는 참 만남 집단encounter group★집단 상담이라는 이름을 갖게 되었다. 참만남 집단이란 모든 집단원들이 진실성에 근거해 서로를 사람 대 사람으로 만나자는 취지에서 붙여진 이름이다. 진실성은 인간중심 치료의 핵심 개념이다.

집단극화

개인보다 집단의 의사결정이 더 극단적이기 쉽다

group polarization / 사회심리학

5년 전 대학을 졸업한 뒤 큰 회사에서 일하고 있는 효양은 적절한 연봉을 받고 있으며, 퇴직 후에는 연금도 받을 수 있다. 하지만 연봉은 퇴직할 때까지 크게 오를 것 같지 않다. 그런데 얼마 전에 새로 설립된 작은 회사에서 제의가 왔다. 지금보다 연봉도 높고, 앞으로 큰 회사와 경쟁해서 성공할 경우 경영권의 일부도 주겠다고 제안했다. 문제는 그 직장의 재정 건실도가 현재의 회사보다 낮다는 것이다. 이런 상황에서 당신은 효양에게 그 직장의 재정 건실도가 어느 정도면 새로운 직장으로 옮기라고 권할 것인가? 다음 중 하나를 골라보라.

① 그 회사가 재정적으로 건실할 확률 10%

② 그 회사가 재정적으로 건실할 확률 30%

③ 그 회사가 재정적으로 건실할 확률 50%

④ 그 회사가 재정적으로 건실할 확률 70%

⑤ 그 회사가 재정적으로 건실할 확률 90%

⑥ 어떤 경우에도 권하지 않겠다.

이는 미국 조지메이슨대학의 사회심리학자 프루잇Dean G. Pruitt이 참가자들에게 던진 질문이다. 프루잇은 사람들의 응답을 평균적으로 계산해보니 재정 건실도가 66.3%만 되어도 이직을 권하는 것으로 나타났다. 물론 참가자들이 개별적으로 응답하게 했다. 이번에는 집단*에서 토의한 후에 응답하게 했더니 평균 56.9%가 나왔다. 즉 집단의 토의가 평균 9.4%나 모험을 감수하도록 한 것이다. 이런 집단토의 없이 두 번 응답하게 한 통제집단에서는 이러한 변화를 관찰할 수 없었다.

이처럼 집단의 의사결정이 개인의 의사결정보다 모험을 무릅쓰도록 하는 현상을 모험 이행risky shift이라고 한다. 하지만 이후 연구자들은 모험 이행과 정반대인 보수 이행cautious shift도 가능함을 증명했다. 집단 토의 후에 더 보수적인 결정을 내리는 것이다. 결국 집단토의는 구성원들의 성향을 극단으로 치닫게 한다는 사실이 밝혀졌다. 이처럼 집단이 개인보다 극단적인 의사결정을 하는 현상을 집단극화라고 한다.

사람들은 개인의 의사결정보다는 집단의 의사결정이 효과적이라고 믿는 경향이 있지만 꼭 그렇지만은 않다. 집단에서는 극단적인 의사결정을 하기 쉽다. 역사적으로 보았을 때 정치인들은 집단극화와 집단사고*를 통해 중요한 순간에 어처구니없이 극단적인 선택을 한 경우가 많았다.

집단사고

최고의 전문가들이 만드는 최악의 의사결정

groupthink / 사회심리학

1961년 2월, 미국 케네디John F. Kennedy 대통령은 한 기밀계획을 보고
받았다. 미국에 거주하는 쿠바 망명자 1,300명에게 군사훈련을 시켜 쿠
바의 피그만Bay of Pigs으로 침투시킨다는 것이었다. 이들이 쿠바인들의
봉기를 유도해 공산주의 정권을 몰아내고 자본주의 국가를 수립하는 것
이 최종 목표였다. 케네디 대통령은 CIA를 비롯한 합참의장과 백악관
각료, 외교 전문가들을 동원해 이 작전을 검토했고, 만장일치로 이 작전
을 실행하기로 결정했다. 작전을 실행에 옮기기까지 준비기간도 2개월
밖에 되지 않았다. 모든 것이 이상하리만치 빠르게 진행되었다.

1961년 4월 17일에 작전이 감행되었다. 피그만으로 침투하는 데 성
공한 1,300명은 쿠바 민중들을 설득했다. 공산주의를 무너뜨릴 수 있는
절호의 기회라고 역설했다. 하지만 쿠바인들은 카스트로 정권에 호의적
이었고, 결국 봉기는 일어나지 않았다. 게다가 미국의 예상과 달리 쿠바
군대는 신속하게 대응했다. 쿠바 군대는 4일 만에 100명을 사살했으며
1,200여 명을 생포했다. 결국 미국은 5천만 달러 상당의 식품과 의약품
을 주는 대가로 포로들을 구할 수 있었다. 쿠바의 공산주의 정권을 무너
뜨리기는커녕 오히려 더 도와준 꼴이 되고 말았다.

미국 예일대학의 심리학자 제니스Irving Janis는 전 세계 어느 나라보

다 최고의 정보력과 군사력, 조직력을 가진 미국이, 또한 최고의 전문가 집단★이라고 할 수 있는 백악관 참모진들이 어떻게 이런 엉터리 같은 의사결정을 하게 되었는지 알아내고자 백악관의 의사결정 과정을 심리학적으로 분석했다. 그 결과 응집력이 높은 집단에서 만장일치가 요구될 때 그 집단은 종종 엉터리 같은 결정을 내린다고 결론 내렸고 이를 집단사고로 명명했다. 이는 조지 오웰George Orwell의 소설『1984』에서 제니스가 차용한 용어다.

제니스는 집단사고가 나타나는 원인으로 세 가지를 꼽았다. 바로 응집력cohesiveness과 집단의 구조적 결함structural faults, 그리고 불리한 상황적 요인들provocative situational factors이다. 응집력이 높은 집단에서는 다른 사람과 좋은 관계를 유지하기 위해 언쟁을 피하고, 집단의 결정에 대해 다른 의견을 제시하지 않으려는 경향성이 존재한다.

내부에서 다양한 의견이나 비판이 나오기 힘들다면 외부에서 누군가가 그 역할을 해야 하지만, 집단이 외부에서 차단된 구조적인 결함이 있다면 이마저도 어려울 수밖에 없다. 마지막으로 성과를 빨리내야 하는 상황이거나 외부의 비난을 받고 있는 불리한 상황이라면 집단사고가 발생할 가능성은 매우 높아진다. 또 다른 집단사고의 예는 필자가『심리학으로 보는 조선왕조실록』에서 언급했던 인조와 그 신하들의 결정이다.

병자호란이 터지자 인조는 신하들과 대책을 논의했다. 논의 결과 인조는 왕세자들과 신하들을 강화도로, 자신은 남한산성으로 피신하기로 결정했다. 사실 피신이 아니라 고립을 자초한 결정이었다.

인조의 결정은 선왕이었던 선조와 비교했을 때 더욱 이해하기 어렵다. 선조는 임진왜란이 터져 한양이 함락될 듯하자 한양을 버리고 북쪽으로 피신했다. 이때 왕비와 세자를 데리고 다니지 않고 모두 다른 방향으로 흩어져 한 곳에 머무르지 않게 했다. 당연히 왜인들은 이들을 잡을 수 없었다. 만약 인조도 선조처럼 세자를 강화도가 아닌 다른 곳으로 피신시켜 후일을 도모하고, 자신도 어느 한 곳에 머무르지 않고 1만 명의 군사들과 함께 결사항전을 하면서 밤낮을 쉬지 않고 남하했더라면 상황은 달라지지 않았을까?

청 태종은 인조의 이런 결정을 비웃기라도 하듯이 강화도와 남한산성을 포위했다. 식량이 떨어진 이들은 백기를 들고 나왔고, 인조는 삼전도에서 청 태종에게 큰절을 올렸다.

이처럼 응집력과 집단의 구조적인 결합, 또한 불리한 상황적 요소들은 집단의 결정을 시궁창으로 몰아넣는다. 중요한 자리에서 파급력이 큰 의사결정을 해야 하는 사람들일수록 다양한 의견을 받아들일 줄 알아야 한다. 내부의 응집력이 강해 다양한 의견을 내는 사람이 없다면, 외부의 도움을 받아야 한다. 또한 아무리 상황이 불리하더라도 성급한 판단은 금물이다. 성급한 판단이 상황을 더 악화시키기 때문이다.

집단 상담

개인 상담보다 효과적인 집단 상담
group therapy / 상담과 심리치료

외국 영화에는 간혹 사람들이 둘러앉아 자신의 이야기를 하는 장면이 나온다. 때로는 눈물을 흘리기도 하고 서로에게 용기와 힘을 북돋아주기도 하며, 갈등을 경험하고 해결하기도 한다. 친구들의 모임이라고 하기에는 대화가 진지하고, 종교적인 모임이라고 하기에는 종교 색채가 드러나지 않는다. 그렇다고 의사결정을 위해 모인 회의도 아닌 것 같다. 도대체 저 모임의 정체는 무엇일까? 이는 다름 아닌 집단 상담을 진행하는 모습이다.

집단 상담은 상담자와 내담자가 일 대 일로 진행하는 개인 상담*
<small>상담 심리학</small>과 달리, 한두 명의 상담자와 다수의 내담자구성원들이 진행하는 상담이다. 집단 상담의 기원과 전통은 두 가지다. 하나는 1950년경에 시작된 레빈의 집단* 연구가 심리치료 이론과 융합해 발전한 참만남 집단이고, 또 다른 하나는 20세기 초 환자를 대상으로 한 의사들의 강의다. 의사들의 강의는 이후 환자들이 서로 소통하는 과정으로 발전했고, 결국 1960년대에 두 전통은 하나의 흐름으로 귀결되었다.

종류

집단 상담에는 다양한 종류가 있다. 우선 대학 상담센터에서 진행하는 '발표력 향상을 위한 집단'이나 '적성과 진로 탐색 집단'처럼 집단의 주제와 각 회기의 프로그램이 정해져 있는 구조화 집단, 큰 틀의 주제와 각 회기의 목표는 있으나 상황에 따라 유연하게 운영되는 반구조화 집단, 주제를 미리 정하지 않고 각 회기마다 집단원이 꺼내는 이야기나 주제에 대해 다루는 비구조화 집단으로 구분할 수 있다.

보통 구조화 혹은 반구조화 집단은 폐쇄형 집단으로 중도에 새로운 구성원을 받지 않는다. 반면에 비구조화 집단은 개방형 집단인 경우가 많아 기존 구성원의 종결로 생긴 자리에 새로운 구성원이 들어올 수 있다.

이상의 집단들은 보통 매주 정해진 시간에 만나는 위클리weekly 집단으로, 한 회기의 시간은 초중고등학교에서 진행되는 경우 수업시간40~50분과 동일하지만, 대학생이나 성인의 경우는 90~120분 정도다. 하지만 며칠 동안 집중적으로 진행하는 마라톤marathon 집단은 식사와 휴식 시간을 제외하고 아침부터 늦은 밤까지 쉬지 않고 상담을 진행한다.

성인을 대상으로 한 집단 상담은 우리나라의 경우 비구조화-폐쇄형-마라톤 집단이, 상담에 대한 인식이 보편적인 서양은 비구조화-개방형-위클리 집단이 일반적이다. 비구조화-개방형-위클리 집단이 가능하기 위해서는 집단에 참가하기를 희망하는 대기자가 끊이지 않아야 하는데, 우리나라는 상담의 저변이 약해 현실적으로 어렵다. 대기자가 없을 경우 기존 구성원이 종결하면 인원이 점차 줄어들기 때문이다.

상담자 혹은 지도자리더가 있는 집단과 상담자 없이 구성원들끼리 자발적으로 운영하는 자조집단self-help group도 있다. 자조집단은 구속력과 강제력이 없고, 모든 것이 집단원의 자발적 참여와 봉사로 진행된다. 자조집단의 대표적인 경우가 '익명의 알코올 중독자들AA : alcoholic anonymous'이다. 우리나라에서도 1976년부터 AA가 시작되었다. 이 외에 마약이나 도박을 끊고자 하는 사람들이 만든 자조집단도 존재한다.

장점

집단 상담은 무엇보다 대인관계 문제를 다루는 데 있어서 개인 상담보다 효과적이다. 개인 상담에서는 내담자의 주관적인 보고에 근거해 '그때-그곳'의 문제를 다루지만, 집단 상담에서는 구성원의 대인관계 패턴이 집단 구성원들 사이에 그대로 재현되기 때문에 '지금-여기'의 문제를 다룰 수 있다. 게다가 상담에서 얻게 된 통찰*이 실제적 효과로 이어지려면 실제 관계에서 새로운 시도를 해야한다. 개인 상담의 경우 이것이 온전히 내담자의 몫으로 남지만, 집단 상담에서는 상담자가 지켜보는 가운데 집단원들을 대상으로 직접 해볼 수 있다.

이와 더불어 개인 상담보다 상담료가 저렴하다는 것도 집단 상담의 중요한 이점이다. 상담에 대한 인식이 부족해 상담을 꺼려하는 사람들에게 이 부분은 매우 중요하다. 또한 개인 상담은 상담자와 일 대 일의 상황이라 내담자의 심리적인 부담이 크지만, 집단 상담은 자신이 원하지 않을 경우 침묵하거나 집단에서 한 걸음 물러설 수 있다는 점에서 심리적인 부담도 적은 편이다.

어떤 이들은 자신의 이야기를 상담자가 아닌 다른 사람들에게도 개방해야 한다는 점, 상담자가 자신에게만 집중하지 않는다는 점 때문에 집단 상담을 꺼리기도 한다. 이런 점에서 집단 상담의 효과를 의심하는 사람들도 있다. 하지만 정신분석★에 근거한 실존주의★불안 치료자로 잘 알려진 미국의 정신과 의사 얄롬Irvin Yalom은 그동안 학계에 언급된 개인 상담과 집단 상담의 치료효과 연구를 검토해본 결과 집단 상담이 개인 상담보다 더 효과적이라는 결론을 얻었다고 했다.

우리는 태어나서 죽는 그 순간까지 나를 둘러싸고 있는 사람들, 즉 집단을 벗어날 수 없기 때문에 즐거운 일도, 슬픈 일도 집단과 연관되어 있는 경우가 많다. 인생의 성공과 실패도 집단 경험과 무관할 수 없다. 그런데 그 어느 곳에서도 집단에서 무슨 일이 일어나고 있는지, 그때 우리는 어떻게 대처해야 하는지 알려주지 않고 배울 기회도 없었다. 이런 면에서 집단 상담은 누구에게나 좋은 기회가 될 수 있다.

착각

외부의 자극을 잘못 해석하거나 판단하는 현상
illusion / 감각과 지각

착각이란 외부의 자극을 잘못 해석하거나 판단하는 현상으로 항
등성*처럼 후천적인 경험 때문에 경험하는 지각*^{감각과 지각} 과정이다.
보통 시각에서 경험하는 경우가 많아 착시_{optical illusion}라고도 한다.

착각이 일어나는 이유는 주변의 맥락 때문이다. 다음 페이지에 있
는 뮐러-라이어_{Müller-Lyer} 착시를 보라. 가운데 직선의 길이만 보면
둘은 동일하다. 하지만 직선의 양쪽 끝에 위치한 부등호는 아래쪽
직선을 더 길어 보이게 한다.

뮐러-라이어 착시를 경험하는 이유는 무엇일까? 그 이유는 인류
가 나무를 사용해 집을 만들면서 직각을 일상적으로 보게 되었기 때

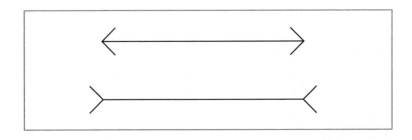

문이다. 지금 눈을 돌려서 천정과 벽이 만나는 지점을 살펴보라. 세 개의 직선이 만나는 꼭짓점을 볼 수 있다. 이러한 경험으로 우리는 동일한 직선을 다르게 지각하는 지각적 습관이 생긴 것이다. 대부분의 현대인들은 이처럼 목조문화권에서 살기 때문에 누구나 뮐러-라이어 착시를 경험하게 된다.

그렇다면 목조문화권에 살지 않는 사람들은 이 착시에 속지 않는다는 말인가? 그렇다! 열대 우림지역에서 사는 부족들은 이 착시에 속지 않는 것으로 알려져 있다.

유명한 착시로는 철길에 가로질러 놓인 두 선분의 길이가 다르게 보이는 폰조 착시ponzo illusion, 수평선의 달이 더 크게 보이는 달 착시moon illusion, 특이한 방의 구조로 인해 동일한 두 사람이 서로 다른 크기로 지각되는 에임스 방Ames room 등이 있다.

착각을 종종 환각*과 혼동하기도 한다. 하지만 착각이 존재하는 자극에 대한 오지각이라면 환각은 존재하지 않는 자극을 지각하는 현상이다. 따라서 착각이 일반인도 경험하는 현상이라면, 환각은 환각제*향정신성 약물에 노출되었기 때문에 생기거나 심각한 정신장애*이상

^{심리학}를 가지고 있는 사람들이 경험하는 정신증★^{신경증과 정신증}의 대표적
증상이다.

창의성

성공과 행복을 가져다줄 열쇠
creativity / 인지심리학

영국 정부는 창의성의 가치를 깨달아 1997년에 정부 주도로 문화
산업 분야에서 창의성 산업을 증진시킬 목적으로 창의성 산업 특별
위원회_{Creative Industries Task Force}를 설립했다. 그 결과 현재 영국의 창의
성 산업은 GDP의 8%에 달하고, 유럽 디자이너의 30%를 배출한 국
가가 되었다.

한때 창의적이라는 표현은 예술가들에게만 적용되었다. 하지만
이제 창의성은 사회 곳곳에서 직업과 연령을 초월해 필수적으로 갖
춰야 할 특성이 되었다. 끊임없이 경쟁해야 하는 기업에서도 창의적
인 인재를 선호한다. 창의적인 인재만이 회사의 미래를 책임질 수
있다고 생각하기 때문이다. 대학도 마찬가지다. 단지 주어진 공부만
잘하는 학생보다 남들과 다르게 생각하고, 이전에 시도하지 않았던
다른 방식으로 접근할 수 있는 학생을 선호한다.

직업적으로 보자면 교수나 교사도 창의성이 필요한 직업이다. 교
수의 연구 결과가 학계에서 주목받으려면 기존의 연구나 발견을 되

풀이해서는 안 된다. 독창적인 연구에 큰 가치를 두기 때문에 창의성은 절대적이다. 학교에서 학생들을 가르치는 교사도 그저 그동안 해오던 방식이 아니라 빠르게 변화하는 세태에 맞게, 학생들의 눈높이에서 새로운 방식과 접근이 필요하다.

결국 과거에는 공부를 잘하는 사람이 성공할 가능성이 많았다면, 이제는 창의적인 사람이 성공할 가능성이 많아지게 되었다. 한 가지 기쁜 소식은 창의성이 기존의 지능* 개념과 무관하다는 사실이다. 다시 말해 수학문제를 잘 풀거나 언어 능력이 뛰어나다고 해서 창의성이 높은 것은 아니다.

창의성을 높일 수 있는 방법은 무엇일까? 심리학에서는 창의성이 확산적_{발산적} 사고_{divergent thinking}와 연관이 있음을 밝혀냈다. 확산적사고는 어떤 문제가 주어졌을 때 하나의 정답을 찾아가려는 수렴적사고_{convergent thinking}와 반대되는 것이다. 즉 다양한 가능성을 나열하는 방식의 생각인 셈이다.

1+1은 얼마인가? 이 문제에 대해 사람들은 유일한 정답이 2라고 생각한다. 물론 맞긴 하다. 하지만 이 문제를 십진법을 적용하는 수학문제로만 생각할 필요는 없다. 기존의 틀에서 벗어나면 다양하게 답을 할 수 있다. 우선 십진법이 아니라 이진법으로 풀면 10이다.

그림으로 보면 창문(卌)이 될 수도 있고, 물방울이라고 생각한다면 1이 될 수도 있다. 또한 남자 한 명과 여자 한 명이 결혼해 자녀를 낳으니 3이 될 수도 있으며, 그 이상의 숫자도 될 수 있다. 이것이 바로 확산적 사고다.

창의성이라는 개념이 아직 어색하고 남의 이야기로만 들린다면 눈을 들어 당신의 주변을 살펴보라. 당신이 현재 사용하는 거의 모든 물건이나 삶의 방식은 불과 50년 전만 해도 불가능했던 것들이다. 이것을 가능하게 만든 것은 바로 창의성이다. 하나의 정답을 찾아가는 방식이 아니라, 여러 가능성을 고려하는 확산적 사고가 창의성을 위한 첫 걸음이다.

초심리학

초심리적 현상에 대한 과학적 접근
parapsychology / 역사

초심리학이란 텔레파시, 투시, 예지력 같은 초감각적 지각ESP extrasensory perception이나 인간의 의지만으로도 물질세계에 영향을 주는 염력念力, PK psychokinesis 등의 초심리적 현상을 과학적★심리학으로 접근하는 분야다. 이에 더해 죽은 이의 영혼과 소통하는 능력인 영매현상psychical phenomena을 다루기도 한다.

초심리학의 선구자는 라인Joseph Rhine이다. 본능★추동 이론을 펼쳤던 맥도걸의 제자인 그는 과학적 방법을 사용해, 그동안 과학자들 사이에서 인정받지 못하던 다양한 현상을 연구했다.

라인 이래로 오늘날까지 일부 과학자들은 텔레파시나 투시, 예지력 혹은 염력이 실제로 존재한다는 것을 증명하는 여러 실험을 진행하고 있다. 물론 이들의 실험 절차에 대해 논란이 있기는 하지만, 그렇다고 이들의 실험 결과를 모두 얼토당토않은 것으로 매도할 수는 없다. 최근에는 초심리학적 현상을 양자물리학과 연관시키려는 흐름까지 있으니 말이다.

물론 초심리학이라는 연구 주제가 우리의 흥미를 끄는 것은 사실이다. 하지만 명확하게 드러난 우리네 마음도 잘 모르면서 이런 현상에 매달리는 것이 무슨 의미가 있을까?

최면

논란이 끊이지 않는 최면에 대한 오해와 진실

hypnosis / 의식

어느 TV 프로그램에서 최면사가 연예인에게 최면을 걸고 "무엇이 보이느냐?", "당신은 누구냐?" 등의 질문을 한 적이 있다. 연예인들은 자신이 사랑을 이루지 못하고 억울하게 죽은 공주라든지, 전쟁에서 목숨을 잃은 왕자라든지 등의 이야기를 했다. 이에 최면사는 확신에 찬 목소리로 "이 사람의 전생입니다"라고 말했다.

방송 이후 전생을 알고 싶다면서 최면사를 찾는 사람들이 적지 않았으며, 최면사가 사용했던 "레드썬"이라는 말이 유행어처럼 퍼져 나갔다. 이처럼 최면에 호의적인 사람들도 있었지만, 한편으로는 최면에 대해 노골적으로 비하하는 사람들도 적지 않았다. 방송이 언제나 그렇듯 최면 역시 연출일 뿐이라면서 일종의 사기극이라고 주장하기도 했다.

최면에 대한 상반된 태도는 학계에서도 나타난다. 여전히 최면을 사이비과학 정도로 치부하면서 최면 자체를 거부하는 사람들도 있지만, 최면의 효용성을 인정하고 더 나아가 적극적으로 활용해야 한다고 주장하는 사람들도 있다. 과학자인 심리학*자들이 최면을 인정한다는 사실이 조금은 생소하게 들릴 수도 있겠지만, 분명한 사실은 최면은 의식* 상태가 실제로 변하는 하나의 '현상'이라는 것이다. 현상 자체를 과학과 비과학으로 구분할 수 없다.

하지만 미디어의 영향인지 우리나라 사람들은 최면과 전생을 같은 개념으로 이해한다. 최면의 목적은 전생을 체험하는 것이며, 전생의 존재는 최면이 입증하고 있다는 식이다. 이것은 분명한 오해이고 왜곡이며, 과학적으로 입증되지 않은 것이다. 어쩌면 우리나라의 심리학자들과 정신의학자들이 최면에 대한 연구를 꺼리는 것도 이와 같은 인식 때문일지 모르겠다.

최면을 전생과 연관시키지 않는 서구사회에서는 최면에 대한 과학자들의 연구가 활발하게 진행되었고, 그 결과 여러 분야에서 다양하게 적용되고 있다. 일례로 미국 하버드대학병원에서는 마취 대신 최면을 이용해 수술을 하는 프로젝트를 진행한 적이 있다. 환자는 최면 상태에서 통증을 전혀 느끼지 못할 뿐더러 마취를 하지 않은 덕분에 회복도 매우 빨랐다. 이뿐만이 아니라 금연이나 다이어트에도 최면은 보험이 적용되는 보조치료 수단으로 널리 사용되고 있다.

당연히 심리치료에도 최면을 사용할 수 있는데, 정신분석*의 프로이트* 역시 초기에는 최면을 사용했다. 물론 프로이트는 얼마 못 가 최면을 포기하고 자유 연상을 도입했다. 이에 대해 정신분석 지지자들은 최면이 좋은 도구가 아니었기 때문이라고 주장하지만, 최면을 옹호하는 사람들은 프로이트가 최면에 서툴렀기 때문이라고 주장한다.

어쨌든 최면이 효과적인 이유는 암시suggestion 때문이다. 암시란 최면 상태에서 최면사의 지시나 말에 영향을 받고 적절하게 반응하는 것을 의미한다. 앞에서 언급했던 최면 상태중에 수술을 하는 경우에는 외과의사가 집도하고 있을 때에도 최면사는 환자에게 지속적으로 암시를 준다. 환자가 몸을 이완하도록 하고 다른 것에 집중하게 만들어서, 수술로 인한 통증을 느끼지 못하도록 하는 것이다.

박찬욱 감독의 2003년 영화 〈올드보이〉에서 나왔던 최면의 원리도 바로 이것이다. 주인공 오대수최민식 분가 감금 상태에서 풀려나기 직전에 최면에서 받았던 암시 때문에 자신의 친딸과 관계를 맺었고, 끔찍한 복수극을 벌였다는 사실이 영화 마지막에 반전으로 나온다.

최면이 적용되는 또 다른 분야는 범죄수사다. 최면은 우리가 의식적으로는 기억할 수 없는 과거의 경험을 떠올리게 할 수도 있다. 우리나라 과학수사의 핵심기관인 국립과학수사연구소에서도 최면을 종종 사용한다. 사건 해결의 실마리가 보이지 않을 경우 피해자나 피의자에게 최면을 걸기도 한다.

2003년 10월 어느 날, 결혼한 지 2개월밖에 안 된 새신랑이 강도의 칼에 찔려 죽은 사건이 발생했다. 유일하게 범인을 목격한 사람은 그의 아내였다. 하지만 남편이 칼에 찔리는 것을 직접 본 부인은 심리적인 충격 때문에 범인의 얼굴을 전혀 기억할 수가 없는 심인성 기억상실증*을 겪었다. 이때 부인에게 최면을 건 뒤 그때의 장면과 범인의 얼굴을 떠올리게 했고, 결국 몽타주를 그려 범인을 잡을 수 있었다.

물론 최면이 언제나 성공적인 것은 아니다. 2004년 7월, 연쇄살인범인 유영철에 대한 최면은 실패로 돌아갔다. 유영철 자신이 저질렀다고 주장하는 한 사건에 대한 기억과 진술이 명확하지 않아 유영철에게 최면을 걸었지만, 별 소득을 얻지 못했다고 한다.

최면은 수면*을 의미하는 헬라어에서 유래했지만 분명히 수면잠과는 다르다. 수면보다는 각성된 의식 상태, 고도로 집중한 상태다. 최면에 유도된 사람들은 최면중에 일어난 일에 대해 대부분 기억하는 경우가 많은데, 이것은 최면이 수면과는 분명히 다르다는 것을 보여주는 증거다. 하지만 최면이란 모든 사람이 경험할 수 있는 것이 아니라 대략 25% 정도의 사람들만 경험할 수 있다고 하니 최면에 대한 논란은 앞으로도 지속될 듯하다.

최면은 분명 사람들에게 도움을 줄 수 있는 하나의 도구다. 하지만 단지 신기한 면만을 이용해 돈을 벌고자 정확하지 않은 정보를 퍼뜨리는 일은 심히 우려스럽다. 심리학도 그렇지만 최면도 사람의 마음을 다루는 것으로 언제나 조심스럽고 정확하게 사용해야 한다.

추동

욕구가 결핍되었을 때 나타나는 긴장 상태

drive / 동기와 정서

추동이 무엇인지 알려면 먼저 본능instinct과 욕구need를 알아야 한다. 우선 본능은 사람들이 자신과 타인의 행동을 설명할 때 가장 빈번하게 사용하는 단어 중 하나다. 인간의 3대 활동인 섭식, 수면*, 배변은 물론이고 자신을 보호하기 위한 싸움과 도망, 이성간의 성관계도 본능이라고 한다. 또한 여자 친구나 아내가 옆에 있는 상황에서 남자들이 예쁜 여성에게 눈을 떼지 못하는 것이나, 여성들이 귀여운 아기들을 그냥 지나치지 못하는 것도 역시 본능이라고 한다.

본능은 인간의 행동에 대해 마치 명쾌한 설명을 주는 듯하다. 더이상 자세한 설명이 없이도 본능이라면 모든 사람들이 고개를 끄덕이니 말이다. 한편으로 본능은 타고난 것이므로 의도적으로 변화시킬 수 없다는 생각에 '본능적으로 그랬다'는 말은 일종의 면죄부 같은 역할을 한다.

과연 본능은 인간의 마음과 행동에 대한 좋은 설명일까? 19세기 말 초기 심리학자들은 본능을 주요 연구 주제로 삼았다. 대표적인 사람으로는 맥도걸William McDougall과 기능주의★구조주의 vs. 기능주의의 창시자인 제임스를 꼽을 수 있다. 하지만 이내 본능 이론은 몇 가지 한계에 부딪혔다.

우선 본능의 정의와 종류에 대해 학자마다 주장이 너무 달랐다.

게다가 본능이라고 생각했던 행동에서 학습의 영향을 배제할 수 없음을 알게 되었다. 예를 들어 부모가 자녀를 돌보는 행동은 본능으로 분류하지만, 이 행동에는 분명히 학습의 영향이 존재한다. 모든 부모들이 모두 같은 형태로 자녀를 돌보는 것은 아니지 않는가?

또한 본능 이론은 명명의 오류를 범하고 있다. 어떤 현상에 대해 이름을 붙인다고 해서 그 현상이 인과적으로 설명되는 것은 아니다. 명명의 오류는 순환논리★기억의 오류로 이어진다. 모든 사람들이 보이는 공통된 행동의 원인을 본능에서 찾지만, 사실 본능이라는 개념 자체가 모든 사람들에게 공통으로 나타나는 행동에서 유래되었다.

이러한 이유로 심리학자들은 사람의 마음과 행동을 설명할 때 막연하게 본능이라고 하지 않고, 행동에 대한 심리적 요인과 생리적 요인을 찾으려 한다. 또한 본능이라는 표현 대신 조금 더 명확하고 구체적인 표현인 욕구나 추동이라는 말을 사용한다.

욕구에 대한 정의는 학자들마다 다르지만 일반적으로는 유기체의 생존과 유지, 성장을 위해 유기체에게 꼭 필요한 것을 의미한다. 욕구는 보통 생리적 욕구음식, 성, 수면 등를 의미하지만 심리적 욕구소속, 권력 등까지도 포함시키는 이론가들도 있다.

인간주의★ 학자 매슬로는 욕구의 위계이론hierarchy of needs으로 유명하다. 욕구의 위계란 아래의 욕구가 충족되어야 위의 욕구가 충족된다는 의미로 보통 피라미드 형태로 표현된다. 위로 올라갈수록 해당 욕구를 충족하는 사람의 숫자가 적다는 뜻이다. 생리적 욕구physiological need, 안전의 욕구safety need, 소속감의 욕구belonging need, 존중의 욕구esteem need, 그리고 자기★실현self-actualization이 아래에서부터 순서대로 위치해 있다.

이후 매슬로는 거듭된 연구를 통해 세 가지 욕구를 추가했다. 존중의 욕구와 자기실현 사이에 인지적 욕구need to know and understand와 미적 욕구aesthetic need를 추가했고, 마지막 자기실현은 자신의 잠재능력을 발휘하고자 하는 자기실현과 타인의 잠재능력을 발휘하도록 도와주는 초월transcendence로 구분했다. 그렇지만 새롭게 추가한 욕구들은 종종 매슬로의 이론에서 언급되지 않는다.

추동은 욕구가 결핍되었을 때 나타나는 긴장 상태를 말한다. 다시 말해 인간에게는 물에 대한 욕구가 있는데, 물을 충분히 마셨을 때는 이 욕구의 결핍이 발생하지 않는다. 하지만 몸에 수분이 부족할 때물에 대한 욕구의 결핍이 발생했을 때 우리는 갈증이라는 긴장 상태추동를 경험한다. 이 추동은 불쾌한 것이라서 우리는 추동을 감소시키기 위해 물을 먹는다. 추동이 감소할 때면 불쾌가 줄어들고 쾌감이 증가하게 되기 때문에 우리는 언제나 추동을 감소시키는 방향으로 행동을 한다. 이를 추동 감소 이론drive reduction theory이라고 한다.

추동은 동질정체同質停滯라고도 하는 항상성homeostasis을 유지하기 위해서 작동한다. 항상성이란 유기체가 외부의 환경과 내부의 변화에 민감하게 반응해 일정하고 안정된 상태를 유지하려는 속성을 의미한다.

심리학에 추동이라는 용어를 처음 도입한 사람은 우드워스Robert Woodworth였다. 그는 추동 이론이 본능 이론을 대체하길 원했다. 프로이트* 역시 다음처럼 추동과 본능의 구분을 주장했다. 우선 프로이트는 인간과 동물이 다르다는 전제하에서 본능은 동물에게, 추동은 인간에게 해당한다고 보았다. 동물의 본능은 유전된 프로그램에 따라 기계적으로 발현되기 때문에 상황의 제약이나 방해를 받지 않고 해소될 수 있지만, 인간의 추동은 이와 달리 해소되지 못할 가능성이 많다고 했다.

프로이트 이론의 핵심이기도 한 성적 추동을 생각해보면 쉽게 알 수 있다. 동물의 성행위는 상황과 장소에 무관하게 이루어진다. 어떤 경우에는 생명의 위협을 받는 순간에도 성행위를 멈추지 않는다. 반면에 인간의 성행위는 상황과 장소에 많은 영향을 받아서 억압*^{방어 기제}되기 쉽다. 억압은 바로 정신분석에서 무의식*이 생기는 기제이기도 하다.

콤플렉스

우리 마음속의 복잡한 감정과 생각의 덩어리
complex / 상담과 심리치료

- 슈퍼맨 콤플렉스: 상대방의 의지와 무관하게 상대방을 도우려는 마음
- 신데렐라 콤플렉스: 자신의 인생을 화려하게 만들어줄 왕자를 기다리는 마음
- 피터팬 콤플렉스: 계속 어린아이로 남아 있고 싶어하는 마음
- 나폴레옹 콤플렉스: 작은 키에 대한 보상심리로 공격적이고 과장된 행동을 하는 열등감
- 카인 콤플렉스: 형제자매가 서로를 적대시하는 태도

인터넷으로 검색해보면 이 외에도 수많은 콤플렉스가 있음을 알 수 있다. 콤플렉스는 일상적으로 사용하는 심리학 용어지만 그 말의 의미를 정확하게 아는 사람은 많지 않다. 콤플렉스와 열등감을 같은 의미로 사용하기도 하지만 이는 엄연히 잘못된 것이다. 콤플렉스 중 가장 많이 알려진 것이 소위 나폴레옹 콤플렉스라고도 하는 열등감 콤플렉스이기 때문에 이러한 오해가 생긴 듯하다. 열등감 콤플렉스를 이론으로 정립한 사람은 개인심리학*의 창시자인 아들러*지만, 그가 콤플렉스라는 개념 자체를 정립한 것은 아니다.

콤플렉스라는 단어는 1898년에 독일의 신경학자이자 정신과 의사인 치엔Theodor Ziehen이 처음으로 사람의 마음에 적용했으며, 일찍이 융이 이 개념을 받아들였다. 그래서 그의 분석심리학*은 물론 정신분석*을 비롯한 심층심리학*의 주요 개념으로 자리 잡게 된 것이다. 잘 알려진 대로 프로이트*는 오이디푸스 콤플렉스와 엘렉트라 콤플렉스*심리성적 발달를 언급했다.

융은 바젤의과대학을 졸업하고 취리히의 정신병원에서 블로일러와 함께 일을 했다. 블로일러와 함께 정신분열*을 연구하던 융은 환자들에게 단어 연상 검사를 실시했다. 그 결과 정신분열 환자들의 마음속에는 복잡하게 얽힌 생각과 감정 덩어리가 있음을 알게 되었다. 이를 콤플렉스 이론으로 발전시킨 그는 1906년에 『단어 연상 검사에 대한 연구Studies in Word Association』를 출간하면서 그 중 한 권을 프로이트에게 보냈다. 이는 융은 평소 자신의 방법단어 연상과 비슷한 방법자유 연상을 사용해 무의식*에 접근하는 프로이트에게 끌리고 있었기 때문이다. 이를 계기로 두 사람은 급속도로 가까워졌고, 프로이트는 융뿐만 아니라 콤플렉스라는 개념도 정신분석으로 받아 들였다. 그리고 아들러도 이 영향을 받았던 것이다.

독일어나 영어에서 '콤플렉스_{komplex, complex}'란 복잡하고 얽혀 있는 것을 가리킨다. 예를 들자면 복합체나 합성물, 그리고 여러 건물들의 군집 따위를 말한다. 따라서 심리학에서의 콤플렉스란 우리의 마음과 행동에 영향을 미칠 수 있는 복잡한 감정과 생각의 덩어리라고 할 수 있다. 명쾌하지 않고 모호하며 선명하지 않아 쉽게 파악할 수 없기 때문에 마음에서 쉽게 사그라지지 않으면서, 의식 혹은 무의식 수준에서 우리에게 영향을 주는 심리적 구조물을 콤플렉스라고 하는 것이다.

탈개인화

특정 조건에서 사람들은 개인을 벗어나 집단으로 움직인다

deindividuation / 사회심리학

2002년 한일월드컵에서 전 세계를 놀라게 했던 것은 대한민국의 4강 진출만이 아니었다. 전국 곳곳에서 진행되었던 길거리 응원도 전 세계인들의 주목을 받았다. 모두 붉은색 옷을 입고 하나가 되어 구호를 외치고 박수를 치는 수십만 명의 군중은 어느 곳에서도 볼 수 없는 진풍경이었다. 응원을 하다가 골이라도 들어가면 너 나 할 것 없이 서로 얼싸안고 좋아하는 모습이나 경기 이후에 자발적으로 뒷정리까지 하는 모습은 정말 놀라웠다. 2002년 이후로 길거리 응원은 하나의 트렌드가 되어 월드컵마다 지속되고 있다.

많은 외국인들은 우리나라 사람들의 표정이 너무 어둡고, 친절하지 않다는 이야기를 종종 한다. 사실 그렇다. 서로 눈이라도 마주치면 인상을 쓰거나 눈을 돌려버리고, 가게에 물건을 사러 들어가서도 주인 눈치를 보기 일쑤다. 뒷사람을 배려하기 위해 유리문을 잡고 있노라면 고맙다는 인사를 듣기는커녕 당연하다는 듯이 문을 통과하는 얌체들만을 보게 된다. 만원 버스나 지하철에서 옆 사람의 발이라도 밟으면 미안하다고 사과하기보다는 모른 척, 아무 일도 없는 척하는 것이 더 자연스러운 우리나라 사람들. 매해 여름마다 피서기간이 끝나면 산과 강, 바다는 쓰레기로 몸살을 앓는다는 뉴스가 빠지지 않는 우리나라. 그런데 월드컵만 되면 서로에게 친절하고 활기가 넘치며, 심지어 공중도덕까지도 잘 지키는 이유가 무엇일까?

바로 탈개인화 때문이다. 개인으로서는 할 수 없는 일을 집단*에서 다른 사람들과 어울려 하는 현상을 보통은 군중심리群衆心理, 심리학에서는 탈개인화라고 한다. 인지 부조화 이론*으로 유명한 페스팅거가 개념화한 이 말의 의미는 집단 속에 있는 사람들은 개인의 개성정체성과 책임감에서 쉽게 벗어나게 되어 평상시에는 하지 않을 폭력적이고 비이성적인 행동을 서슴지 않게 하는 것이다.

사실 군중심리나 탈개인화 연구는 그동안 폭동이나 전쟁을 비롯한 부정적인 현상에만 초점을 맞춰왔다. 군중crowd에 대한 연구로 유명한 프랑스의 사회학자 르봉Gustave Le Bon은 군중의 광란성을 지적했다. 하지만 월드컵의 길거리 응원에서 볼 수 있듯이 탈개인화 현상이 반드시 부정적인 결과만을 초래하지는 않는다. 평소 체면이 중요한 우리 문화에서는 한껏 놀 수 있는 기회가 되었다.

심리학자들은 탈개인화가 일어나는 조건으로 몇 가지를 제시했다. 먼저 집단이 클수록 탈개인화가 잘 일어난다. 10명보다는 100명이, 100명보다는 1000명이, 1000명보다는 10000명, 그리고 그 이상이 유리하다.

개인을 집단으로 변화시키는 두 번째 요인은 바로 익명성이다. 보통 군대나 경찰을 비롯해 집단으로 움직여야 하는 조직사회는 제복을 선호하며 두발을 비롯한 용모를 규제한다. 이런 면에서 교복을 입는 중고등학생들 역시 탈개인화가 나타나기 쉬운 조건이다. 비록 실명제지만 현실보다는 익명성이 보장되는 인터넷은 소위 '마녀사냥' 같은 집단행동이 쉽게 발생한다. 시각적으로 잘 드러나지 않는 밤도 익명성이 나타나기 쉬운 조건이다. 폭동이나 소란, 패싸움 등의 집단행동들은 낮보다는 밤에 일어난다.

다음 요인으로는 신체적인 각성*을 들 수 있다. 북소리나 구호, 응원가, 함성, 박수 등은 우리의 몸과 마음을 흥분하게 한다. 월드컵 기간에는 북소리가 그 역할을 맡았다. 신병교육대에서 조교들이 신병들에게 함성과 군가 소리가 작다고 수없이 기합을 주는 것도 다 이유가 있다.

여기에 더해 알코올*향정신성 약물도 탈개인화를 부추기는 요인이다. 알코올이 생리적으로 우리의 몸을 흥분시키기 때문이 아니라, 의식적인 통제기능을 이완무력화시키기 때문이다. 그래서 평소에는 체면이나 예의, 자존심 때문에 못하는 말도 술의 힘을 빌려 할 수 있게 된다.

개개인이 아닌 집단으로 행동하는 현상은 인류가 시작된 이래로 끊임없이 존재했다. 폭동이나 소요, 전쟁처럼 부정적인 결과를 초래하기도 했지만, 시민혁명과 민주화 운동처럼 긍정적인 탈개인화도 존재했다. 우리나라만 해도 일제강점기의 독립만세 운동이나 군사정권 시절의 민주화 운동, 그리고 월드컵 기간중의 길거리 응원은 분명 좋은 탈개인화 현상이다. 결국 탈개인화 자체로 좋음과 나쁨을 따질 수는 없다.

그렇다면 탈개인화가 유익한 결과를 만들어내느냐, 아니면 혼란을 만들어내느냐를 결정하는 것이 무엇일까? 그것은 바로 집단에서 선구자적인 역할을 하는 소수의 영향minority influence과 동조*다. 본보기를 보이는 소수나 혹은 의도적으로 선동하는 사람은 이를 관찰하는 다수의 사람들에게 행동지침으로 인식될 가능성이 높다. 이들의 영향이 조금씩 퍼져 나가 결국 다수가 움직이면, 나머지 사람들에게는 집단의 압력으로 작용한다.

2002년 월드컵과 2006년 월드컵의 응원문화는 큰 차이를 보였다. 2002년은 4강이라는 성적에 걸맞게 길거리 응원이 잘 마무리되었지만, 2006년은 16강에 들지 못하면서 길거리 응원 후 뒷정리가 엉망이었다. 쓰레기들이 넘쳐나고 공중질서가 쉽게 무너졌다.

경기 결과의 영향 때문이기도 하겠지만, 2002년의 길거리 응원은 붉은 악마라는 자발적인 서포터스가 중심이 되어 응원 후 뒷정리를 주도했던 것과 달리 2006년에는 기업체 주도로 상업적인 목적으로 길거리 응원이 이루어졌기 때문이다. 다시 말해 모범을 보이는 소수가 존재하지 않았기 때문에 사람들은 갈팡질팡하다가 자리를 뜰 수밖에 없었다.

우리 주위에도 이런 일은 얼마든지 있다. 학교에서도, 직장에서도, 휴가지에서도, 응원하러 나간 곳에서도. 집단을 좋은 방향으로 이끄는 선구자적인 소수가 될 것인지, 아니면 그저 갈팡질팡하다가 누군가의 의도에 끌려가는 다수가 될 것인지는 바로 당신에게 달려 있다.

▌통제감

통제감
착각과 죽음도 마다하지 않을 정도로 강렬히 원하다
sense of control / 사회심리학

자신이 처한 상황이나 사건, 자신과 세상을 통제할 수 있다는 느낌은 사람에게 매우 중요하다. 통제할 수 없었던 상황에서조차 통제할 수 있었다는 착각을 할 정도로 중요하다.

통제력 착각illusion of control은 우리의 일상생활에 깊이 뿌리박혀 있다. 아침 출근시간이나 등교시간에 늦지 않기 위해 열심히 달렸지만 간발의 차이로 버스나 지하철을 놓쳤을 경우 당신은 어떤 생각을 하는가? 많은 사람들은 자신의 느린 걸음이나 게으름을 탓하면서 비난의 화살을 자신에게로 돌린다. '조금만 더 서두를걸', '5분만 더 일찍 일어났으면 좋았을걸', '밥을 빨리 먹을걸'. 하지만 이런 비난과 후회는 결코 정당하지 않다. 우리 그 누구도 버스나 지하철을 간발의 차이로 놓치게 될 것을 알지 못했기 때문, 즉 통제할 수 없었기 때문이다. 그럼에도 우리가 이렇게 통제력 착각이라는 오류를 자주 범하는 이유는 통제감이 주는 심리적 이득 때문이다.

통제감은 특히 영역과 연관성이 있다. 동물은 물론 사람들 역시 자신의 영역, 즉 자신이 통제할 수 있는 환경에서 더 자신감 있게 행동한다. 환자가 의사를 병원에서 대할 때와 집에서 대할 때의 행동을 비교한 결과 후자의 경우에 훨씬 더 자유롭게 행동했으며, 어린 아이들도 처음 놀러간 친구네 집에서는 위축되는 모습을 보이지만 친구가 자신의 집에 놀러왔을 때는 자신감 있고 활기차게 행동하는 모습을 보이고, 기숙사에 사는 대학생들도 타인의 방보다는 자신의 방에서 토론할 때 더 자신의 의견을 활발하게 개진했다고 한다. 이런 현상은 운동 경기에서 확실히 나타난다.

미국프로농구NBA 구단들의 홈경기 승률은 2007~2008 시즌에는 6할 1리, 2002~2003 시즌에는 무려 6할2푼8리에 달했으며, 미국풋볼리그NFL는 2007년에는 5할7푼4리, 2003년에는 6할1푼3리에 달했다고 한다. 반면에 야구의 경우에는 변수가 워낙 많아서 이보다는 떨어지는데 미국프로야구MLB의 경우 2007년에는 5할4푼2리였다고 한다.

역대 올림픽에서도 개최국이 역대 최고 성적을 낸 경우가 많았다. 1964년 도쿄올림픽에서 일본은 금메달 16개로 종합 3위, 1988년 서울올림픽에서 한국은 금메달 12개로 종합 4위, 2008년 베이징올림픽에서 중국은 금메달 51개로 종합 1위를 차지했다. 더구나 우리나라는 2002

년 한일 월드컵에서 무려 4강 진출이라는 성적을 냄으로써 전 세계를 깜짝 놀라게 했다.

2010년 남아공월드컵에서는 주최국인 남아프리카공화국이 16강에 오르지 못했는데, 이는 월드컵 역사상 처음 있는 일이었다고 한다.

흥미로운 사실은 운동선수들의 남성 호르몬*^{신경전달물질}을 조사했더니, 원정경기보다 홈경기에서 더 많이 분비되었다고 한다. 이처럼 통제감은 인간이 자각하지 못하는 호르몬 분비나 행동까지 영향을 미칠 만큼 중요하다.

그렇다면 통제감의 기능은 무엇일까? 통제감을 상실했을 경우 어떤 일이 생기는지 알면 통제감의 중요성과 기능을 알 수 있다. 사람들은 통제감을 상실했을 경우 무기력*^{학습된 무기력}을 경험한다. 자신과 주변 상황을 통제할 수 없다는 생각인 무기력은 우울*을 비롯해 온갖 정신장애*^{이상심리학}의 원인이 된다. 자신감이 저하되는 것은 물론 삶 속에서 흥미와 재미를 잃기도 하며, 불안*을 느끼기도 한다.

이런 상황에 처한 사람들은 때로는 자살을 시도하는데, 어쩌면 이 역시 무기력한 상황에서 통제감을 회복하기 위한 몸부림이라고 볼 수 있다. 아무것도 통제할 수 없다고 느꼈지만, 자신의 목숨이나 인생만은 통제할 수 있음을 깨달을 때 저지를 수 있는 최악의 선택인 것이다. 최악의 선택이라고 하는 이유는 주변 사람들에게 또 다른 무력감을 주기 때문이다.

이런 면에서 때로는 통제감을 적극적으로 포기하는 것도 필요하다. 통제감을 어느 정도 포기하면 이 세상을 살아가는 데 조금 더 편안함을 느낄 수 있다. 어차피 우리가 신이 아닌 이상 우리의 모든 것을 통제할 수 없는 노릇이 아니겠는가. 내 자신의 한계를 명확히 인식하고 인정하는 것이 진정한 통제감을 얻는 길이다.

통찰

아는 것과 깨닫는 것은 다르다
insight / 상담과 심리치료

지식은 전달할 수 있어도 통찰을 전달하기란 어려운 일이다. '아하! 경험'으로도 표현되는 통찰은 지식과 달리 지극히 주관적인 경험이기 때문이다. 지식이 반복과 시행착오를 통해 얻을 수 있는 것이라면, 통찰은 단회적인 경험이다. 인지 학습★근접성 vs. 수반성 중 하나인 통찰 학습insight learning이 대표적인 예다. 게슈탈트 심리학★자였던 쾰러Wolfgang Köhler는 행동주의★ 학습 패러다임인 연합주의★조건형성를 비판하기 위해 침팬지를 대상으로 실험을 진행했다.

침팬지의 손이 닿지 않는 우리 바깥에 바나나를 두고 침팬지 옆에는 막대기를 하나 두었다. 침팬지는 바나나를 향해 우리 밖으로 손을 내밀었으나 허사였다. 배고픈 침팬지에게 손에 닿지 않는 바나나는 고통이나 다름없었다. 이내 침팬지는 연구자를 애처롭게 바라보았지만 연구자는 아무런 반응을 하지 않았다. 그러고는 불평하기 시작했다. 그러던 중 침팬지는 옆에 있는 막대기를 발견했고, 불평을 그치고 막대기를 집었다. 막대기를 우리 바깥으로 뻗어서 손이 닿을 수 있는 위치까지 바나나를 끌어당긴 후, 손을 내밀어 바나나를 집어먹을 수 있었다.

침팬지가 반복과 시행착오를 통한 연합학습, 즉 점진적 학습이 아니라 어느 순간 급격하게 문제를 해결할 통찰을 했다고 쾰러는 생각했다. 이러한 통찰은 목욕하던 중 유레카를 외치며 벗은 몸으로 뛰어다녔다던 고대 그리스의 아르키메데스Archimedes를 연상하게 한다.

통찰은 심리치료★상담심리학 분야에서는 자신의 심리적 문제에 대한 인식과 깨달음이라는 의미로도 사용된다. 사람이란 자신의 문제를 깨달아 스스로 변화하고 성장할 수 있는 힘을 가지고 있다고 가정하는 심리치료 이론을 가리켜 통찰 치료insight therapy라고 한다. 정신분석★과 인간중심 치료★가 대표적이다.

이 입장에서는 사람들이 심리적으로 고통받는 것이 문제의 원인을 모르기 때문이라고 본다. 따라서 이에 대한 통찰을 갖도록 도와준다면 스스로 변화하고 성장한다고 주장한다. 정신분석에서는 자신의 무의식★과 과거에서 기인한 반복적인 문제에 대한 통찰을 갖도록 하며, 인간중심 치료에서는 본래적인 자신의 모습에 대한 통찰을 갖도록 돕는다.

심리치료에서 통찰이 모두 변화로 연결되는 것은 아니다. 특히 머리로만 깨닫는 인지적 통찰intellectual insight은 변화와 무관하다. 방어기제*의 이지화와 비슷한 인지적 통찰을 한 사람들은 자신의 문제의 원인과 이유, 그리고 해결방법을 누구보다도 잘 알지만 변화를 경험하지 못한다.

반면에 정서 경험과 함께 발생하는 정서적 통찰emotional insight은 진정한 변화로 이어진다. 정서적 통찰은 통찰이 수반되는 정화*라고 할 수 있다. 인지적 통찰이 단지 자신의 문제를 피상적으로 '아는 것'이라면, 정서적 통찰은 가슴 깊이 '깨닫는 것'이다. 인지적 통찰을 경험하면 말뿐이지만, 정서적 통찰을 경험하면 행동이 변한다. 따라서 상담자들은 내담자가 인지적 통찰이 아닌 정서적 통찰을 하도록 돕는다.

틀 효과

어떠한 틀을 가졌느냐에 따라 세상은 다르게 보인다
framing effect / 인지심리학

갑작스럽게 비가 오는 날이면 지하철에서 우산을 판매하는 사람들을 쉽게 만날 수 있다. 지하철 안의 사람들에게 밖에는 비가 쏟아지고 있다면서 우산을 구입하라고 권한다. 승객들은 긴가민가하다가 젖은 몸으로 지하철을 타는 사람들을 보면 지갑을 꺼낸다. 그리고 우산이 얼마냐고 묻는다. 만약에 우산의 가격이 4천 원이라면, 우산을 판매하는 분들은 어떻게 가격을 알려줄까?

① 4천 원입니다.

② 천 원짜리 네 장만 주세요.

사실 둘은 동일한 가격이다. 하지만 ①보다 ②라고 표현할 때 사람들은 더욱 쉽게 지갑을 연다. 처음부터 4천 원이라고 했을 경우보다 천 원이라고 했을 때, 비록 네 장이라는 단서가 붙기는 하지만 사람들에게 미치는 영향은 다르다. 이처럼 동일한 현상도 다르게 표현함으로써 문제 해결과 의사결정에 영향을 미치는 현상을 틀 효과라고 한다. 틀 효과는 일종의 오류다. 우리가 잘 아는 틀 효과에는 조삼모사朝三暮四가 있다.

춘추전국 시대 송나라 저공狙公이 자신이 키우던 원숭이들에게 "먹이가 부족하니 아침에는 3개, 저녁에는 4개만 주겠다"고 하자 원숭이들은 화를 냈으나, 저공이 "그러면 아침에 4개, 저녁에는 3개를 주겠다"고 했을 때 원숭이들은 좋아했다고 한다.

우리는 나름의 틀을 통해 세상을 본다. 그런데 종종 틀에 갇혀 오류를 범한다. 서울대학교 심리학과 최인철 교수는 『프레임 : 나를 바꾸는 심리학의 지혜』란 책에서 틀 효과가 우리의 삶에 얼마나 큰 영향을 미치는지 기술하고 있다. 한 실험에서는 사람들에게 '외향적인가'라고 물었을 때보다 '내성적인가'라고 물었을 때의 응답이 더 내성적인 것으로 나타났다고 한다.

동일한 선물도 포장에 따라서 느낌이 다르듯이 틀 효과도 같은 현상을 전혀 다르게 느끼게 한다. 틀 효과는 때로 우리의 의사결정에 악영향을 미치지만, 그 원리를 잘 안다면 한마디 말로 천 냥 빛을 갚을 수도 있다.

편견

한 집단에 대해 정당화될 수 없는 부정적 태도
prejudice / 사회심리학

초등학교 시절 운동회를 떠올려보라. 단지 홀수반과 짝수반을 기준으로 청군과 백군을 나누었을 뿐인데, 아이들은 서로를 못 잡아먹어서 안달이다. 자신의 팀을 위한 응원가보다는 상대를 비하하는 응원가를 더 많이 부르는 것은 물론 주먹다짐이라도 할 기세다. 분명 운동회 이전에는 옆 반 친구들과 친했던 아이들도 사이가 틀어진다.

이런 분위기는 운동회가 끝난 후에도 쉽게 사그라지지 않는다. 이는 집단*의 범주화categorization가 얼마나 강력한 편견의 원인인지 보여 주는 좋은 예다.

고정관념과의 차이

편견이란 한 집단에 대해 정당화될 수 없는 부정적 태도로 모든 집단에게 일어날 수 있지만, 특히 소수집단에게 일어날 가능성이 높다. 뿐만 아니라 인종, 성별, 연령, 장애 등 집단의 근거가 가시적일 때 편견이 발생하기 쉬우며, 범죄자처럼 도덕성을 어긴다고 생각되는 집단도 편견의 대상이 된다.

편견과 혼동하기 쉬운 고정관념stereotype이란 한 집단에 대해 일반화된 신념이다. 고정관념은 그 내용이 부정적일 수도 있고 긍정적일 수도 있는 반면에 편견은 부정적 태도다. 우리는 보통 고정관념을 부정적인 의미로 사용하는 경향이 있으나 실은 그렇지 않다. 연예인처럼 일반인과 다를 것이라고 생각되는 위치에 있는 사람들을 향한 고정관념이 부정적인 내용이라고 볼 수는 없다. 인터넷 포털사이트에서 연예인 관련 기사를 살펴보라. 이들도 분명 우리와 똑같은 사람이지만 인간적인 모습을 보일수록 좋은 기삿거리가 되고 있다. 이면에는 연예인들은 우리와 다른 매우 특별한 사람들일 것이라는 고정관념이 자리 잡고 있기 때문이다.

편견으로 인한 편향과 오류

일단 편견이 발생하면 사람들은 편향된 사고를 하게 된다. 편견의 대상인 집단외집단에 속한 사람이 잘못하면 그 집단을 매도하지만, 자신의 집단내집단에서 누군가가 잘못을 저지르면 개인의 잘못으로 돌린다. 전자를 외집단 동질성out-group homogeneity, 후자를 내집단 편

향in-group bias이라고 한다. 이러한 경향은 외집단의 악행은 내부 귀인
★을 하고, 선행은 외부 귀인을 하는 궁극적 귀인 오류ultimate attribution
error로 이어진다. 외집단 사람이 나쁜 일을 저질렀다면 저것이 원래
저들의 모습이라느니, 천성은 바꿀 수 없다느니 하고 말한다. 만약
좋은 일을 했다면 그 상황에서는 누구라도 그랬을 것이라면서 큰 의
미를 부여하지 않는다.

편견은 내집단과 외집단의 선행과 악행을 묘사하는 과정에도 영
향을 미친다. 내집단의 선행은 추상적으로 기술하고 악행은 구체적
으로 기술하며, 외집단은 이와 반대로 한다. 이를 집단간 언어 편향
intergroup linguistic bias이라고 한다. 사람들은 추상적인 설명을 들으면 과
장해 추론하는 경향이 있다. 따라서 내집단의 선행과 외집단의 악행
은 더 크게 지각하도록 추상적으로 묘사하며, 내집단의 악행과 외집
단의 선행은 객관적인 사실만을 지각하도록 세부적인 사항까지 묘
사한다.

편견의 해소

어떻게 하면 집단간의 편견과 갈등★을 해소할 수 있을까? 노예해
방 이후에도 인종간 편견과 갈등이 그칠 줄 몰랐던 미국에서는 일찍
이 편견과 집단간의 갈등을 해소하기 위해 여러 분야에서 많은 연구
가 진행되었다. 사람의 마음과 행동을 연구하는 심리학도 예외는 아
니었다. 사회심리학의 선구자인 쉐리프Muzafer Sherif는 이 분야에서 주
목할 만한 실험을 실시했다.

1954년, 미국 오클라호마 주의 로버스 케이브Robbers Cave 야영장에는 초등학교 5~6학년 남자 아이들 22명이 도착했다. 아이들은 집단 연구를 위해 실시하는 캠프라고만 알고 있었을 뿐, 구체적으로 야영의 목적과 절차에 대해서는 알지 못했다.

사실 연구자들은 평범한 캠프처럼 보이는 이 실험을 3단계로 진행할 계획을 갖고 있었다. 1단계에서는 서로의 존재를 모르는 두 집단이 각각 위계적인 구조와 자기들만의 규범規則을 형성하도록 하고, 2단계에서는 두 집단이 경쟁을 거듭하면서 갈등과 편견을 일으키게 하며, 마지막 3단계에서는 두 집단의 갈등을 해소하도록 하는 것이다.

캠프 진행자로 가장한 연구자들은 11명씩 두 집단으로 아이들을 나누어 캠프를 시작했다. 서로의 존재를 모르게 하기 위해 두 집단의 집결과 출발, 야영장 도착을 별도로 진행했다. 또한 야영장 중간에는 펜스를 쳐놓고 '접근금지'라는 안내 표지를 설치했다. 일주일 동안 두 집단은 서로의 존재를 모른 채 수영과 야구 등 다양한 활동을 하면서 집단 나름의 규범과 위계질서를 세워나갔다. 시간이 지날수록 집단의 응집력★집단사고은 증가했고, 아이들은 '우리'라는 말을 빈번하게 사용했다.

첫 주 이후 연구자들은 아이들에게 서로의 존재를 알려주었고, 앞으로는 야영장을 함께 사용해야 한다고 말했다. 아이들은 서로를 의식했고, 연구자들을 찾아가서 상대팀과 시합을 하게 해달라고 요구했다. 연구자들의 의도대로 실험이 진행되고 있었다. 결국 연구자들은 총 10번의 시합에서 최종적으로 이긴 팀에게 멋진 부상을 약속했다. 아이들은 비장한 마음으로 경기마다 최선을 다했다. 시합마다 한 집단은 승리감을, 다른 집단은 좌절감을 맛보았다. 게다가 집단의 경쟁이 계속될수록 서로에 대한 적대감, 그리고 자기 집단에 대한 소속감과 유대감은 커져 갔다. 급기야 두 집단은 서로에게 온갖 욕설과 고성, 주먹다짐을 하게 되었다.

마지막 주에 연구자들은 두 집단을 화해시키기 위해 함께 식사하기, 영화 보기, 폭죽 쏘아올리기 등 7가지 활동을 주선했다. 서로 반목하는 집단이 상호작용을 통해 서로에 대한 편견과 오해를 해소할 수 있다는, 이른바 접촉 가설contact hypothesis에 근거한 활동들이다. 하지만 어찌 된 일인지 집단의 접촉은 갈등을 더 키우는 듯했다.

이에 연구자들은 회의를 통해 새로운 상황을 설정하기로 했다. 두 집단이 함께 힘을 모아야만 해결할 수 있는 상위 목표superordinate goal를 제시했다. 물을 공급하는 파이프의 고장난 밸브 함께 찾기, 재미있는 영화를 보기 위해 조금씩 돈 모으기, 흙구덩이에 빠져버린 트럭 밀기 등이었다. 상위 목표를 위해 두 집단이 긴밀하게 협동해 일하게 되면서 갈등은 조금씩 사라졌다. 결국 캠프가 끝나게 되었을 때 더 이상 아이들은 아군과 적군을 구별하지 않았으며, 자신들을 '우리'라고 불렀다.

어린 시절부터 장애인에 대한 편견을 갖지 않게 하기 위해 실시했던 장애인 통합교육이 실패로 돌아간 이유는 쉐리프 연구팀이 저질렀던 첫 번째 실수와 동일하다. 단지 학교에 특수학급 한 반을 설치한다고 해서 장애인에 대한 편견이 해소되지 않는다. 오히려 편견과 갈등만을 증가시킬 수 있다. 미국 듀크대학의 사회학자 무디James

Moody는 미국 내 다문화학교를 대상으로 연구한 결과 학교의 다문화성이 클수록 학생들은 인종과 민족을 더 많이 구분하고 있으며, 그들과의 친분관계는 더 줄어들고 있음을 확인했다. 편견의 해소를 위해서는 단순한 접촉과 만남이 아니라, 동일한 지위와 입장에서 공통의 목표를 향해 함께 노력하면서 개인간의 접촉과 다양한 접촉을 가능하게 해야 한다.

프로이트

정신분석의 창시자
Sigmund Freud / 인물

정신분석★의 창시자 지크문트 프로이트. 그에 대한 평가는 극과 극이다. 프로이트를 인간관의 혁명을 일으킨 위대한 사상가이자 모두가 외면하던 신경증★신경증과 정신증에 관심을 갖고 최초의 심리치료 이론을 만든 탁월한 치료자라고 칭송하는 사람들이 있는 반면에 정신분석이란 비과학적인 구시대의 유물로, 그가 인간의 모든 행동을 성性과 연관시킨 이유는 그 자신이 성에 몰두해 있었기 때문이라고 비난하는 사람들도 있다. 칭송이든 비난이든 그에 대한 관심이 여전하다는 것을 알 수 있다.

그에 대한 관심을 보여주는 또 다른 사건이 2006년 성탄 전야에 발생했다. 〈뉴욕 타임스〉 인터넷판은 2006년 12월 24일, 그동안 논

란이 되었던 프로이트와 그의 처제인 미나 베르나이스Minna Bernays와
의 은밀한 관계가 증명되었다는 기사를 실었다.

독일의 한 사회학자가 스위스의 한 호텔의 숙박부에서 1898년 8월에
한 프로이트의 자필 서명—프로이트 박사와 아내Dr Sigm Freud ufrau—을
발견했다. 서명에는 아내라고 했지만, 사실은 처제였다. 왜냐하면 당시
프로이트가 아내에게 쓴 엽서가 남아 있기 때문이다. 그의 아내도 남편
과 동생의 여행을 알고 있었다고 한다.

프로이트와 처제의 내연관계는 융*에 의해 처음 제기되었으나, 프로
이트의 추종자들은 융의 주장이 모략일 뿐이라면서 가능성을 일축해왔
다고 한다. 그런데 이번 발견으로 융의 주장이 사실로 밝혀진 셈이다.

사람들이 100년 전에 누군가의 밀애와 불륜에 관심을 갖는다는
사실은 실로 놀라운 일이다. 하지만 이 사건은 프로이트가 여전히
현대인들에게도 무시할 수 없는 영향력을 미치는 사람임을 방증한다.

인생 초기

프로이트는 1856년에 오스트리아에서 출생했다. 이때 그의 아버
지는 41세, 어머니는 21세였다. 이렇게 큰 나이 차이가 나는 이유는
어머니가 아버지의 세 번째 아내였기 때문이다. 프로이트는 그녀가
낳은 8명의 아이들 중 첫째였으나, 그에게는 아버지의 전처가 낳은
두 명의 형이 이미 있었다. 이런 상황에서 프로이트는 나이가 많은

아버지를 두렵게 여길 수밖에 없었다. 반면에 어머니는 더 친밀하게 느꼈다. 이러한 부모에 대한 정서적 경험이 이후 오이디푸스 콤플렉스*심리성적 발달를 비롯해 정신분석 이론에 적지 않은 영향을 미쳤다고 본다.

프로이트는 유대인이었다. 이 사실은 그의 이론과 성장배경을 이해하는 데 매우 중요하다. 우선 오이디푸스 콤플렉스의 거세 불안*도덕성을 할례포경수술와 연관시켜 생각해볼 수 있다. 물론 우리나라에서도 어른들이 남자아이들에게 "고추 따버린다!"면서 겁을 줄 정도로 거세 불안은 범문화적 현상이기도 하다. 그렇지만 아버지에 대해 거세 불안을 느꼈다는 사실은 유대인 아버지가 아들의 할례를 집행했다는 것과 무관하지 않아 보인다.

그가 유대인이었다는 사실은 그의 진로에도 상당한 영향을 미쳤다. 비록 종교에 충실한 정통파는 아니었지만, 당시 유럽의 반유대주의 분위기를 피할 수는 없었다. 유대인이라는 이유 때문에 자유롭게 직업을 선택할 수 없었다. 그가 비엔나의과대학으로 진학한 것도 이러한 이유 때문이었다.

프로이트는 지도교수 브뤼케Ernst Brücke를 통해 19세기 생리학의 유물론과 결정론*결정론 vs. 자유 의지, 기계론 사상에 영향을 받았고, 이는 정신분석의 근본가정인 무의식*적 결정론으로 표현되었다. 1881년에 의학 공부를 마친 프로이트는 교수가 되기 원했기 때문에 생리학 연구실에 남아 있기로 했다.

하지만 오래 지나지 않아 마르타 베르나이스Martha Bernays와 결혼을 하기 위해 개업의가 되기로 결심했다. 예나 지금이나 교수가 되는 일은 쉽지 않지만 그는 유대인이라는 악조건까지 갖추고 있었다. 프로이트는 이후 학교를 떠나 비엔나 종합병원에서 수련을 받으면서 개업을 준비했다.

정신분석의 기초

현장으로 나온 프로이트는 당시 유행하던 히스테리*신체 증상 환자들을 만나게 되었다. 히스테리란 신경학적으로는 손상이 없음에도 신경학적으로 이상을 보이는 신경증이었다. 당시 의학계에서는 히스테리를 환자가 꾸며내는 거짓 증상 정도로 치부하면서, 아무런 치료도 하지 않았다. 아니, 의학적으로는 치료 방법이 없었다.

그러던 중 프로이트는 프랑스의 샤르코Jean Charcot가 최면*을 통해 히스테리 환자들을 돕는다는 소식을 들었다. 1885년에 샤르코를 만나러간 프로이트는 최면을 이용해 히스테리 환자들의 증상을 없애기도 하고, 없던 증상을 만들어내기도 하는 모습에 적지 않은 충격을 받았다.

1886년에 비엔나로 돌아와 결혼과 개업을 한 프로이트는 본격적으로 히스테리 환자를 치료하기 시작했다. 그는 환자와의 대화와 최면을 통해 히스테리의 원인이 무의식에 있음을 확신했다. 이 확신을 도운 사람은 브로이어Josef Breuer다.

저명한 의사이자 신경학자였던 브로이어는 1880년부터 1882년까지 안나 오Anna O.라고 알려진 베르타 파펜하임Bertha Pappenheim, 실명이라는 여성을 치료했다. 20대 초반에 총명했던 그녀는 수의적 운동 마비와 감각 기관의 이상, 그리고 신경성 기침과 일시적 언어장애 등 다양한 히스테리 증상을 가지고 있었다. 정화*법을 사용해 그녀를 치료한 브로이어는 자신의 경험을 프로이트와 나누었고, 두 사람은 1895년에 『히스테리 연구Studies of Hysteria』를 공동집필했다. 참고로 파펜하임은 이후 독일 여성운동에서 매우 중요한 인물이 되었다.

브로이어와 프로이트의 동거는 오래가지 못했다. 프로이트가 안나의 증상에 성적인 의미가 있다고 주장했기 때문이다. 이 주장을 받아들이지 않은 브로이어는 프로이트와 결별을 선언했다. 이후로도 프로이트는 성에 대한 강조 때문에 여러 사람을 잃게 된다.

이듬해인 1896년에 프로이트는 처음으로 정신분석이라는 용어를 사용했고, 최면 대신 자유 연상을 사용하기 시작했으며, 아버지를 여의었다. 두려웠던 아버지를 잃은 프로이트는 적지 않은 심리적인 충격을 받았고 이를 계기로 자기분석을 시도하게 된다. 이후 수년 동안 정신분석의 핵심 원리들이 쏟아져 나온 것은 이와 무관하지 않다.

죽음의 이론화

프로이트가 정신분석을 발전시키면서 거센 저항과 함께 많은 지지자도 얻게 되었다. 하지만 브로이어, 아들러*, 융을 비롯해 수많은 이들이 프로이트를 떠난 이유는 성에 대한 이론적 완고함 때문이었다. 프로이트는 성과 관련해 자신의 생각에 도전하는 모든 이들을 거부했다.

그렇지만 그 누구도 해내지 못했던 것을 1차 세계대전이 해냈다. 프로이트가 1차 세계대전을 겪으면서 인간의 추동*으로 성 이외에 공격성을 추가했다. 그의 생각에도 서로를 죽이고 파괴시키는 전쟁은 성으로 설명할 수 없었다. 특히 전쟁에서 자신의 아들이 죽었기에 전쟁의 충격은 이만저만이 아니었다. 프로이트는 공격성의 추동을 죽음의 추동으로 보았다. 성 추동이 생명으로 이어진다면, 공격성은 죽음으로 이어지기 때문이다. 하지만 두 추동이 별개의 것이 아닌 동전의 양면과 같은 것이고, 이 때문에 그동안 공격성을 파악하지 못했노라고 말했다.

공격성 추동에 대한 구체적인 내용은 아인슈타인과 교환했던 서신에 언급되어 있다. 1차 세계대전 이후에 유네스코UNESCO의 전신인 국제지적협력위원회International Institute of Intellectual Co-operation of the League of Nations는 아인슈타인에게 전쟁을 종식시킬 수 있는 방법을 모색하기 위해 전 세계 지식인들과 서신 교환을 제안했다. 아인슈타인은 프로이트를 첫 대상자로 지목했고, 프로이트는 전쟁의 원인을 묻는 아인슈타인에게 공격성의 추동을 설명해주었다.

1차 세계대전이 가져온 죽음이라는 주제는 정신분석을 넘어서 프로이트에게 다가왔다. 1920년을 전후로 구개암 진단을 받은 프로이트는 병세가 날로 악화되어 무려 30번이 넘는 수술을 받아야 했다.

말로 표현할 수 없는 고통 속에서도 프로이트는 지치지 않았다. 오히려 지형학적 모형을 구조 모형으로 수정, 발전시키는 등 활발한 활동을 계속했다.

1933년에 히틀러 정권이 수립되면서 유럽 전역에서 유대인에 대한 본격적 탄압이 시작되었다. 유대 지식인들의 저작들이 베를린 광장에서 불태워졌는데 프로이트의 저작도 예외는 아니었다. 히틀러의 탄압은 날로 거세졌고, 결국 프로이트는 1938년에 영국으로 망명했다. 그리고 이듬해 구개암으로 사망했다.

프로이트의 삶은 끊임없는 시련의 연속이었다고 해도 과언이 아니다. 그럼에도 그는 온갖 시련을 뚫고 치료를 향한 자신의 신념을 잃지 않았다. 물론 그의 삶도 완벽하지는 않아 지금도 끊임없는 논란에 휩싸이고 있다. 하지만 그의 이론은 인류 역사상 첫 번째로 등장한 심리치료 이론이며, 그는 많은 사람들의 마음을 도와주고자 했던 사람이었다. 이 사실을 부인할 사람은 없을 것이다.

피아제

인지 발달 연구의 선구자
Jean Piaget / 인물

자녀를 키우는 엄마들이라면 한 번쯤 들어보았을 만한 이름 피아제. 그의 이름은 수많은 아동교육 기관이나 출판사를 비롯해 아동의 인지★인지심리학와 관련된 글이나 책에서 쉽게 찾아볼 수 있다. 하지만 그의 관심이 처음부터 아동의 인지나 심리학은 아니었다.

1896년에 스위스에서 태어난 그는 어린 시절부터 자연, 특히 생물학에 관심이 많았다. 그의 관심은 상당히 전문적이어서 열 살 때는 자신이 살던 지역에서 발행하던 자연사 학술지에 한 페이지 정도의 글을 실을 정도였다. 청소년기에는 연체동물을 수집하면서 여러 편의 논문을 발표했다. 18세에 학부를 일찌감치 졸업한 그는 3년 만인 1918년에 생물학 박사학위를 취득했다. 20대 초반에 박사학위를 받을 수 있었던 이유는 당시 유럽의 학제 때문이기도 했지만, 한편으로는 피아제의 지적 능력과 학문적 성과가 매우 탁월하기 때문이기도 했다.

피아제는 연체동물 분야에서 국제적으로 유명한 학자가 되었으나 그의 관심은 조금씩 변하고 있었다. 어린 시절부터 박사학위를 받을 때까지 쉬지 않고 지식을 쌓아왔던 그는 인간이 어떻게 지식을 얻는지, 즉 인식론*에 대해 관심을 갖게 되었다. 이 궁금증을 해결하기 위해 그는 철학 서적을 두루 탐독했지만, 사변적이기만 한 철학에서는 명쾌한 답을 얻지 못했다. 그러던 중 실제로 사람을 관찰하고 연구하는 새로운 학문인 심리학에 매력을 느끼게 되었다.

그러던 1919년에 시몬을 만나면서, 그는 인생의 획기적인 전환점을 맞이했다. 비네와 함께 지능* 검사를 만들었던 시몬은 당시 프랑스 파리에 있는 비네 연구소에서 아동 지능 관련 프로젝트를 진행하고 있었다. 그가 피아제에게 연구원으로 참여해달라고 요청했던 것이다. 생물학 박사를 아동의 지능과 관련한 프로젝트에 초청한 이유는 피아제의 학자로서의 능력과 인간의 정신 과정에 대한 관심과 열의 때문이었다. 피아제는 시몬의 초대에 흔쾌히 응했고, 파리로 이주했다.

프로젝트에 참여한 피아제는 수많은 아동들을 면접했다. 아동들의 문제 해결 능력을 조사하기 위한 것이었다. 피아제는 이를 통해 아동의 인지는 성인과 다르게 계속 발달하고 성장한다는 사실을 알게 되었다.

이미 한 분야의 박사였던 그가 자신의 관찰 결과를 논문으로 발표하는 것은 당연한 일이었다. 활발한 연구 활동과 업적은 그의 자리를 2년 만에 비네 연구소의 연구원에서 스위스 제네바에 있는 아동 연구기관의 책임자로 바꿔놓았다.

1923년에 결혼한 피아제는 1925년과 1927년, 그리고 1931년에 세 자녀를 얻었다. 그에게 자녀들은 좋은 연구 대상이었다. 그는 자신의 아이들을 키우면서 인지의 변화와 성장, 발달을 확신했다. 피아제는 아이들이 주변 환경에 반응하고 문제를 해결해나가는 모습을 자세히 관찰했다. 아이들이 주변 환경에서 여러 정보를 습득해 자신의 인지를 발달시켜 나가는 과정은 연체동물이 환경에 적응하는 과정과 매우 비슷했다. 그는 관찰 결과와 그간의 경험을 종합해 1930년대에 인지 발달* 단계이론을 제안했다.

심리학이나 아동학에서는 학사학위도 없던 피아제였지만, 그의 통찰과 수많은 저술과 논문들은 그를 아동 인지 분야에서 최고의 전문가로 만들어주었다. 그렇지만 미국에서 그의 이름이 널리 알려지게 된 것은 1960년대 이후였다. 피아제가 열심히 연구를 하고 그 성과를 발표하던 시기의 미국 심리학계는 행동주의*의 영향력 아래 있었다. 과학*심리학적 접근을 중요시하던 심리학자들은 양적 연구보다는 질적 연구 혹은 사례 연구에 치중하던 피아제의 연구 결과를 신뢰하지 않았다. 하지만 1960년대에 들어서면서 다시 인식론과 인지가 심리학자들의 주된 관심 주제가 되면서 피아제의 이론도 주목받게 되었다. 미국심리학회에서는 1969년에 피아제에게 특별공헌상을 수여했다. 유럽인으로서는 최초였다.

학습된 무기력

통제감을 상실할 때 나타나는 심리적 상태
learned helplessness / 학습심리학

셀리그만Martin Seligman은 자신의 저서 『학습된 낙관주의Learned optimism』에서 자신이 낙관주의에 관심을 가지게 되었던 계기가 학습된 무기력★ 실험이었다고 밝혔다. 그가 실험심리학★ 전공으로 대학원을 다녔던 1960년대는 행동주의★가 막바지에 도달했을 때였다.

그의 지도교수는 파블로프의 고전적 조건형성★ 패러다임으로 실험을 하던 중 한 가지 문제에 봉착하게 되었다. 전기충격을 피할 수 없었던 개들이 피할 수 있는 상황에서도 전기충격을 온몸으로 견디고 있었던 것이다.

교수와 연구원들은 이해할 수 없는 현상에 난감해했으나, 셀리그만은 개들이 무기력을 학습한 것은 아닐까 생각했다. 하지만 무기력이란 개념은 행동주의의 논지에 어긋나는 것이어서 교수와 동료들에게 지지를 받지 못했다. 이에 셀리그만은 자신의 생각을 증명하기 위해 다음과 같은 실험을 실시했다.

개들을 세 집단으로 나누어 첫째 집단과 둘째 집단에게 전기충격을 주었다. 그런데 첫째 집단은 전기충격 제어장치가 있어서 전기충격이 올 때마다 이를 피할 수 있게 했고, 둘째 집단은 선택의 여지없이 전기충격을 받게 했다. 셋째 집단은 아무런 전기충격도 주지 않았다.

그 다음 셀리그만은 모든 개를 왕복 상자shuttle box에 넣고 전기충격을 주었다. 왕복 상자란 개가 얼마든지 뛰어넘을 수 있는 낮은 칸막이가 설치된 상자다. 일반적인 개들은 전기충격을 받을 때 다른 칸으로 뛰어넘어 도망가는 도피 학습escape learning을 한다. 하지만 이 실험에서 개들은 세 집단에 속해 각각 다른 처치를 받았던 상태였다. 과연 세집단의 개들은 모두 도피 학습을 할까, 아니면 집단에 따라 다른 행동을 보일까?

행동주의자들은 모든 집단의 개들이 도피 학습할 것이라고 주장했지만, 셀리그만은 다르게 예상했다. 첫째와 셋째 집단의 개들은 도피학습을 하지만, 둘째 집단의 개들은 이전의 경험에서 무기력을 학습했기 때문에 왕복 상자에서도 전기충격을 피해 도망가지 않을 것이라고 예상했다.

결과는 놀라웠다. 셀리그만의 예리한 관찰과 통찰이 맞아 떨어졌다. 첫째와 셋째 집단의 개들은 전기충격을 피하기 위해 열심히 칸막이를 뛰어다녔지만, 둘째 집단의 개들 중 2/3는 무기력하게 전기충격을 견디고 있었다.

당시 동물이 무기력을 학습한다는 생각은 이단적인 것이었으며, 행동주의의 논지와 주장에 정면으로 도전하는 것이었다. 하지만 실험 결과는 동물도 무기력을 학습할 수 있음을 보여주었다. 학습된 무기력은 오늘날 우울*을 비롯해 비관주의에 사로잡힌 사람들의 인지양식을 설명할 때 자주 등장하는 개념이 되었다.

그런데 행동주의의 한계와 인지심리학*의 가능성을 보인 이 실험에서 정작 그의 관심을 끈 것은 둘째 집단의 개들 중 무기력한 모습을 보이지 않고 열심히 왕복 상자를 뛰어다녔던 1/3의 개들이었다. 분명 통제*^{통제감}할 수 없는 경험을 했는데도, 이 녀석들은 포기를 모르는 것 같았다. 그 이유가 무엇일까 고민하던 셀리그만은 낙관주의에 관심을 가지게 된다.

그는 끊임없는 좌절에도 불구하고 성공과 재기를 위해 애쓰는 사람들에게 단지 '인간 의지의 승리'나 '삶의 용기'때문이라는 감상주의적인 표현을 붙이기보다는 객관적이고 체계적인 방법으로 낙관주의를 연구하기 시작했다. 또한 무기력이 학습될 수 있는 것처럼 낙관주의도 학습될 수 있다고 주장하면서 긍정심리학*의 선구자가 되었다.

학습심리학

경험을 통한 변화로 인간의 마음과 행동을 설명하다

learning psychology / 분야

학습심리학이라고 하니 공부를 잘하는 방법을 알려주는 심리학이 아닐까 생각할지도 모르겠다. 하지만 학습이란 학교에서 하는 공부가 아닌, 경험을 통한 변화를 의미한다. 인간에게 일어나는 변화는 원인에 따라 두 가지로 볼 수 있다. 하나는 유전★유전 vs. 양육에 근거해 시간에 따라 나타나는 변화고, 또 다른 하나는 환경에 근거해 경험에 따라 발생하는 변화다. 전자를 성숙이라고 하면, 후자를 학습이라고 한다. 전자는 대부분의 사람들이 보이는 공통적인 현상이지만, 후자는 개인에 따라 달라질 수 있는 개별적인 현상이다. 예를 들어 키가 자라는 것은 성숙이고, 지식이 자라는 것은 학습이다.

인간의 마음과 행동이 학습의 결과라고 보는 학습심리학은 크게 행동주의★ 학습과 인지적 관점★근접성 vs. 수반성의 학습을 다룬다. 행동주의는 심리학★이 과학이 되기 위해서는 행동만을 심리학의 연구 대상으로 삼아야 한다고 주장했던 학파로, 경험에 따른 행동의 변화가 주된 관심이었다. 경험에 따른 변화라는 점에서 학습심리학의 관점과 일치한다. 행동주의 학습의 원리는 연합이며 연합을 구성하는 절차가 조건형성★이다.

하지만 행동만을 강조한 행동주의와 달리 인지적 관점에서 학습을 이해하려는 노력도 있었다. 이러한 흐름은 1960년대부터 본격화 되었고, 대표적으로 반두라의 모방 혹은 관찰 학습이 있다. 사실 인지적 관점에서 학습을 이해하려 했던 심리학자들이 1960년대 이전에 없었던 것은 아니다. 톨만의 잠재 학습과 쾰러의 통찰★ 학습은 일찍이 존재했던 인지적 관점의 학습 이론이다.

항등성

감각 정보가 다름에도 동일한 대상으로 지각하는 현상
constancy / 감각과 지각

백화점에서 가격이 비싸지만 괜찮은 옷을 발견해 눈물을 머금고 구입을 했는데 집에 와서 입어보니 영 다른 느낌이어서 실망했던 적이 있는가? 인터넷 쇼핑을 하다가 사진 속 모델이 입고 있는 옷이 괜찮을 듯해 구매했는데 막상 옷을 받아보니 색감이 너무 달라서 당황했던 적이 있는가? 분명히 그때는 파스텔 톤의 예쁜 옷이었는데, 왜 지금은 칙칙한 색깔인지 의아했던 적이 있는가?

우리를 종종 혼란스럽게 하는 옷 색깔의 변신은 조명 때문이다. 백화점의 조명은 밝고 화려하지만 가정집의 조명은 약간 어두침침한 백색등이다. 우리의 시각 경험, 특히 색 경험★색채 지각은 물체가 반사하는 빛의 파장과 연관이 있기 때문에 조명에 따라 색 경험도 달라질 수밖에 없다.

하지만 시간이 지나 옷에 대한 도식★이 형성되면, 그 옷을 화려한 조명에서 보든 아니면 백색등 아래에서 보든 동일한 색으로 지각하게 된다. 옷은 예전이나 이제나 조명에 따라 다른 종류의 파장을 우리에게 보내고 있고, 우리의 시각세포는 그 파장에 따라 다르게 흥분하지만 우리는 그 차이를 무시하고 동일한 색으로 지각한다. 이를 색채 항등성color constancy이라 부른다. 항등성이란 감각 정보가 다른데도 대상의 속성이 동일하다고 판단하는 지각*감각과 지각 과정이다.

항등성의 종류에는 이 외에도 밝기brightness, 형태shape, 크기size가 있다. 밝기 항등성이란 조명에 따라 물체의 밝기가 다르게 보여도, 형태 항등성이란 각도에 따라 물체의 형태가 다르게 보여도, 크기항등성이란 거리에 따라 물체의 크기가 다르게 보여도 동일한 물체라고 지각하는 것이다.

항등성은 후천적 경험으로 인해 발생하는 현상이다. 대상의 다양한 속성을 경험하면서, 감각 수준에서는 다르다는 정보가 입력되어도 우리의 뇌*에서는 동일하다고 판단한다. 따라서 대상의 다양한 속성을 경험하지 못한 사람은 항등성을 갖지 못한다. 밀림 속에서 한 번도 벗어난 적이 없는 부족민들은 난생 처음 광활한 초원으로 나와 멀리 있는 코끼리를 보면 깜짝 놀란다. 어떻게 저렇게 작은 코끼리가 있을 수 있냐고 하면서 손으로 그 코끼리를 잡으려고 시도한다.

우리는 코끼리가 작게 보이면 멀리 있다고 판단하는 크기 항등성을 가지고 있다. 하지만 이들은 한 번도 멀리 있는, 그래서 작게 보이는 코끼리를 본 적이 없어서 이런 해프닝이 벌어지는 것이다.

행동 수정

행동의 변화는 의지의 문제가 아니다
behavior modification / 상담과 심리치료

행동 수정은 행동주의★ 원리를 현장의 필요에 맞게 응용하는 분야다. 행동 치료behavior therapy라고도 하지만 치료라는 말이 병리만을 대상으로 한다는 오해의 소지가 있어 행동 수정이라는 표현을 주로 사용한다. 병리에 국한되지 않는 다양한 행동의 변화를 꾀하는 것이 행동 수정의 목적이다. 병원에서 다양한 의학적 목적으로 사용하는 경우 행동 의학behavioral medicine이라고 한다.

행동 수정의 뿌리는 행동주의에 있으나 행동주의가 타인이 관찰할 수 있는 행동만을 다루었던 것에 비해 행동 수정은 타인이 관찰할 수 없는 내적 행동도 다룬다. 내적 행동의 예로는 심장 박동이나 생각과 느낌을 들 수 있다. 행동의 정의를 확장함으로써 행동 수정의 적용 범위는 다양해졌다.

행동 수정의 장점은 행동주의처럼 정확성과 객관성을 중요시한다는 것이다. 다른 상담이론★상담심리학에서는 태도나 동기, 자존감 같은 모호한 용어를 사용하는 경향이 있으나 행동 수정에서는 모든 행동을 측정 가능한 수준에서 구체화시킨다. 따라서 내담자의 변화를 상담자의 직관이나 내담자의 주관적 보고에 의존하지 않고, 구체적인 자료에 근거해 평가한다.

만약 낮은 자존감으로 괴로워 상담을 원하는 사람이 있을 때, 행

동 수정가들은 낮은 자존감이 현실에서 어떻게 나타나는지 살펴보고 이를 행동으로 구체화시킨다. 만약 낮은 자존감 때문에 타인과 시선을 맞추는 것이 어렵다면, 타인과 시선을 맞추는 횟수의 증가를 목표로 잡는다. 또한 처치를 하기 이전에 효과를 파악할 수 있도록 먼저 시선을 맞추는 빈도를 조사한다. 그 다음 본격적인 행동 수정을 실시한다. 행동 수정은 보통 행동주의의 기본 원리인 조건형성*을 비롯해 내담자에게 가장 적절한 방법을 사용한다. 처치를 진행하면서 시선을 맞추는 횟수를 계속 조사하면 처치 전과 후를 비교해 효과를 알 수 있다.

행동 수정은 특히 불안* 치료에 효과적이다. 일례로 공포증의 경우 역조건형성counter-conditioning을 사용한다. 역조건형성이란 거꾸로 조건형성시킨다는 의미다. 공포증은 대상과 공포가 조건형성연합되어 발생하는 불안 장애이므로, 치료를 위해 공포와는 반대인 편안함이완을 대상과 연합시켜준다.

미정은 고양이 공포증을 치료하기 위해 행동 수정으로 유명한 심리학자를 찾아왔다. 심리학자는 우선 미정에게 이완법을 가르쳤다. 미정은 이완을 통해 몸과 마음이 편해졌다. 이때 심리학자는 고양이 관련 자극 중 가장 약한 자극인 '고양이'라는 글자를 보여주었다. 이완 상태인 미정은 불안을 약간 느끼자마자 근육의 긴장과 심장박동을 느꼈다.

심리학자는 다시 미정에게 이완을 요구했고, 이내 미정은 안정을 되찾았다. 이런 절차를 여러 차례 반복한 결과 미정은 '고양이'라는 글자에 대해 아무런 불안도 느낄 수 없었다.

그러자 심리학자는 다음 단계인 고양이 그림을 보여주었다. 불안을 느끼면 이완을, 이완이 되었으면 다시 자극을 제시하는 방식으로 치료는 진행되었다. 결국 미정은 고양이 그림을 넘어서 고양이 사진과 동영상, 마지막으로 실제 고양이를 보고서도 불안해하지 않았다.

공포증은 대체로 민감한 신체 반응, 즉 불수의적 반응과 연관이 있기 때문에 고전적 조건형성의 원리를 적용해 고친다. 그렇지만 행동 수정의 대상이 수의적 반응이라면 조작적 조건형성의 원리를 응용할 수 있다.

자신이 원하는 것을 얻지 못하면 집이든 밖이든 상관없이 땅을 뒹굴며 소리를 치는 아이의 행동을 바꾸기 위해서는 강화★강화와 처벌 와 소거★강화 계획 의 방법을 사용한다. 떼를 쓸 때에는 아이에게 아무런 반응도 하지 않고, 차분하게 자신의 요구를 말할 때에는 아이의 요구를 들어주면 된다. 그러면 아이의 떼쓰는 행동은 사라지고 차분하게 말하는 모습은 증가하게 될 것이다.

이러한 방법이 지나치게 인위적으로 보일 수도 있다. 하지만 아이들의 역기능적인 행동은 사실 부모가 잘못된 방식으로 강화와 소거를 사용한 결과임을 기억하자. 아이가 차분하게 이야기할 때에는 아이의 요구를 무시하고 떼를 썼을 때에는 들어주었기 때문이다. 결국 행동수정이란 역기능적인 기존의 방법을 기능적으로 바꾸어보는 것이다.

이 외에도 많이 사용되는 행동 수정의 방법으로는 타임아웃timeout, 토큰 경제token economy 등이 있다. 타임아웃은 일정시간 동안 한 곳에서 몸을 움직이지 않고 있는 것으로 우리나라에서는 생각의자기법이라고도 하며, 토큰 경제는 바람직한 행동을 할 때마다 토큰코인, 스티커, 달란트 등을 주고 나중에 이를 강화물로 바꾸어주는 것이다.

행동 수정은 매우 효과적인 방법이고 적용 범위가 광범위하지만, 성인들은 상담자에게 자신의 이야기를 털어놓고 공감*과 지지를 받기 위해 오는 경우가 많다. 따라서 성인보다는 어린아이들의 행동 변화에 더 자주 사용된다. 행동주의의 창시자 왓슨이나 행동주의의 거장 스키너*도 아동을 대상으로 한 행동주의의 적용 가능성을 시사했다. 물론 성인이라도 본인의 동의와 적극적인 참여 의지가 있다면 얼마든지 사용할 수 있다.

이와 더불어 행동 수정을 스스로에게 적용하는 것도 효과적이다. 막연하게 의지와 노력으로만 자신의 행동을 변화시키려 하지 말고 목표 행동을 구체화한 후에 강화의 기법을 사용해보라. 그러면 더 이상 당신의 인생에 작심삼일作心三日이라는 단어는 필요하지 않게 될 것이다.

행동주의

심리학이 과학이 되려면 눈에 보이는 것만을 연구해야
behaviorism / 역사

나에게 건강하고 좋은 습관이 있는 유아 열두 명과 내가 원하는 육아 환경을 달라. 그러면 어떤 아이든 그 아이의 재능, 취향, 성향, 적성, 부모의 인종이나 직업과 관계없이 의사, 변호사, 예술가, 기업가는 물론 거지나 도둑으로 만들어보겠다.

유명하고도 섬뜩한 이 말을 한 사람은 행동주의의 창시자 왓슨John Watson이다. 그는 1913년에 행동주의자 선언서Behaviorist Manifesto에서 과학자들이 자극S ; Stimulus과 그에 대한 반응R ; Response의 패러다임으로 연구하는 것처럼, 사람도 이렇게 연구해야 한다고 주장했다. 여기서 행동주의를 뜻하는 S-R 패러다임이 나오게 되었다.

행동주의가 소개되는 분야는 학습심리학*이다. 그런데 학습심리학에는 파블로프와 손다이크*조건형성, 그리고 스키너*가 주로 언급되지, 창시자인 왓슨은 어린 앨버트Little Albert 실험을 제외하면 거의 언급되지 않는다. 어린 앨버트 실험이란 9개월 된 영아 앨버트가 흰쥐를 보고 있을 때 깜짝 놀랄 정도의 큰 소리를 내서 흰 쥐와 공포를 연합시켰던 실험이다.

이 간단한 실험을 제외하고 왓슨의 이름을 찾아볼 수 없는 이유가 무엇일까? 다름 아닌 그의 연애사 때문이다. 왓슨은 미국 시카고대학에서 자신의 제자와 사랑에 빠져 결혼을 했다. 그런데 자리를 옮긴 존스홉킨스대학에서도 대학원생 제자와 사랑에 빠지게 된 것이다. 지금 미국이라면 교수와 제자의 불륜이 잠깐의 소란으로 그치고 말겠지만 당시 미국사회는 상당히 보수적이었다.

왓슨을 비난하는 소리가 들끓었고, 결국 그는 제대로 된 연구나 이론도 정립하지 못한 채 교수직을 사임했다. 교수직에서 물러난 왓슨은 친구의 소개로 입사한 광고회사에 자신의 이론과 연구 결과에 근거해 많은 광고물을 제작했다. 또한 육아와 관련해 행동주의적인 접근 방식을 소개하는 일을 했다.

본래 인식론*의 문제를 해결하고자 했던 심리학자들은 외부의 자극S과 반응R보다는 이 둘을 매개하는 유기체O ; Organism의 정신세계에 관심을 가졌다. 이를 S-O-R이라고 한다. 정신세계의 연구를 위해 심리학자들은 주로 내성법*정신물리학을 사용했으나, 이 방법은 정확성과 객관성을 확보할 수 없었다.

행동주의자들은 심리학*이 과학이 되기 위해서 직접 관찰 가능한 행동만을 다루어야 한다는 주장을 펼쳤다. 또한 행동에 대한 예측과 통제가 심리학의 목표라면서 완성된 S-R 체계에서는 반응이 있으면 자극을 예측할 수 있고, 자극이 있으면 반응을 예측할 수 있다고 주장했다.

1913년에 선언으로 시작된 행동주의는 1930년대에 이르러서야 미국 실험심리학계의 주류로 자리를 잡게 된다. 그 이유는 심리학자들은 심리학이 과학적인 학문이 되기를 간절히 원했고, 행동주의의 논리가 논리실증주의logical positivism와 조작주의operationalism라는 과학의 기본 조건을 잘 충족시켜주었기 때문이다.

논리실증주의란 어떠한 사실을 추론하려면 경험적 증거에 근거해 논리적으로 접근해야 한다는 것이고, 조작주의란 과학적 개념이 의미를 갖기 위해서는 구체적으로 조작할 수 있도록 정의해야 한다는 것이다. 이에 더해 파블로프의 연구가 미국에 알려진 것과 대중들에게 행동주의를 소개하고자 한 왓슨의 노력도 행동주의가 심리학의 주류로 자리를 잡는 데 한몫했다고 할 수 있다.

S-R 심리학을 주장하는 행동주의의 핵심 원리는 근접성★근접성 vs 수반성이었다. 어떠한 자극이든지 시간적, 공간적으로 근접해 있으면 자동적으로 연합된다는 주장이다. 모든 현상을 유기체의 마음을 배제한 채 자극과 반응으로만 설명해야 했기 때문에 행동주의자들에게 근접성은 절대적인 교리와 같았다. 하지만 1960년대 들어서면서 행동주의자들의 주장은 서서히 힘을 잃게 되었고, 많은 심리학자들이 S-R을 떠나 S-O-R 패러다임으로 되돌아갔다. 이를 가리켜 과학철학자인 쿤Thomas Kuhn은 『과학혁명의 구조The Structure of Scientific Revolutions』에서 패러다임의 전환paradigm shift이라고 칭했다.

그렇지만 행동주의의 거장 스키너는 생을 마감했던 1990년까지 자신의 신념을 포기하지 않았다. 그는 비록 1960년대 이후 후계자를 만들어내지 못해 행동주의자라고 불릴 만한 심리학자는 현존하지 않지만, 그가 정립한 여러 이론과 주장은 아직도 여러 장면에서 다양한 방법으로 응용되고 있다.

향정신성 약물

뇌에, 그리고 정신에 영향을 미치는 약물
psychoactive drug / 의식

우리의 정신은 뇌★ 작용의 결과다. 물론 정신을 뇌 작용만으로 설명할 수 있는지는 논란이 되지만, 확실한 사실은 뇌 없이는 정신이 존재할 수 없으며 뇌의 변화는 정신의 변화와 직결된다는 것이다.

이런 면에서 우리의 뇌에 영향을 미치는 약물은 정신에도 영향을 미치는 약물이다. 이를 향(向)정신성 약물이라고 한다. 향정신성 약물에는 우리가 일상적으로 섭취하는 커피와 담배, 술은 물론 의료용 약물과 소위 마약으로 분류되는 여러 물질이 있다.

향정신성 약물은 그 작용에 따라 흥분제stimulants, 진정제depressants, 환각제hallucinogens, 아편opiates의 네 가지로 분류된다. 흥분제에는 카페인caffeine이나 니코틴nicotine, 코카인cocaine과 암페타민amphetamines 등이 있다. 커피를 하루에 몇 잔씩 마시던 사람이 마시지 않으면 집중도 잘 안되고 기분도 영 나아지지 않는다. 그 이유는 우리의 뇌가 카페인에 길들여졌기 때문이다.

진정제에는 알코올alcohol★탈개인화과 신경이완제neuroleptic, 그리고 항불안제antianxiety가 있다. 알코올이 흥분제가 아니라 진정제라니 언뜻 이해되지 않을 수 있다. 술만 먹으면 자신의 감정과 흥분을 이기지 못하는 사람들이 얼마나 많은가! 하지만 알코올은 분명 우리의 몸과 마음을 이완시키는 진정제다. 술을 먹고 흥분하는 사람들은 평소에는 높은 공격성을 통제하거나 억압, 억제하고 있는 것이다. 그런데 술이 억제 기능을 풀어 그런 행동을 하게 만든다.

환각제는 우리의 지각과정에 이상을 일으켜 환각★을 경험하게 하는 것으로 대마초라고도 하는 마리화나marijuana와 LSD가 있다. 마약으로 분류되는 환각제는 우리의 기분을 좋게 만드는 것이 아니라 환각 경험을 일으키는 것이다.

통증을 차단하고 기분을 좋게 만드는 것은 양귀비 추출물질로 만든 아편류로 몰핀morphine, 헤로인heroin, 메타돈methadone이 있다.

향정신성 약물은 지속적으로 섭취하면 중독된다. DSM-5★DSM에서는 약물 중독을 물질 사용 장애substance use disorder라고 하며, 대표적인 증상으로 내성intolerance과 금단withdrawal★대립 과정을 꼽는다. 내성이란 원하는 효과를 얻기 위해 많은 약물을 사용하는 것이며, 금단이란 약물을 섭취하지 않았을 때 발생하는 다양한 증후군으로 주의 집중 곤란, 불안, 손 떨림, 환각 등이 있다.

어떤 이들은 자신의 강한 의지력으로 약물마약에 중독되지 않을 자신이 있다고 호언장담한다. 하지만 중독은 의지의 문제가 아닌 뇌의 문제다. 향정신성 약물은 뉴런 사이의 시냅스★뉴런에서 정상적인 정보 전달을 방해한다. 물리적인 현상이라는 것이다. 따라서 발바닥에 못이 박혔을 때 느끼는 고통을 강한 의지로 통제할 수 있는 사람이라면 모를까, 그렇지 않다면 아예 약물에는 손을 대지 않는 것이 좋다.

참고로 정신과나 신경과에서 환자의 증상을 치료하려는 목적으로 사용하는 약물은 항抗정신성 약물antipsychotic drug이라고 한다. 항정신분열제나 신경이완제, 항우울제antidepressants, 항불안제 등이 이에 해당한다. 향정신성 약물이나 항정신성 약물은 모두 신경전달물질★의 정보 전달에 개입해 우리의 정신에 영향을 미친다.

혈액형

혈액형으로 정말 성격을 알 수 있을까?
blood type / 성격심리학

2007년 가을, 주요 일간지에는 다음과 같은 제목의 기사가 사람들의 이목을 집중시켰다.

O형 외향적, A형 논리적, B형 감성적…. 〈연합뉴스〉

국내 연구진 논문 발표, "소심한 A형 맞는 말" 〈한국일보〉

혈액형과 성격의 관계가 과학적★심리학으로 입증된 것처럼 보이는 이 기사는 놀랍게도 연세대학교 대학원 기술경영학과 류성일 연구원과 심리학과 손영우 교수가 한국심리학회지 가을호에 게재한 논문 「혈액형 유형학 연구에 대한 개관」에 근거하고 있다. 심리학자가 혈액형과 성격의 관계를 입증했다는 논문을 썼다니! 그동안 수많은 심리학자들이 혈액형 유형학을 반대해왔기 때문에 이는 매우 놀라운 일이었다.

그런데 기사를 읽어보니 일종의 오보임을 알 수 있었다. 연구자들은 혈액형과 성격을 직접 조사한 것이 아니라, 국내의 여러 분야에서 발표된 관련 논문 50여 건을 검토했던 것이다. 그 결과 연구자들은 혈액형과 성격 사이에 상관이 있다고 주장하는 논문이 그렇지 않다는 논문보다 더 많다는 사실을 발견했다고 한다. 하지만 이에 대해 연구자들은 성격이란 유전과 환경★유전 vs. 양육이 복합적으로 영향을 주기 때문에 혈액형만으로는 알 수 없는 것임을 강조하고 있다고 한다.

기사를 읽고 나니 한 가지 의문이 풀렸지만, 새로운 의문이 생겨났다. 심리학자들은 일관되게 혈액형과 성격 사이에서 관련성이 없다고 주장해왔지만, 여전히 혈액형과 성격★성격심리학 사이에 상관이 존재한다고 주장하는 다른 분야의 논문들 때문이었다. 혈액형 유형학이 맞는 것처럼 주장하는 논문들이 존재하는 이유는 무엇일까?

또한 경험상으로 혈액형 유형학을 신봉하는 사람들도 많은데 그 이유는 무엇일까? 혈액형과 성격 사이의 연관성이 끊임없이 제기되는 이유는 실제적인 무언가가 있다기보다는 혈액형 유형학에 대한 도식★이 광범위하게 퍼져 있어서 자기충족적 예언★으로 작용한 결과라고 볼 수 있다. 자신의 혈액형에 맞는 성격 유형을 알면 자연스럽게 그에 적절한 행동을 하게 된다. 또한 애매한 성격 묘사가 자신의 성격을 잘 설명한다고 착각하는 바넘 효과★도 한 몫한다. 세상에 소심하지 않은 사람이나 감정의 기복이 전혀 없는 사람은 아무도 없

기 때문에 혈액형 유형학이 자신의 성격을 잘 설명한다고 생각하기
한다.

혈액형과 성격의 관계성은 보통 설문으로 조사한다. 설문 조사의
단점은 사람들의 실제 성격과 행동보다 생각이 더 큰 영향을 미칠
수 있다는 것이다. 혈액형과 성격의 관계성을 인정하는 사람들을 대
상으로 설문을 실시하면, 당연히 상관이 있는 것으로 나타날 수밖에
없다. 하지만 심리학자들은 혈액형과 성격 사이에 상관이 존재한다
면 왜 그런지, 즉 왜 피가 성격에 영향을 미치는지 입증해야 한다고
말한다. 하지만 이에 대한 연구는 전무하다.

사람들이 혈액형 유형학을 쉽게 포기하지 못하는 이유는 그것이
주는 이득 때문이다. 사람들은 누구나 사람에 대해 알고자 하는 비
전문적인 심리학자naive psychologist다. 심리학자들이 이론적인 틀을 가
지고 사람을 연구하듯이 일반인들도 나름의 이론적인 틀을 가지고
사람을 파악하려고 한다. 그 중의 한 가지가 암묵적 성격 이론★인상이
며, 혈액형 유형학 역시 정확성은 없지만 이해하기 쉽고 간편해 이
론적인 틀의 역할을 한다. 이는 제대로 된 심리학이 대중화되지 못
했기 때문에 생기는 부작용이라고 할 수 있다.

어떤 이들은 정확하지 않으면 어떠냐고 반문한다. 처음 보는 사람
을 빨리 파악해 통제감★을 얻을 수 있다면 그것으로 족하다고 주장
한다. 하지만 혈액형 유형학을 배제해야 하는 이유는 부정확성 때문
만이 아니라 그것이 편견★과 차별로 작용할 수 있기 때문이다. 혈액
형 유형학은 사람의 성격 중에서 긍정적인 면보다는 부정적인 면을

부각시킨다. 만약 누군가가 당신을 제대로 알지도 못한 채, 당신의 피 때문에 당신을 부정적으로 평가한다면 어떨까? 다른 사람의 혈액형을 들먹일 때는 즐겁겠지만, 정작 그 사람은 마음의 상처를 받을 수도 있음을 기억하자.

▌환각

실재하는 자극이 없음에도 무엇인가를 지각하는 현상
hallucination / 이상심리학

환각이란 실재하는 자극이 없음에도 무언가를 지각하는 현상으로, 망상*과 함께 대표적인 정신증*^{신경증과 정신증}의 증상이다. 또한 대마초 같은 향정신성 약물*을 인위적으로 섭취했을 때에 경험하기도 한다.

환각은 보통 오감*이라고 하는 감각과 연관되어 나타난다. 환시, 환청, 환취, 환미, 환촉 중에서 정신분열*을 비롯한 정신증적 장애를 가진 이들에게 가장 많이 나타나는 것은 환청이다. 정신분열 환자들의 환각 중 90%를 차지하는 환청은, 정신분열의 원인이라고 알려진 도파민이 청각을 담당하는 대뇌피질의 측두엽*^뇌에서 과도하게 분비되기 때문이다.

러셀 크로_{Russell Crowe}가 주연을 맡은 2001년 영화 〈뷰티풀 마인드 A Beautiful Mind〉는 노벨경제학상을 수상한 미국의 천재 수학자 내쉬_{John}

F. Nash, Jr.의 실화를 바탕으로 한다. 한때 정신분열증으로 고통받았던 내쉬가 모든 어려움을 극복하고 위대한 수학자가 되는 과정을 그리고 있다. 영화에서는 내쉬가 환시를 보는 것으로 나왔으나, 이는 영화라는 매체의 특성 때문에 만든 설정일 뿐이다.

환청은 귀울림이라고도 하는 이명耳鳴과 전혀 다르다. 이명은 소음이 들린다는 주관적인 느낌이지만, 환청은 구체적인 언어로 지각된다. 또한 환청은 파괴적이며 공격적인 내용이 많아 자살이나 살해같은 사건과 사고로 이어지는 경우가 많다.

2002년 9월에 50대 중반의 남성이 길거리를 배회하다가 갑자기 종교기관에서 운영하던 유치원선교원에 들어가 칼을 휘둘러 아이들 11명에게 중상을 입히는 사건이 발생했다. 경찰 조사 결과 이 사람은 평소 정신분열증을 앓고 있었으며, 사건 당일 '아이들을 찌르지 않으면 네가 죽는다'는 환청을 들었다고 한다.

환청이 주로 정신분열증에서 나타난다면, 환시는 직접적인 뇌 손상을 입은 사람들에게서 나타난다. 시각을 담당하는 뇌의 손상 정도에 따라 다양한 형태로 나타난다고 알려져 있다. 환취로는 썩는 냄새를 맡는 경우가 많다. 환미는 피해 망상과 함께 나타나는 경우가 많은데, 일례로 자신을 죽이기 위해 음식에 탄 독을 맛보았다고 보고하는 경우를 들 수 있다. 환촉으로는 몸에 벌레가 기어다닌다거나 피부 밑에 기생충이 있다는 경우, 자신이 성폭행을 당했다고 보고한 경우도 있었다.

환각과 혼동하기 쉬운 것은 착각*이다. 환각은 실재하지 않은_{감각}기관에 입력되지 않은 자극을 지각하는 것이라면, 착각은 실재하는_{감각 기}관에 입력된 자극을 잘못 지각 혹은 해석하는 것이다. 일반인들도 누구나 착각을 경험할 수 있다. 특히 피곤하거나 잠에 취해 있을 때 더욱 그렇다. 잠에서 어설프게 깨어났을 때 벽에 걸린 옷을 보고 귀신으로 지각하는 것은 환시가 아닌 착각일 뿐이다.

이런 착각은 종종 수면 관련 환각과 혼동하기 쉽다. 수면 관련 환각은 잠이 들 때와 깰 때 경험하는 환각으로 입면기hypnagogic, 각면기 hypnopompic 환각이라고 한다. 이런 환각은 쏟아지는 잠*^{수면}을 주체할 수 없는 기면증narcolepsy에서 종종 나타난다. 드물지만 수면에 아무런 문제가 없는 사람들도 경험할 수 있다고 알려져 있다. 이렇게 수면과 연관해 나타나는 환각은 정신증적인 증상은 아니므로 크게 걱정할 필요는 없지만, 필요하다면 전문가의 도움을 받는 것도 좋다.

환각과 망상은 둘 다 정신증의 대표적 증상이지만, 환각이 지각의 문제라면 망상은 사고 내용의 문제로 엄연히 다르다. 망상이나 환각의 진짜 문제는 남들과 다른 생각을 하고 남들이 듣지 못하는 목소리를 듣는 것이 아니라, 그 생각과 목소리를 곧이곧대로 받아들인다는 것이다. 만약 우리가 망상과 환각을 경험하더라도 현실 검증력의 끈을 놓지 않을 수만 있다면 큰 어려움은 피할 수 있을 것이다. 물론 현실적으로 망상과 환각을 경험하는 사람들이 이렇게 한다는 것은 거의 불가능하지만 말이다.

다른 사람이 못 보는 무엇인가를 보았다면 무서워하기 전에 직접 손으로 확인해보자. 정말 자신이 보는 것이 실제 현실인지 아니면 내적 현실인지 검증을 하자. 누군가가 귀에 대고 끔찍한 명령을 내릴 때에도 두려움에 떨면서 그 명령을 무조건 따르기보다 왜 그래야 하는지 물어보자. 이렇게 현실 검증을 하면 대부분의 경우 자신의 환각이 사실은 착각이었음을 알게 될 것이다. 확인 결과 환각이 확실하다면 전문가의 도움을 받으면 된다. 언제나 우리를 힘들게 하는 것은 실체보다는 그에 대한 두려움이다.

기타

5요인 모형

다섯 가지의 주요 특질로 성격 이해하기
five factor model, Big Five / 성격심리학

성격심리학★ 이론 중에서 특질 이론trait theory은 사람의 성격을 구성하는 기본 단위로 특질을 꼽는다. 특성이라고도 번역되는 특질은 보통 성격을 묘사하는 형용사로 표현이 가능하다. 예를 들어 내향적, 사교적, 친절한, 무뚝뚝한, 진취적 등의 표현을 특질이라고 할 수 있다.

학자들마다 주장하는 특질의 종류와 수가 달랐다. 우선 성격심리학의 창시자라는 평가를 받는 올포트Gordon Allport는 개인마다 고유한 특질을 가지고 있다고 주장했다. 반면에 16PF라는 성격 검사로 유명한 커텔Raymond Cattell은 요인분석을 통해 16개의 근원 특질source traits을 밝혀냈고, 이에 근거해 16PF 성격 검사를 개발했다. 심리학★의 과학성을 크게 강조해 정신분석★을 비롯 심리치료★^{상담심리학}를 혹독하게 비판했던 아이젱크_{Hans Eysenck} 역시 요인분석을 통해 특질을 세 차원으로 구분했다.

이처럼 여러 심리학자들이 특질의 종류와 수에 대해 서로 다른 주장을 하면서, 특질 이론 자체에 대한 비판이 대두되었다. 하지만 1980년대에 들어서면서 특질을 연구하는 이론가들은 특질이 5개라는 데에 일치된 의견을 보이기 시작했고, 미국 오레곤연구소의 심리학자 골드버그_{Lewis Goldberg}는 이를 Big Five라고 불렀다. 5요인 모형의 애칭인 셈이다.

5요인 모형의 특질은 다음과 같다. 상상력이 풍부하고 창의적이며 호기심이 많고 생각이 깊은 경향을 의미하는 경험에 대한 개방성_{O ; openness to experience}, 조직적이고 책임감이 있으며 철저하고 근면해 신중함을 의미하는 성실성_{C ; conscientiousness}, 따뜻하고 사교적이며 자기주장을 하며 활동적인 경향을 의미하는 외향성_{E ; extraversion}, 타인에게 친절하며 이타적이고 솔직하고 협동성을 의미하는 우호성_{A ; agreeableness}, 불안과 분노와 적대감과 우울과 자의식과 충동성이 높으며 상처받기 쉬운 경향을 의미하는 신경증적 경향성_{N ; neuroticism}. 심리학과 학생들은 다섯 가지의 앞 글자를 따서 OCEAN이라고 외운다.

성격의 특질 이론은 모든 사람에게 공통된 특질이 존재하고 있으며, 사람마다 특질의 정도가 다르기 때문에 성격이 모두 다르다고 주장한다. 마치 오디오 기기에서 음색을 변화시키는 이퀄라이저 equalizer처럼, 어떠한 특질의 많고 적음이 성격의 차이를 유발한다는 것이다. Big Five의 외향성을 예로 들자면 사람들은 누구나 외향성을 가지고 있는데 다만 많거나 적을 따름이라는 것이다. 외향적인 사람은 외향성 점수가 높은 편이고, 내향적인 사람은 점수가 낮은 편이라고 한다.

특질 이론이 일종의 양적 접근이라면 이와 대비되는 유형 이론type theory은 성격의 질적 접근이다. 대표적 이론으로 융의 이론인 분석심리학*, 검사로는 MBTI*를 들 수 있다. 융의 이론이나 MBTI에서는 사람들을 외향과 내향의 범주로 구분하고 있다.

A형 행동유형

관상성 심장질환의 중요한 예측 변인

type A behavior / 성격심리학

우리 주위에는 매우 건강하던 사람이 갑작스러운 건강 악화로 세상을 떠나는 경우가 많다. 일본드라마를 리메이크해 2007년 MBC에서 방영했던 드라마 〈하얀거탑〉의 주인공 장준혁김명민 분이 바로 그런 경우다. 장준혁은 많은 시청자들에게 동정*공감과 분노를 동시에 불러일으켰다. 힘들었던 성장과정을 알게 된 시청자들은 그가 주변 사람과 자신을 힘들게 할 때마다 안타까운 마음을 가졌다. 그러다가도 악랄하다 못해 잔혹한 모습을 보이면 너무하다 싶은 생각에 화가 치밀어오르기도 했다. 하지만 시청자들의 이러한 감정은 잠시도 쉬지 않고 일에 매달려 성공가도를 달리던 장준혁의 갑작스러운 죽음과 함께 사라졌다.

장준혁처럼 암에 걸리기도 하지만 더 많은 사람들은 심장질환으로 쓰러진다. 세상이 공평하다는 신념을 가지고 있는 사람들은 이들의 질병과 죽음이 인과응보로 보일지 모르겠지만, 미국 관상성 심장질환CHD ; Coronary Heart Disease의 대가인 프리드만Meyer Friedman과 로젠만Ray Rosenman은 그 원인을 성격★성격심리학에서 찾았다.

건강하던 사람을 갑작스럽게 쓰러뜨리는 관상성 심장질환이란 심장근에 혈액을 공급하는 관상동맥의 손상으로 심장에 혈액산소와 영양소공급이 저하되고, 결국 심장에 이상이 생기는 질환이다. 이 질환의 원인으로는 흡연, 고혈압, 콜레스테롤의 과다, 운동부족, 가족력 등을 꼽는다. 하지만 이것만으로는 이 질환을 충분히 예측할 수 없다고 느낀 프리드만과 로젠만은 다른 요인을 찾기 위해 다양한 연구를 진행했다.

그들의 눈에 띈 것은 바로 관상성 심장질환 환자들의 행동특성과 성격이었다. 이들은 대체적으로 적은 시간에 많은 일을 하려고 하며, 투쟁적이고 삶의 태도가 적극적이었다. 조급성과 적개심, 경쟁심과 위기감으로 요약이 가능한 이 성격의 소유자들은 쉽게 스트레스★를 받으며 자율 신경계★가 예민하게 반응했다. 이는 혈관의 수축과 심박의 증가를 초래해 심혈관계 질병을 일으키는 원인이 된다고 두 의사는 결론지었다. 또한 이러한 행동유형을 A형 행동유형이라고 일컬었다.

A형 행동유형과 반대로 느긋함과 여유로운 행동을 보이는 사람들을 B형 행동유형이라고 한다. 최근에는 C형 행동유형이 추가되었는데, 이 유형은 분노와 적개심, 조급성을 잘 느끼고 스트레스에 취약하다는 점에서는 A형과 비슷하지만 분노를 겉으로 표출하지 않으며 암에 걸릴 확률이 높다는 점에서 차이가 있다.

현대 사회는 한 개인에게 많은 역할을 요구한다. 경쟁하지 않으면 살아남을 수 없도록 만든다. 이러한 상황에서 살아남기 위해 사람들은 한 번에 두 가지 일을 동시에 하곤 한다. 운전하면서 통화하고, 식사를 하면서 신문을 본다. 잠은 죽으면 잘 수 있다고 말하면서 일에만 매달린다.

문제가 되는 것은 이러한 생활 습관이 아니다. 이들의 마음에 있는 적개심이다. 이 적개심은 의심과 증오, 화와 불신과 무관하지 않으며 당연히 높은 스트레스를 받게 한다. 문제는 이런 사람들A유형은 여유와 느긋함을 즐기는 사람들B유형보다 사회적으로 성공할 가능성이 높다는 것이다. 하지만 신약성경 마태복음에 있는 말씀처럼 사람이 만일 온 천하를 얻고도 제 목숨을 잃으면 무엇이 유익하겠는가?

겉으로 보기에 강한 사람들은, 반대로 아주 약한 사람들일 수 있다. 조금만 자신의 생각에 맞지 않아도 불같이 화를 내는 사람은 그만큼 변화와 차이를 견딜만한 내적인 힘이 없기 때문에 극단적인 반응을 보이는 것이다. 오히려 심리적으로 건강한 사람은 자신의 변화에 대해 견딜 수 있는 힘이 있어 쉽게 화를 내지 않는다.

혹시 자신이 A형 행동유형을 보이고 있다는 생각이 들면 마음에 있는 적개심과 분노의 원인을 찾고, 인생의 패러다임을 바꾸어야 한다. 그렇지 않으면 어느 순간 심장병이나 암으로 쓰러질지 모를 일이다. A형, B형이라고 하니 사람들은 혈액형★과 혼동하기도 하지만, 이는 각 유형을 구분하기 위해 임의적으로 붙인 말일 뿐이다. 적어도 혈액형에 C형은 없지 않은가.

DSM

정신장애의 진단과 통계 편람
Diagnostic and Statistical Manual of mental disorder / 이상심리학

정신장애★이상심리학의 진단 및 통계 편람이라고 하는 DSM은 미국 정신의학회APA ; American Psychiatric Association에서 만든 정신장애의 진단 매뉴얼이다. 비록 미국에서 만들었지만 세계의 여러 국가에서 정신 장애의 진단과 분류, 연구 목적으로 사용한다. 이와 함께 세계보건 기구WHO ; World Health Organization에서 만든 국제질병분류ICD ; International Classification of Diseases도 정신장애의 진단 기준을 포함하고 있다.

우리나라의 경우 진단 부호는 ICD를, 진단 기준은 DSM을 따른다. 그 이유는 우리나라의 의학계가 보고서용의 공식 진단체계로

ICD를 따르고 있지만, 진단 기준은 DSM이 더 자세하기 때문이다.

부호는 ICD, 기준은 DSM을 따른다니 무엇인가 이상하게 느껴질 수도 있겠지만 DSM과 ICD의 정신장애 부분은 매우 밀접하게 서로 영향을 주고받으며 발전해왔기에 둘 사이의 차이는 크지 않다. 또한 WHO에서 ICD를 만든 목적은 기본적인 건강 통계의 자료의 수집이지 정확한 진단이나 연구가 아니기 때문에 여러 나라에서 학술과 진단 목적으로 DSM을 사용한다.

역사

DSM 1판DSM-I은 1952년에 출간되었는데, 이는 처음으로 정신장애가 포함된 ICD 6판을 변형, 발전시킨 것이나 다름없었다. APA에서 DSM을 만든 이유는 2차 세계대전 참전 군인들의 정신 상태를 진단하고, 퇴역 군인들을 돕기 위한 정신장애의 진단 기준이 필요했기 때문이다. 물론 그 이전까지도 의사들이 일반적으로 사용하던 개략적인 정신병리의 진단명MMPI★의 척도과 기준이 존재하기는 했으나 공식화된 기준은 이때 처음 만들어졌다. 1판과 크게 달라진 점이 없는 DSM 2판DSM-II은 1968년에 출간되었으며, ICD 8판과 맥락을 같이 하고 있다.

정신분석★의 원인론을 따르는 1판과 2판은 신경증과 정신증★이라는 용어를 사용하고 있다. 정신분석에서는 자아★자아 심리학를 중심으로 정신장애를 설명한다. 자아가 초자아와 원초아 사이에서 힘의 균형을 잃을 경우 자아 기능이 손상되고, 그 정도에 따라서 정신증과 신경증으로 구분한다.

1980년에 출간된 DSM 3판DSM-III은 이전과는 확연히 다르게 접근했다. 우선 정신분석이라는 특정 원인론을 배제하고 중립적인 입장에서 기술적descriptive 접근을 하게 되었다. 이전까지는 정신분석이 정신장애에 대한 유일한 이론이었지만, 생물학과 다양한 심리이론을 비롯해 정신장애를 바라보는 관점이 다양해진 결과다. 또한 명확한 진단 준거를 제시했으며, 진단간 위계를 설정했다.

게다가 다축체계 분류multiaxial classification를 도입했다. 다축체계란 정신장애를 진단할 때 단지 정신장애에만 초점을 두는 것이 아니라 일반적인 건강 상태축 3나 환자의 심리사회적 환경축 4, 그리고 전반적인 적응과 기능의 정도축 5까지 고려하도록 하는 방식이다. 또한 다축체계에서는 어떤 계기로 인해 발생해 일정 기간 동안만 지속되는 정신장애축 1와 만성적으로 오랫동안 지속되는 정신장애축 2를 구분했다.

성격 장애와 발달 장애developmental disorder를 축 2로, 나머지 모든 정신장애는 축 1로 분류하도록 했다. 하지만 DSM 3판은 진단 기준이 모호하고 불일치한 점들이 여럿 드러나 개정에 들어갔고, 1987년에는 3판의 개정판DSM-III-R이 출간되었다.

1994년에 출간된 DSM 4판DSM-IV은 1992년에 출간된 ICD 10판과 보조를 맞추고 있다. 4판은 시대 변화에 따른 정신장애의 변화를 반영했다. 수동-공격성 성격 장애*를 삭제했고, 급성 스트레스* 장애를 추가했다. 또한 몇몇 정신장애의 명칭을 수정했으며, 축 2에 있던 발달 장애 중에서 정신 지체★지능를 제외한 나머지를 축 1로 이동시켰다. 결국 축 2에는 성격 장애와 정신 지체만 남게 되었다. 2000년에는 4판의 진단 기준을 그대로 유지한 채 최근의 연구 결과를 추가하고 설명문안의 일부를 수정해 4판의 TRText Revision 버전을 출간했다.

4판이 나온지 19년 만인 2013년 5월에 DSM 5판DSM-5이 출간되었다. 정신장애에 대한 연구결과와 치료 성과 등 그간 축적된 여러 증거를 반영하면서도 4판과의 연계성을 유지하려고 했다. 특히 신경생물학의 연구결과를 반영하려는 흔적이 역력하다. 무엇보다 정신장애를 심각도에 따라 연속선상에서 평가하도록 요구하고 있는데, 이는 그 동안 여러 정신장애를 별개라고 본 범주적 접근categorical approach에 더해 차원적 접근dimensional approach까지 고려한다는 의미다.

3판부터 도입되었던 다축체계 분류를 공식적으로는 포기했다. 그 동안 다축체계 분류에 대한 유용성과 타당성에 많은 전문가들이 문제를 제기한 결과다. 하지만 실제 내용을 보자면 축 1부터 3까지는 진단기준에, 축 4는 각 진단별 사례에 포함시키고 있으며 축 5는 그대로 사용함을 알 수 있다.

정신장애의 범주를 재구성했는데, 대표적으로는 4판의 기분 장애mood disorder를 우울★ 장애와 양극성 및 관련 장애로, 불안★ 장애anxiety disorder를 불안 장애와 강박★ 및 관련 장애, 외상 및 스트레스 관련 장애로 구분했다. 대부분의 범주가 재구성되었는데, 성격 장애 범주는 바뀌지 않았다. 또한 4판까지는 I, II, III, IV처럼 로마자를 사용했는데, 5판부터는 아라비아 숫자를 사용하고 있다. 앞으로는 개정 작업에 더 빠르고 유연하게 대처하겠다는 것이다.

논쟁

정신장애의 진단과 분류는 전문가들 사이에서 논쟁이 되는 주제 중 하나다. 신체적 질병과 장애는 진단과 분류가 비교적 명확하며 사회적 오명이 적은 편이지만, 정신장애의 경우는 다르다. 진단 기준을 끊임없이 향상시키려고 노력했음에도 여전히 모호한 표현들이 많아서, 진단 일치율이 신체적 질병에 비해 여전히 낮은 편이다. 특히 성격 장애가 그렇다. 여기에 더해 정신장애는 개인차가 워낙 커서, 단 하나의 진단명으로는 그 사람의 상태를 충분히 표현하기 어렵다는 문제점이 있다. 또한 사회적인 오명은 씻을 수 없는 상처를 주기도 하며, 자신의 진단명을 알게 되면 자기충족적 예언*으로 작동할 가능성도 있다.

그럼에도 전문가들 사이에 의사소통을 원활하게 하고, 정신장애 원인과 치료 방법의 연구를 위해 진단과 분류가 필요하다는 주장도 있다. 또 한편으로는 현대 의학과 의료보험 시스템 안에서는 진단을 해야만 처방할 수 있기 때문에 진단의 현실적 유용성도 무시할 수 없다.

하지만 병원이 아닌 곳에서 활동하는 많은 심리학자들은 진단을 거부하고, 병원에서 활동하는 정신과 의사들은 진단을 옹호한다. 진단에 대한 논쟁과 갈등을 첨예하게 보여준 사건은 유명한 로젠한

David Rosenhan의 실험이다.

로젠한은 자신을 포함해 멀쩡한 사람 여덟 명을 여러 정신병원으로 보내 정신과 의사에게 무슨 소리가 들린다고 말하게 했다. 결과는 놀라웠다. 한 사람은 조울증★^{우울}으로, 나머지 사람들은 정신분열★로 진단을 받아 입원을 하게 되었다. 입원 후에는 모두가 평소처럼 정상인의 모습으로 생활했지만, 그들에게 진단을 내린 의사와 간호사들은 그들의 모든 행동을 진단과 일치한다고 생각했다. 그들은 길게는 52일, 짧게는 7일이나 병원에 있었고, 일시적인 증세 회복으로 겨우 퇴원이 가능했다.

로젠한은 이 실험 결과를 발표하면서 정신의학의 진단이 얼마나 오류가 많은지 역설했고, 이 소식을 들은 많은 정신과 의사들은 이 실험의 문제점을 지적했다. 우선 통제된 실험이 아니었을뿐더러 의사가 환자의 의도적인 속임수에 속았다고 해서 진단이 잘못되었다고는 할 수 없다는 내용 등이었다.

로젠한이 이 실험을 진행했을 당시 정신의학계는 DSM 2판을 사용하고 있었다. 2판은 앞서 언급했던 것처럼 1판과 크게 다르지 않았다. 이 말은 당시만 해도 제대로 된 진단 기준 없이 의사들의 경험과 직감에 근거해 진단을 했다는 의미다.

물론 지금의 정신병원은 이때와 현격히 다르다. 환자의 보고에만 의존하지 않고 온갖 심리 검사★를 실시한다. 필요하다면 생리학적 검사나 뇌★ 검사를 실시한다. 그럼에도 진단의 유용성과 해악성에 대한 논쟁이 완전히 사라진 것은 아니다. 그렇지만 중요한 것은 어

떤 주장의 옳고 그름이 아니라 정신장애로 고통받고 있는 사람의 회
복과 치료다.

MMPI

전 세계에서 가장 많이 사용하는 객관적 심리 검사
Minnesota multiphasic personality inventory / 심리 검사

MMPI는 전 세계 심리학자들과 정신과 의사들이 가장 많이 사용
하는 객관적 심리 검사*이다. M으로 시작하는 네 철자라는 점에서
종종 MBTI*와 혼동하는 이들이 많지만 두 검사는 전혀 다르다.

MMPI는 1940년대 미국 미네소타대학의 임상심리학자인 해서웨
이Starke Hathaway와 정신과 의사인 맥킨리Jovian McKinley가 정신장애*이상
심리학의 진단을 돕기 위해 제작한 검사다. 일반인과 정신장애환자를
대상으로 일련의 문항들에 응답하게 한 후 두 집단을 의미 있게 구
별해주는 문항을 선별해 척도를 구성했다. 이를 경험적 방식이라고
한다.

임상 척도는 모두 10개로 1번은 건강염려증Hs ; hypochondriasis, 2번
은 우울증D ; depression, 3번은 히스테리Hs ; hysteria, 4번은 정신병리적
일탈 혹은 반사회성 성격Pd ; psychopathic deviate, 5번은 남성성-여성성
Mf ; masculinity-femininity, 6번은 편집증Pa paranoia, 7번은 신경쇠약 혹은
강박증Pt ; psychasthenia, 8번은 정신분열Sc ; schizophrenia, 9번은 경조증Ma

hypomania, 0번은 사회적 내향성Si social introversion이다. 이중에서 5번과 0번을 제외한 8개의 척도는 1940년대 당시 주요한 정신장애였다. 5번은 원래 동성애를 알아내기 위해, 0번은 대인 관계를 파악하기 위해 만들었다.

시간이 지날수록 MMPI는 정신장애의 진단이라는 원래의 목적에는 별로 효율적이지 못하다는 것이 밝혀졌다. 하지만 예기치 않던 유용성이 발견되었는데, 바로 피검자의 성격★성격심리학 특성을 파악할 수 있다는 사실이었다.

이러한 이유 때문에 MMPI는 정신장애가 없는 일반인들에게도 유용한 검사가 될 수 있다. 따라서 현재는 각 척도를 정신장애의 명칭보다는 번호로 부른다. 또한 현재의 정신장애는 1940년대와 큰 차이가 있다는 점에서 이러한 현상은 바람직하다.

MMPI는 웩슬러 검사★지능처럼 모집단의 점수로 규준을 설정해 검사 점수의 의미를 파악하는 규준 검사다. 평균에서 2표준편차30~70점, 전체의 95%까지는 정상 범위로 보고 2표준편차 이상의 점수만 의미 있게 해석한다.

따라서 심리적인 문제가 많지 않은 사람이나 평범한 성격의 소유자는 각 척도의 점수가 정상 범위에만 위치할 수도 있다. 이럴 경우 해석의 내용이 적다. 그런데 567개 문항MMPI-2의 경우에 응답을 하기 위해 최소 1시간이 소요된다. 이런 점에서 MMPI는 일반인들보다는 전문적인 도움을 얻기 위해 정신과 의사나 임상심리학자를 찾아온 사람들에게 실시되는 경우가 많다.

채점은 컴퓨터 프로그램으로 해야 하며, 해석은 어렵고 복잡하다. 간혹 자신의 MMPI 결과에 대해 전문가의 해석을 듣지 않고, 결과 프로파일을 보면서 자신이 정신병*^{신경증과 정신증}에 걸린 것은 아닌지 걱정하는 사람들이 있다. 8번 척도의 점수가 가장 높으니 자신은 틀림없이 정신분열*이라고 생각하는 식이다. 그렇지만 각 척도의 점수는 정신장애보다는 성격의 특성으로 봐야 한다. 이런 불필요한 오해를 없애기 위해 심리학자들은 결과 프로파일을 내담자에게 직접 주지 않는 경향이 있다. 검사의 해석은 반드시 전문가에게 받아야 한다.

MBTI

가장 대표적인 유형별 성격 검사
Myers-Briggs type indicator / 심리 검사

MMPI*와 종종 혼동되는 MBTI는 모녀지간인 마이어스_{Isabel Briggs Myers}와 브릭스_{Katharine Cook Briggs}가 만들었다. 놀랍게도 이들은 심리학자나 정신과 의사가 아닌 일반인이다. 딸인 마이어스의 최종학력은 미국 스워스모어대학의 정치학 학사이며, 어머니 브릭스는 정규교육을 받은 적이 없는 사람이다. 그렇지만 이들은 평소 위인이나 역대 대통령들의 자서전을 읽으면서 성격을 분석할 정도로 사람에게 관심이 많았다. 그러던 중 분석심리학*의 유형 이론*^{5요인 모형}을 알게

된 이들은 자신들의 성격 분석 결과를 접목시켜 성격 유형을 파악할 수 있는 문항으로 검사를 만들었다. 이를 연역적 방식이라고 한다.

융은 자신의 이론에서 사람들의 유형을 내향I ; introversion과 외향E ; extroversion, 감각S ; sensing과 직관N ; intuition, 사고T ; thinking와 감정F feeling의 세 차원으로 구분했다. 여기에 마이어스와 브릭스는 판단J ; judgment과 인식P ; perception이라는 차원을 추가했다. 각 차원마다 둘 중 하나로 결과가 나와 총 열여섯 가지의 성격유형이 존재한다.

MBTI는 총 95개의 문항으로 이루어져 있으며, 각 문항은 두 개의 선택지로 구성되어 있다. 이 중에서 자신에게 더 적합한 것을 선택해야 한다. 이런 방식은 총점을 구할 수 없기 때문에 개인의 상대적인 선호도만을 파악할 수 있을 뿐, 규준의 설정과 개인간 비교가 불가능하다.

이 점에서 MBTI는 통계를 중요시하는 과학자★심리학에게는 외면받는다. 하지만 MMPI가 평범한 사람에 대해서는 별 다른 정보를 주지 못하는 것과 달리, MBTI는 그 누구라도 하나의 유형으로 분류해 풍부한 정보를 제공한다. 게다가 문항 수도 많지 않아 실시와 채점이 간편해 자신의 성격에 관심이 있는 일반인에게 적합하다.

| 가나다 찾아보기 |

Z